Ulrich Schwab

Familienreligiosität

Praktische Theologie heute

Herausgegeben von

Gottfried Bitter
Peter Cornehl
Ottmar Fuchs
Albert Gerhards
Henning Schröer
Klaus Wegenast

Band 23

Ulrich Schwab

Familienreligiosität

Religiöse Traditionen im Prozeß der Generationen

Verlag W. Kohlhammer
Stuttgart Berlin Köln

Die Deutsche Bibliothek – CIP-Einheitsaufnahme

Schwab, Ulrich:
Familienreligiosität : religiöse Traditionen im Prozess der Generationen / Ulrich Schwab. - Stuttgart ; Berlin ; Köln : Kohlhammer, 1995
(Praktische Theologie heute ; Bd. 23)
Zugl.: München, Univ., Habil.-Schr., 1994
ISBN 3-17-013929-0
NE: GT

Verlagsort: Stuttgart
Umschlag: Data Images
audiovisuelle Kommunikation GmbH
Gesamtherstellung:
W. Kohlhammer Druckerei GmbH + Co. Stuttgart
Printed in Germany

Inhaltsverzeichnis

VORWORT

Die Stellung der Jugendlichen zur Kirche wird heute vielfach als Traditionsbruch bzw. als Traditionsabbruch beschrieben. Im *Traditionsabbruch* gilt die ehedem vorhandene Selbstverständlichkeit der kirchlichen Bindung als beendet, ohne daß es hierfür einer selbständigen Entscheidung bedurft hätte. Demgegenüber wird der *Traditionsbruch* als ein bewußt vollzogener Wechsel von Perspektiven verstanden. Da nun auch beides zusammenkommen kann, zieht Gert Otto daraus in einer kleinen Arbeit zum Thema Jugend und Kirche[1] den plausiblen Schluß, daß das Verhältnis der Jugendlichen zu den Kirchen als Teil eines soziokulturellen Veränderungsprozesses zu begreifen ist, in den dann auch Erwachsene und die Kirche selbst gestellt sind. Wer über die Stellung der Jugend zur Kirche nachdenkt, kann dies folgerichtig nur dann sachgemäß tun, wenn er dabei zugleich die gesellschaftlichen Veränderungen mitbedenkt, die sowohl die derzeitigen Erwachsenen aber auch die Institution Kirche mit betreffen.

Hierzu sind einige Vorarbeiten nötig. Zunächst soll das Thema anhand einer historischen wie dann auch theologiegeschichtlichen Erörterung im Zusammenhang der Neuzeit präziser erfaßt werden. Sodann wird versucht, den Einfluß dieser Problemstellung auf die Theologie nachzuzeichnen, um vorliegende Arbeit in den Kontext praktisch-theologischer Theoriebildung einordnen zu können. Dies ergibt dann die Grundlage für eine methodische Besinnung, in der die Vorgehensweise der Qualitativen Sozialforschung auf die hier interessierende Fragestellung abgestimmt wird.

Die vorliegende Arbeit wurde im Sommersemester 1994 von der Evangelisch-Theologischen Fakultät der Universität München als Habilitationsschrift angenommen und ist hier für den Druck leicht überarbeitet. Herrn Prof. Dr. Christof Bäumler bin ich für seine kollegiale und fachlich kompetente Begleitung während der Entstehung der Arbeit dankbar. Ebenso danke ich Herrn Prof. Dr. Wolfgang Steck für die Übernahme des Korreferates. Den Studentinnen und Studenten, die mir bei der mühseligen Verschriftlichung der Interviews behilflich waren, gilt ebenso mein aufrichtiger Dank. In diesem Zusammenhang danke ich auch der Evangelisch-Lutherischen Kirche in Bayern für die Gewährung eines namhaften Betrages zur Bezahlung dieser Schreibarbeiten. Den Herausgebern der Reihe *Praktische Theologie heute* bin ich schließlich ebenso wie dem Kohlhammer Verlag für die Aufnahme meiner Habilitationsschrift in diese Reihe dankbar. Vor allem möchte ich aber den an der Untersuchung beteiligten Familien meinen Dank sagen für ihre bereitwillige und überaus freundliche Unterstützung meines Forschungsprojekts.

Widmen möchte ich dieses Buch meiner Familie, meiner Frau Anne und unseren Kindern Thaddäus und Viktoria, mit denen zusammen ich immer wieder neu den Reichtum familiärer Dynamik durchschreite.

Marburg/Rosenheim, im Mai 1995

---

1 OTTO, GERT: Jugend und Kirche. Einige Aspekte eines aufschlußreichen Verhältnisses. In: HANUSCH, ROLF / GODWIN LÄMMERMANN (HRSG.): Jugend in der Kirche zur Sprache bringen. Anstöße zur Theorie und Praxis kirchlicher Jugendarbeit. München: 1987, S. 335-353. Vgl. auch KUPHAL, ARMIN: Abschied von der Kirche. Traditionsabbruch in der Volkskirche. Gelnhausen, Berlin: 1979.

A. RELIGION UND SUBJEKT

I. DAS PROBLEM UND EINE ANTWORT: KIRCHE UND THEOLOGIE IM KONTEXT VON NEUZEIT UND RELIGION

Kirche, Theologie und Religion in ihrer Selbständigkeit voneinander zu trennen, wird in der Neuzeit zu einer ebenso selbstverständlichen wie konfliktreichen Praxis. In diesem ersten Kapitel soll sozial- und theologiegeschichtlich gezeigt werden, wie diese Differenz von Theologie, Kirche und Religion neuzeitlich bestimmt wurde und wie sich daraus eine spezifische Funktion für die Praktische Theologie ergab.

Zunächst müssen dazu die hier relevanten Differenzen, auf die dann die Theologie abhebt, benannt und umrissen werden. Dazu verhilft uns ein klassischer Dialog. Klassisch zu nennen ist dieser Dialog nicht nur aufgrund seiner literaturgeschichtlichen Stellung, sondern auch deshalb, weil hier eine für das Ansehen der Religion in der Neuzeit mustergültige Auseinandersetzung vorgeführt wird. Heben wir also den Vorhang auf und entdecken das Problem im freilich durch literarische Kunst geschaffenen Rahmen der Beziehung zwischen einer Frau und einem Mann:

"*Margarete*. Versprich mir Heinrich!

Faust. Was ich kann!

Margarete. Nun sag', wie hast du's mit der Religion?
Du bist ein herzlich guter Mann,
Allein ich glaub', du hältst nicht viel davon.

Faust. Laß das, mein Kind! Du fühlst, ich bin dir gut;
Für meine Lieben ließ' ich Leib und Blut,
Will niemand sein Gefühl und seine Kirche rauben.

Margarete. Das ist nicht recht, man muß dran glauben!

Faust. Muß man?

Margarete. Ach! wenn ich etwas auf dich könnte!
Du ehrst auch nicht die heil'gen Sakramente.

Faust. Ich ehre sie.

Margarete. Doch ohne Verlangen.
Zur Messe, zur Beichte bis du lange nicht gegangen.
Glaubst du an Gott?

Faust. Mein Liebchen, wer darf sagen:
Ich glaub' an Gott?
Magst Priester oder Weise fragen,
Und ihre Antwort scheint nur Spott
Über den Frager zu sein.

Margarete. So glaubst du nicht?

Faust. Mißhör' mich nicht, du holdes Angesicht!
Wer darf ihn nennen?
Und wer bekennen:
Ich glaube ihn?

Wer empfinden,
Und sich unterwinden
Zu sagen: ich glaub' ihn nicht?
Der Allumfasser,
Der Allerhalter,
Faßt und erhält er nicht
Dich, mich, sich selbst?
Wölbt sich der Himmel nicht dadroben?
Liegt die Erde nicht hierunten fest?
Und steigen freundlich blickend
Ewige Sterne nicht herauf?
Schau' ich nicht Aug' in Auge dir,
Und drängt nicht alles
Nach Haupt und Herzen dir,
Und webt in ewigem Geheimnis
Unsichtbar sichtbar neben dir?
Erfüll' davon dein Herz, so groß es ist,
Und wenn du ganz in dem Gefühle selig bist,
Nenn' es dann, wie du willst,
Nenn's Glück! Herz! Liebe! Gott!
Ich habe keinen Namen
Dafür! Gefühl ist alles;
Name ist Schall und Rauch,
Umnebelnd Himmelsglut.

Margarete. Das ist alles recht schön und gut;
Ungefähr sagt das der Pfarrer auch,
Nur mit ein bißchen andern Worten.

Faust. Es sagens aller Orten
Alle Herzen unter dem himmlischen Tage,
Jedes in seiner Sprache;
Warum nicht ich in der meinen?

Margarete. Wenn man's so hört, möcht's leidlich scheinen,
Steht aber doch immer schief darum;
Denn du hast kein Christentum."[2]

Im Dialog von Margarete und Faust verdichtet sich das Problem der Religion in der Neuzeit. Margarete macht mit ihrer Einleitung "Versprich mir" deutlich, daß das, was sie jetzt mit Heinrich besprechen möchte, für sie von hoher Bedeutung ist. Sie hat sich in Faust verliebt, will ihn gegebenenfalls auch heiraten. Damit verbinden sich aber auch Normen der Lebensführung, die für sie selbstverständlich an Kirche und Religion gebunden sind. Deshalb will sie nun mit Faust über seine Einstellung zur Religion sprechen, auch damit ihr die durch die Konvention gewährte Sicherheit erhalten bleibt; eine, wie sich später zeigt, für Margarete sehr trügerische Hoffnung.

Mit ihrer Frage nimmt Margarete Bezug darauf, daß in der Neuzeit die Stellung jedes einzelnen in Sachen Religion nicht mehr von vornherein gegeben sein kann. Das alte corpus ecclesiae ist spätestens seit dem Dreißigjährigen Krieg zerbrochen, die Einheit abendländischer Kultur und Gesellschaft kann das Christentum, zersplittert in Konfessionen und Bekenntnisse, nicht länger plausibel gewährleisten. Es gibt viele Einstellungen hierzu.

2 GOETHE, JOHANN WOLFGANG V.: Faust, erster und zweiter Teil. In: Goethes Werke. Auswahl in fünfzehn Bänden, hrsg. von EDUARD VON DER HELLEN, 5. Band. Stuttgart u. Berlin o.J., S. 110 ff.

Dementsprechend scheint Faust für Margarete wenig Bezug zu *der* Religion zu haben, die Margarete allein anerkennt. Daß Religion aber auch für Margarete nicht mehr das ein und alles der Person ausmachen kann, ergibt sich ebenfalls aus ihrer Fragestellung. Faust ist für sie ein "herzlich guter Mann" und könnte dies offensichtlich auch ohne Religion sein. Aber das genügt ihr nicht. Sie will genau wissen, wie Faust an dieser Stelle sich versteht.

Faust wehrt diese Frage mit einem Verweis auf seine gute Gesinnung ab und gibt einen ersten Hinweis zu seiner Vorstellung von Religion: sie ist ihm personbezogenes Gefühl mit personbezogener Sozialform, d.h. es gibt also für Faust weder den allumfassenden Glauben noch die allumfassende Institution Kirche. Damit kann er allerdings bei Margarete nicht landen. Sie pocht auf eine Verpflichtung zu glauben, die sogleich von Faust in Frage gestellt wird: "muß man?" Mit dem Verweis auf die Verpflichtung grenzt Margarete das allgemeine Thema Religion nun auf die kirchlich vorgeschriebene Praxis des Christentums ein: Sakramente, Messe, Beichte sind Bestandteile einer solchen kirchlichen Tradition, die Kirche als Institut der Gnade für den Glauben des einzelnen schlechterdings unentbehrlich macht. Dabei geht es Margarete nicht nur um die bloße Wertschätzung etwa der Sakramente, sondern auch um den Vollzug der Verpflichtung. Faust mag die Sakramente ehren, aber wenn, dann tut er dies anscheinend "ohne Verlangen", jedenfalls ist sein Teilnahmeverhalten an den kirchlichen Riten für sie mangelhaft. Daran entzündete sich denn auch ihre Frage nach seinem Glauben. Teilnahme an der Kirche und Religion sind für sie eines, deshalb erneuert sie die Frage: "Glaubst du an Gott?"

Faust antwortet darauf nun mit abgeklärter Skepsis: wer kann sich sicher sein, an Gott zu glauben? Die ehedem durch die Tradition verbürgte Wahrheit und Sicherheit ist brüchig geworden. "Priester oder Weise", Theologie oder Philosophie haben keine eindeutige Antwort darauf zu bieten. Das bringt Margarete auf die kurze Formel: "So glaubst du nicht?" und zeigt damit noch einmal, daß für sie Religion und kirchliche Tradition eine Einheit darstellen, in der es für die von Faust angesprochene Haltung der Skepsis, vielleicht auch Enttäuschung, keinen Platz gibt. Faust muß nun weiter ausholen, um sich bei Margarete mit seiner Skepsis verständlich zu machen. Die Skepsis ist umfassend: weder kann man schlüssig bekennen oder empfinden, an Gott zu glauben, noch nicht an ihn zu glauben. Das Problem liegt für Faust dabei weniger im Glauben, als vielmehr in der Distinktion Glaube an den Gott der Kirche. Faust bezieht sich auf eine natürliche Religion, vor aller ausgewiesenen dogmatischen Tradition. Das, was Margarete Gott nennt, wird bei Faust zu einem den ganzen Kosmos, Himmel und Erde umfassenden Prinzip, welchem der Mensch in der Beziehung zur Schöpfung, vor allem aber zu sich selbst und zu anderen, gewahr werden kann. "Unsichtbar sichtbar" bleibt dieses Gottesverständnis insofern, als Gott dabei nicht unmittelbar geschaut oder erkannt werden kann, sondern sich als seliges Gefühl ausweist, welches den ganzen Menschen einnimmt. Ist dies erreicht, wird dies empfunden, so ist es Faust einerlei welche Bezeichnung dafür gewählt wird. Entscheidend ist, daß das Individuum "ganz in dem Gefühle selig" ist. Damit ist für ihn alles Wesentliche zur Religion gesagt. Die einzelnen Distinktionen, die die Tradition für Gott bereithält, bedeuten ihm demgegenüber nichts.

Margarete anerkennt, daß Faust hier religiöse Inhalte zur Sprache gebracht hat, bemerkt zugleich aber, daß all dies bei dem Vertreter der von ihr akzeptierten Religion, dem Pfarrer und damit der kirchlichen Tradition, doch anders klingt. Faust hört daraus Zustimmung und bekräftigt noch einmal seine Position, wonach in Sachen Religion "jedes in seiner Sprache" zu sprechen das Recht besitzt. Warum sollte er also gegenüber dem Pfarrer nicht seine eigene Sprache führen, zumal genau dies letztlich alle überall so tun.

Margarete kommt zum Schluß. Was Faust ihr vorgetragen hat, mag eine Form der Religion sein. Die von ihr gewählte, allein anerkannte und von Anfang an mit ihrer Frage nach Faustens Glauben gemeinte Religion des Christentums, im Sinne kirchlicher Lehrtradition, wird von seiner Rede nicht erfaßt. Margarete kann mit ihrer Treue zur Kirche Fausts Hingabe an die Religion des Individuums nicht anerkennen, wie auch Faust umgekehrt nicht bereit ist, das religiöse Korsett seiner Margarete selbst zu tragen. Für Margarete wird dies zur Katastrophe führen.

Was das Schauspiel hier als Konflikt zwischen zwei Personen darstellt, ist sozialgeschichtlich auf verschiedene Bevölkerungsgruppen vornehmlich im deutschen Protestantismus bezogen.[3] Nach den Konfessionskriegen war klar, daß die Religion in ihrer nunmehr vielfältigen kirchlichen Verfaßtheit im Rahmen der deutschen Territoriallösung nicht länger als allgemeine Basis einer neuen Sozialordnung dienlich sein kann. Diese Entwicklung fand auf lutherischer Seite ihren Ausdruck in der Entstehung von Landeskirchen und dem landesherrlichen Kirchenregiment. Kirche und Religion wurden hier zu einer untergeordneten Funktion des Staates, was zu einer "unauflöslichen Verfilzung von Politik und Kirche"[4] führen mußte. Anders als im presbyterial verfaßten Calvinismus geriet im Luthertum der absolutistische Herrscher als Summepiskopus zum weltlichen und geistlichen Oberhaupt seiner Untertanen. Im Gegensatz zum Mittelalter war der Herrscher nun der Souverän in einem auch der Religion gebietenden eigenständigen Bereich des Politischen: "Das bedeutete nichts weniger als die Erstreckung der Herrschaftsbefugnis von der Rechtsdurchsetzung auf die Rechtssetzung."[5] Ein positives und kontingentes Recht des Herrschers ersetzte die ehemalige Koppelung von Recht und Gerechtigkeit. In diesem absolutistischen System gerieten die Pfarrer als Staatsbeamte zum Repräsentanten einer derartigen Machtsouveränität. Zugleich forderte und förderte diese in der Struktur einer staatlichen Verwaltungsbehörde organisierte Religion eine "lutherische Anstaltsreligiosität"[6], die die Obrigkeiten im Staat als gottgewollt und damit im absolutistischen Sinne als nicht kritisierbar verklärte.

Als die Aufklärung in ihrer deutschen Spielart schließlich das Recht einer vom Staat geschiedenen Öffentlichkeit[7] forderte, ohne dabei zugleich die Volkssouveränität[8] einzuklagen, blieb dies nicht ohne Wirkung auf die mit dem Staat derart verquickte Kirche. Das die deutsche Aufklärung tragende Bildungsbürgertum trat im Zuge des bürgerlichen Aufstiegs nicht nur für eine vom Staat unabhängige gesellschaftliche Öffentlichkeit ein, sondern

---

3 Vgl. hierzu WEHLER, HANS-ULRICH: Deutsche Gesellschaftsgeschichte. Erster Band, München: 1987, S. 270 ff.

4 A.a.O., S. 271.

5 GRIMM, DIETER: Recht und Staat der bürgerlichen Gesellschaft. Frankfurt a.M.: 1987, S. 57.

6 Wehler, a.a.O., S. 271.

7 HABERMAS, JÜRGEN: Strukturwandel der Öffentlichkeit. Darmstadt, Neuwied: 1962, ^{12}1981, S. 28 ff.

8 GRIMM, a.a.O., S. 53 ff., hier: S. 70.

zugleich auch für eine von den kirchlichen Dogmen geschiedene Religion.[9] Dabei verband sich der "Neuhumanismus der Gebildeten"[10] mit dem theologischen Rationalismus und seiner Kritik gegen die Lehre einer von den Kirchen verwalteten supranaturalen Offenbarung. Der Abwesenheit von staatlicher Lenkung sollte so eine Abwesenheit kirchlicher Bevormundung korrespondieren.

Gegen den Rationalismus, aber ebenso gegen eine Bevormundung seitens der Kirche sowie der kirchlichen Orthodoxie stellte sich der Pietismus, der sich vorwiegend aus dem Stadtbürgertum rekurrierte.[11] Bei ihm stand Religion allerdings nur insofern gegen Kirche, als es ihm um die Reform einer seiner Ansicht nach zu rationalistisch geprägten Kirche ging. Nicht Religion außerhalb der Kirche oder Loslösung von ihr, sondern Reform der Kirche war damit das eigentliche Programm des Pietismus und Sinn und Zweck der ecclesiola gewesen.[12]

Auf der anderen Seite gab es die Volksreligiosität eines zu Beginn der Neuzeit noch weithin illiteraten Volkes.[13] Die hierfür spezifische Verbindung von Religion und Magie verweist auf den Verwendungszusammenhang der Volksreligiosität und damit "in die konkrete Arbeits- und Lebenswelt der einfachen Leute."[14] Kennzeichnend hierfür war die hohe Bedeutung der Rituale[15], mit der man versuchte, die Kontingenz des Alltags in den Griff zu bekommen. Seitens der Kirchen wurde immer wieder versucht, diese Volksreligiosität im Sinne kirchlich definierten Glaubens zu disziplinieren: "Mit großem Aufwand versuchten die Konfessionskirchen, ihr Konzept von kirchlicher Frömmigkeit und moralischem Leben durchzusetzen und scheuten dabei selbst gewaltsame Eingriffe mit Unterstützung der staatlichen Obrigkeit nicht."[16] Wie die anhaltenden Klagen der Pfarrer in den Jahres- und Visitationsberichten zeigen, mit nicht allzu großem Erfolg.

Wurde also sowohl in der einen wie auch in der anderen Richtung die Eigenständigkeit der Religiosität gegenüber den Kirchen in Anspruch genommen, so wurde dieser Konflikt

---

9 Vgl. hierzu AHLERS, B.: Die Unterscheidung von Theologie und Religion. Gütersloh: 1980.

10 WEHLER, a.a.O., S. 275.

11 Vgl. BLAUFUß, DIETRICH: Pietismus und Reichsstadt: Beziehungen Philipp Jacob Speners nach Süddeutschland. In: ZBKG 45 (1976), S. 54-68. Zum Pietismus insgesamt: WALLMANN, JOHANNES: Der Pietismus. [Die Kirche in ihrer Geschichte, Lfg. O1]. Göttingen: 1990.

12 Vgl. etwa den Titel der Spenerschen Programmschrift aus dem Jahre 1675: Pia Desideria oder herzliches Verlangen nach gottgefälliger Besserung der wahren Evangelischen Kirchen samt einigen dahin einfältig abzweckenden christlichen Vorschlägen Philipp Jacob Speners D. Zitiert nach der von ERICH BEYREUTHER besorgten Ausgabe, Gießen, Basel: [3]1983, S. 16.

13 Vgl. hierzu VAN DÜLMEN, RICHARD: Volksfrömmigkeit und konfessionelles Christentum im 16. und 17. Jahrhundert. In: WOLFGANG SCHIEDER (HRSG.): Volksreligiosität in der modernen Sozialgeschichte. Göttingen: 1986, S. 14-30, sowie auch die weiteren Beiträge dieses Bandes.

14 A.a.O., S. 19.

15 Im Volk selbst wurden diese Dinge mündlich weitergegeben. Wie schwierig es war, darüber näher Auskunft zu erhalten, berichtet in einer heute weithin vergessenen Schrift Hermann Beck, der Anfang des 20. Jahrhunderts versuchte, von Bauern über deren Rituale Auskunft zu erhalten und dabei auf größte Vorsicht stieß. Was er zusammentragen konnte, ist für diesen Bereich sehr illustrativ, vgl. BECK, HERRMANN: Das kirchliche Leben der evangelisch-lutherischen Kirche in Bayern. [Evangelische Kirchenkunde, hrsg. von Paul Drews, 4. Teil] Tübingen: 1909, S. 120 ff., 265 ff.

16 VAN DÜLMEN, a.a.O., S. 26.

durch Johann Salomo Semler (1725-1791) zum Thema der Theologie erhoben. Semler[17] geht davon aus, daß das corpus ecclesiae die christliche Welt nur noch partikular erfaßt. Hinsichtlich der Theologie führt ihn dies zu der Konsequenz, neben die Theologie die "Religion" zu stellen, die er als "freie Lehrart" gegenüber der kirchlich bestimmten Tradition der Dogmatik auffaßt. Dabei soll die kirchliche Dogmatik nicht einfach verabschiedet werden, sondern die freie Lehrart wird ebenso wie die dogmatische Tradition auf die historisch zu erarbeitende gemeinsame theologische Quelle bezogen. Die "Religion", die Semler hier also gegenüber der Theologie konstituiert, ist selber eine Theologie, aber nicht in den Schranken kirchlicher Herrschaft, sondern eine "Theologie des freien Protestantismus"[18]. Semler unterscheidet hier dann eine Privattheologie von der öffentlichen oder kirchlichen Theologie. Die Privattheologie ist beschäftigt mit der durch den Gebrauch der eigenen Vernunft vollzogenen Aneignung der historischen Quellen des christlichen Glaubens. Die kirchliche Theologie dagegen ist entstanden, dies will Semler am Verlauf der Dogmengeschichte aufzeigen, aus dem Zweck der Einheitsstiftung der Kirchen. Auch an dieser Stelle beläßt Semler es nicht bei einer abstrakten Entgegensetzung, sondern bezieht Privat- und Kirchliche Theologie auf die Ungleichheit der Menschen. Während die Privattheologie den zum selbständigen Gebrauch der Vernunft "Fähigen" zu eigen ist, ist die Kirchliche Theologie gedacht für die "Schwachen", die die "äußerliche Ordnung und Vorschrift"[19] noch benötigen. An die Stelle der vernunftgeleiteten Einsicht bei den einen tritt hier also die Kirche mit ihrer Ordnungsfunktion bei den anderen.

Sozialgeschichtlich gesehen, entwickelte Semler damit eine Theorie, die sowohl dem von der Aufklärung beeinflußten Bildungsbürgertum durch die "freie Lehrart" der "Privattheologie" entgegenkam, andererseits aber auch die kirchlicherseits - und damit ja zu der Zeit immer auch staatlicherseits - betriebene Disziplinierung der Volksreligiosität theoretisch untermauerte. Damit wird allerdings auch deutlich, daß die Pole des Semlerschen Denkens auf "die geschichtliche Welt einer christlichen Gesellschaft"[20] bezogen bleiben. Die von der Vernunft zu leistende "Übereinkunft in der christlichen Geschichte"[21] soll so die ehedem von den Kirchen gewährleistete Funktion der Einheitsstiftung übernehmen. Daß das Christentum an sich, und nicht nur die Kirche, eine Partikularität in der Gesellschaft sein könnte, ist bei Semler so noch nicht im Blick.

Die Rolle des Glaubens und damit auch des Christentums wurde dann aber von Immanuel Kant[22] (1724-1804) entscheidend relativiert. Nicht das Christentum kann die Einheit der Welt gewährleisten, sondern allein die reine Vernunft. Für den Aufbau der Welt, sofern diese erkannt werden kann, ist allein die Bedingung des Wissen-Könnens, wie sie in der Vernunft gegeben ist, entscheidend. In Kants kritischer Philosophie hat der Glaube demzufolge eine aus der Vernunft abgeleitete, bzw. ihr dienende Funktion. Gott ist

17 Vgl. zum folgenden die nach wie vor instruktiven Überlegungen in dem Werk von RENDTORFF, TRUTZ: Kirche und Theologie. Die systematische Funktion des Kirchenbegriffs in der neueren Theologie. Gütersloh: 1966, S. 27 ff. Ebenso WAGNER, FALK: Was ist Religion. Gütersloh: 1986, S. 48 ff.

18 RENDTORFF, a.a.O., S. 36.

19 A.a.O., S. 53.

20 A.a.O., S. 59.

21 A.a.O., S. 60.

22 WAGNER, a.a.O., S. 42 ff.

hier eine der regulativen Ideen innerhalb des Gebrauchs der Vernunft. Ähnlich auch im Bereich der Praktischen Vernunft, die es nach Kant auf dem Boden der Autonomie der Vernunft mit der Realisierung von Freiheit zu tun hat. Hier wird das Dasein Gottes zum Postulat für das nötige subjektive Wollen des höchsten Gutes der Sittlichkeit. Glaube wird also eingereiht in das Reich der vernunftgemäßen Zwecke. Kant versucht dann eine moralisch ausgerichtete Vernunftreligion, aus der er alles Historische des Christentums herausnehmen will, vom abverlangten Kirchenglauben zu trennen und kommt damit, freilich nur im formalen Vergleich, zu einer ähnlichen Einteilung wie Semler.

Nachdem seine Philosophie im aufgeklärten Bildungsbürgertum große Resonanz fand, bekam Kant allerdings selber die Disziplinierungsversuche von Staat und Kirche zu spüren. Nach der Veröffentlichung seiner Schrift "Die Religion innerhalb der Grenzen der bloßen Vernunft" 1793 schrieb ihm der damalige preussische Minister des Geistlichen Departements, der evangelische Theologe Wöllner im Auftrag des aufklärungsfeindlichen Königs Friedrich Wilhelm II.: "Unsere höchste Person hat schon seit geraumer Zeit mit großem Mißfallen erfahren, wie Ihr Eure Philosophie zu Entstellung und Herabwürdigung mancher Grundlehren der Heiligen Schrift und des Christentums mißbraucht ... Wir verlangen des ehesten Eure gewissenhafte Verantwortung und gewärtigen uns von Euch, bei Vermeidung unserer höchsten Ungnade, daß Ihr Euch künftighin nicht dergleichen werdet zu Schulden kommen lassen, sondern vielmehr, Eurer Pflicht gemäß, Euer Ansehen und Eure Talente dazu verwenden, unsere landesväterliche Intention je mehr und mehr erreicht werde; widrigenfalls Ihr Euch bei fortgesetzter Renitenz unfehlbar unangenehmer Verfügungen zu gewärtigen habt."[23]

Das Verhältnis des christlichen Glaubens zur Welt ist auch der Ausgangspunkt der Theologie Friedrich Daniel Ernst Schleiermachers (1768-1834).[24] Wie kein anderer hat er die Theologie des 19. und teilweise auch des 20. Jahrhunderts mit geprägt.[25] Hier rückt nun das fromme Selbstbewußtsein des Subjekts in das Zentrum der Theologie. Schon in seinem 1799 erschienenen Werk "Über die Religion. Reden an die Gebildeten unter ihren Verächtern"[26] war er darum bemüht, der Religion einen natürlichen Platz in der Entwicklung des menschlichen Geistes einzuräumen, allerdings erklärtermaßen gegen die von Kant favorisierte Lösung einer allgemeingültigen Vernunftreligion. Systematisch hat er

---

23 Zitiert nach STÖRIG, HANS-JOACHIM: Kleine Weltgeschichte der Philosophie, Bd. 2. Frankfurt a.M.: 1976, S. 82.

24 Zu den Grundfragen der Schleiermacher-Interpretation vgl. BIRKNER, HANS-JOACHIM: Theologie und Philosophie. Einführung in Probleme der Schleiermacher-Interpretation. München: 1974.

25 Schleiermachers Theologie gibt natürlich auch Anlaß für eine Reihe von kritischen Rückfragen. Im folgenden geht es allerdings nicht um eine systematische Rekonstruktion des Schleiermacherschen Theoriemodells, die dann immer auch kritisch zu verfahren hätte. Vielmehr soll gezeigt werden, wie in Aufnahme der spezifisch neuzeitlichen Problematik Schleiermacher zu einer Neubestimmung von Kirche und darin auch der Aufgabenstellung von Praktischer Theologie gelangt. Zur systematisch-kritischen Interpretation Schleiermachers vgl. aber WAGNER, FALK: Was ist Religion? Gütersloh: 1986, S. 59 ff.

26 SCHLEIERMACHER, FRIEDRICH: Über die Religion. Reden an die Gebildeten unter ihren Verächtern. 1799. Neu herausgegeben von RUDOLF OTTO. Göttingen: ^{6}1967.

dies in seiner Wissenschaftslehre, der Dialektik[27] sowie der sich daran anschließenden Ethik[28] und der Glaubenslehre[29] ausgeführt.

In der Dialektik wollte Schleiermacher zeigen, wie inhaltlich differente Vorstellungen im Denken aufgrund einer ursprünglichen Einheit von Denken und Sein approximativ in Richtung auf eine zukünftige Einheit derselben überwunden werden können.[30] Dabei hatte er ein System der Wissenschaften aufgestellt, welches neben der Ethik sowohl Physik als auch Geschichts- und Naturkunde kannte.

In der Ethik war es Schleiermacher dann darum zu tun, die Prinzipien und Strukturen des "immer schon angefangenen aber nie vollendeten"[31] Handelns der Vernunft auf die Natur aufzudecken. Die Ethik wird hier zu einer "Grundwissenschaft für alle Disziplinen, die es mit dem menschlich-geschichtlichen Leben zu tun haben"[32]. Schleiermacher wollte dabei nicht beim einzelnen und dessen Vermögen stehenbleiben, sondern auch die festen "Formen des sittlichen Prozesses" in ihren Strukturen erfassen. So teilte er die Ethik in Güter-, Tugend- und Pflichtenlehre. Während die Güterlehre die vom Subjekt abgelösten Objektivationen der Vernunft betrachtet, hat die Tugendlehre die dem individuellen Handeln zugrunde liegende Kraft und die Pflichtenlehre die daraus resultierende individuelle Handlungsweise zum Gegenstand. Jedes Einssein von Vernunft und Natur verstand Schleiermacher als ein "Gut", die Mannigfaltigkeit der Güter wurde dann von ihm formal aufgeteilt auf vier Bereiche: Staat, gesellige Gemeinschaft, Schule/Akademie/Universität und Kirche. Erst die Gemeinschaft aller vier Sphären zusammen sollten nach Schleiermacher das "höchste Gut" bilden, welches es wiederum als approximativen Endpunkt des sittlichen Prozesses anzustreben gilt.

Ist somit auch die Kirche als notwendiges Element in der Entwicklung des menschlichen Geistes ausgewiesen, so wird dies für Schleiermacher zum Ansatzpunkt in seiner Glaubenslehre. So wie in der Ethik das Gefühl als "bestimmter Ausdruck von der Art zu sein der Vernunft in dieser besonderen Natur"[33] gegolten hatte, so wird auch in der Glaubenslehre "Frömmigkeit" in Anlehnung an die Ethik als "eine Bestimmtheit des Gefühls"[34] bezeichnet. Um deutlich zu machen, daß es sich bei diesem Gefühl weder um bewußtlose Zustände noch um das gegenständliche Bewußtsein seiner selbst handelt, wird das Gefühl als unmittelbares Selbstbewußtsein präzisiert. Es soll als solches unabhängig von Denken und Wollen

---

27 SCHLEIERMACHER, FRIEDRICH: Dialektik, hrsg. von R. ODEBRECHT. Unveränderter Nachdruck der Ausgabe von 1942, Darmstadt: 1976.

28 SCHLEIERMACHER, FRIEDRICH: Ethik (1812/13) mit späteren Fassungen der Einleitung, Güterlehre und Pflichtenlehre. Auf der Grundlage der Ausgabe von OTTO BRAUN hrsg. und eingeleitet von H.J. BIRKNER, (PhB 335) Hamburg: 1981.

29 SCHLEIERMACHER, FRIEDRICH: Der christliche Glaube nach den Grundsätzen der evangelischen Kirche. (1821, ²1830) Kritische Ausgabe unter Zugrundelegung des Textes der 2. Auflage, hrsg. von MARTIN REDEKER, 2 Bde., Berlin: 1960.

30 Hierzu WAGNER, FALK: Schleiermachers Dialektik. Eine kritische Interpretation. Gütersloh: 1975. Zum Zusammenhang von Dialektik und Ethik vgl. meine erziehungswissenschaftliche Magisterschrift: SCHWAB, ULRICH: Der dialektische Denkansatz in Schleiermachers Pädagogik. München: (Mag.schrift) 1982.

31 Ethik, a.a.O., S. 210.

32 BIRKNER, HANS-JOACHIM: Einleitung. In: Ethik, a.a.O., S. XI.

33 Ethik, a.a.O., S. 259.

34 Der christliche Glaube, a.a.O., S. 14.

bestehen. Frömmigkeit als eine Bestimmtheit des Gefühls kann aber in eine Beziehung zu Denken und Wollen treten, wodurch es einerseits der Verworrenheit, andererseits der Wirkungslosigkeit entgeht. Das Wesen der Frömmigkeit bestimmt Schleiermacher dann, gemäß der Bestimmung des Gefühls als "Insichbleiben", durch das "schlechthinnige Abhängigkeitsgefühl"[35], das alle Selbsttätigkeit des Menschen immer schon begleiten soll. Gott ist dann das Von-Woher dieses Gefühls: "so daß Gott uns zunächst nur das bedeutet, was in diesem Gefühl das Mitbestimmende ist, und worauf wir dieses unser Sosein zurückschieben"[36]. Schleiermacher setzt also auch in seiner Theologie nicht bei der durch die Tradition übermittelten Offenbarung, sondern direkt beim Subjekt an.

Da die frommen Erregungen nun aber sehr verschieden sein können, treffen sie doch jeweils auf unterschiedliche Momente des sinnlichen Selbstbewußtseins, so sind die Schranken der eigenen Persönlichkeit durch gegenseitige Mitteilung zu durchbrechen. Durch diese Mitteilungen entsteht zugleich ein Gattungsbewußtsein, welches zur Basis einer Gemeinschaft werden kann. Die Kirche wird dann als eine solche Gemeinschaft bestimmt, in der es innerhalb bestimmter Grenzen zu einem sich stets erneuernden Umlauf des frommen Selbstbewußtsein kommt und so eine "geordnete und gegliederte Fortpflanzung der frommen Erregungen"[37] möglich ist. Auf diesen Begriff von Kirche ist "Religion" stets zu beziehen, sodaß von einer "bestimmten Religion" nur "in Beziehung auf eine bestimmte Kirche"[38] gesprochen werden kann. Religion wird also von ihrem Inhalt her erfasst, dieser aber steht in Abhängigkeit von der Bestimmtheit frommer Gemütszustände, wie sie sich in religiösen Gemeinschaften zum Ausdruck bringen. Aufgabe der Religionsphilosophie wäre es nach Schleiermacher dann, die Differenz der verschiedenen frommen Gemeinschaften zum Ausdruck zu bringen. Christliche Frömmigkeit bezieht sich demnach stets auf den "von Christo ausgegangenen Impuls"[39] als der gemeinsamen geschichtlichen "Urtatsache"[40], dies aber eben in individueller Differenz. Aus der Individualität der religiösen Erregung des frommen Selbstbewußtseins ergeben sich als Folge somit auch die unterschiedlichen frommen Gemeinschaften der Kirchen. Schleiermacher denkt also nicht mehr den Gegensatz freie, vernünftige Religion vs. starre dogmatische Tradition der Kirche, sondern unterzieht beides dem Subjektivitäts-Prinzip und ist darin dann auch um eine Vermittlung von beidem im Rahmen seiner Glaubenslehre[41] bemüht.

Die "Darstellung des Christentums seinem eigentümlichen Wesen nach"[42] ist nach Schleiermacher innerhalb einer allgemeinen Wissenschaft weder möglich, noch liegt sie in derem Interesse. Vielmehr bezieht die Theologie[43] den allgemeinen Begriff der

---

35 A.a.O., S. 26.
36 A.a.O., S. 30.
37 A.a.O., S. 45.
38 Ebd.
39 A.a.O., S. 64.
40 A.a.O., S. 71.
41 Vgl. hierzu TRUTZ RENDTORFF, der von einer "Integration des christlichen und kirchlichen Aspekts der Frömmigkeit" spricht. RENDTORFF, TRUTZ: Kirche und Theologie. Gütersloh: 1966, S. 154 ff.
42 A.a.O., S. 74.
43 Vgl. SCHLEIERMACHER, FRIEDRICH: Kurze Darstellung des theologischen Studiums zum Behuf einleitender Vorlesungen (1811, ²1830). Nachdruck der Kritischen Ausgabe, herausgegeben von HEINRICH SCHOLZ (1910). Darmstadt: 1977.

Frömmigkeit auf das geschichtlich Gegebene einer bestimmten Glaubensweise und ist darin dann auch auf diese Glaubensgemeinschaft begrenzt. Die Theologie als Wissenschaft ist hier funktional auf die Kirche bezogen, indem die von ihr erstellte individuelle Charakteristik der Glaubensgemeinschaft der Kirchenleitung helfen soll, entstehende "Differenzen, sowohl der Vorstellung, als der Lebensweise"[44] einer Lösung zuzuführen. Der sich aus dem Subjektivitäts-Prinzip notwendig ergebende Konflikt wird somit zum Anlaß der Entstehung von Theologie. In diesem kirchlichen Rahmen ist es Aufgabe der Philosophischen Theologie, das Wesen des Christentums nach außen (Apologetik) wie nach innen (Polemik) zu verdeutlichen. Die Historische Theologie (Exegese, Kirchengeschichte, Dogmatik sowie Kirchliche Statistik) soll eine Kenntnis von dem geschichtlichen Werden der Gemeinschaft bis zur Gegenwart erarbeiten, da dies die Voraussetzung für ein "besonderes Einwirken"[45] der Kirchenleitung ist.

Hat die Theologie damit insgesamt eine praktische Aufgabe, so ergibt sich das Tätigkeitsfeld der Praktischen Theologie aus der Konfrontation von Ideal und Wirklichkeit des Christentums, wie es durch das In-Beziehung-Setzen von Philosophischer und Historischer Theologie erfolgt. Im Hinblick auf eine Annäherung der Wirklichkeit an das Ideal hat die Praktische Theologie die für die Kirchenleitung relevanten Aufgaben zu klassifizieren und Verfahrensweisen hierfür im Sinne von Kunstregeln anzugeben. Diese Kunstregeln sagen nach Schleiermacher weder etwas über das richtige Handeln der Praxis aus, noch ergeben sie sich unmittelbar aus den Problemfeldern der Praxis, sind also insofern keine praktischen Anweisungen.[46] Sie sind aber der Versuch, anhand der sich aus der Konfrontation von Ideal und Wirklichkeit ergebenden Differenzen die Bedingungen dafür zu denken, daß es zu einer Fortentwicklung in Richtung auf das Ideal kommen kann.

Schleiermacher denkt die weitere Entwicklung der Kirche anhand des "ursprünglichen Gegensatzes zwischen den Hervorragenden und der Masse"[47], als einem "Verhältnis der Mündigen zu den Unmündigen"[48], wie es sich aus der jeweiligen Erregung des frommen Selbstbewußtseins ergibt. Da es hier noch keinen Ausgleich gibt, ist die Kirche ein "unvollkommenes Gemeinwesen"[49], worin jedoch auch der Zweck der Kirchenleitung begründet liegt, "die Unmündigen den Mündigen gleich zu machen"[50]. Es ist geradezu Kennzeichen der evangelischen Kirche nach Schleiermacher, daß im Verhältnis von Laien und Klerus nicht das Verhältnis von Unmündigen und Mündigen festgeschrieben wird. Vielmehr gilt hier: "In der evangelischen Kirche ist eine Gleichheit gesezt, hier sehen wir einen jeden an als für sich verantwortlich"[51]. Die Autorität des Klerus ist hier vielmehr

---

44 Kurze Darstellung, a.a.O., S. 2.
45 A.a.O., S. 30.
46 Vgl. STECK, WOLFGANG: Friedrich Schleiermacher am Reißbrett: "Die Praktische Theologie ist nicht die Praxis, sondern die Theorie". In: PthI 12 (1992), S. 223-250.
47 Kurze Darstellung, a.a.O., S. 103.
48 Ebd.
49 SCHLEIERMACHER: Die Praktische Theologie nach den Grundsätzen der evangelischen Kirche im Zusammenhange dargestellt, hrsg. v. JACOB FRERICHS (SW I, 13), Berlin: 1850, S. 60.
50 Kurze Darstellung, a.a.O., S. 112.
51 Praktische Theologie, a.a.O., S. 62.

funktional bestimmt und versteht sich als "eine von der Gesellschaft übertragene"[52]. Kirche ist für Schleiermacher also nicht eine hierarchische Lehranstalt, sondern definiert sich im Hinblick auf die Selbständigkeit des Subjekts: "Die evangelische Kirche ist eine Gemeinschaft des christlichen Lebens zur selbständigen Ausübung des Christenthums."[53] Praktische Theologie in ihrer Bezogenheit auf die Kirchenleitung hat dann darauf zu reflektieren, wie die Selbständigkeit des christlichen Lebens im einzelnen und in der Gemeinschaft erhalten und gestärkt werden kann. Somit wird die Autonomie der "Fähigen", die bei Semler im Zuge seiner "freien Lehrart" noch jenseits der kirchlichen Theologie verortet war, bei Schleiermacher als anzustrebende Option für alle in den Kirchenbegriff mit aufgenommen. Kirche steht damit im Dienst der selbsttätigen Ausübung des Christentums durch den einzelnen, der dann allerdings bei Schleiermacher nicht abstrakt, sondern immer zugleich als Teil einer Gemeinschaft gedacht ist. Praktische Theologie reflektiert die Bedingungen für diesen Dienst der Kirche, ist somit also selber konstruiert in Beziehung auf die religiöse Selbständigkeit des Subjekts. Das impliziert zugleich, daß es hier nicht darum gehen kann, die Authentizität der religiösen Lebenswelt im Ausgang von der Wissenschaft zu bestimmen.[54] Vielmehr geht es darum, das Handeln der Kirche mit der religiösen Selbständigkeit des Subjekts in Einklang zu bringen: "Die Gemeinschaftsformen und Kommunikationssituationen des kirchlichen Lebens müssen so organisiert werden, daß der einzelne den seiner kommunikativen Produktivität und Rezeptivität entsprechenden Ort im Ganzen der christlichen Lebensgemeinschaft findet."[55] Insofern hat Schleiermacher die neuzeitliche Verfaßtheit des religiösen Subjekts zur Richtschnur auch der praktisch-theologischen Theoriebildung gemacht. Darin kann Kirchliches Handeln dann auch das Handeln aller Kirchenglieder bedeuten, ist also keineswegs auf den Klerus beschränkt.[56] Die Formel "Gemeinschaft des christlichen Lebens zur selbständigen Ausübung des Christenthums" ist dabei so weit gefaßt, daß hier eine Institution gedacht wird, die fähig ist, auch mit der Authentizität religiöser Lebenswelten außerhalb ihrer selbst zu kommunizieren. Schließlich liegt nach Schleiermachers Ethik genau hier die "Basis" der historischen Entfaltung der Kirchen als frommer Gemeinschaften. Die Philosophische Theologie ist dazu sogar verpflichtet, um im Aufweis der Differenz dem je eigenen nahezukommen. Weil die "Theologie der Kirche" damit durch Schleiermachers Ethik in eine umfassende "Theorie der Kirche"[57] eingebettet ist, kann sie die Weite aufbringen, über die jeweilige Institution hinaus den Blick auf die selbständige Ausübung des Christentums zu ermöglichen: "Diese Theologie ist nur möglich, weil und sofern sie sich nicht der geschichtlichen Welt des Christentums und ihrer Problematik entzieht, um sich selbst an deren Stelle zu setzen, sondern sich auf das bezieht, was der verbindliche, wenn auch nicht exklusive Ort des Christentums in dieser Welt ist,

---

52 Ebd.
53 Ebd.
54 So WOLFGANG STECK in dem oben zitierten Aufsatz, vgl. a.a.O., S. 247.
55 A.a.O., S. 239.
56 Dies betont LUTHER, HENNING: Praktische Theologie als Kunst für alle. Individualität und Kirche in Schleiermachers Verständnis Praktischer Theologie. In: ZThK 84 (1987), S. 371-393.
57 RENDTORFF, a.a.O., S. 166.

die Kirche. In der Theorie der Kirche werden so die Anschlüsse nach innen und außen hergestellt, mittels derer die christliche Frömmigkeit als gegenwärtig vorhandene expliziert und gewürdigt werden kann."[58]

Ist somit der spezifisch neuzeitliche Ansatz der Schleiermacherschen Theologie umrissen, so muß nun gezeigt werden, wie die Theologie der Folgezeit mit diesem Problem der neuzeitlichen Trennung von Kirche, Theologie und Religion umzugehen wußte, um im Anschluß daran die gegenwärtige Aufgabenstellung zu formulieren.

II. THEOLOGIE ZWISCHEN KIRCHE UND KULTUR

Die von Schleiermacher vorgegebene Linie, Theologie im Ausgang von der Selbständigkeit des religiösen Subjekts zu denken, ist im 19. Jahrhundert im Hinblick auf die Praktische Theologie nur sehr zögerlich aufgenommen worden. Vielmehr wurde in der Folgezeit der Praktischen Theologie ein dogmatischer Begriff von Kirche vorausgestellt, aus dem dann die jeweils speziellen praktisch-theologischen Aufgaben deduziert werden konnten. Christian Palmer[59] (1811-1875) gehörte zu den wenigen, die dieser von Philipp Marheineke[60] und vor allem Carl Immanuel Nitzsch[61] vertretenen Richtung nicht folgten. Im Ausgang von der Offenbarung und Erlösung in Jesus Christus teilte er die Theologie in einen dogmatischen und praktischen Teil ein. Während der dogmatische Teil der Theologie zur Aufgabe hatte, das, "was ist", also den göttlichen Gedanken, wie er "sich in der Thatsache realisiert hat"[62] nachzudenken, kommt dem praktischen Teil bei Palmer die Aufgabe zu, das "was noch nicht Thatsache ist, es aber werden soll, und zwar nicht im Sinne einer göttlichen Nothwendigkeit, sondern durch menschliche Freiheit"[63] in der Theorie zu erfassen. Hier ist es dann die Ethik, die dies hinsichtlich des einzelnen bedenkt, während die Praktische Theologie daraus ihre Aufgabenstellung hinsichtlich des Handelns der Kirche findet.

Ist es Palmer dadurch schon möglich gewesen, die "Wirklichkeitsnähe"[64] der Praktischen Theologie gegenüber einer dogmatisch-deduktiv verfahrenden Vorgangsweise zu verstärken, so wird diese Wirklichkeitsnähe der Praktischen Theologie um die Jahrhundertwende von einer Gruppe liberaler Praktischer Theologen erneut gefordert. Zu ihnen gehörte neben Otto Baumgarten (1858-1934), Friedrich Niebergall (1866-1932) und Martin Schian (1869-1944) vor allem auch Paul Drews[65] (1858-1912). Drews[66] trat für zwei verschiedene

58 A.a.O., S. 164 f.

59 PALMER, CHRISTIAN: Zur praktischen Theologie. Andeutungen in Betreff ihres Verhältnisses zur gesammten theologischen Wissenschaft, namentlich zur Ethik, und in Betreff ihrer innern Gliederung. In: Jahrbücher für deutsche Theologie 1 (1856), S. 317-361. Zu Palmer vgl. den Aufsatz von RÖSSLER, DIETRICH: Prolegomena zur Praktischen Theologie. Das Vermächtnis Christian Palmers. In: ZThK 64 (1967), S. 357-371.

60 MARHEINEKE, PHILIPP: Entwurf der practischen Theologie. Berlin: 1837, S. 1-32.133-146.

61 NITZSCH, CARL IMMANUEL: Praktische Theologie. Erster Band. Bonn: 1847, S. 1-129.

62 PALMER, a.a.O., S. 330.

63 A.a.O., S. 331.

64 RÖSSLER, a.a.O., S. 369.

65 Zu Drews vgl. DREHSEN, VOLKER: Neuzeitliche Konstitutionsbedingungen der Praktischen Theologie. Gütersloh: 1988, S. 349 ff.

Richtungsweisen der Praktischen Theologie ein: zum einen die in der Ausbildung an Predigerseminaren zu vermittelnde Theorie der Berufspraxis von Pfarrern, zum andern eine die Bedingungen dieser Praxis reflektierende Praktische Theologie an der Universität. Ihr Gegenstand sollte das "Leben der empirischen Kirche der Gegenwart"[67] sein, das es "zu erkennen, zu verstehen, zu beurteilen und weiter zu bilden"[68] gelte. Drews dachte dabei an eine "Evangelische Kirchenkunde", in der ein "zusammenhängender, geordneter und wohlbegründeter Begriff"[69] der gegenwärtigen Organisation und Struktur des kirchlichen Lebens erarbeitet werden sollte. Dieser Kirchenkunde ordnete er dann eine "Religiöse Volkskunde" zu, die für jede Bevölkerungsgruppe deren "ganz eigenartiges religiöses Gepräge"[70] durchaus auch im historischen und internationalen Vergleich reformulieren sollte. In den Jahren nach 1902 erschien eine ganze Reihe solcher, von Drews herausgegebener Evangelischer Kirchenkunden.[71]

Zur Evangelischen Kirchenkunde trat weiter die "Religiöse Psychologie", die die "Bedingungen, unter denen sich das religiöse Leben"[72] beim einzelnen entfaltet, zu untersuchen hatte.[73] Daneben wollte Drews aber auch die historische Betrachtung in der Praktischen Theologie verankern, wobei daran gedacht war, die geschichtliche Entwicklung gegenwärtiger Handlungsfelder aufzuzeigen, um dadurch die gegenwärtige Situation besser verstehen zu lernen: "da alles Gegenwärtige in der Vergangenheit wurzelt, baut die Praktische Theologie auch historische Zweige aus und an."[74]

Maßstäbe und Normen für das kirchliche Handeln sind nach Drews schließlich Gegenstand der "Prinzipienlehre" innerhalb der Praktischen Theologie. Sie soll zeigen, wie das Handeln der Kirche im "Wesen der evangelischen Frömmigkeit"[75] begründet liegt. Daß

---

66 DREWS, PAUL: Das Problem der Praktischen Theologie. Zugleich ein Beitrag zur Reform des theologischen Studiums. Tübingen: 1910. DERS.: "Religiöse Volkskunde", eine Aufgabe für die praktische Theologie. In: MKP 1 (1901), S. 1-8.

67 DREWS, Das Problem, a.a.O., S. 77 f.

68 A.a.O., S. 78.

69 A.a.O., S. 55.

70 A.a.O., S. 61.

71 Vgl. z.B.: DREWS, PAUL: Das kirchliche Leben der Evangelisch-Lutherischen Landeskirche des Königreichs Sachsen [Evangelische Kirchenkunde, 1. Teil] Tübingen, Leipzig: 1902. Dann BECK, HERMANN: Das kirchliche Leben der evangelisch-lutherischen Kirche in Bayern [Evangelische Kirchenkunde, 4. Teil] Tübingen: 1909. Wenigstens genannt seien auch: RADE, MARTIN: Die sittlich-religiöse Gedankenwelt unserer Industriearbeiter. In: Die Verhandlungen des Neunten Evangelisch-sozialen Kongresses. Göttingen: 1898, S. 66-136 und 136-159 (Diskussion). FOERSTER, ERICH: Das Christentum der Zeitgenossen. In: ZThK 9 (1899), S. 1-96. DREWS, PAUL: Zur Kirchlichkeit des mitteldeutschen Bauernstandes. In: MKP 1 (1901), S. 133-140. ARNDT, G.: Ein Beitrag zur religiösen Gedankenwelt unseres liberalen Bürgertums. In: MKP 1 (1901), S. 161-175. KÜHN, TRAUGOTT: Skizzen aus dem sittlichen und kirchlichen Leben einer Vorstadt. Göttingen: 1902. KÜHN, TRAUGOTT: Skizzen aus dem sittlichen und kirchlichen Leben einer Vorstadt. Neue Folge. Göttingen: 1904. L'HOUET, A. [d.i. Borrée, Wilhelm]: Zur Psychologie des Bauerntums. Tübingen: 1905, S. 169-197.

72 A.a.O., S. 66.

73 Einen ausführlichen Entwurf hierfür hat FRIEDRICH NIEBERGALL vorgelegt: Die Bedeutung der Religionspsychologie für die Praxis in Kirche und Schule. In: ZThK 19 (1909), S. 411-474.

74 A.a.O., S. 78.

75 A.a.O., S. 76.

sich Praktische Theologie an dieser Stelle auch mit der Systematischen Theologie trifft, ficht Drews nicht an, sieht er doch viele, für die Praktische Theologie relevante Fragestellungen dort nicht bearbeitet und verlangt außerdem, daß jeder Praktische Theologe hier selbst "seinen Standpunkt"[76] darlege.

Deutlich wird an diesem Aufbau, daß es auch in der akademischen Praktischen Theologie bei Drews um eine Berufstheorie für Pfarrer geht. Sie sollen die religiöse Mannigfaltigkeit ihrer Gemeindeglieder wahrnehmen lernen, um dementsprechend die Kirche im Sinne einer Volkskirche so zu öffnen, daß "das verlorene christliche Erbe in sie wieder zurückströmen kann."[77] Insofern steht hier tatsächlich die Praktische Theologie im Dienste "kirchlicher Bestandserhaltung"[78]. Unbeschadet dessen, ist es jedoch das Verdienst Drews und der vordem genannten Gruppe von Theologen in seinem Umkreis, die Notwendigkeit empirischer Forschung sowohl für die Praktische Theologie als auch für das kirchliche Handeln wie nie zuvor herausgestrichen zu haben. Darin liegt aber allemal - in der Weiterführung Schleiermacherscher Traditionen - auch eine Anerkennung der Eigenständigkeit des religiösen Subjekts, hinter die im Anschluß an Drews in der Praktischen Theologie nicht mehr zurückgegangen werden kann.

Hatte Drews in seiner Praktischen Theologie also vor allem eine Reform der Kirche hinsichtlich der Mannigfaltigkeit der religiösen Subjekte im Sinn, so verlagert sich dies bei Ernst Troeltsch in Richtung auf eine Theorie christlicher Kultur in der Moderne.[79] Troeltsch geht das Problem des Verhältnisses von Religion und Kirche in der Neuzeit von vornherein nicht partikular, sondern im Rahmen einer umfassenden Gesellschaftsanalyse an: "Nicht ein irgendwie gearteter theologischer Begriff der Kirche, auch nicht ein philosophischer Begriff der Religion, schließlich auch kein abstrakter Begriff der Kultur kann die Antwort auf die Frage geben, sondern nur eine Analyse der konkreten gegebenen Verhältnisse und der in ihnen liegenden Möglichkeiten und Interessen."[80] Deshalb behandelt er in seinen Analysen der "modernen Welt" alle sich aus der Differenzierung der neuzeitlichen Gesellschaft ergebenden Bereiche, um dadurch ihrer "Zusammen- und Ineinanderschiebung"[81] ansichtig werden zu können. Nacheinander werden so Staat, Wirtschaft, Recht, Wissenschaft, Kunst, Philosophie und Moral in ihrer neuzeitlichen Entwicklung besprochen, um dies schließlich mit dem gegenwärtigen Verständnis von Religion in Einklang bringen zu können. Dabei beschreibt Troeltsch, nicht zuletzt auch in Anlehnung an

76 A.a.O., S. 77.

77 DREHSEN, a.a.O., S. 510.

78 A.a.O., S. 513.

79 Zu Troeltsch vgl. DREHSEN, a.a.O., S. 514 ff. sowie RENDTORFF, TRUTZ: Theologie in der Moderne. Über Religion im Prozeß der Aufklärung. [Troeltsch-Studien, Bd. 5] Gütersloh: 1991. Kritisch zum systematischen Ansatz von Troeltsch WAGNER, FALK: Was ist Religion? Gütersloh: 1986, S. 135 ff.

80 TROELTSCH, ERNST: Die Kirche im Leben der Gegenwart, (1911) in: DERS., Zur religiösen Lage, Religionsphilosophie und Ethik. Gesammelte Schriften, Bd. 2, [2. Neudruck der 2. Ausgabe Tübingen: 1922] Aalen: 1981, S. 91-108, hier: 108.

81 TROELTSCH, ERNST: Das Wesen des modernen Geistes, (1907) in: DERS., Aufsätze zur Geistesgeschichte und Religionssoziologie. Gesammelte Schriften, Bd. 4, [2. Neudruck der Ausgabe Tübingen: 1925] Aalen: 1981, S. 297-338, hier: 298.

Max Weber[82], eine Rationalisierung, die zugleich zu einer Entpersönlichung wie zu einer zunehmenden Individualisierung im Sinne des neuzeitlichen Subjektivitäts-Prinzips führt. Im Hinblick auf den der Wirtschaftsordnung zugrunde liegenden Kapitalismus heißt das etwa: "Der politisch-rechtliche Individualismus, die Freizügigkeit, die freie Verfügung der Person über sich selbst sind seine Voraussetzungen, ohne die er nicht entstehen konnte und die er daher zu erhalten strebt, soweit sie ihm nützlich sind. Aber es ist sein Schicksal, diese seine Voraussetzungen fortwährend wieder aufzuheben. Er läßt die Individuen nur als Unternehmer und Arbeitshände über und unterwirft beide der unerbittlichen Logik des Abstraktums 'Kapitalismus', das seine Unpersönlichkeit überall hin verbreitet und als Persönlichkeiten nur die wagemutigen Kondottieren des Kapitalismus übrig läßt."[83] Dies ist aber nur ein Aspekt, denn die moderne Welt ist nach Troeltsch keine Einheit, auch nicht im Sinne der Rationalität, sondern vielmehr ein sich aus Traditionen der Antike, des Christentums, des Germanentums sowie moderner Rationalität ergebendes Analgam: "Die heutige Welt verstehen, heißt diese moderne Geisteswelt in ihrer Verfilzung mit den fortdauernden Mächten der vorangegangen Welten und dem von ihr darein hineingegebenen neuen geistigen Gehalt verstehen."[84] Troeltsch, der in vielen Schriften immer wieder seine Kulturanalyse vor Augen führt, versteht dies aber nicht als Negativ-Folie zum Christentum, sondern fordert vielmehr, das Christentum im Zusammenhang mit der modernen Welt zu denken. Das bedeutet zum einen die Akzeptanz des modernen Individualismus und Subjektivismus im Hinblick auf Kirche, zum andern aber auch, den gegenwärtig möglichen Einfluß des Christentums auf die Kultur zu bedenken. Dabei sind es zuallererst die "Metaphysik des Personalismus"[85] sowie die die Welt bejahende Sinngebung, die durch die christliche Religion in der modernen Welt geltend gemacht werden sollte. Letztlich begründet beides nicht nur die Freiheit des Subjekts "über die Endlichkeit"[86], sondern auch die Verbindung der Individuen in sozialen Gemeinschaften, die allein einer Atomisierung der Welt wehren kann und darin auch einen abstrakten Individualismus kritisiert. Denn die Freiheit des Subjekts und ihre Einbindung in eine soziale Gemeinschaft ist nicht anders möglich denn als "Kompromiß". Im Hinblick auf religiöse Gemeinschaften etwa bedeutet dies für Troeltsch eine eindeutige Präferenz der Volkskirche, die sowohl den Organisationsgedanken (des Kirchentypus) als auch den Autonomiegedanken (des Sektentypus) in sich vereinen kann.[87]

---

82 Zum Verhältnis Troeltsch-Weber aus seiner eigenen Sicht vgl. TROELTSCH, ERNST: Die Soziallehren der christlichen Kirchen und Gruppen, (1912) Gesammelte Schriften Bd. 1 [3. Neudruck der Ausgabe Tübingen 1922] Aalen: 1977, S. 950, Anm. 510.

83 TROELTSCH, Das Wesen des modernen Geistes, a.a.O., S. 310. Keineswegs kann damit übrigens davon ausgegangen werden, daß nicht auch die Liberale Theologie vor Barth um die Gefährdung des Individuums in der Krise der Moderne gewußt hätte, vgl. hierzu auch GRAF, FRIEDRICH-WILHELM: Religion und Individualität. Bemerkungen zu einem Grundproblem der Religionstheorie Ernst Troeltschs, in: RENZ, HORST / FRIEDRICH-WILHELM GRAF (HRSG.): Protestantismus und Neuzeit [Troeltsch-Studien, Bd. 3], Gütersloh: 1984, S. 207-230.

84 A.a.O., S. 300.

85 A.a.O., S. 330.

86 TROELTSCH, Soziallehren, a.a.O., S. 978.

87 In den Soziallehren erarbeitet Troeltsch den Kirchen- und Sektentypus und greift dabei gelegentlich auch noch auf einen Typus der Mystik zurück. Während der Kirchentypus Zwang zur Einordnung wie auch Kompromiß mit den Belangen der Welt bedeutete, war der Sektentypus geprägt von einer Abkehr von der Welt und einer partikularen Entscheidungsgemein-

Der für die Neuzeit maßgebliche "Bruch mit der kirchlichen Autoritätskultur"[88] ist für eine zeitgemäße Theorie der Volkskirche nach Troeltsch dergestalt fruchtbar zu machen, daß Kirche selbst zum Sachanwalt der Autonomie des Subjekts wird: "Es wird nur möglich sein unter der Voraussetzung, daß die von Zwang, Gewalt, Staatsreligion und Konformität geschaffenen Kirchen zu Gehäusen werden, in denen jetzt friedlich die verschiedenen christlichen Geister wohnen und wirken können."[89] Dies gilt sinngemäß auch für die von den Kirchen unabhängige Religiosität: "Die Leute haben das volle Recht, sich ihre religiöse Anschauung selbst zu bilden, und sind weder so zu behandeln, als seien sie alle Christen oder als seien sie wenigstens lauter Missionsobjekte, die in erster Linie bekehrt werden müssen."[90] Entscheidend für eine solche Vorstellung von Kirche ist nach Troeltsch eine Kompromißstruktur, die Konflikte nicht unterdrückt, sondern sie als natürlichen Ausfluß gelebter Religiosität verstehen kann. Gleichwohl muß auf der anderen Seite auch deutlich werden, daß religiöse Subjektivität nicht "organisationslose Selbstdurchsetzung"[91] bedeuten kann, sondern zu ihrer Realisierung immer schon auf eine Institution verwiesen ist. Hier ist ein Idealbild von Kirche beschrieben, welches unter Anerkennung der Autonomie des einzelnen doch durch den Kompromiß den Ausgleich der Interessen sucht und so an der notwendigen Sozialität festhält. Troeltschs Ekklesiologie kann so als "theologisch verschlüsselte Gesellschaftstheorie"[92] gelten, indem sie unter den Bedingungen neuzeitlicher Subjektivität ein solches Modell des Zusammenlebens denkt, welches sich nicht nur inspiriert weiß vom Gedanken der westlichen Demokratie, sondern darin auch auf die politische Kultur zurückwirken will. Über die Demokratie sagt Troeltsch 1907: "Sie hat ihr großes Musterbeispiel in den amerikanischen Kolonialstaaten, das Beispiel ihrer Versöhnung mit der Monarchie in der englischen Verfassung, ihre theoretisch-radikale Durchbildung in den Theorien der französischen Revolution und ihrer zahlreichen Tochterrevolutionen, ihren Kompromiß mit dem Absolutismus in den parlamentarischen militärischen Monarchien."[93] Angesichts der "sozialen Kämpfe der Gegenwart"[94] könnte seiner Meinung nach das christliche Sozialethos einen Weg zur Vermittlung weisen, wie er eben durch eine Theorie der Kirche als "Kompromißinstitut"[95] vorgeführt wird. Für Troeltsch gehörte beides, Kirche und Kultur, in gegenseitiger Befruchtung untrennbar zusammen. Nicht zuletzt daraus speiste

---

schaft. Mystisch wäre dabei der Typ des auf eine Gemeinschaft weitgehend verzichtenden religiösen Subjekts. Zur Problematik dieser Typologie im Hinblick auf die nicht konsequente Verwendung des Mystik-Begriffs bei Troeltsch vgl. RENDTORFF, TRUTZ: »Meine eigene Theologie ist spiritualistisch«. Zur Funktion der 'Mystik' als Sozialform des modernen Christentums. In: GRAF, FRIEDRICH-WILHELM / TRUTZ RENDTORFF (HRSG.): Ernst Troeltschs Soziallehren. Studien zu ihrer Interpretation [Troeltsch-Studien, Bd. 6] Gütersloh: 1993, S. 178-192.

88 TROELTSCH, Das Wesen des modernen Geistes, a.a.O., S. 330.

89 A.a.O., S. 982 f.

90 TROELTSCH, ERNST: Religiöser Individualismus und Kirche. (1911). In: Gesammelte Schriften, Bd. 2 [2. Neudruck der 2. Auflage Tübingen 1922], Aalen: 1981, S. 109-133.

91 TROELTSCH, Soziallehren, a.a.O., S. 980.

92 So VOLKER DREHSEN, a.a.O., S. 603.

93 TROELTSCH, Das Wesen des modernen Geistes, a.a.O., S. 306.

94 TROELTSCH, Soziallehren, a.a.O., S. 1 ff.

95 DREHSEN, a.a.O., S. 603.

sich auch sein entschiedenes politisches Eintreten für die Demokratie der Weimarer Republik.[96]

Wurde also der neuzeitliche Subjektivitätsgedanke bei Ernst Troeltsch im Rahmen einer solchen theologischen Theorie der Moderne gedacht, in der die Vermittlung von abstrakter Individualität und Sozialität durch das christliche Ethos im Gedanken der Persönlichkeit geleistet werden soll, so sollte die Theologie auch in der Folgezeit an diesem Thema festhalten. Dies gilt neben und auch trotz der massiven Kritik an der Liberalen Theologie, als deren letzter Vertreter Troeltsch gemeinhin galt. An zwei Beispielen wollen wir dies noch verdeutlichen.

Neben dieser Kritik etwa wäre Paul Tillich (1886-1965) anzusetzen, der mit seinem Versuch einer "Theologie der Kultur"[97] in vielem an Ernst Troeltsch anschließen konnte. So verwahrte sich auch Tillich gegen eine abstrakte Entgegensetzung von Kirche und Kultur, Christentum und bürgerlicher Gesellschaft, versuchte vielmehr der Vermittlung zwischen beidem auf die Spur zu kommen, ohne sie miteinander gleichsetzen zu wollen. Moralität, Kultur und Religion sind nach Tillich aufeinander angewiesen, da etwa die *Kultur* ohne die durch die Religion geleistete "Selbst-Transzendierung des Lebens"[98] ihrer Sinngehalte und die *Moralität* ihrer Motivation verlustig gehen würde. Andererseits gilt aber auch, daß die religiöse Selbst-Transzendierung ihre Form nur über die "Konstituierung des moralischen Selbst" und das "Sinn-Universum der Kultur"[99] finden kann. Ist Religion also stets auf Moralität und Kultur bezogen, so geht sie aber nie darin auf, sondern bleibt dazu immer auch in einer kritischen Distanz.[100] Tillich verdeutlicht dies an der Rolle der Kirche in der bürgerlichen Gesellschaft nach dem 1. Weltkrieg. Angesichts regressiver Tendenzen, die Autonomie des Subjekts "von sich zu werfen"[101] zugunsten einer institutionell abgesicherten "Geborgenheit"[102], fordert er dazu auf, sich diesem auch an die Adresse der Kirche gerichteten Wunsch nach Geborgenheit nicht kritiklos zu beugen. Kirche müßte vielmehr stärker "in die Formen der humanistischen Gesellschaft"[103] eingehen und so auch eine "latente" Kirche außerhalb der "manifesten" Kirche konstituieren, in der sich diejenigen Menschen finden könnten, die "die christliche Wirklichkeit in der humanistischen Form in sich aufgenommen haben"[104], denen aber die manifeste Kirche zu sehr im Widerspruch zur neuzeitlichen Welt steht. Beide Formen müßten aber auch füreinander offen bleiben,

---

96 Vgl. die diesbezüglichen Beiträge in RENZ, HORST / FRIEDRICH-WILHELM GRAF (HRSG.): Protestantismus und Neuzeit [Troeltsch-Studien, Bd. 3], Gütersloh: 1984 sowie RENDTORFF, TRUTZ: Freiheit - Schnittpunkt von Religion und Geschichte. In: DERS.: Theologie in der Moderne. Über Religion im Prozeß der Aufklärung. Gütersloh: 1991, S. 91-107, bes. 104 ff.

97 Vgl. TILLICH, PAUL: Die religiöse Substanz der Kultur. Schriften zur Theologie der Kultur. [Gesammelte Werke, Bd. IX.] Stuttgart: 1967.

98 TILLICH, PAUL: Systematische Theologie, Bd. III. Stuttgart: ²1978, S. 116 ff.

99 A.a.O., S. 117.

100 Vgl. TILLICH, PAUL: Der Protestantismus als Kritik und Gestaltung. [Gesammelte Werke, Bd. VII]. Stuttgart: 1962.

101 TILLICH, PAUL: Kirche und humanistische Gesellschaft. In: Die religiöse Substanz, a.a.O., S. 47-61, S. 60.

102 Ebd.

103 Ebd.

104 A.a.O., S. 61.

was nicht mehr gewährleistet wäre, wenn die manifeste Kirche sich nur noch als "Ort der Geborgenheit"[105] ausgestalten würde.

In noch stärkerer Betonung des kritischen Gegenübers sieht Karl Barth (1886-1968) das Verhältnis von Kirche und Kultur. Barth verstand seinen Neuansatz ganz aus der Kritik an der Liberalen Theologie heraus, und versuchte gegenüber der beklagten Synthese von Religion und Kultur eine theologische Intensivierung durch den Ausgang vom Wort Gottes. Barth bricht deswegen aber nicht mit der neuzeitlichen Tradition, sondern behandelt vielmehr das Thema der Subjektivität am Ort der Gotteslehre.[106] Am Beispiel des Verhältnisses von Kirche und Kultur bedeutet dies, daß er das Thema zunächst unter einem "theologischen Innenaspekt"[107] verhandeln will und gerade nicht, wie etwa Troeltsch, unter der gemeinsamen geschichtlich-soziologischen Perspektive. Im Ausgang vom Wort Gottes bestimmt Barth so die Kirche als "die durch Gott eingesetzte Gemeinschaft des von seinem Wort lebenden Glaubens und Gehorsams sündiger Menschen"[108] und die Kultur als "die durch das Wort Gottes gestellte Aufgabe der in der Einheit von Seele und Leib zu verwirklichenden Bestimmung des Menschen"[109]. Die im Nachdenken der Offenbarung sich ergebenden dogmatischen Bestimmungen geben Barth somit die Richtung für seine weiteren Überlegungen vor. Innerhalb dieses durch den "theologischen Innenaspekt" gesetzten Rahmens kehrt dann allerdings die Frage nach den Bedingungen der Konstitution auch des menschlichen Subjekts durchaus wieder. Barth setzt dann nämlich die Aufgabe der Kultur mit Humanität gleich, insofern er Humanität als durch Gott gesetzte Verheißung, durch Gott gesetzte Forderung und als einen durch Gott gesetzten kritischen Grenzbegriff gegenüber allen menschlich-kulturellen Manifestationen begreift: "Immer ist der Inhalt des Gesetzes ganz einfach die Kultur. Immer bedeutet also Heiligung, Aussonderung für Gott, Tun des Willens Gottes, inhaltlich Humanisierung. Die Menschen *sollen* Menschen werden, nicht mehr aber auch nicht weniger. Daß dieses Ziel erreichbar, daß ein Reich Gottes als Reich des Friedens, des Rechts und der Wahrheit durch Menschen aufzurichten sei, daß es Humanität *gebe* auf der Welt, - das ist durch das Gesetz nicht gesagt."[110] Barth schließt aber auch nicht aus, daß es eine solche Manifestation der Humanität geben kann, dies jedoch stets unter dem kritischen Vorbehalt der Eschatologie.[111] Keineswegs verzichtet also die

---

105 Ebd.

106 Vgl. hierzu STECK, KARL GERHARD / DIETER SCHELLONG: Karl Barth und die Neuzeit [TEH 173]. München: 1973. Christof Gestrich: Neuzeitliches Denken und die Spaltung der Dialektischen Theologie. Zur Frage der natürlichen Theologie. Tübingen: 1976. RENDTORFF, TRUTZ: Theologie in der Moderne. Gütersloh: 1991, S. 111 ff. JÜNGEL, EBERHARD: Barth-Studien. Gütersloh: 1982.

107 BARTH, KARL: Die Kirche und die Kultur, in: DERS.: Die Theologie und die Kirche. [Gesammelte Vorträge II] München: 1928, S. 364-391.

108 A.a.O., S. 364.

109 A.a.O., S. 368.

110 A.a.O., S. 380.

111 Zur "Grundform der Menschlichkeit" nach Barth vgl. auch BARTH, KARL: Kirchliche Dogmatik, Bd. III,2. Zollikon-Zürich: 1959, S. 296 ff. Eine mögliche Fortentwicklung des von Barth vorwiegend personalistisch gefassten Verständnisses von Subjektivität unter Aufnahme der kritischen Komponente des Humanitätsbegriffs bei Barth gibt BÄUMLER, CHRISTOF: Der Mensch in der Gesellschaft. Zum Verhältnis der theologischen Anthropologie Karl Barths zur Soziologie. In: DANTINE, WILHELM / KURT LÜTHI (HRSG.): Theologie

Barthsche Theologie auf die Themen neuzeitlicher Subjektivität, reflektiert sie aber stets in Ableitung vom Wort Gottes im Sinne einer theologischen Anthropologie.[112]

Damit kann nun zusammenfassend formuliert werden, daß die religiöse Autonomie des Subjekts, wie Schleiermacher dies zum Ansatz seiner Theologie gemacht hat, zunächst einmal in der nachfolgenden Theologie zum Bewußtsein einer Krise führte, in Gestalt der Trennung von Kirche auf der einen und der Lebenswirklichkeit der Subjekte auf der anderen Seite. Die damit zunächst an einem Teilbereich wahrgenommene Ausdifferenzierung der Gesellschaft wurde in ihrer Komplexität schließlich im Rahmen der theologischen Theorie der Moderne von Ernst Troeltsch aufgenommen und darin zugleich als Bedingung zeitgemäßer theologischer Theoriebildung formuliert. Während Troeltsch selbst dies im Sinne einer historischen Vermittlung von Christentum und Kultur versuchte und darin eine Reihe von Nachfolgern fand, nahm auch Barth in seiner Kritik an der Liberalen Theologie dieses Thema auf, entfaltete es aber zunächst am Ort der Gotteslehre.

Für die Praktische Theologie bleibt von entscheidender Bedeutung, daß das Verhältnis neuzeitlicher Subjektivität und religiös-kirchlicher Praxis stets im Zusammenhang mit den gesellschaftlichen Strukturen bedacht sein will, wenn anders es nicht zu einer abstrakten Unterbestimmung kommen soll. Der Ort gegenwärtiger praktisch-theologischer Theoriebildung wird also genau in der Vermittlung zwischen diesen Bereichen zu suchen sein. Das soll nun im letzten Teil dieses Kapitels anhand gegenwärtiger Konzeptionen vorgeführt werden, um damit den näheren Theorie-Rahmen für die vorliegende empirische Untersuchung zu entfalten.

III. PRAKTISCHE THEOLOGIE DES SUBJEKTS

In der praktisch-theologischen Diskussion der Gegenwart ist das Thema neuzeitlicher Subjektivität weit rezipiert worden. Dabei zeigen sich zwei voneinander zu unterscheidende Grundlinien, die durch die Namen Dietrich Rössler und Gert Otto markiert sind.[113]

Für Dietrich Rössler[114] (geb. 1927) ist die Entwicklung des neuzeitlichen Christentums ein grundlegendes Thema der Praktischen Theologie. Gemäß der "dreifachen Konfiguration des neuzeitlichen Christentums"[115] gliedert er seinen Ansatz hinsichtlich des individuellen, öffentlichen und kirchlichen Christentums. Bezugspunkt ist hier also zunächst keineswegs die Kirche, sondern das dergestalt neuzeitlich verfaßte Christentum. Aufgabe der Theorie-

---

zwischen Gestern und Morgen. Interpretationen und Anfragen zum Werk Karl Barths. München: 1968, S. 192-215.

112 Zu den Problemen, die Barth sich damit einhandelt, Subjektivität an der Stelle Gottes abstrakt zu denken, vgl. WAGNER, FALK: Was ist Theologie? Gütersloh: 1989.

113 Neben Rössler und Otto wären hier auch noch zu nennen: PEUKERT, HELMUT: Wissenschaftstheorie-Handlungstheorie- Fundamentale Theorie. Frankfurt a.M.: ^{2}1988. GRÄB, WILHELM / DIETRICH KORSCH: Selbsttätiger Glaube. Neukirchen-Vluyn: 1985. DREHSEN, VOLKER: Neuzeitliche Konstitutionsbedingungen der Praktischen Theologie. Gütersloh: 1988.

114 RÖSSLER, DIETRICH: Grundriß der Praktischen Theologie. Berlin, New York: ^{2}1994.

115 A.a.O., S. 68.

bildung einer Praktischen Theologie ist es hier, ein Reflexionsvermögen bezüglich dieser Praxis des neuzeitlichen Christentums zu erzeugen. Besteht sie insofern sowohl aus "Grundsätzen" wie auch aus "Erfahrung", so bleibt sie doch als Theorie immer von der vorgängigen Praxis zu unterscheiden.

In der Zuordnung der drei Konfigurationen gibt es dann für Rössler eine eindeutige Präferenz, die er beim einzelnen Menschen ansetzt. Hier wird dann auch Religion definiert als "diejenige Perspektive aller menschlichen Wirklichkeit, die die Unverfügbarkeit, die Erneuerungsfähigkeit und die Überholbarkeit dieser menschlichen Wirklichkeit wahrnimmt"[116]. Bleibt in dieser Transzendierung jeweils gegebener menschlicher Wirklichkeit Religion in ihrer Bedeutung immer auch mehrdeutig, so liegt für Rössler gerade darin auch der "Ausdruck für die Freiheit der Subjektivität, für die fundamentale Bedeutung der Person im Christentum"[117]. Dies kann nun aber nicht bedeuten, daß nach Rössler das Subjekt in seiner abstrakten Individualität betrachtet wird. Vielmehr hat es ja Religion immer schon mit der Teilnahme des einzelnen Menschen "am kulturellen und gesellschaftlichen Leben"[118] zu tun. Und umgekehrt denkt Rössler auch die Institution nicht abstrakt am Individuum vorbei. Vielmehr ist es die "leitende Idee der religiösen Institution", "immer Anwalt der Individualität gegenüber Zumutungen und Anforderungen, die von außen her und unabweisbar geltend gemacht werden"[119] zu sein.

Auch Gert Otto (geb. 1927) setzt zunächst bei der neuzeitlichen Entwicklung des Christentums ein, wenn er in seiner Praktischen Theologie[120] jegliche ekklesiologische Engführung hinter sich lassen möchte und statt dessen den *komplexen Zusammenhang von Religion und Gesellschaft, dessen Teil Kirche ist*[121], zum Gegenstand der Theorie erhebt. Dabei läßt er sich von der Kritischen Theorie, insbesondere im Sinne Max Horkheimers und Jürgen Habermas, inspirieren. Deutlich wird dies an seinem Theoriebegriff, für den zunächst die Veränderbarkeit von Praxis, die gesellschaftliche Vermittlung aller Theorie, sowie die Emanzipation des Subjekts konstitutiv sind. Hinzu kommt noch das Moment der Geschichte, das für einen Theoriebegriff in Anlehnung an die Kritische Theorie insofern relevant ist, als es ein entscheidender Bestandteil des Erkenntnisinteresses Kritischer Theorie ist, "Geschichte nicht nur zu vergegenwärtigen, sondern auch die Gegenwart zu »vergeschichtlichen«, als Geschichte *in statu nascendi* zu erfassen."[122]

In diesem Kontext will Otto die sektorale Gliederung der Praktischen Theologie zugunsten einer perspektivischen Gliederung aufgeben, die sich dadurch auszeichnet, daß Reflexionsperspektiven quer durch die Handlungsfelder laufen. Dabei sind sowohl die Reflexionsperspektiven als auch die Handlungsfelder in ihrer Anzahl in Ottos offenem System nicht festgelegt. Gleichwohl hält Otto daran fest, daß die Reflexionsperspektiven

---

116 A.a.O., S. 81.
117 RÖSSLER, DIETRICH: Die Vernunft der Religion. München: 1976, S. 125. Ich beziehe mich im folgenden auch auf diese Schrift Rösslers.
118 A.a.O., S. 65.
119 RÖSSLER, Grundriß, a.a.O., S. 470 f.
120 GERT OTTO: Grundlegung der Praktischen Theologie. München: 1986. Ders.: Handlungsfelder der Praktischen Theologie. München: 1988.
121 Vgl. OTTO, Grundlegung, a.a.O., S. 69.
122 SCHMIDT, ALFRED: Die Kritische Theorie als Geschichtsphilosophie. München, Wien: 1976, S. 92, Anm. 252.

Hermeneutik, Rhetorik und Didaktik die Grundlagen praktisch-theologischer Reflexion erfassen. Diese drei Grundperspektiven sind nach Otto für alle Handlungsfelder relevant und für die weiteren Perspektiven ein Ausgangspunkt, insofern diese sich "im Kontakt mit wenigstens einer der drei ersten Perspektiven entwickeln lassen"[123].

Die Gegenstandsfelder einer so konzipierten Praktischen Theologie will Otto in den "komplexen Beziehungen von *Gesellschaft-Religion-Kirche*"[124] suchen. Wesentlich ist hierfür, daß das Subjekt dieser Theorie nicht mehr bloß auf den im Auftrag der Kirche handelnden Amtsträger beschränkt ist. Otto weitet den Bereich der Praktischen Theologie vielmehr aus und listet hierfür folgende Themenfelder auf:

* religiös motivierte Manifestationen, Verhaltensweisen, und Handlungen in der Gesellschaft
* Religion in den Lebensgeschichten der Subjekte,
* Praxis der Kirche und ihre Legitimation,
* historische Hintergründe, gegenwärtige Gestaltungsfragen in Kirche und Gesellschaft.[125]

Während Rössler in seinem Entwurf doch stark auf den Pfarrer in Hinblick auf dessen Person, Amt und Beruf bezogen bleibt[126], der dann allerdings auch die Kommunikation zwischen den drei Konfigurationen des neuzeitlichen Christentums anregen soll, versucht Otto die Praktische Theologie so zu konzipieren, daß die Theorie nicht nur auf kirchlich-pastorales Handeln, sondern auf die religiöse Praxis aller konkreten Subjekte im Spannungsfeld von Gesellschaft und Kirche zielt.

In enger Verbindung mit Gert Otto stand schließlich Henning Luther (1947-1991), der einen sehr engagierten Entwurf einer subjekttheoretischen Konzeption zur Praktischen Theologie[127] vorgelegt hat. Sein Anliegen formuliert er wie folgt: "Praktische Theologie beschränkt ihre Perspektive dann nicht auf verselbständigte kirchlich-religiöse Strukturen und Systeme, in denen Menschen Religion leben, sondern versucht die abgespaltene Frage nach den Subjekten der Praxis einzuholen, indem sie auf die Verwebung der objektiv gegebenen Strukturen religiös-kirchlichen Lebens mit konkreter Subjektivität abhebt."[128] Damit aber wird die vielfältige religiöse Lebenswelt der Laien zum Gegenstand der Theorie, deren religiöse Kompetenz im Hinblick darauf befragt wird, "wie die Subjekte in Selbständigkeit Religion leben bzw. leben können"[129]. Zeigt sich in dieser Laienperspektive die Individualisierung *der* Religion, so stellt Luther daneben die Individualisierung *durch* Religion. Denn keineswegs kann davon ausgegangen werden, daß Subjektivität gelebt und verwirklicht werden kann, sondern angesichts der "unversöhnten Verhältnisse"[130] ist sie immer

---

123 OTTO, Grundlegung, a.a.O., S. 158.
124 A.a.O., S. 21.
125 Vgl. OTTO, Grundlegung, a.a.O., S. 78.
126 Christof Bäumler bemerkt hierzu, Rössler habe zwar keine "Theorie der Praxis einer Pastorenkirche", wohl aber eine "Theorie der Praxis eines neuzeitlichen Pastorenchristentums" entwickelt, vgl. CHRISTOF BÄUMLERS Rezension des Rösslerschen Opus in: ThPr 23 (1988), S. 292-298, hier: S. 294.
127 Vgl. hierzu LUTHER, HENNING: Religion, Sujekt, Erziehung. Grundbegriffe der Erwachsenenbildung am Beispiel der Praktischen Theologie Friedrich Niebergalls. München: 1984. Ders.: Religion und Alltag. Bausteine zu einer Praktischen Theologie des Subjekts. Stuttgart: 1992.
128 LUTHER, Religion, Subjekt, Erziehung, a.a.O., S. 292.
129 A.a.O., S. 293.
130 A.a.O., S. 294.

schon gefährdet und bedroht. "Eine Praktische Theorie des Subjekts ist darum keine Subjekttheorie, die über das Subjekt-Sein vergewissert und beruhigt, sondern Theorie der Subjekt-*Werdung*, die eher bestehende Fixierungen und Zuschreibungen von Identität aufbricht."[131] In dieser Perspektive wird Religion auch gegenüber gesellschaftlichen Verhältnissen der Gewalt zum Anwalt der Subjekt-Werdung. Kann das Subjekt in den Verhältnissen der Welt immer nur fragmentarisch zu sich selbst kommen, so thematisiert christliche Religion durch den Gedanken der persönlichen Gottesbeziehung die unverwechselbare Identität des einzelnen und bringt dies anhand eines kritischen Weltabstands zur Geltung, der sowohl eine gesellschaftskritische als auch religionskritische Komponente enthält.[132] Dies ist also keine Weltflucht, sondern im Sinne Luthers vielmehr eine bewußte Weltgestaltung: "Religiös sein heißt hier nicht, Sinn für eine (die) andere Welt zu haben, sondern die Welt anders zu sehen, einen anderen Sinn für die Welt zu bekommen."[133] Kritisch wäre diese Religion gegen alle Tendenzen, die die Selbständigkeit des Subjekts gefährden, sei es nun im Sinne einer gesellschaftlichen Vereinnahmung oder im Sinne einer kirchlichen Domestizierung.

Der dabei zum Tragen kommende Subjektgedanke verzichtet allerdings auch auf die Vorstellung einer hier und jetzt zu verwirklichenden dauerhaften Ganzheit und setzt statt dessen Identität als regulatives Prinzip im Bewußtsein ihrer fragmentarischen Konstitution.[134] Der Ort einer solchen brüchigen und gefährdeten Identität ist die Mehrdeutigkeit des Alltags, die sich nicht zuletzt aus der wechselseitigen, kritischen Relativierung der verschiedenen Lebenswelten, in denen die Subjekte leben, ergibt.[135] Die Mehrschichtigkeit der Szenarien des Alltags führt nach Luther zu einer Differenzerfahrung des Subjekts, die sich allererst in der Perspektive der Religion zu einer sinnhaften Ganzheit verbinden läßt.

Den damit verbundenen Perspektivenwechsel einer Praktischen Theologie des Subjekts charakterisiert Luther so: "Anstatt daß die einzelnen Subjekte aus der Perspektive des Ganzen (der Kirche) betrachtet werden, soll Praktische Theologie das Ganze (Religion, Kirche) aus der Perspektive der (betreffenden) Subjekte wahrnehmen."[136]

Während Henning Luther dies also aus einer subjekttheoretischen Perspektive[137] entwickelt, kommt Volker Drehsen zur Subjektorientierung seines Ansatzes durch die Analyse der neuzeitlichen Konstitutionsbedingungen der Praktischen Theologie, die er in Anlehnung

---

131 LUTHER, Religion und Alltag, a.a.O., S. 17.

132 HENNING LUTHER bezieht sich theologiegeschichtlich auf Schleiermacher und Niebergall, vgl. LUTHER, HENNING: Praktische Theologie als Kunst für alle. Individualität und Kirche in Schleiermachers Verständnis Praktischer Theologie. In: ZThK 84 (1987), S. 371-393. Anders als Luther bin ich allerdings, wie oben ausgeführt, der Meinung, daß statt Niebergall Ernst Troeltsch hierfür die umfassendere theologische Theorie einer Moderne zu bieten hat.

133 A.a.O., S. 29.

134 A.a.O., S. 62 ff., 160 ff.

135 A.a.O., S. 184 ff. 239 ff.

136 LUTHER: Religion, Subjekt, Erziehung, a.a.O., S. 295.

137 Henning Luther hat sich dabei in späteren Schriften auf den Philosophen Emmanuel Levinas bezogen, der die Ichbezogenheit des Subjekts vom "Andern" her auflösen will, vgl. LUTHER, HENNING: »Ich ist ein Anderer«. Zur Subjektfrage in der Praktischen Theologie. In: DERS.: Religion und Alltag. Stuttgart: 1992, S. 62-87. Meines Erachtens wäre allerdings genauer zu überprüfen, inwieweit Levinas die Konstitution des Subjekts als abstrakte Ichbezogenheit nicht durch eine ebenso abstrakte Alterbezogenheit ersetzt.

an die Theorie des Christentums[138] entfaltet. Besteht zunächst die formal-wissenschaftliche Aufgabe einer spezifisch neuzeitlichen Praktischen Theologie in der wechselseitigen Vermittlungsfunktion "des praktischen Handelns in der jeweiligen Besonderheit seiner Lebenskontexte und des theoretischen Bewußtseins von den allgemeinen Bestimmungsgründen des Handelns"[139], so konkretisiert Drehsen dies hinsichtlich einer ebenso nichtkirchlichen wie undogmatischen, dafür aber selbständigen Praxis von Religion in der Neuzeit durch die Hinwendung der Praktischen Theologie zur sozialkulturellen Lebenswelt eben dieser Religion. Insofern kann die Praktische Theologie auch hier nicht darauf verzichten, "die praktische Sinnganzheit der menschlich-sozialen Lebenswelt von Religion und ihrer Konstitutionsbedingungen"[140] in ihren neuzeitlich-diversifizierten Aspekten zum Gegenstand ihrer Forschung zu erheben, wenn sie denn ihrer Aufgabe einer Kompetenzvermittlung hinsichtlich kirchlichen Handelns gerecht werden will.

Drehsen beläßt es allerdings nicht nur bei Begründungsfragen der Praktischen Theologie, sondern gibt auch einige konkrete Hinweise, worauf eine derartige Erforschung neuzeitlicher "protestantischer Frömmigkeit"[141] gegenwärtig zu achten habe. Frömmigkeit, hier als Terminus für die sichtbar gewordene Religiosität, soll nach Drehsen weder in einer institutions- und ideengeschichtlichen noch in einer individual-psychologischen Verengung untersucht werden, sondern sich vielmehr einer "ambition totalisante", das heißt einer möglichst umfassenden Betrachtung, unterstellen. Die Komplexität neuzeitlicher Frömmigkeit und ihre Verwobenheit in sozialkulturelle Kontexte macht eine interdisziplinäre Zugangsweise im Spannungsfeld von Kultur, Identität und Gesellschaft unerläßlich. Für die zu formulierende Forschungsfrage ist nach Drehsen zum einen die neuzeitliche "Entzweiung" von Christentum und Kirchlichkeit, Theologie und Religion, dann aber auch die geschichtlich-soziale Differenzierung der Entwicklung moderner Gesellschaften maßgebend. Die dabei leitende Perspektive geht aus von der "faktisch-sozialen Geltung" der Frömmigkeit und versucht so zu verstehen, "wie und warum Formen protestantischer Frömmigkeit unter den Bedingungen der Neuzeit so geworden sind, wie sie sich jeweils als gegenwärtige empirisch darstellen."[142]

Ist somit die interdisziplinär zu leistende Erforschung sozialkultureller Lebenswelten von Religion für eine Praktische Theologie, die nicht hinter das Bewußtsein ihrer neuzeitlichen Konstitution zurückfallen will, von zentraler Bedeutung, so ist nun das Feld eines hierfür geeigneten Methodendesigns zu umreißen.

---

138 Vgl. RENDTORFF, TRUTZ: Theorie des Christentums. Historisch-theologische Studien zu seiner neuzeitlichen Verfassung. Gütersloh: 1972.

139 DREHSEN, VOLKER: Neuzeitliche Konstitutionsbedingungen der Praktischen Theologie. Aspekte der theologischen Wende zur sozialkulturellen Lebenswelt christlicher Religion. Gütersloh: 1988, S. 5.

140 A.a.O., S. 7. Drehsen stellt dabei anhand der Theorieansätze von Richard Rothe, Paul Drews und Ernst Troeltsch drei Begründungstypen praktisch-theologischer Theoriebildung vor, von denen er selbst dem Ansatz von Troeltsch favorisiert.

141 Vgl. zum folgenden DREHSEN, VOLKER: Protestantische Frömmigkeit im neuzeitlichen Strukturwandel der Öffentlichkeit. Einige soziologische Erwägungen zur Problemkonstitution wissenschaftlicher Frömmigkeitsforschung. In: ABDOLJAWAD FALATURI / MICHAEL KLÖCKER / UDO TWORUSCHKA: Religionsgeschichte in der Öffentlichkeit. Köln, Wien: 1983, S. 78-113.

142 A.a.O., S. 89.

B. KONZEPTION UND METHODE

VORBEMERKUNG

In diesem Kapitel werden sowohl die Grundlagen als auch die Anlage und Durchführung der Untersuchung vorgestellt. Damit verbindet sich ein doppelter Zweck. Zum einen wäre es wünschenswert, wenn sich so die praktisch-theologische Diskussion qualitativer Forschungsmethoden vorantreiben ließe.[1] Zum andern soll Rechenschaft darüber abgelegt werden, wie die nachfolgend präsentierten Ergebnisse zustande kamen. Es trägt wesentlich zur Einschätzung qualitativer Untersuchungen bei, möglichst genau über die Entstehungsweise von der Forschungskonzeption bis hin zur Auswertung informiert zu sein. Dies gilt umso mehr, als hier ja nicht auf ein allgemeines Methodenarsenal zurückgegriffen werden kann, sondern - wie gleich noch näher zu begründen ist - die Methoden dem Forschungsgegenstand gemäß entwickelt werden. Insofern ist es also bereits Teil der Forschung selbst, ein dem Gegenstand entsprechendes Methodendesign zu erarbeiten.

I. GRUNDLAGEN

"Wie erforscht man heute Religion?"[2]. Seit Jahrzehnten beschäftigt sich Joachim Matthes mit dieser Frage in Auseinandersetzung mit einer auf die Kirchensoziologie verengten Religionssoziologie.[3] Matthes grenzt sich ab von einer solchen

---

1 Bisher sind nicht sehr viele empirische Arbeiten im Bereich der Praktischen Theologie entstanden, die sich qualitativer Forschung zurechnen lassen könnten. Zu denken wäre hier etwa an die Arbeiten von MOLLENHAUER, KLAUS / GERDA KASAKON / HEDWIG ORTMANN / ULRICH BATHKE: Evangelische Jugendarbeit in Deutschland. Materialien und Analysen. München: 1969, mit Gruppenbeobachtung, Interviews und Dokumentenanalyse. SCHIBILSKY, MICHAEL: Religiöse Erfahrungen und Interaktion. Die Lebenswelt jugendlicher Randgruppen. Stuttgart, Berlin, Köln, Mainz: 1976, mit biographischen Interviews. KLIEMANN, PETER: Ehrenamtliche Mitarbeiter. Zur Identität von Gruppenleitern in der kirchlichen Jugendarbeit. [aej-Studienband 6] Stuttgart: 1983 mit Gruppendiskussion und biographischen Interviews. LINKE, KLAUS W.: Jugendarbeit in der Volkskirche, 2 Bde., [aej-Studienband 10] Stuttgart: 1985, mit Gruppendiskussionen, Interviews und Sozialreportagen. ELLERBROCK, JOCHEN: Lebensexperimente des Glaubens. Franfurt a.M., Bern, New York, Paris: 1990, mit biographischen Interviews. SCHÖLL, ALBRECHT: Zwischen religiöser Revolte und frommer Anpassung. Die Rolle der Religion in der Adoleszenzkrise. Gütersloh: 1992, in Anlehnung an Ulrich Oevermanns objektive Hermeneutik. BÄUMLER, CHRISTOF / BANGERT, MECHTHILD / SCHWAB, ULRICH: Kirche-Clique-Religion. Fallstudien zur Kirchlichen Jugendarbeit in der Großstadt. Weinheim: 1994, mit Sozialreportage, Gruppendiskussion und Einzelinterviews. Schließlich arbeitet auch die noch nicht erschienene Dritte EKD-Umfrage über Kirchenmitgliedschaft mit einem qualitativen Teil, vgl. aber STUDIEN- UND PLANUNGSGRUPPE DER EKD: Fremde Heimat Kirche. Hannover: 1993.

2 MATTHES, JOACHIM: Wie erforscht man heute Religion? In: Glaube und Lernen 5 (1990), S. 125-135.

3 Vg. hierzu MATTHES, JOACHIM: Bemerkungen zur Säkularisierungsthese in der neueren Religionssoziologie. In: GOLDSCHMIDT, DIETRICH / JOACHIM MATTHES (HRSG.): Probleme der Religionssoziologie [KZSS Sonderheft 6]. Köln: 1962, S. 65-77. DERS.: Die Emigration der

Säkularisierungsthese[4], die religiöse Phänomene nur anhand von kirchensoziologischen Attributen verstehen kann. In diesem verengten Rahmen kann die am Subjekt orientierte neuzeitliche Verfaßtheit von Religion nur als Bedeutungsverlust von Kirchlichkeit wahrgenommen werden.[5] Demgegenüber versucht Matthes in Verbindung mit der Theorie des Christentums von Trutz Rendtorff[6] "einen mehrdimensionalen theoretischen Ansatz zu entwickeln, der sich auf alle Ebenen oder Schichten des Phänomens Religion bezieht und sie in ihrer historischen und kulturellen Verschränkung zu jeweils bestimmten Religionen erfaßt"[7]. Für die empirische Forschung wird es damit wichtig, Religion als "kulturelles Konstrukt"[8] zu verstehen, welches durch wissenschaftlich-definitorische Anstrengungen immer nur vorläufig bestimmt werden kann, da das, was im gesellschaftlich-kulturellen Diskurs unter dem Begriff Religion zusammengefaßt wird, auch fortlaufend neu konstituiert wird. Das weist bereits hin auf den kulturgeschichtlichen Zusammenhang von Religion, der zumindest für den mitteleuropäischen Kulturraum allemal durch die Neuzeit und damit durch das Subjektivitätsprinzip bestimmt ist. Empirische Forschung von Religion hat sich also möglichst offen zu halten für die Vielfalt religiöser Phänomene, und somit das, was "außerhalb des unmittelbaren Wirkungskreises der Institution Kirche begegnet, nicht nur als Defizit, sondern als Bestandteil dieser Wirklichkeit 'anzunehmen'."[9] Folglich käme es gerade darauf an, die außerhalb von Wissenschaft und Kirche liegenden "Bedeutungshöfe"[10] des Ausdrucks Religion erfassen zu lernen, und damit vielleicht auch besser zu verstehen, worin die spezifische Funktion solcher gegenüber der Institution Kirche höchst subjektiven Bestimmungen liegen könnte. Schließlich wird damit zu rechnen sein, daß man hier "einer Fülle von unterschiedlichen, teils unverträglichen Bedeutungszuschreibungen für Religion"[11] begegnen wird, die im angezeigten Kulturraum dennoch alle mit der christlichen Überlieferung in Zusammenhang stehen, "in wie verschobener und deformierter Weise auch immer"[12], und somit zugleich Ausdruck der in sich selbst spannungsreichen Geschichte des Christentums sind.

Methodisch bedeutet dies, daß man Religion eben nicht "als ein umreißbares Feld beobachtbarer Erscheinungen"[13] untersuchen kann, sondern es vielmehr erforderlich ist, eine

---

Kirche aus der Gesellschaft. Hamburg: 1964. DERS.: Religion und Gesellschaft. Reinbek: 1967. DERS.: Kirche und Gesellschaft: Reinbek: 1968.

4 Zu den unterschiedlichen Konzepten von Säkularisierung vgl. DREHSEN, VOLKER: "Säkularisierung, Säkularismus", in: Wörterbuch des Christentums. Gütersloh: 1988, S. 1108-1109.

5 Den Gang der deutschen religionssoziologischen Forschung zeigt FEIGE, ANDREAS: Kirchenmitgliedschaft in der Bundesrepublik Deutschland. Zentrale Perspektiven empirischer Forschungsarbeiten im problemgeschichtlichen Kontext der deutschen Religions- und Kirchensoziologie nach 1945. Gütersloh: 1990.

6 Vgl. RENDTORFF, TRUTZ: Theorie des Christentums. Gütersloh: 1972. Ders.: Christentum außerhalb der Kirche. Konkretionen der Aufklärung. Hamburg: 1969.

7 MATTHES, JOACHIM: Religion und Gesellschaft. Reinbek: 1967, S. 113.

8 MATTHES, JOACHIM: Wie erforscht man heute Religion? In: Glaube und Lernen 5 (1990), 125-135, S. 128.

9 A.a.O., S. 131.

10 A.a.O., S. 132.

11 A.a.O., S. 133.

12 Ebd.

13 A.a.O., S. 134.

Zugangsweise zu entwickeln, die sich als elastisch genug erweist, Religion als "diskursiven Tatbestand"[14] zu erfassen. Wird die Wirklichkeit von Religion damit erst in "gesellschaftlich-kultureller Diskursivität"[15] hergestellt, so kann diese Konstitutionsbedingung von keiner Methode eliminiert werden, sondern die Methodenwahl muß so getroffen werden, daß genau dies im Forschungsprozeß "präsent"[16] gehalten wird.

Diese Bedingungen an eine Forschungsmethode lassen sich innerhalb quantifizierbarer Verfahren nicht berücksichtigen. Denn für die Operationalisierbarkeit eines Forschungsgegenstandes ist es unerläßlich, die vermuteten Zusammenhänge so vorzustrukturieren, daß sie in der Realität überprüft werden können.[17] Quantifizierbare Untersuchungen sind darum notwendigerweise auf möglichst wenig komplexe, partikulare Fragestellungen innerhalb eines vorgesteckten Feldes bezogen. Sie setzen eine klare Definition ihres Gegenstandes voraus und versuchen hier Einzelbeziehungen zwischen verschiedenen Komponenten des Forschungsgegenstandes objektiv, reliabel sowie valide herauszuarbeiten.[18] Hier können sie allerdings vieles leisten und sind insofern auch notwendiger Bestandteil zeitgemäßer Sozialforschung. Auf der anderen Seite geht damit aber im Forschungsprozeß unter Umständen auch jene theoretische Offenheit verloren, die Matthes zurecht für eine Erforschung von Religion im Spannungsfeld von Subjekt und Gesellschaft für notwendig hält. Für explorativ angelegte Studien sind quantitative Methoden von daher eher weniger geeignet.

Eine solche *explorativ-erkundende* Annäherung an die soziale Realität mit Hilfe offener Verfahren ist dagegen das Grundanliegen der Qualitativen Sozialforschung.[19] Der Methodenpluralismus, der sich auch hier findet, ist darin einheitlich, daß hier auf standardisierte Erhebungsinstrumente verzichtet wird. Sie wären nicht hilfreich, weil nicht die Passung theoretisch abgeleiteter Standards mit sozialer Wirklichkeit, sondern im Gegenzug "die Entdeckung gegenstandsspezifischer Theorien"[20] zur Forschungsstrategie erhoben wird. Vorgängige Theorien werden hier also nicht am Forschungsgegenstand überprüft, sondern es soll gleichsam der Forschungsgegenstand so zum Sprechen gebracht werden, daß sich im Anschluß daran eine gegenstandsspezifische Theorie bilden kann. Wesentliche methodische Elemente hierfür sind die Beobachtung, das qualitative Interview sowie die Erhebung und

---

14 Ebd.

15 A.a.O., S. 135.

16 Ebd.

17 Vgl. hierzu KLEINING, GERHARD: Umriss zu einr Methodologie Qualitativer Sozialforschung. In: KZSS 34 (1982), S. 224-253.

18 Eine vorzügliche Einführung in quantitative Forschung gibt FRIEDRICHS, JÜRGEN: Methoden empirischer Sozialforschung. Opladen: ^{13}1985. Dann: KRAPP, ANDREAS / SIEGFRIED PRELL: Empirische Forschungsmethoden. Einführung [Studienhefte zur Erziehungswissenschaft, Heft 5] München: 1975. Die Verwendung empirischer Methoden in der Praktischen Theologie wird vorgestellt in dem Buch von BÄUMLER, CHRISTOF / GERD BIRK / JÜRG KLEEMANN / GERHARD SCHMALTZ / DIETMAR STOLLER: Methoden der empirischen Sozialforschung in der Praktischen Theologie. München, Mainz: 1976.

19 Den besten Überblick hierzu bieten jetzt FLICK, UWE / KARDORFF, ERNST V. / KEUPP, HEINER / ROSENSTIEL, LUTZ V. / WOLFF, STEPHAN (HRSG.): Handbuch Qualitative Sozialforschung. München: 1991. Die wesentlichen Grundlagentexte aus der Forschungsgeschichte qualitativer Sozialforschung finden sich, neben einer vorzüglichen Einleitung, in HOPF, CHRISTEL / ELMAR WEINGARTEN (HRSG.): Qualitative Sozialforschung. Stuttgart: ^{2}1984.

20 GLASER, BARNEY G. / ANSELM L. STRAUSS: Die Entdeckung gegenstandsbezogener Theorie: Eine Grundstrategie qualitativer Sozialforschung. In: HOPF/WEINGARTEN, a.a.O, S. 91-111, hier: 92.

Analyse von Dokumenten.[21] Das bedeutet nun keineswegs, daß es nicht auch hier theoretische Voraussetzungen gäbe. Das wäre unrealistisch und würde letztlich nur die eigenen Interessen verschleiern. Sie sind aber in den Forschungsprozeß eingebunden und werden so im Verlauf der Forschung "präzisiert, modifiziert oder revidiert"[22]. Anders als in der quantitativen Forschung stehen hier komplexe Theorien über den Forschungsgegenstand also nicht am Anfang der Forschung, sondern, wenn sie sich ergeben, am Ende des Forschungsprozesses.

Qualitative Verfahren haben also einen stark deskriptiven Charakter. Sie sind vornehmlich dazu geeignet, bisher wenig bekannte oder neu entstandene Strukturen und Kollektivphänomene zu entdecken. Insofern steht die Deskription hier im Dienste einer explorativen Zugangsweise, in deren Verlauf allererst die genauen Grenzen des Forschungsfeldes erkannt werden können. Dabei hat sich gezeigt, daß qualitative Verfahren besonders gut geeignet sind für die Erforschung komplexer Deutungssysteme und für die inneren Strukturen sozialer Gebilde.

Die Forschungstradition der Qualitativen Sozialforschung ist an und für sich so alt wie die Sozialforschung insgesamt. Auch in der Praktischen Theologie finden sich - freilich ohne den theoretischen Hintergrund - schon frühe Vertreter dieser Richtung, etwa wenn Paul Göhre[23] um die Jahrhundertwende in Form der teilnehmenden Beobachtung drei Monate mit Fabrikarbeitern lebte und arbeitete, oder wenn Martin Rade[24] anhand der Briefe von Industriearbeitern eine Dokumentenenanalyse zu deren Religiosität vornahm. In den Sozialwissenschaften war es z.B. Rosa Kempf[25], die ebenfalls noch vor dem 1. Weltkrieg mit jungen Fabrikarbeiterinnen in München zusammenlebte und einzelne davon in offenen Interviews befragte, sowie Briefe von ihnen auswertete. Es gab um und nach der Jahrhundertwende eine ganze Reihe solcher Projekte, die ihre Methoden im wesentlichen selbst entwickelten und sich dabei von der Idee leiten ließen, der sozialen Realität, die sie interessierte, möglichst offen zu begegnen. Berühmt geworden ist die Studie von Jahoda/Lazarsfeld/Zeisel[26], die sich Ende der 20er Jahre mit der Bewältigung des Alltags in einem von Massenarbeitslosigkeit betroffenen Dorf beschäftigte. Hier allerdings herrschte bereits eine bewußte Abgrenzung gegenüber bloß quantifizierenden Verfahren vor. Lazarsfeld war damals mit seinem Team darum bemüht, Verfahren zu entwickeln, mit denen

---

21 Ebd.

22 HOPF, CHRISTEL: Soziologie und qualitative Sozialforschung, in: HOPF/WEINGARTEN, a.a.O., S. 15.

23 GÖHRE, PAUL: Drei Monate Fabrikarbeiter und Handwerksbursche. Sozialreportage eines Pfarrers um die Jahrhundertwende. Hrsg. von CHRISTIAN GREMMELS. Gütersloh: 1978.

24 RADE, MARTIN: Die sittlich-religiöse Gedankenwelt unserer Industriearbeiter. In: Die Verhandlungen des Neunten Evangelisch-sozialen Kongresses. Göttingen: 1898, S. 66-136 und 136-159 (Diskussion).

25 KEMPF, ROSA: Das Leben der jungen Fabrikmädchen in München. (Diss. München) Leipzig: 1911. Zu Rosa Kempf vgl. SCHWAB, ULRICH: Evangelische Jugendarbeit in Bayern 1800-1933. München: 1992, S. 50 ff.

26 JAHODA, MARIE / LAZARSFELD, PAUL F. / ZEISEL, HANS: Die Arbeitslosen von Marienthal. Ein soziographischer Versuch (1933). Frankfurt a.M.: 1975. Die Lektüre dieser Studie ist heute noch ausgesprochend lohnend. Vgl. dazu die interessanten, 50 Jahre später entstandenen Anmerkungen von JAHODA, MARIE: Marie Jahoda, Paul F. Lazarsfeld & Hans Zeisel: "Die Arbeitslosen von Marienthal". In: FLICK, UWE U.A. (HRSG.): Handbuch Qualitative Sozialforschung. München: 1991, S. 119-122.

"komplexe Erlebnisweisen"[27] sowohl mit quantitativen als auch mit qualitativen Zugängen erfaßt werden konnten. Die Studie stellt insofern eine gelungene Synthese beider Arbeitsweisen dar.

Nach dem 2. Weltkrieg entwickelte sich eine Renaissance der Qualitativen Sozialforschung aus zwei Linien heraus. Zum einen führte die der Kritischen Theorie verpflichtete Sozialforschung in Abgrenzung vom Positivismus methodisch das Verfahren der Gruppendiskussion[28] ein, und löste sich somit vom Paradigma der quantitativen Forschung, zum andern war es die Rezeption des symbolischen Interaktionismus, der Ethnomethodologie sowie der Phänomenologie, die einen neuen Anstoß zur Erarbeitung qualitativer Verfahren gaben.[29]

Von wesentlicher Bedeutung war schließlich auch die Auseinandersetzung mit den Arbeiten von Alfred Schütz.[30] Schütz betonte, daß die von den Sozialwissenschaften zu interpretierende Realitäten immer schon *interpretierte* Realität sind, so daß es unerläßlich ist, diese subjektive Interpretation in die Forschung mit aufzunehmen. Die "alltägliche Lebenswelt", als der Bereich, der den Menschen "als schlicht gegeben"[31] erscheint, ist dabei "von Anfang an nicht meine Privatwelt, sondern intersubjektiv; die Grundstruktur ihrer Wirklichkeit ist uns gemeinsam."[32] Wenn dies gilt, dann müssen hierfür solche Forschungsmethoden gefunden werden, "die die Deutungs- und Artikulationsspielräume der Befragten möglichst wenig einschränken"[33].

Nun ist die Art und Weise, wie ein Subjekt seine Lebenswelt erfährt und interpretiert, von bestimmten Rahmenbedingungen abhängig. Hierzu gehört nach Schütz etwa das Wissen um die Fortdauer der Welt angesichts der eigenen Endlichkeit, also die Spannung zwischen

---

27 JAHODA, LAZARSFELD, ZEISEL, a.a.O., S. 14.

28 POLLOCK, F.: Gruppenexperiment - ein Studienbericht. Frankfurt: 1955. MANGOLD, WERNER: Gegenstand und Methode des Gruppendiskussionsverfahrens. Frankfurt: 1960. Für die Praktische Theologie vgl. BÄUMLER u.a., a.a.O., S. 73 ff.

29 Darauf weist HOPF, a.a.O., S. 21 hin. Beispielhaft für die erwähnten Richtungen sind etwa HABERMAS, JÜRGEN: Logik der Sozialwissenschaften. Tübingen: 1967; ARBEITSGRUPPE BIELEFELDER SOZIOLOGEN (HRSG.): Alltagswissen, Interaktion und gesellschaftliche Wirklichkeit, 2 Bde. Reinbek: 1973. ARBEITSGRUPPE BIELEFELDER SOZIOLOGEN (HRSG.): Kommunikative Sozialforschung. München: 1976. Die jüngste Entwicklung in dieser Tradition ist die von Ulrich Oevermann entwickelte "Objektive Hermeneutik", vgl. hierzu SCHÖLL, ALBRECHT: Zwischen religiöser Revolte und frommer Anpassung. Münster: 1992. Für die Theologie wieder BÄUMLER u.a., a.a.O., S. 250, und RENDTORFF, TRUTZ: Wirklichkeitswissenschaft im Streit. Über die Bedeutung der Sozialwissenschaften für die Theologie. In: SCHÜTTE, H.W. / WINTZER, FRIEDRICH: Theologie und Wirklichkeit [FS für WOLFGANG TRILLHAAS] Göttingen: 1974, S. 105-122.

30 SCHÜTZ, ALFRED: Collected papers I. The problem of social reality. The Hague: ³1971.

31 SCHÜTZ, ALFRED / THOMAS LUCKMANN: Strukturen der Lebenswelt, Bd. 1. Frankfurt a.M.: ⁴1991, S. 25. Hierzu auch SCHÜTZ, ALFRED / THOMAS LUCKMANN: Strukturen der Lebenswelt, Bd. 2, Frankfurt a.M.: ²1990. Natürlich wird man in einem erkenntnistheoretischen Sinne sagen können, daß dem erkennenden Subjekt nichts schlicht gegeben, sondern höchstens gegeben wie gedacht sein kann. Auf solche Begründungsfragen etwa der Kantschen oder Hegelschen Erkenntnistheorie hebt Schütz aber gar nicht ab, sondern verbleibt in der real vorfindlichen Sozialwelt der Subjekte. Insofern kann diese Theorie für die empirische Verfassung von Wirklichkeit in der Tat gute Dienste tun, ohne dabei auch schon Fragen der Bedingung der Möglichkeit von Wirklichkeit hinreichend klären zu können.

32 A.a.O., S. 26.

33 HOPF, a.a.O., S. 22.

Weltzeit und subjektiver Zeit, dann die Beschaffenheit des Leibes, die jedermann als "Zentrum eines Koordinatensystems"[34] erscheinen läßt, und schließlich die Intersubjektivität jeglicher Lebenswelt, die bis zur historischen Vorgabe einer Sozial- und Kulturwelt hinführt.

Die subjektive Aneignung sozialer Wirklichkeit geschieht nun durch die *biographische Artikulation*. Entscheidend für die Art und Weise, wie ein Subjekt seine Lebenswelt deutet und darin auch wertet, ist "die Abfolge der Erfahrungen in meiner inneren Dauer"[35]. Die gleichen Erfahrungen können in unterschiedlichen Lebensphasen sehr verschiedenes bewirken. Aufgabe der biographischen Artikulation ist es nun, die für jedes Individuum einzigartige Abfolge der Erfahrungen sprachlich als Einheit zu konstruieren.

Dies geschieht vermittels Kategorien, die selber intersubjektiv ausgeformt und durch die jeweilige Weltanschauung der historisch gegebenen Lebenswelt tradiert werden. Sie sind typisierte Möglichkeiten der Lebensführung und werden jeweils "in konkrete Selbstverständlichkeiten der Selbst- und Fremdauffassung eingeschmolzen"[36]. Dabei gelten die Möglichkeiten, wie sie dem Subjekt zur Aneignung der Sozialstruktur durch die Form typischer Biographien angeboten werden, sicherlich nicht allen in gleicher Weise. Sozialstrukturen unterschiedlicher Gesellschaftsformen lassen sich vielmehr unterscheiden durch den " »Freiheitsgrad« der Wahl unterschiedlicher Lebensläufe"[37], die dem Subjekt angeboten, zugeschrieben oder dann auch verwehrt werden. Typische Biographien sind aber nicht nur von der sozialen Situation des einzelnen, sondern auch von Grundbedingungen des Lebens abhängig. Es gibt Lebensläufe, die in bestimmten Gesellschaften z.B. nur Männern oder nur Frauen offenstehen, oder aber nur in einer nicht umkehrbaren zeitlichen Folge. Manchmal sind diese Typisierungen sehr komplexe und manchmal locker zusammengefügte Muster.

Die Vermittlung solcher Biographiemuster geschieht nun selektiv durch bestimmte Menschen. Es sind die "Älteren", also vor allem die sozial definierten "Eltern"[38], die in einer Kette von Wir-Beziehungen deren Gültigkeit vorleben und dadurch die Übernahme bei den Kindern in einer bestimmten Auswahl anbahnen. "Der einzelne erfährt die ihm vorgegebene, in der relativ-natürlichen Weltanschauung objektivierte Sozialwelt als eine auf ihn bezogene Abstufung subjektiver Chancen, als eine Anordnung von Pflichten, leicht oder schwer erlangbaren Zielen und Möglichkeiten. Mit anderen Worten, die Sozialstruktur steht ihm in Form typischer Biographien offen."[39]

Die biographische Artikulation ist also die jeweils individuell mögliche Aufnahme der durch bestimmte Menschen vorgegebenen Aneignungsweisen der Lebenswelt, wie sie vom einzelnen zum Aufbau einer sinnhaften Struktur seines Daseins geleistet werden muß: "Typische Biographien bieten sich jedermann in jeder Gesellschaft an. Es ist eine unabänderliche Bedingung eines jeden Lebenslaufs, daß er sich in sozialen Kategorien artikulieren muß."[40]

---

34 SCHÜTZ/LUCKMANN, a.a.O., Bd. 1, S. 125.
35 A.a.O., S. 86 f.
36 A.a.O., S. 126.
37 Ebd.
38 A.a.O., S. 129.
39 A.a.O., S. 127.
40 A.a.O., S. 130.

Damit bekommen biographische Aspekte bei der Erforschung von lebensweltlichen Kontexten eine entscheidende Rolle. Michael Schibilsky[41], der auf dem Hintergrund der Theorie von Alfred Schütz eine Untersuchung zur Einbettung von Religion in der Lebenswelt jugendlicher Randgruppen durchgeführt hat, listet die Bedeutung von biographischer Artikulation für die Forschung wie folgt auf:

"- In ihr rekonstruiert das Subjekt seine soziale und im biografischen Prozeß erworbene *Identität*.
- In ihr rekapituliert das Subjekt sein im biografischen Prozeß erworbenes *Wissen* und verknüpft es mit dafür relevanten Situationen und Ereignissen.
- In ihr werden biografisch bedeutsame *Entscheidungen* begründet und Konsequenzen reflektiert.
- In ihr wird die *Auseinandersetzung mit herangetragenen Typisierungen* dokumentiert. (...)
- In ihr verdeutlicht das Subjekt die *Relevanz* unterschiedlicher oder divergierender *sozialer Bezugssysteme*.
- In ihr veranschaulicht das Subjekt seine in der Alltagsbewältigung angewendeten *Handlungsstrategien*.
- In ihr werden auch *religiöse Prozesse* verortet und in ihrer Relevanz für Lebensführung und -planung gedeutet.
- In ihr rekonstruiert das Subjekt seine *lebensbedeutsame Sinnwelt* und erstellt den für sinnvolles Handeln notwendigen Bedeutungskontext."[42]

An der Rolle des Subjekts in dieser Auflistung wird deutlich, wie sehr das Thema "Biographie" der Neuzeit verpflichtet ist. Das einheitsstiftende Moment eines Lebens muß durch das Subjekt selbst geleistet werden.[43] Die erlebte Diskontinuität in einer sich ausdifferenzierenden Gesellschaft wird nicht von außen abgefangen, sondern gleichsam zum biographischen Antrieb für das Subjekt.[44] Die Stiftung von Einheit bedeutet aber zugleich immer eine spezifische Interpretation von Welt. Die biographische Forschung versucht deshalb, der sozialen Realität als interpretierter Realität dadurch nahe zu kommen, daß sie am Ort des Subjekts die soziale Konstitution dieser Lebenswelt studiert.[45]

Wenn man nun mit Joachim Matthes Religion als diskursiven Tatbestand begreift, dann wird deutlich, welche Vorzüge ein solcher Ansatz gerade für die empirische Erforschung der Religiosität haben kann. Denn ist es das vornehmliche Anliegen der biographischen Forschung, "Fragen nach Subjektivität mit solchen nach gesellschaftlichen Strukturen und

---

41 SCHIBILSKY, MICHAEL: Religiöse Erfahrung und Interaktion. Die Lebenswelt jugendlicher Randgruppen. Stuttgart, Berlin, Köln, Mainz: 1976.

42 A.a.O., S. 72 f.

43 Vgl. hierzu auch SPARN, WALTER (HRSG.): Wer schreibt meine Lebensgeschichte? Biographie, Autobiographie, Hagiographie und ihre Entstehungszusammenhänge. Gütersloh: 1990. In den Beiträgen dieses Bandes wird versucht, die Einheitsstiftung des Subjekts als Ausdruck von Religiosität zu verstehen. Zum Verhältnis von Religion und Biographie vgl. auch die allerdings keinem gemeinsamen Theorieansatz verpflichteten Beiträge in: GRÖZINGER, ALBRECHT / HENNING LUTHER (HRSG.): Religion und Biographie. Perspektiven zur gelebten Religion. München: 1987.

44 Vgl. hierzu KOHLI, MARTIN: Biographische Organisation als Handlungs- und Strukturproblem. Zu Fritz Schütze: "Prozeßstrukturen des Lebensablaufs". In: MATTHES, JOACHIM / A. PFEIFFENBERGER / M. STOSBERG (HRSG.): Biographie in handlungswissenschaftlicher Perspektive. Nürnberg: 1980, S. 157-168.

45 Die beste Einführung in die biographische Forschung bietet FUCHS, WERNER: Biographische Forschung. Eine Einführung in Praxis und Methoden. Opladen: 1984. Weiterführende Beispiele aus der Forschung finden sich in BAACKE, DIETER / THEODOR SCHULZE (HRSG.): Aus Geschichten lernen. Zur Einübung pädagogischen Verstehens. München: 1979. Die Verbindung zur Sozialgeschichte wird hergestellt in GESTRICH, ANDREAS / PETER KNOCH / HELGA MERKEL (HRSG): Biographie - sozialgeschichtlich. Göttingen: 1988.

historischen Entwicklungen zu verbinden"[46], so ist damit genau das Spannungsfeld benannt, innerhalb dessen sich neuzeitlich verfaßte Religiosität entfaltet. Die biographische Forschung bietet also die Möglichkeit[47], sich einen solchen Einblick in die Komplexität der sozial-historischen Wirklichkeit von Religiosität zu verschaffen, der zugleich die Konstruktionsleistung dieser Wirklichkeit durch das Subjekt präsent hält. Schließlich ist die biographische Forschung durch ihre Zeitperspektive auch besonders dafür geeignet, die Prozeßhaftigkeit des sozialen Lebens mit zu berücksichtigen. Dies wird zum Beispiel in der Entwicklung sogenannter sozialer "Karrieren" untersucht. Sie sind auch im Bereich der Religiosität von Interesse, da in ihnen die subjektive Verarbeitung sowohl interaktioneller als auch institutioneller Strukturen ansichtig gemacht werden kann. In all dem bietet schließlich die biographische Forschung die Möglichkeit, die Ambiguität und Nicht-Linearität der Lebensführung nachzuvollziehen und dies auch für religiöse Prozesse fruchtbar zu machen.

Qualitative Sozialforschung unter besonderer Berücksichtigung der biographischen Forschung wird hier also zur methodischen Grundlage der Erforschung neuzeitlich verfaßter Religiosität erklärt, weil es sich gezeigt hat, daß die Konstitutionsbedingungen der Religiosität in der Neuzeit - die Selbsttätigkeit des Subjekts - für diesen Forschungsansatz selbst konstitutiv sind. Sind somit die Grundlagen für empirisches Forschen im Bereich von Religiosität benannt, so kann nun daran gegangen werden, die Forschungsfrage zu konkretisieren und das entsprechende Methodendesign zusammenzustellen.

II. ANLAGE UND DURCHFÜHRUNG DER UNTERSUCHUNG

Im folgenden wird zunächst noch einmal die Ausgangsfrage aufgenommen und nun so konkretisiert, daß daraus die für die Untersuchung relevanten Aspekte benannt werden können. Daran anschließend wird überlegt, welcher Personenkreis für eine solche Untersuchung in Frage kommt und in welcher Form die Untersuchung gestaltet sein soll. Im zweiten Teil wird dann der Ablauf der Untersuchung von der Datenerhebung bis zur Analyse des Datenmaterials in seinen diversen Phasen geschildert und die sich aus der Durchführung ergebenden methodischen Problemstellungen diskutiert.

1. Fragestellung

Wir setzen noch einmal bei Gert Ottos Bemerkung ein, die Religiosität gegenwärtiger Jugendlicher sei zusammengesetzt aus einem *Traditionsbruch* sowie einem *Traditionsabbruch* und müßte von daher in einen Kontext auch mit der Religiosität der Erwachsenen gesehen werden.[48] Wenn von Traditionen die Rede ist, die, wie auch immer, nicht mehr fort-

46 KOHLI, MARTIN / GÜNTHER ROBERT (HRSG.): Biographie und soziale Wirklichkeit. Stuttgart: 1984, S. 5.
47 Das folgende in Anlehnung und Auswahl an FUCHS, a.a.O., S. 135 ff.
48 OTTO GERT: Jugend und Kirche. Einige Aspekte eines aufschlußreichen Verhältnisses. In: HANUSCH, ROLF / GODWIN LÄMMERMANN (HRSG.): Jugend in der Kirche zur Sprache bringen. Anstöße zur Theorie und Praxis kirchlicher Jugendarbeit. München: 1987, S. 335-353.

gesetzt werden, so liegt dieser Feststellung ein Zeitvergleich zugrunde. Im Hinblick auf die hier relevanten religiösen Traditionen bedeutet dies, daß im Lauf der Generationen sich eine deutliche Veränderung ergeben hat, was aber eben nur durch einen Vergleich festgestellt werden kann. Religiosität wird damit auch als Teil des über die Entwicklung des einzelnen Subjekts hinausgehenden, spezifisch neuzeitlichen Prozesses betrachtet.

Auf der Subjekt-Ebene ist Religiosität als Prozeß bereits vielfach untersucht worden.[49] Dies ist der Bereich der Religionspsychologie, in der es darum geht, "unter welchen Bedingungen Glaube in der subjektiven Gestalt von Religiosität in Erscheinung tritt."[50] Wird das Subjekt mit seinem internen religiösen Entwicklungsprozeß[51] nun aber selber als Teil eines sozio-historischen Prozesses verstanden, so bleibt der religionspsychologische Bereich zwar nach wie vor von Bedeutung, muß aber durch eine ebenso historisch wie soziologisch[52] zu bestimmende Fragestellung ergänzt werden: *Wie läßt sich die soziale Realität der neuzeitlichen* ***Entwicklung*** *von Religiosität in einem bestimmten gesellschaftsgeschichtlichen Kontext strukturell im Ausgang von der Selbsttätigkeit des Subjekts beschreiben*? Es geht also um die Frage, wie bestimmte Formen von Religiosität in unterschiedlichen, auch historisch zu bestimmenden Soziallagen entstehen und wie sich diese Formen auch wieder verändern. Insofern durch die Selbsttätigkeit des Subjekts das diffuse Angebot einer Vielzahl von Möglichkeiten in eine konkrete Lebenswelt übersetzt wird, läßt sich diese Entwicklung als fortdauernder Prozeß einer *Transformation* begreifen.[53] Die Beschreibung solcher neuzeitlichen Transformationsprozesse der Religiosität könnte dann wiederum einen Beitrag zum Verständnis gegenwärtiger Religiosität liefern und somit eine im Bereich der Praktischen Theologie schon öfters angemahnte "Hermeneutik der religiösen Lebenswelt"[54] mit entwickeln helfen.

---

49 Gegenwärtige psychologische Untersuchungen zur Religiosität werden vorgestellt von UTSCH, MICHAEL: Zur psychologischen Beschreibung und Erfassung von Religiosität. In: WzM 43 (1991), S. 110-120. Vgl. jetzt auch die auf Deutsch vorliegende interessante Langzeit- und Wiederholungsstudie aus den Jahren 1974-1986 des Finnen TAMMINEN, KALEVI: Religiöse Entwicklung in Kindheit und Jugend. [Forschungen zur Praktischen Theologie, Bd. 13] Frankfurt a.M., Berlin, Bern, New York, Paris, Wien: 1993. Auch ELLERBROCK, JOCHEN: Lebensexperimente des Glaubens. [Erfahrung und Theologie, Bd. 16] Frankfurt a.M., Bern, New York, Paris: 1990, die allerdings in ihrer methodischen Herleitung nur sehr knapp formuliert ist.

50 FRAAS, HANS-JÜRGEN: Die Religiosität des Menschen. Ein Grundriß der Religionspsychologie. Göttingen: 1990, S. 36.

51 Die gegenwärtig maßgeblichen Theorien hierzu wurden von Fritz Oser und James W. Fowler entwickelt, vgl. OSER, FRITZ / PAUL GMÜNDER: Der Mensch - Stufen seiner religiösen Entwicklung. Gütersloh: [2]1988. FOWLER, JAMES W.: Stufen des Glaubens. Die Psychologie der menschlichen Entwicklung und die Suche nach Sinn [Stages of Faith, N.Y.: 1981]. Gütersloh: 1991

52 Die Verbindung von historischen mit soziologischen Fragestellungen wird m.E. überzeugend geleistet von WEHLER, HANS-ULRICH: Deutsche Gesellschaftsgeschichte, Bd. 1, München: 1987, S. 6 ff. sowie DERS.: Aus der Geschichte lernen? München: 1988, S. 115-129.

53 Ähnlich auch SCHMIDT, HEINZ: Leitfaden Religionspädagogik. Stuttgart, Berlin, Köln: 1991, S. 33 ff. und öfter.

54 So die Formulierung von HEIMBROCK, HANS-GÜNTER: Frömmigkeit als Problem der Praktischen Theologie. In: PTh 71 (1982), S. 18-32.

Das zentrale Beispiel solcher Transformationsprozesse im Hinblick auf das einzelne Subjekt ist sicherlich die Sozialisation[55], in deren Verlauf der einzelne sich die gesellschaftlichen Strukturen und Normen in eigenständiger Weise aneignet. Dabei stellte Vaskovics in seiner 1961-64 durchgeführten Befragung zur Kirchlichkeit katholischer Familien eine "Tendenz der familiären Inter-Generationenkontinuität der religiösen Praxis und der kirchlich-religiösen Einstellungen"[56] fest. In einem ähnlichen Sinne haben sich viele Untersuchungen mit der Frage beschäftigt, was im Rahmen spezifisch religiöser Sozialisation tatsächlich von den Eltern an die Kinder weitergegeben werden kann.[57] Inzwischen zeigt sich hier, gegenwärtig am stärksten untersucht im nordamerikanischen Raum, daß religiöse Sozialisation in Form der Vermittlung konkreter religiöser Praktiken aus den Familien ausgelagert und stattdessen von Cliquen oder aber von Institutionen wie dem Religionsunterricht übernommen wurden. So konnte Joseph A. Erickson in seiner Untersuchung feststellen: "Direct parental religious activity doesn't appear to be a particularly strong influence during the adolescent years. ... There is evidence from these data that parents direct their children to other social influencers, and it is these influencers which are more salient."[58] Keineswegs ist damit also gesagt, daß die Eltern keinen Einfluß mehr auf die religiöse Entwicklung der Kinder hätten. Dieser Einfluß wird aber weniger über konkrete Praktiken des religiösen, allzumal kirchlichen Lebens als vielmehr über Strukturen der Wahrnehmung sozialer Realität vermittelt: "By giving their children the cognitive structures to understand and cope with the world, parents influence their children to find social structures which are compatible with their own cognitive schemes. Perhaps even when children rebel, it is within the framework of their parent-given cognitive structure."[59] Gibt es also damit auf diesem verschlüsselten Wege durchaus nach wie vor eine Einflußnahme der Eltern auf ihre Kinder, so lassen sich gerade solche vermittelten Einflußnahmen noch besser aufzeigen, wenn das Verhältnis Eltern-Kinder nicht nur in zwei, sondern in *drei Generationen* untersucht wird. Hier ergeben sich dann vielfältige Bezüge in Form eines Perspektivengeflechts, wie es im Grunde genommen kennzeichnend für jede Familie ist, in der noch drei Generationen gleichzeitig leben. In einer einfachen Grafik läßt sich dies so darstellen:

---

55 Vgl. hierzu PREUL, REINER: Religion-Bildung-Sozialisation. Gütersloh: 1980. Eine vorzügliche systematische Einführung in die Theorie der Sozialisation bietet GEULEN, DIETER: Das vergesellschaftete Subjekt. Zur Grundlegung der Sozialisationstheorie (1977). Frankfurt a.M.: 1989.

56 VASKOVICS, LASZLO A.: Familie und religiöse Sozialisation Wien: 1970, S. 323.

57 Neuere Forschungsergebnisse hierzu bieten NIGGLI, ALOIS: Untersuchung über Zusammenhänge zwischen dem religiösen Erziehungsstil der Eltern und religiösen Entwicklungsstufen ihrer Kinder. In: Unterrichtswissenschaft 15 (1987), S. 177-189. KLAGHOFER, RICHARD / FRITZ OSER: Dimensionen und Erfassung des religiösen Familienklimas. In: Unterrichtswissenschaft 15 (1987), S. 190-206. THOMAS, D.L. (ED.): The religious & family connection. Brigham: 1988. FRANCIS, LESLIE J. / LAURENCE B. BROWN: The influence of home, church and school on prayer among sixteen-year-old adolescents in England. In: Review of Religious Research 33 (1991), p. 112-122. ERICKSON, JOSEPH A.: Adolescent Religious Development and Commitment: A Structural Equation Model of Role of Family, Peer Group, and Educational Influences. In: Journal for the Scientific Study of Religion 31 (1992), p. 131-152.

58 A.a.O., S. 149.

59 A.a.O., S. 150.

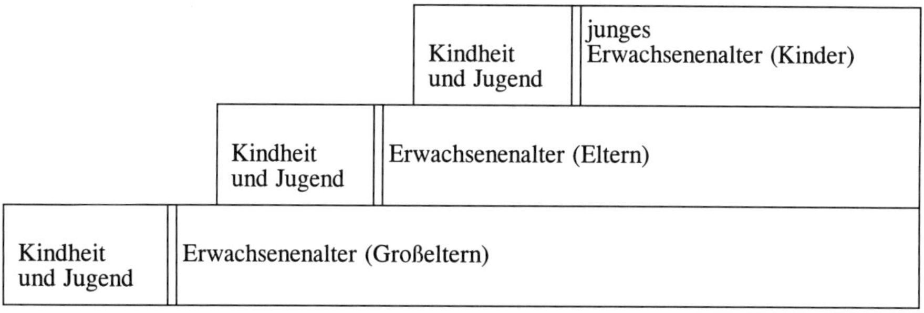

So kommt die erste von drei Generationen in den Blick mit ihren Erfahrungen aus der Kindheit, aus dem Eltern-Sein sowie aus dem Großeltern-Sein; die zweite Generation aus der Perspektive des Kind-Seins sowie des Eltern-Seins und schließlich die dritte Generation, wenn man das Alter entsprechend wählt, aus der Perspektive des Kind-Seins, Enkel-Seins sowie des jungen Erwachsenen-Seins. Dabei ist natürlich zu berücksichtigen, daß die Familie als "intimes Beziehungssystem"[60] durchaus nicht nur Beeinflussungen von Alt nach Jung kennt, sondern der hohe Grad an "interpersonaler Involviertheit"[61] für wechselseitige Beziehungen sorgt.

In einer solchen Drei-Generationen-Untersuchung könnte dann gezeigt werden, wie sich Religiosität innerhalb einer Generation von der Kindheit zum Erwachsenenalter verändert und wie sich diese Veränderung im Generationenlauf verändert. Daran anschließend wären folgende Aspekte für eine Untersuchung denkbar:

* es wäre interessant zu sehen, wie sich der interne Entwicklungsprozeß des Subjekts im Drei-Generationenvergleich auf den jeweiligen sozio-historischen Hintergrund bezieht;

* es könnte sich zeigen, ob es so etwas wie ein Generationen-Religiositätsprofil für bestimmte Lebensphasen und Übergänge gibt;

* der Drei-Generationenvergleich könnte auch Aufschluß darüber geben, ob es für einzelne Familien ein durchgängiges Religiositätsprofil, etwa in Form durchgängiger Argumentations- oder Problemstrukturen gibt;

* schließlich wäre es interessant zu sehen, wie sich die Generationen- und Familienreligiositätsprofile in den jeweiligen Soziallagen ausbilden und auf Veränderungen in den gesellschaftsgeschichtlichen Kontexten reagieren.

Keineswegs wird im folgenden der Anspruch erhoben, dies alles erschöpfend in einer Untersuchung bearbeiten zu können. Damit sind vielmehr die Forschungsinteressen markiert, mit denen hier an die Untersuchung herangegangen wird.

2. Personenauswahl

Eine Drei-Generationen-Untersuchung setzt die Auswahl bestimmter Familien voraus. Klar ist, daß nur solche Familien in Frage kommen, in denen zumindest jeweils ein Vertre-

---

60 SCHNEEWIND, KLAUS A.: Familienpsychologie. Stuttgart, Berlin, Köln: 1991, bes. 51 ff.
61 A.a.O., S. 56.

ter aus den drei Generationen für die Untersuchung zur Verfügung steht. Besser ist es natürlich, wenn mehrere Personen aus den Generationen einer Familie an der Untersuchung teilnehmen, denn dadurch erweitert sich das Spektrum. Dabei ist es nicht vonnöten, daß die drei Generationen auch zusammen wohnen.

Ein repräsentativer Querschnitt läßt sich im Bereich qualitativer Sozialforschung nicht erstellen und wäre im Hinblick auf die explorative Vorgehensweise auch gar nicht sinnvoll. Vielmehr verspricht ein eng gezogener Auswahlkreis, für den dann die aufgefundenen Strukturen beschrieben werden können, hier eher Aussicht auf Erfolg. Von daher soll die Drei-Generationen-Untersuchung auf solche Familien bezogen werden, in denen zumindest ein Vertreter der mittleren Elterngeneration einer evangelischen Kirche in Deutschland angehört. Damit bezieht sich die Untersuchung also auf eine bestimmte Konkretion von christlicher Religiosität, wie sie in der Spannbreite der evangelischen Volksfrömmigkeit[62] aufgefunden werden kann. Ein Gesamtbild dieser volkskirchlichen Religiosität kann dabei aber nicht intendiert sein: "Denn die Eigenart des volkskirchlichen Lebens liegt ja gerade darin, sich in einer Fülle von kontextuell bestimmten Ausdrucksformen zu bilden und zu entwickeln, die *jeder* Art von Anspruch, sie erschöpfend abzubilden als das, was sie »eigentlich« sei, trotzt."[63] Vielmehr wird es sich um einen *Beitrag* zur Beschreibung solcher kontextuell bestimmten Ausdrucksformen innerhalb des volkskirchlichen Lebens handeln, wobei aufgrund der gegenwärtigen volkskirchlichen Situation durchaus zu erwarten ist, daß dabei ebenso Angehörige der katholischen Kirche als auch aus den Kirchen Ausgetretene in allen drei Generationen mit erfaßt werden.

Um auch in der dritten Generation einen fortgeschrittenen Wandel zwischen Kindheits-Religiosität und Erwachsenen-Religiosität[64] beschreiben zu können, wird weiter festgelegt, daß aus jeder Familie zumindest ein Vertreter dieser Generation mindestens 20 Jahre alt sein soll. Auch hier gilt aber wieder, daß etwa bei Geschwistern auch jüngere zusätzlich mit in die Untersuchung aufgenommen werden können.

Schließlich sollen durch die Familien auch unterschiedliche Soziallagen miteinander verglichen werden. Hierzu wird zunächst ein Kriterium im Hinblick auf den Wohnort der Eltern-Generation festgelegt: es werden sowohl Familien aus der Großstadt als auch vom Land ausgewählt. Ist damit zunächst ein regionaler sozialer Kontext erfaßt, so soll ein Teil der Großstadtfamilien aus den alten und ein Teil aus den neuen Bundesländern stammen. Im Rahmen einer Drei-Generationen-Untersuchung läßt sich die Entwicklung von Religiosität im gesellschaftlichen Kontext von DDR/BRD 1945-1989 insofern besonders gut vergleichen, weil innerhalb dieser drei Generationen sowohl die politische Trennung als auch die politische Wiedervereinigung stattfand. Ausgangspunkt und Endpunkt sind also zumindest

---

62 Vgl. etwa FÜRSTENBERG, FRIEDRICH: Protestantische Volksfrömmigkeit im Strukturwandel Deutschlands. In: EBERTS, MICHAEL / FRANZ SCHULTHEIS (HRSG.): Volksfrömmigkeit in Europa. München: 1986, S. 53-64.

63 MATTHES, JOACHIM: Vorwort. In: DERS. (HRSG.): Kirchenmitgliedschaft im Wandel. Untersuchungen zur Realität der Volkskirche. Beiträge zur 2. EKD-Umfrage »Was wird aus der Kirche?« Gütersloh: ^{2}1991, S. 7-13, hier: 7.

64 Vgl. hierzu die instruktiven Bemerkungen von FEIGE, ANDREAS: Kirche auf dem Prüfstand: Die Radikalität der 18-20jährigen. Biographische und epochale Elemente im Verhältnis der Jugend zur Kirche - ein Vergleich zwischen 1972 und 1982. In: MATTHES, a.a.O., S. 65-98.

hinsichtlich verfassungsrechtlicher Gesichtspunkte, etwa der Stellung des Staates zur Kirche, gleich; dazwischen sind die Rahmenbedingungen aber höchst unterschiedlich.

Ist damit das Kriterium Wohnort umrissen, so sollen auch die aus der Berufstätigkeit sich ergebenden unterschiedlichen Soziallagen berücksichtigt werden. Eine Grobeinteilung hierfür besteht aus Akademikerfamilien, Arbeiter-/ Handwerkerfamilien und Landwirtsfamilien. Zwar konnten Josef Mooser[65] in einer historischen und Ulrich Beck[66] in einer soziologischen Analyse zeigen, daß die im 19. Jahrhundert ausgebildeten kollektivtypischen Lebensmuster vor allem in der Zeit nach dem Zweiten Weltkrieg einer Enttraditionalisierung unterzogen wurden, aber für die hier beabsichtigte Untersuchung erweisen sich diese Muster trotzdem als relevant. Zum einen erfaßt die Untersuchung einen Zeitraum, der bis ins Kaiserreich und damit in eine Hochform der Klassengesellschaft zurückreicht. Das bedeutet, daß zumindest bei Großeltern und Eltern in der Untersuchung typische Klassenmerkmale zu erwarten sein werden. Zum andern ist anzunehmen, daß einzelne Traditionsstränge dieser Lebensmuster nach wie vor wirksam sind und sich in den aus diesen traditionalen Milieus stammenden Familien, dann freilich in individualisierter Form, weiter vorfinden. Vielleicht kann die Drei-Generationen-Untersuchung ja auch in besonderer Weise zeigen, an welchen Stellen diese Enttraditionalisierung die Entwicklung der Religiosität in den Generationen berührt.

Zusammenfassend sollen die für diese Untersuchung gesuchten Familien also aus drei Generationen bestehen, wovon einer aus der Elterngeneration evangelisch und einer aus der Kindergeneration mindestens 20 Jahre alt sein muß. Die Familie soll entweder auf dem Land oder in der Großstadt, hier in den alten oder neuen Bundesländern leben, und aus dem akademischen, arbeiter-/handwerklichen oder bäuerlichen Berufsmilieu stammen.

Die Kontaktaufnahme mit den Familien geschah über ein Anschreiben an diverse Pfarrämter, wobei diese wiederum aufgrund der Sozialstruktur der Gemeinden ausgewählt wurden. Den angeschriebenen Pfarrerinnen und Pfarrern wurde das Untersuchungsvorhaben vorgestellt und sie wurden gebeten, bei der Auswahl von je zwei Familien nach den aufgestellten Kriterien behilflich zu sein. Sobald als Rückmeldung Adressen vorlagen, wurde der Kontakt mit den Familien brieflich und/oder telefonisch hergestellt und mitgeteilt, von wem die jeweilige Familie benannt wurde. War die Familie nach einer Vorstellung des Forschungsvorhabens einverstanden, so wurden telefonisch die Besuchstermine in den Wohnungen der Familienangehörigen vereinbart. Nicht alle angeschriebenen Pfarrerinnen und Pfarrer konnten Adressen aus ihrem Gemeindebereich vermitteln und von den erhaltenen Adressen gab es dreimal Absagen einzelner Familienangehöriger. Insgesamt wurden in einer Voruntersuchung 3 (zweimal Großstadt, einmal Kleinstadt) und in der Hauptuntersuchung 20 Familien befragt, davon 8 aus einer Landregion, 8 aus einer süddeutschen Großstadt und 4 aus einer Großstadt in einem der neuen Bundesländer. In der Voruntersuchung wurden 13 Interviews geführt, davon fünf mit Männern und sieben mit Frauen. In der Hauptuntersuchung waren es insgesamt 96 Interviews, davon 58 mit Frauen und 36 mit Männern. Folgende Grafik zeigt die Generationenverteilung in der Hauptuntersuchung:

---

65 MOOSER, JOSEF: Arbeiterleben in Deutschland 1900-1970. Frankfurt a.M.: 1984.

66 BECK, ULRICH: Risikogesellschaft. Auf dem Weg in eine andere Moderne. Frankfurt a.M.: 1986.

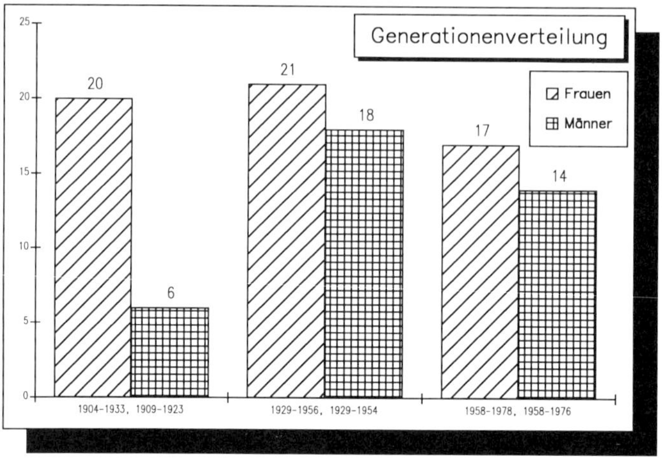

3. Gestaltung des Untersuchungsverfahrens

Für die Datenerhebung selbst kamen im Rahmen der biographischen Forschung zwei Möglichkeiten in Betracht. Zum einen hat Fritz Schütze[67] die Methode des narrativen Interviews vorgeschlagen, welches in einer sehr offenen Form zunächst nur dann strukturierend eingreift, wenn der Erzählfluß des Interviewten stockt, um erst nach einer längeren Erzählphase einzelne Dinge nachzufragen. Die zweite Möglichkeit besteht in einem halbstandardisierten Interview, in dem zwar einzelne Fragen vorgegeben sind, aber keine auszuwählenden Antwortmöglichkeiten. Zu den vorgegebenen Fragen können dann noch einzelne ad hoc formulierte Fragestellungen hinzutreten, und es muß auch nicht zwingend im Gesprächsverlauf die Sequenz des Leitfadens eingehalten werden.[68] Bietet das offene Verfahren von Schütze die Aussicht, die zu erkundende soziale Realität durch eigenes Fragen möglichst wenig vorzustrukturieren - hier wird z.B. nur eingesetzt mit der Frage: "Erzählen Sie mir alles, was Ihnen zu ... einfällt" - so liegt die Stärke des halbstandardisierten Interviews in der höheren Vergleichbarkeit der Antworten. Zudem verlangt das offene Verfahren eine relativ hohe Erzählkompetenz, die darin besteht, selbständig "Erfahrungen aus unterschiedlichen Lebensbereichen auf eine integrierte Gestalt hin zu erzählen"[69]. Was vielleicht für bürgerliche Lebenswelten selbstverständlich ist, kann im Zusammenhang von Arbeiter-, Handwerker- oder landwirtschaftlichen Lebenswelten zur unüberwindlichen Hürde werden. Hier hat das Leitfadeninterview mit seinen einzelnen Gesprächsanreizen und Verknüpfungsangeboten einen deutlichen Vorteil.

---

67 SCHÜTZE, FRITZ: Die Technik des narrativen Interviews in Interaktionsfeldstudien - dargestellt an einem Projekt zur Erforschung von kommunalen Machtstrukturen. [Arbeitsberichte und Forschungsmaterialien der Fakultät für Soziologie, Universität Bielefeld] Bielefeld: ²1978.

68 Hierzu FUCHS, WERNER: Biographische Forschung. Opladen: 1984, S. 252 ff.

69 A.a.O., S. 210.

Für diese Untersuchung wurde deshalb ein gemischtes Verfahren gewählt, in dem ein offener mit einem strukturierten Interviewteil verbunden wird, so daß je nach Kompetenz und Neigung der Schwerpunkt auf dem einen oder anderen Teil liegen konnte. Als Einstieg diente ein projektives Bildverfahren, das auch als strukturierende Erzählhilfe gedacht war. Den zu interviewenden Personen wurden 23 ausgewählte Schwarz-Weiß-Photos[70] zusammen mit folgender Aufgabenstellung vorgelegt:

> *Wir fangen damit an, daß ich Ihnen Bilder zeige. Sie werden dabei Bilder aus ganz unterschiedlichen Lebenssituationen sehen. Wenn Sie etwas entdecken, das auch in Ihrem Leben eine wichtige Rolle gespielt hat, dann legen Sie das Bild bitte auf die Seite. Sie können so viele Bilder auswählen, wie Sie möchten und haben dabei soviel Zeit, wie Sie brauchen.*
> *[Pause]*
> *Bitte ordnen Sie doch jetzt einmal die Bilder so, daß sie zu Ihrem Leben zeitlich passen und beginnen Sie dabei mit Ihrer Kindheit.*
> *[Pause]*
> *Können Sie mir jetzt einmal von den Bildern erzählen?*

Die 23 Bilder sind eine Auswahl aus sehr unterschiedlichen Lebenssituationen. Es finden sich Bilder von jungen, mittleren und alten Menschen, im Beruf, im Familienleben, in der Kirche, im Krieg, in der Natur, Gesunde und Kranke, fröhliche und nachdenkliche Menschen, Großstadt- und Dorfsituationen etc. Die Bilderauswahl für die Vor- und Hauptuntersuchung ist nicht ganz deckungsleich, sondern wurde etwas variiert. In der Hauptuntersuchung stand schließlich folgendes Bildmaterial in loser Folge zur Auswahl:

70 Diese Bilder haben ein Format von 14,8 x 21 cm und stammen, bis auf eines, das der Autor anfertigte, aus zwei Photosammlungen: Beratungsstelle für Gestaltung: »Seht, welch ein Mensch« Bildsatz 1 und 2. Frankfurt a.M.: 1986 und 1987. [Zu beziehen über: Beratungsstelle für Gestaltung, Eschersheimer Landstr. 565, 60433 Frankfurt a.M.

Arbeitslos?

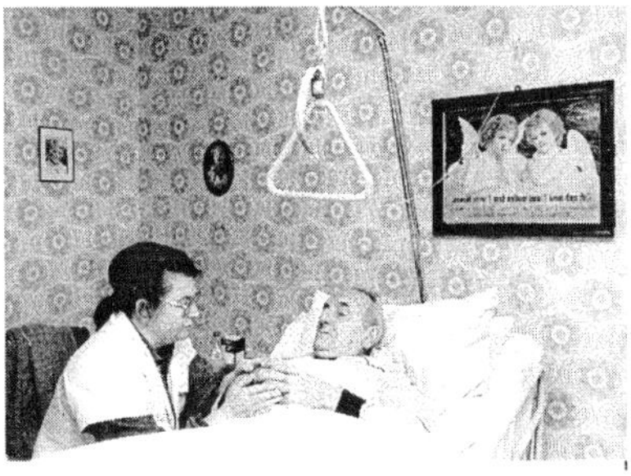

Es hätte auch die Möglichkeit gegeben, sich statt der Bilderauswahl Privatphotos zeigen zu lassen.[71] Dagegen sprach aber, daß es viele wichtige Bereiche der Lebenswelt gibt, die nur selten photographiert und in ein Album geklebt werden, etwa das Stehen an einem Grab, das alltägliche Arbeiten auf dem Feld oder am Schreibtisch. Gleichwohl wurden mehrmals von einigen Interviewpartnerinnen im Anschluß an die vorgelegten Photos eigene Photographien herbeigebracht, was durchaus bereichernd war. Insgesamt war es nur sehr selten der Fall, daß der Versuch gemacht wurde, das "ganze Leben" Phase für Phase anhand der Bilder zu erzählen. In der Regel waren es vielmehr ausgewählte wichtige Stationen im Leben. Die Anzahl der dabei ausgewählten Bilder variierte stark, sie reichte von zwanzig bis zu keinem Bild, was jeweils einmal vorkam.

Die Bilder stellen natürlich trotz aller thematischen Offenheit in ihrer Auswahl eine Vorstrukturierung dar. Das ist der Preis, der dafür zu bezahlen war, daß die Bilder eine

71 Diesen Weg ging etwa die Shell-Jugendstudie '92, vgl. JUGENDWERK DER DEUTSCHEN SHELL (HRSG.): Jugend '92. Lebenslagen, Orientierungen und Entwicklungsperspektiven im vereinigten Deutschland. 4 Bände. Opladen: 1992.

Hilfe bei der ad-hoc Strukturierung des Erzählteils sein konnten und zugleich in der Analyse die Möglichkeit verschafften, innerhalb von Familien die Bildauswahl mit entsprechenden Erklärungen zu vergleichen.

Es folgt ein mehrseitiger Ausschnitt aus einem Interview, der diese Phase illustriert. Es handelt sich dabei um eine 1937 geborene Frau (Familie 16), Mutter zweier Kinder, von Beruf Buchhalterin, sie lebt in der Großstadt und ist evangelisch.

"Können Sie mir jetzt einmal bitte von den Bildern erzählen?
Also von hinten nach vorne, nicht.
Von der Kindheit beginnend.

Ja. Also dieses erinnert mich an meine Kindheit. An meine Mutter äh, mit mir gebetet hat, oder auch meine Oma. Die hat ja bei uns gelebt, weil, nicht wahr, Sie werden schon wissen, mein Vater ist im Krieg vermißt. Ich weiß nicht, an welches Alter, aber ich muß relativ klein gewesen sein. So sieben acht. Ich gehe halt immer, ich bin in Schlesien ja noch geboren, ich gehe halt immer davon aus, was war da, ich weiß da noch so ein bißchen, und was war dann später. Also das erinnert mich schon an sehr frühe Kindheit.

Dieses dann etwa an meine Schulzeit. Sagen wir an meine Volksschulzeit, da haben wir in (Dorfname) gewohnt, in der (Name einer Region), und da ist man von der Schule freigestellt worden, entweder zum Hopfenzupfen oder zum Kartoffelklauben. Wobei ersteres das angenehmere war. Aber es war damals noch nicht so modern mit Bändern, sondern man mußte die sortieren und äh die Rückenschmerzen waren ganz beträchtlich.

Das glaube ich.

Äh dieses Bild, da war ich in etwa im Konfirmandenalter, Konfirmation hatte ich auch noch in (Dorfname) in der (Name einer Region). Und das war ja ein sehr kleiner Ort, 2000 Einwohner damals etwa, und evangelisch davon waren nur ganz wenige. Eine eingesessene Familie und das andere waren alles die sogenannten "Zuagroasten", wo wir auch dazugehört haben. Und da hat man uns die Kapelle auf, am Friedhof zur Verfügung gestellt für Gottesdienste, so eine ganz, so eine Aussegnungskapelle, würde man sagen. Und die paar Kinder, die da waren, die haben halt da alles gemacht. Die haben gesungen bei der Hochzeit, bei der Beerdigung, haben Kerzen angezündet, haben eventuell mal die Sachen geputzt, und da habe ich halt auch dazugehört.

Dieses erinnert mich, es berührt mich sogar irgendwie, ich kann Ihnen aber nicht genau sagen, äh so eine Ecke gab es bei uns nicht, weil wir ja nur zwei Räume hatten, wie ich Kind war. Aber die Mutti hat ein Photoalbum und da sind auch so, alle so aufgereiht, und wie mein Vater vermisst worden ist, dann war ich vier, '41, also ich kann mich noch an den Tag erinnern, an dem sie die Nachricht bekommen hatten. Da standen dann auch Bilder so da, und dann waren sie im Photoalbum und das ist oft angesehen worden und irgendwie bringe ich das mit diesen Bildern in Zusammenhang.

Einen Herrn in diesem Alter habe ich nicht gekannt aber die Gesichtszüge erinnern mich trotzdem an meine Oma. Es ist hier so, und dieses Bild vielleicht noch mehr. Also meine Oma war, nicht, meine Mutter hat es Ihnen vielleicht genauer gesagt, ich glaube 20 Jahre krank gelegen, und meine Mutti hat sie gepflegt. Heute könnte man das sicher anders machen nach Schlaganfällen und nach Herzattacken, aber sie war halt ein Pflegefall. Und drum äh, sie hat irgendwas an diesen Zügen von dem Herrn, auch von diese, grad ziemlich harte Züge. Das erinnert mich daran.

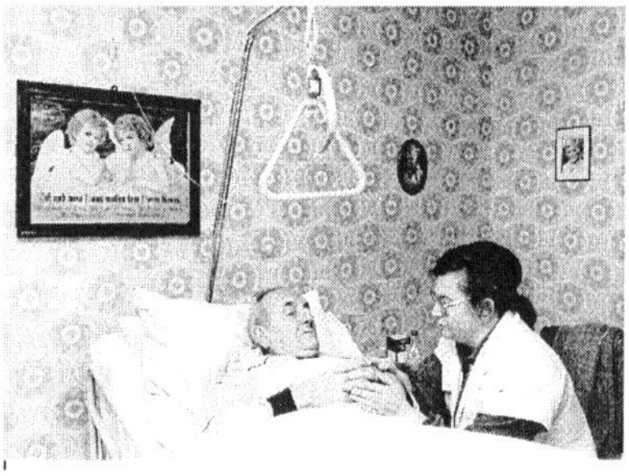

Und dieses Bild natürlich auch. Und sie mußte ja aus dem Bett gehoben werden, auf einen Stuhl gesetzt und frisiert und zweimal am Tag Bett gerichtet. Und meine Mutti hat das gemacht, wenn sie nicht mehr konnte, dann war ich dran. Das war schon mal der Fall, sie, mußte sie operiert werden, meine Mutter, Unterleibsoperation, Magensenken, Galle, immer vom Heben. Meine Mutti ist ja klein, ja und, meine Oma war zwar nicht mehr schwer, auch ganz dünn, aber sie war größer und wenn man sie halt am Tag zweimal, wenn jemand halbseitig gelähmt ist, ist das einfach schwer nicht!

Ja.

Als sie im Krankenhaus war, meine Mutter dann, oder wenn sie mal so von der Kirche war, da so 14 Tage so Erholung bekommen hat. Dann habe ich mich halt drum gekümmert. Daher haben die Bilder irgend, nein, lieber nicht die.

Und das hätte ich vielleicht noch etwas weiter zurück tun müssen hier, das war jetzt wohl ein

Fehler. Erinnert mich an die Schulzeit also (Lachen), damals also, das war dann schon Handelsschule in (Stadtname), Klosterschule (Stadtname - Name) ist vielleicht ein Begriff.

Hmm mhm.

Mhm, da bin ich gegangen als Externe. Weil Protestanten durften ja nicht im Internat sein. Aber trotzdem war man sehr nett zu uns, muß ich mal sagen, aber es war halt alles sehr geordnet, sehr in Reihe und Glied, und ich habe halt nicht immer zu denen gehört, die so in Reihe und Glied gepaßt haben.

So? (Lachen)

Nein (Lachen), absolut nicht. Aber man hat mir praktisch immer alles verziehen. Wenn im Klassenzimmer Fußball gespielt worden ist, dann war ich auch dabei. Mmh, einmal ist das Kruzifix runtergeflogen dabei. Und da war so eine ganz liebe Klosterschwester, hat gesagt, gehts zu, ich bringe es zum Richten, ihr müßt es mir halt zahlen, da sagen wir nichts zur Oberin. Doch süß, oder? Wir waren ja lauter Mädchen, nicht!

Oh ja! Dieses hier äh erinnert mich jetzt schon an sehr viel weiter. Wie der Große klein war. Auch der (Name), aber beim Großen war es noch extremer, Basteln und Werken, ah also, das hat viel sein müssen, das hat ausschauen müssen und es hat ein Verhau da sein müssen. Und hauptsächlich haben sie dann auch in den Kinderhorten derartiges gemacht. Auch mit den Eltern, konnte man hingehen, auch hier am (Name)platz, Bastelabende, also da erinnert mich jetzt das dran. Es sah zwar nicht ganz so aus, aber so in etwa.

Und dieses Bild, ja also Beerdigungen. Einmal, wo meine Oma gestorben ist, das war zwar irgendwann erwartet, wenn jemand so lange krank ist, aber wenn es dann so ist, dann ist es doch, wie mein Mann gestorben ist, nicht. Nicht so gut, nein.

Das war schon der erste Teil. Jetzt hätte ich ein paar Fragen zu Ihrer Kindheit.

Ja bitte."[72]

In der Regel konnte man für diesen Teil ein gutes Drittel bis die Hälfte der Interviewzeit ansetzen. Unterbrechungen durch den Interviewer wurden weitgehend vermieden, Rückfragen ergaben sich bei Verständnisschwierigkeiten. Wurden bestimmte Sachverhalte aus dem nachfolgenden Leitfaden bereits hier berichtet, was fast immer vorkam, dann konnten diese Fragen im zweiten Teil übersprungen werden. Gelegentlich wurde auch angemerkt, daß zu einer bestimmten Situation kein Bild vorhanden war. Dann wurde der Interviewpartner dazu aufgefordert, das gesuchte Bild und die dazugehörige Situation zu beschreiben. In einem Fall war die zu interviewende Person fast blind. Hier wurde das Verfahren so abgeändert, daß der Interviewer die Bilder beschrieb und der Interviewte dazu seine - sofern vorhandenen - Assoziationen nannte.

72 Materialteil (aus Kostengründen unveröffentlicht, kann aber beim Autor angefordert werden), Familie Nr. 16/ Mutter, S. 1274-1279.

Der zweite Teil bestand aus einem halbstandardisierten Interview. Der ausformulierte Interviewleitfaden wurde aber nicht nur im Hinblick auf bereits Erzähltes, sondern auch dann abgeändert, wenn der Gesprächsverlauf Aspekte berührte, die ansonsten nicht weiter behandelt worden wären. Der Leitfaden selbst entstand in einem gestuften Verfahren. Mit Menschen, die aus unterschiedlichen sozialen Kontexten stammen, wurden Gespräche darüber geführt, was sie mit Religion in Verbindung bringen. Daraus entstand ein Themenkatalog, der für die Interviews der Voruntersuchung herangezogen wurde. Diese 13 Interviews lagen als Transkriptionen einem Expertenkreis vor, der aus Theologen und Sozialwissenschaftlern bestand. Hier wurden die Interviews besprochen und methodische Fragen zum Aufbau der Interviews diskutiert. Daraus ergab sich dann die in der Hauptuntersuchung dreiteilige Interviewgliederung sowie die Formulierung des Interviewleitfadens:

KINDHEIT
** Ja, vielen Dank, das war schon der erste Teil. Jetzt habe ich ein paar Fragen zu Ihrer Kindheit. Erzählen Sie doch mal, wie bei Ihnen in Ihrer Kindheit Weihnachten gefeiert wurde!*
** Haben Sie noch eine Erinnerung an Karfreitag?*
** Haben Sie als Kind mal ein Tischgebet irgendwo erlebt?*
** Und beim Einschlafen, wurde da gebetet? Haben Sie da was Bestimmtes gebetet?*
** Gab es eine Person, die für Sie in Ihrer Kindheit besonders beeindruckend war?*
** Erzählen Sie mal, wie Sie als Kind den Religionsunterricht erlebt haben!*
** Wer war eigentlich "Gott" für Sie in Ihrer Kindheit?*
** Mit welchen Leuten war Ihre Familie damals hauptsächlich zusammen? Zum Beispiel Verwandte, Nachbarn, Vereinsfreunde und so.*
** Wurde in Ihrer Kindheit eigentlich viel Wert auf Sauberkeit gelegt?*
** Wie war das, wenn es in der Familie was zu entscheiden gab? Wurden die Kinder da auch gefragt?*

ERWACHSENENALTER
**** Großeltern und Eltern:*** *Können Sie sich daran erinnern, wie Sie sich mal mit Ihren Kindern über Religion unterhalten haben? Worum ging's denn da?*
**** Kinder:*** *Gibt es etwas, was Sie im Bereich der Religion an Ihre Kinder - später einmal - weitergeben möchten?*
** Gibt es etwas, was Sie im Bereich der Religion Ihren Kindern verbieten würden oder sogar verboten haben?*
** Was fällt Ihnen zu dem Thema "Kirchengemeinde" ein?*
** Wenn Sie mal überlegen, was sind eigentlich für Ihre Familie "wichtige Tage" im Jahreslauf?*
**** Großeltern und Eltern:*** *Wie haben Sie selbst denn mit Ihren Kindern Weihnachten gefeiert? Erzählen Sie mal!*
** Und wie gestalten Sie heute Karfreitag und Ostern?*
**** Kinder:*** *Haben Sie schon mal mit Freunden, also ohne Familie, Weihnachten gefeiert? Wie war das?*
** Woher stammen die Leute eigentlich, die zu Ihrem Freundes- und Bekanntenkreis gehören?*
** Können Sie mir mal eine biblische Geschichte sagen, die Ihnen etwas bedeutet? [Pause] Kann auch ein Spruch sein.*
** Wer ist "Gott" eigentlich heute für Sie? Hat sich das in Ihrem Leben geändert?*
** Nehmen wir einmal an, Ihre (späteren) Kinder oder Enkel würden Sie so ganz direkt fragen, wer war eigentlich Jesus Christus. Was würden Sie ihnen denn da von Jesus Christus erzählen?*
**** Großeltern:*** *Können Sie mal erzählen, wie Ihre Tochter/ Ihr Sohn mit ihren/seinen Kindern umgeht?*
**** Eltern:*** *Können Sie mal erzählen, wie Ihre Eltern mit den Enkeln, also mit Ihren Kindern umgegangen sind?*
**** Kinder:*** *Können Sie mal erzählen, wie Ihre Großeltern und Eltern miteinander umgehen?*
** Beten Sie eigentlich heute auch noch manchmal? Können Sie mal erzählen, in was für einer Stimmung Sie dabei sind?*

Der Leitfaden ist in zwei Teile aufgeteilt, einem Teil mit Fragen zur Kindheit und einem mit Fragen zum Erwachsenenalter. Soweit es ging, wurden alle Fragen so formuliert, daß sie eine weitere kleine Erzählung anregen konnten und sich so die Antwort nicht nur in abstrakten Begriffen erschöpfte. Der Einstieg mit Weihnachten zielte sachlich zum einen auf die spezifische Familienatmosphäre, und zum andern ist Weihnachten ein Tag, der auch etwas über den familienspezifischen Umgang mit religiösen und kirchlichen Traditionen aussagt. Hinzu kam die Beobachtung aus der Voruntersuchung, daß die meisten Menschen gerne über Weihnachten in der Kindheit erzählen und dies somit auch eine Hilfe ist, sich emotional zu öffnen. Karfreitag wurde dem gegenübergestellt, weil er als Familienfest kaum eine, als kirchliche Tradition im protestantischen Bereich dagegen eine sehr hohe Rolle spielt. Es folgten Fragen zur religiösen und speziell zur kirchlichen Praxis in der Kindheit, sowie zu Glaubensvorstellungen, die sich in der Voruntersuchung schon als relevant erwiesen hatten. Daneben traten solche Fragen, die auf den lebensweltlichen Kontext allgemein zielten, so die Frage nach beeindruckenden Personen in der Kindheit, Außen-Kontakte der Familie sowie die mit der Sauberkeitserziehung und Entscheidungskompetenz der Kinder verbundenen Aspekte des innerfamiliären Norm- und Hierarchiesystems[73].

Für das Erwachsenenalter wurde ein Teil der Fragen aus der Kindheit erneut gestellt. Das betraf Aspekte religiöser und kirchlicher Traditionen, die Glaubensvorstellungen sowie den allgemeinen lebensweltlichen Bereich. Daneben rückte in diesem Teil aber auch die Vermittlung von Religiosität an Kinder und Enkel in den Vordergrund. Die Frage nach den "Verboten" im Bereich der Religion sollte darauf zielen, wo man für sich selbst und hinsichtlich der Kinder die Grenzen religiöser Toleranz setzt. Die Konfrontation mit einer Vermittlungssituation - die Kinder fragen nach Jesus Christus - sollte Aufschluß darüber geben, wie der Interviewpartner überhaupt auf ein solches Anliegen reagiert und was seine eigene Auffassung zur Gestalt Jesu Christi ist.

Der Interviewleitfaden versucht also, die Trennung von Religion und Kirche zu berücksichtigen, indem er sowohl private als auch institutionalisierte Konkretisierungsmöglichkeiten von Religiosität und deren Veränderung im Wechsel von der Kindheit zum Erwachsenenalter anspricht.[74] Das dabei leitende Verständnis von Religion erfaßt diesen Begriff

---

73 Vgl. hierzu zunächst REUBAND, K.H.: Von äußerer Verhaltenskonformität zu selbständigem Handeln: Über die Bedeutung kultureller und struktureller Einflüsse für den Wandel in den Erziehungszielen und Sozialisationsinhalten. In: LUTHE, H.O. / MEULEMANN, H. (HRSG.): Wertwandel - Faktum oder Fiktion. Bestandsaufnahme und Diagnosen aus kultursoziologischer Sicht. Frankfurt a.M. / New York: 1988, S. 73-97. Dann auch die Weiterführung der Ergebnisse von Reuband bei NUNNER-WINKLER, GERTRUD: Ende des Individuums oder autonomes Subjekt? In: HELSPER, WERNER (HRSG.): Jugend zwischen Moderne und Postmoderne. Opladen: 1991, S. 113-129.

74 Eine Hilfe in der Strukturierung der Fragen waren dabei die von Charles Y. Glock vorgeschlagenen Dimensionen zur empirischen Erforschung von Religiosität. GLOCK, CHARLES Y.: Über die Dimensionen der Religiosität. In: MATTHES, JOACHIm: Kirche und Gesellschaft. Reinbek: 1968, S. 150-168. Hierzu auch die berechtigte Kritik von BOOS-NÜNNING, URSULA: Dimensionen der Religiosität. München, Mainz: 1972, die den fünf Dimensionen von Glock noch als sechstes die Bindung an eine Gemeinde als Gruppe und die Interaktion mit ihr hinzufügt. Die Vernetzung der Dimensionen wurde untersucht von FAULKNER, JOSEPH E. / GORDON F. DE JONG: Religiosity in 5-D: An Empirical Analysis. In: FAULKNER, a.a.O., S. 57-70.

nicht nur von der jeweiligen Befindlichkeit eines Subjekts aus, wie "tief", "unmittelbar" oder "ganz" dies auch immer definiert werden mag, denn dann wäre er letztlich beliebig zu füllen, bzw. von der Komplexität des Subjekts überhaupt nicht mehr zu trennen. Religion meint hier vielmehr einen Beziehungsbegriff, der näherhin als die Beziehung eines endlichen Subjekts zu einem diese Endlichkeit transzendierenden absoluten Grund zu bezeichnen ist.[75] Religiosität umfaßt dann die Gesamtheit der Ausdrucksformen dieser Beziehung. Kirchlichkeit wird somit hier durchwegs als eine Spezialform von Religiosität verstanden, wie sie sich durch den Bezug auf die Institution Kirche ergibt.

Im letzten Teil des Interviews wurden Bildserien eingesetzt. Es wurde jeweils ein Thema vorgegeben und dazu eine Auswahl von fünf Schwarz-Weiß-Bildern angeboten. Daraus sollten zum Thema jeweils zwei ausgewählt werden: eines, das am besten und eines, das am wenigsten zu diesem Thema paßt. Die Auswahl sollte dann auch jeweils begründet werden. Die Themen lauteten im einzelnen:

* Glücklich sein ist wie ...
* Meine Familie ist wie ...
* Das Leben ist wie ...
* Da bin ich ganz dagegen ...
* So habe ich die Kirche in meiner Kindheit erlebt ...

Die Auswahlreihen der Bilder waren wie folgt aufgebaut:

Bildauswahl 5.1: Glücklich sein ist wie ...

75 Vgl. hierzu WAGNER, FALK: Was ist Religion? Gütersloh: 1986, S. 446 ff., der in lucider Weise die Verwendung des Religionsbegriffs in der Religionspädagogik kritisch diskutiert.

Bildauswahl 5.2: Meine Familie ist wie …

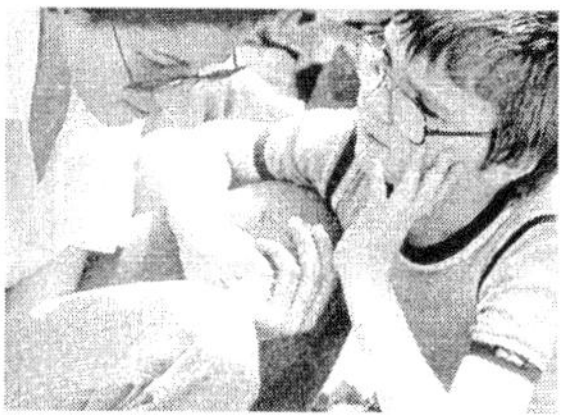

Bildauswahl 5.3: Das Leben ist wie …

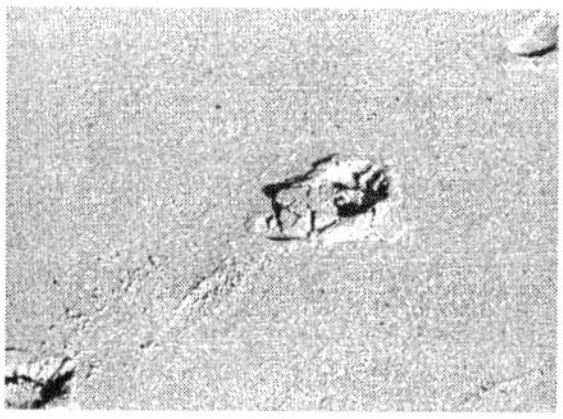

Bildauswahl 5.4: Da bin ich ganz dagegen …

Bildauswahl 5.5: So habe ich die Kirche in meiner Kindheit erlebt …

Diese Bilderreihen[76] waren in der Voruntersuchung noch nicht enthalten, hatten sich aber aus der Schwierigkeit ergeben, derart komplexe Themen sprachlich auszudrücken. Andererseits sollten mit diesem Teil - abgesehen von der Abschlußfrage nach dem Erleben von Kirche in der Kindheit - Aussagen über allgemeine Werthaltungen und Einstellungen gewonnen werden, die dann vielleicht auch wiederum etwas zur Beschreibung von Religiosität beitragen könnten. Deshalb war die Begründung der ausgewählten Bilder hier von besonderer Bedeutung. Der Verlauf dieser Interviewphase wird wieder demonstriert an einem Interviewbeispiel. Diesmal ist es der Sohn der oben zitierten Mutter aus Familie 16. Er ist zum Zeitpunkt des Interviews 18 Jahre alt und besucht ein Gymnasium:

"Mhm. Jetzt zum Schluß habe ich nochmal Bilder für dich. Anders als zu Beginn sage ich dir jetzt aber jeweils ein Thema dazu und du wählst bitte das Bild aus, das für dich am besten und das Bild, das für dich am wenigsten zu diesem Thema paßt. Zu jedem Thema wirst du dabei fünf Bilder zu sehen bekommen und es sind auch fünf Themen, also fünf mal fünf.

Zu den ersten sage ich: Glücklich sein ist wie... Was paßt da für dich am besten und was paßt am wenigsten?

(Pause) Das.

Das paßt am besten?

Ja.

Warum?

Ich würde im Moment, nachdem ich seit drei Monaten meine Freundin habe, würde ich also zur Zeit nach dem hier greifen, weil es einfach zur Zeit meine Idealvorstellung von Glück ist, wenn ich mit ihr zusammen bin, daß das halt also das Gefühl ist, daß das ähm dann die Momente sind, wo ich am meisten glücklich bin.

Mhm und was paßt am wenigsten?

Am wenigsten? (kurze Pause) Das ist äh für mich schwer, ich kann mich hier in diese Situation am wenigsten hineinversetzen, aber sonst würde ich eigentlich sagen, ich kann mir schon vorstellen, daß jede dieser Situationen für mich also glücklich sein bedeuten kann.

Mhm okay, danke. Da sage ich: Meine Familie ist wie... Was paßt da am besten und was paßt am wenigsten?

76 Die Bilder haben im Original ein Format 30x21 cm und entstammen sämtlich der Photoserie "Welt von morgen" (1980), herausgegeben von der Deutschen Evangelischen Arbeitsgemeinschaft für Erwachsenenbildung e.V., Schillerstr. 58, 76135 Karlsruhe. Da diese Bilder in der Voruntersuchung nicht getestet werden konnten, wurden für die Reihen 5.2, 5.3 und 5.4 nach den ersten Interviews jeweils nochmal ein Bild ausgetauscht. Die hier wiedergegebenen Bilder stellen die Endauswahl dar.

(Pause) Das.

Das paßt am besten?

Ja.

Warum?

Also das ist, die Situation, die von diesen Bildern hier mich am ehesten jetzt an die Situation bei uns im Alltag erinnert, daß also meine Eltern zusammen in der Küche sind, daß also, das ist eigentlich der meiste Ort, oder der Ort, wo sie sich am meisten miteinander ähm unterhalten oder miteinander beschäftigt sind. Ich meine, im Wohnzimmer läuft meistens der Fernseher, wenn mein Vater abends müde von der Arbeit heimkommt, ganzen Tag weiße Wände weiß gestrichen hat dann, das hier also das, was ich jetzt so meine.

Und was paßt am wenigsten?

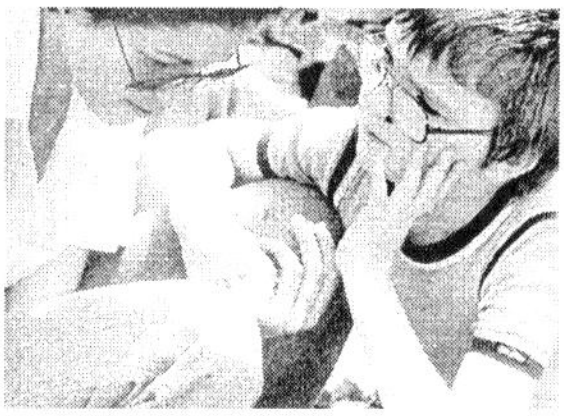

Am wenigsten. (kurze Pause) Ich würde, glaube ich, das hier nehmen.

Warum?

Weil das einfach von der Zeit her überholt ist, weil so dieses ähm miteinander was unternehmen, das ist einfach, das hat sich bei uns irgendwie mit der Zeit, ist das ein bißchen verloren gegangen, weil die Zeit nicht mehr da ist, und weil wir halt unterschiedliche Interessen haben, sobald ich ein bißchen Zeit habe, dann unternehme ich was mit meiner Freundin und äh das würde ich jetzt heutzutage sagen paßt am wenigsten.

Mhm kommen wir zur Nr. 3. Da sage ich: Das Leben ist wie... Was paßt da für dich am besten und was am wenigsten?

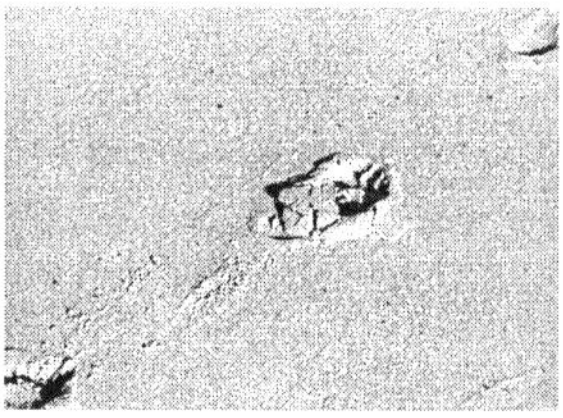

(Pause) Das hier paßt am besten.

Warum?

Dieses äh Schritt für Schritt langsame Vorangehen, jetzt grade bei mir, und halt noch, weil ich noch am Anfang bin, das wo sich langsam das Ganze entwickelt und langsam auf irgend ähm ein weit entferntes Ziel zugeht, was ich jetzt erst mal als (...?) bezeichnen würde, ähm würde ich im Moment sagen, paßt für mich am besten, also mein momentanes Bild vom Leben.

Mhm was paßt am wenigsten?

Ich zögere, jetzt eben das hier.

Warum?

Weil ich mich also, also ich assoziiere das jetzt mal hier als Verfolgung, das äh sehe ich eigentlich am wenigsten oder daß mir irgendwas hinterherläuft, das kann ich also für mich persönlich nicht vorstellen.

Mhm okay. Da sage ich jetzt: Da bin ich ganz dagegen... Was paßt da am besten dazu und was am wenigsten. Frau (Name) grüße Sie!

Grüß dich Oma. (Pause)

Da bin ich ganz dagegen...

Also

Das paßt am besten?

das Bild hier ähm mit dieser Zerstörung der Umwelt oder von der Optik her, dieser negativen Umwelt ist eigentlich das, was mir für die Zukunft am wichtigsten ist. Weil wir haben eigentlich doch bloß diese eine Erde und im Moment schaut es halt wirklich so aus, daß es man fast nicht mehr verantworten kann, Kinder in die Welt zu setzen, einfach das, was hier.

Was paßt am wenigsten?

Also am wenigsten für mich paßt das eigentlich.

Das da?

Das hier ja.

Mhm, warum?

Weil, ich weiß nicht, ich habe dieses, dieses Formen von Rassismus äh mmh, ich habe das halt, ich habe jetzt diese weiße Frau zu spät gesehen, also im ersten Moment habe ich hier halt jetzt da mit Rassismus

Ja ja.

assoziiert und das ist halt auch etwas, was ich äh ich kann es nicht verstehen, aber ich sehe das Problem, ich sehe das Problem auch, weil ich finde, hier dieses ganz normale Zusammenleben wäre echt in Ordnung, ich weiß nicht, ob ich da groß dagegen sein soll, daß die Leute untereinander leben oder miteinander.

Vielen Dank. Das letzte, da sage ich: So habe ich die Kirche in meiner Kindheit erlebt... Was paßt am besten, was paßt am wenigsten?

(Pause) Wenn ich in meinem zarten Alter schon von Kindheit sprechen kann, dann würde ich sagen das hier, weil das einfach dieses, diese betende Umgebung, meistens äh dominiert von älteren Leuten, das also ist mir immer so in Erinnerung geblieben von da halt her.

Was paßt denn am wenigsten?

Also diese ähm, eine ausgelassene Stimme Stimmung oder so in der Kirche, habe ich eigentlich in meiner Kindheit, glaube ich, nicht äh, da nicht erlebt. Vielleicht mal in einem Kindergottesdienst, aber weniger hier wie in dem Bild miteinander.

Mhm gut, das war es. (Name) vielen herzlichen Dank."[77]

77 Materialteil (unveröffentlicht), Familie 16, 2. Kind/Sohn, S. 1321-1324, dort mit größerem Bildformat ausgedruckt.

Die 13 Interviews der Voruntersuchung wurden im April/Mai '92 und die 96 Interviews der Hauptuntersuchung in der Zeit vom November'92 bis Februar '93 durchgeführt. Alle Interviews wurden in beiden Phasen ausnahmslos vom Autor in den Wohnungen der Familien geführt. Gelegentlich kamen die Großeltern oder Kinder für das Interview in die Wohnung der Eltern. Zuhörende gab es in der Regel keine, bis auf ein paar Ausnahmen, die sich entweder aus der räumlichen Situation oder aber aus dem klar formulierten Wunsch ergaben, dabeisein zu wollen. Dem wurde in Übereinstimmung mit dem Interviewten jedesmal entsprochen. Das kürzeste Interview dauerte 23 Minuten, das längste 100 Minuten, in der Regel waren es ca. 50-60 Minuten pro Interview. Eine wesentlich längere Interviewdauer als 70-80 Minuten hat sich insofern als nachteilig erwiesen, da die Konzentration auch des Interviewers nach dieser Zeitspanne deutlich nachläßt.[78] Rechnet man zu der Dauer der Interviews auch noch die Zeiten, die der Interviewer ansonsten mit den Familien verbrachte, sei es beim Kaffeetrinken, Mittagessen etc., so hielt sich der Interviewer in jeder Familie zwischen vier und sechs Stunden auf.

Zu Beginn eines jeden Interviews wurde zunächst erneut die Konzeption der Untersuchung geschildert, die Wahrung der Anonymität zugesichert und die Genehmigung zur Verwendung des Interviews für wissenschaftliche Zwecke erbeten. Dann wurden in einem Familienbogen die persönlichen Angaben eingetragen. Jedes Interview wurde auf Tonband aufgezeichnet, der Beginn der Aufzeichnung erfolgte mit dem Satz "Wenn Sie mir jetzt bitte einmal von den Bildern erzählen".

Für die Gesprächsführung im Interview ist es wesentlich, sich klarzumachen, daß dies weder ein Gespräch unter Nachbarn, noch unter Freunden oder ähnlichem sein kann. Insofern sind Ansprüche, eine "alltägliche Gesprächssituation"[79] herbeizuführen, schlichtweg überzogen. Das ergibt sich nicht nur aus der Anlage der Untersuchung, sondern es ist zum Beispiel auch die für die Alltagskommunikation wesentliche Reziprozität der Gesprächspartner hier nicht möglich. Werner Fuchs hat vorgeschlagen, die Rolle des Interviewers als "die eines zugleich neugierigen und rückhaltlos akzeptierenden Bekannten/Freundes"[80] zu verstehen. Die Mischung aus Neugierde und rückhaltloser Akzeptanz hat sich auch in diesen Interviews bewährt. In emotional sehr bewegenden Momenten war auch die aus der klientenzentrierten Gesprächstherapie bekannte Methode des "Spiegelns"[81] hilfreich. Gleichwohl konnte dies nie soweit gehen, daß der Interviewer inhaltlich weiterführend intervenierte oder seelsorgerlich eingriff. Die Gesprächslinie des Interviews sollte ja beibehalten werden. Das fiel manchmal auch schwer.

---

78 Die Zeitangaben für Interviews in der Literatur schwanken. Von ähnlichen Erfahrungen wie hier berichtet FRIEDRICHS, JÜRGENS: Methoden empirischer Sozialforschung. Opladen: [13]1985, S. 214.

79 Vgl. hierzu kritisch HOPF, CHRISTEL: Die Pseudo-Exploration - Überlegungen zur Technik qualitativer Interviews in der Sozialforschung. In: ZfS 7 (1978), S. 97-115.

80 FUCHS, WERNER: Einführung. In: Jugendwerk der Deutschen Shell (Hrsg.): Jugend '81. Lebensentwürfe, Alltagskulturen, Zukunftsbilder. Bd. 2, Hamburg: 1981, S.6-18, hier: S. 9.

81 Rogers selbst hat in einem frühen Aufsatz seine Methoden für die Sozialforschung empfohlen: ROGERS, CARL R.: The Nondirective Method as a Technique for Social Research. In: The American Journal of Sociology 50 (1944/45), p. 279-283.

Auch den interviewten Personen war manches zu schwer, um es mitzuteilen. Solche "Erzählgrenzen"[82] wurden stets akzeptiert. Die Gründe dafür sind unterschiedlicher Natur. Das Interview ist immer auch eine Form der Selbstdarstellung und unterliegt damit auch einer an wünschenswerten Vorstellungen orientierten Selektion. Manches erzählt man, auch im Sinne der exegetischen Formgeschichte, einfach nicht in so einer Situation. Anderes wird nicht erzählt, weil es einem "peinlich" ist darüber zu reden, oder man zumindest nicht mit *diesem* Gegenüber darüber reden will. Manches ist auch zu selbstverständlich, um mehr darüber zu sagen. Schließlich gibt es Grenzen, die durch erinnerten Schmerz hervorgerufen werden. Im folgenden ein paar Gesprächsbeispiele hierfür:

Und wie sind Sie hier so aufgenommen worden von den Leuten, war das schwer?
Das möchte ich Ihnen gar nicht sagen, das möchte ich Ihnen gar nicht sagen. Was die alles gesagt haben. (Pause) (GMv/13, 995;329)[83]

Können Sie sich noch daran erinnern, wie Ihre Oma mit Ihnen als Kind gebetet hat?
Daran möchte ich mich nicht mehr erinnern. (2T/6, 521;488)[84]

"was fällt Ihnen denn zu dem Thema 'Kirchengemeinde' ein?
... Und es ist wohl auch nicht mehr so, es ist, es läuft vieles so aneinander vorbei. Sicherlich ist das in einer Großstadt hier jetzt anders, weiß nicht, ob es überall so ist und, ja, lassen wir es dabei (Lachen). (M/17, 1350;323)

Wie war der Pfarrer?
Der Pfarrer? Äh so als Pfarrer war er ganz gut so, Herr Pfarrer und so hat schön gepredigt und alles, aber so seine privaten Sachen und so war er ganz ein schlechter Mensch, kann man sagen, nicht, so mit dem, wie soll ich nur es ausdrücken, er war, so wie es halt in Rumänien war, die, mit Securitate und das alles, der hat da ja mhm. (M/15, 1237;178)

War das Ende des Interviewleitfadens erreicht, so wurde dies jeweils ganz deutlich ausgesprochen. Nur in wenigen Fällen war dies aber auch schon das Ende des Gesprächs:

O.k. das wars.
War schon alles?
Ja, ganz herzlichen Dank, ja. 1 Stunde 15 Minuten.
Das ist ja eigentlich nicht lang.
Ist es für Sie schnell vergangen?
Irgendwie schon, ja, aber da hätte man, könnte man jetzt noch, ach, mir würden noch wahnsinnig viele Sachen einfallen, zu allem. Vor allem in ein Kloster möchte ich mal gern gehen, das mache ich auch noch, Exerzitien. Das war jetzt, heuer wollte ich das schon machen, aber da hat mir der Urlaub nicht mehr gereicht. Aber das möchte ich einmal machen.
Wo möchten Sie denn da hin?
Ich weiß es noch nicht, vielleicht nach Schloß Banz, oder Ettal, oder puh, irgendwelche, die das anbieten, ich glaube ja nicht, daß das viele machen.
Das machen inzwischen viele.
Ja? Also das, das war eigentlich schon lange mal, da verspreche ich mir einiges davon.
Gehen Sie nicht zu einer Zeit, wo viele dort sind, Ostern zum Beispiel.
Waren Sie selbst auch schon dort?
Ja, auch an Ostern.
Und wie ist das dann, da können Sie ja gleich davon erzählen? (Bandende) (3T/3, 287;836)

Wie aus dieser Gesprächspassage ersichtlich, wird das Gespräch auch nach dem Interviewende zumeist noch fortgeführt. Wichtige Sachverhalte wurden oft erst nach der Markie-

---

82 FUCHS, Biographische Forschung, a.a.O., S. 279.

83 Einzelne Zitatangaben aus dem (unveröffentlichten) Materialteil werden wie folgt entschlüsselt: GMv = Großmutter väterlichseits; 13 = Nummer der Familie; 995 = Seitenangabe; 329 = Zeilenbeginn des Zitats.

84 2T/6 = 2. Kind/Tochter/Familie 6

rung des offiziellen Endes angesprochen. Das Interview konnte sich nun in ein reziprokfähiges Gespräch verwandeln. Spätestens jetzt wurde auch der Interviewer zum Sachverhalt gefragt und gab dann auch bereitwillig Auskunft. Oft wurde am Ende der Wunsch geäußert, Einblick in die Auswertung nehmen zu können. Das wurde selbstverständlich zugesichert.[85]

Nach Abschluß des Interviews bzw. nach Beendigung des Aufenthalts bei einer Familie wurde der Ablauf des Interviews mit ergänzenden Beobachtungen des Interviewers zum Besuch in ein Forschungstagebuch eingetragen.

5. *Transkription des Datenmaterials*

Alle Interviews wurden auf Cassette aufgezeichnet, um sie hinterher transkribieren zu können.[86] Hinsichtlich der Transkriptionsregeln wurde nicht versucht, der gesprochenen Sprache maximal Rechnung zu tragen. Da die thematisch relevanten Aussagen im Vordergrund stehen sollten, wurde, auch hinsichtlich der Lesbarkeit, eine Übertragung in normales Schriftdeutsch vorgenommen. Jedoch wurde der Satzbau, wenn irgend möglich, beibehalten. Parasprachliche Äußerungen sind ebenso übernommen worden. Erwähnte Namen, Personen, Orte etc. wurden anonymisiert, außer es handelte sich um großräumige und für das Verständnis der Erzählung wesentliche Bezeichnungen, wie es etwa durch die Lokalisierung einer Begebenheit in einem bestimmten Land der Fall sein kann. Nachfolgend das an jede Hilfskraft ausgegebene Merkblatt für die Transkription:

Merkblatt zum Tippen der Interviews

1. Personennamen werden gekennzeichnet durch: (Name). Handelt es sich um eine näher zu bezeichnende Person (Tochter) dann wird z.B. geschrieben: (Name der Tochter).
2. Auch Ortsnamen werden nur gekennzeichnet, z.B. durch: (Ortsname), (Name eines Stadtteils), (Name einer Region) (Name eines Staates).
3. Dialekt wird in der Verschriftung möglichst ins Schriftdeutsche übersetzt, wobei der gesprochene Satzbau beibehalten werden soll. Bsp.:
Original: Dou samme dann hamm kumma
Text: Da sind wir dann heimgekommen
4. Lautmerkmale werden wie folgt umschrieben:
Bejahende Verstärkung: Mhm; Überlegend: Hm; Verneinend: Mm
5. Kommas sind nach Sinneinheiten zu setzen.
6. Die besprochenen Bildnummern werden nachträglich von mir eingefügt.
7. Zusätzliche Füllwörter in der Interviewfrage müssen nicht hinzugefügt werden. Wird jedoch die Frage im Sinngehalt verändert, so muß korrigiert/ergänzt werden.
8. Pausen werden wie folgt gekennzeichnet: (Pause). Handelt es sich um eine Pause von mehr als 10 Sekunden, heißt es: (lange Pause).

Die Transkriptionen schrieben zu ca. 40% der Autor und zu 60% studentische Hilfskräfte. Insgesamt wurden 1525 Seiten Transkriptionsmaterial erstellt. Alle an der Transkription beteiligten Personen wurden zu strengem Stillschweigen über alles, was sie durch die Interviews erfuhren, schriftlich verpflichtet.

---

85 Jedes Familienmitglied erhielt auf Wunsch sein Gesprächsprotokoll und ein Exemplar der Analysen zugeschickt.

86 Nachfolgendes gilt nur für die Interviews der Hauptuntersuchung. Die Interviews der Voruntersuchung sind alle vom Autor transkripiert. Sie enthalten aus technischen Gründen noch keine Bilder.

Jede Transkription wurde vom Autor/Interviewer durch einen Vergleich mit der entsprechenden Tonbandaufzeichnung des Gesprächs noch einmal überprüft. Dies ist ein ebenso mühsamer wie unerläßlicher Schritt. Trotzdem wird auch so kein objektiver, d.h. in diesem Falle ein nur der Aussage des Interviewten verpflichteter Text entstehen. Vielmehr muß man sich eingestehen, daß jede Form der Verschriftung einer sprachlichen Aussage bereits interpretativ wirksam ist. Umso wichtiger ist es deshalb, die Regeln dieses Verschriftungsvorgangs zu kennen.

Als Abschluß dieser Phase wurden die Bilder mit Hilfe eines Scanners noch in den Text einmontiert und entsprechend formatiert. Die Tonbänder wurden aufbewahrt und in der Analyse gelegentlich noch einmal an einzelnen Stellen mit dem Text verglichen.

6. Die Analysen

Die Auswertung des Datenmaterials kann zweifach geschehen. Zum einen stehen die Transkriptionen der Interviews für sich und bieten reichhaltiges Material für verschiedene weitere Forschungsansätze. Zum anderen sind sie hier aber auch hinsichtlich bestimmter Fragestellungen aufbereitet. Für beides ist aber noch einmal auf ein Phänomen zu verweisen, auf das schon die "Erzählgrenzen" hingewiesen haben. Die aufgrund des Datenmaterials zu erstellenden Analysen können nicht davon ausgehen, auf diesem Weg "soziale Realität pur" zu erhalten. Alles, was die Interviewten über ihr Leben erzählen, ist eine Interpretation dessen, was sie erlebt haben. Im Moment des Interviews wird das Erleben also *rekonstruiert*. Keineswegs sind sie somit der "Souverän"[87] ihrer biographischen Erinnerungsketten, sondern zunächst einmal ihr eigener Interpret. Wie in der analytischen Therapie, so gilt auch hier, daß die erzählten Lebensgeschichten ein Rekonstruktionsakt sind und demnach das "Ergebnis eines komplizierten Umarbeitungsprozesses, der wesentlich von der motivbildenden Kraft von unbewußten Wünschen und Phantasien konstituiert ist."[88] Wird in der Therapie die reflexive Selbstartikulation des Patienten neu konstituiert, so geschieht in den Analysen der Interviews ähnliches. Die von den einzelnen im Interview geleistete Rekonstruktion ihrer Lebensgeschichte wird selber noch einmal rekonstruiert. Insofern sind die Analysen die Reflexion auf diese Rekonstruktion und damit eine *Rekonstruktion der Rekonstruktion*. Zweierlei ist dabei hilfreich. Zum einen kann die Rekonstruktion der Analysen für jede Familie auf eine Vielzahl solcher rekonstruierten Perspektiven zurückgreifen und dabei versuchen, die unterschiedlichen Aussagen aufeinander zu beziehen. Das gleiche gilt dann noch einmal auf der Ebene der Generationen. Auch hier kommt es darauf an, Unterschiede wahrzunehmen und dann auch zueinander in Beziehung zu setzen. Weiter bietet die rekonstruierende Analyse die Möglichkeit, die einzelnen Lebensgeschichten auf den jeweiligen gesellschaftsgeschichtlichen Hintergrund zu beziehen, was sich in der Eigenreflexion oft als erstaunlich schwierig herausgestellt hat.

---

87 Vgl. hierzu auch die Kritik von FUCHS, WERNER: Biographische Forschung. Opladen: 1984, S. 60 ff.

88 In Anlehnung an Freud vgl. SCHELLING, WALTER A.: Erinnern und Erzählen. Psychotherapeutische und autobiographische Deutungen der Lebensgeschichte. In: Wege zum Menschen 35 (1983), S. 416-422.

Im einzelnen wurden die Interviews einer Familie so analysiert, daß zunächst die Transkriptionskorrektur anhand der Tonbänder vorgenommen wurde. Das hatte für den Interpreten den Vorteil, daß er sich das Gespräch auch noch einmal akustisch in Erinnerung rufen und dabei die Emotionalität des Sprechens hören konnte. Dann wurden die einzelnen Teile zunächst getrennt ausgewertet. Für den Bildteil haben sich folgende vier Leitfragen bewährt:

* wie werden die einzelnen Bilder betitelt?
* gibt es in der Auswahl hinsichtlich der Lebensphasen einen Schwerpunkt?
* welche Erklärung wird zu den einzelnen Bildern abgegeben?
* welche Reihenfolge wird konstruiert und gibt es darin einzelne Bildsequenzen?

Für die Analyse waren also die hervorgerufenen Assoziationen, die konstruierten Ketten sowie ihre Plazierung in der Vorstellung von Bedeutung.

Im zweiten und dritten Teil wurden sodann anhand hermeneutischer Textinterpretationen die einzelnen Erzählungen und Antworten ausgewertet, aufeinander bezogen und gewichtet. Danach wurden diese Einzelaussagen einem neunteiligen Schema zugeordnet, das sich aus folgenden Feldern zusammensetzt:

PERSON	KINDHEIT/ JUGEND	ERWACHSENEN-ALTER	ERZIEHUNG/ KINDER
LEBENS-WELT			
KIRCH-LICH-KEIT			
RELI-GIOSI-TÄT			

Die Aussagen eines jeden Interviews wurden in dieses Raster aufgeteilt, sodaß für die Bereiche Lebenswelt, Erfahrungen mit der Institution Kirche sowie für die sich zeigenden Formen von Religiosität eine auf die Lebensphasen spezifizierte Übersicht gegeben war. Die dritte Spalte Erziehung/Kinder sollte dabei jeweils beinhalten, was entweder über die Erziehung eigener Kinder oder zukünftiger Kinder hinsichtlich der drei Bereiche ausgesagt wurde. Bei den jüngeren Jugendlichen wurden die Spalten 1 und 2 aufgeteilt in "Kindheit" und "Jugend".

War dies für eine Familie erfolgt, so konnte zunächst die Entwicklung von Religiosität innerhalb einer Familie zusammengestellt werden. Wie dies im einzelnen aussieht, demonstrieren die nachfolgenden Fallstudien 1-3. Die hierfür ausgewählten Fallstudien zeigen die Entwicklung von Religiosität in einer Akademikerfamilie, einer Arbeiterfamilie mit Herkunft vom Land, sowie in einer Aussiedlerfamilie.

Danach konnte daran gegangen werden, die Aussagen innerhalb der Generationen miteinander zu vergleichen. Hinsichtlich der Generationen hat sich gezeigt, daß innerhalb der

Gruppen "Großeltern" - "Eltern" - "Kinder" große Altersunterschiede bestehen. Versteht man nun unter Generation mit Karl Mannheim[89] eine Gruppe von Menschen mit der gleichen *Generationslagerung* im Sinne einer ähnlichen Erlebnisschichtung des Zeitgeschehens, so waren innerhalb dieser Gruppen für die Generationenanalyse nochmal Untergruppen zu bilden. Getrennt voneinander wurden die Generationsanalysen der Landfamilien und der Stadtfamilien. Hinsichtlich der Stadtfamilien wurde intern nocheinmal unterschieden zwischen den Soziallagen einerseits und dem Wohnort Ost- oder West-Deutschland andererseits.

In den Analysen wurde jeweils versucht, für die einzelnen Familien wie auch für die innerhalb der Generationen gebildeten Gruppen Strukturen des sich abzeichnenden Prozesses der Veränderung von Religiosität zu erkennen und zu benennen. Dabei kamen in den Interviewmaterialien auch gelegentlich Sachverhalte zur Sprache, die den Interpreten zu Vermutungen veranlassten, welche ihm zwar plausibel erscheinen, die sich aber aus dem Text selbst nicht evident belegen lassen. Wo dies in den vorliegenden Analysen der Fall war, wurde dies in der Regel auch als eine solche Vermutung angezeigt, die weiterer Untersuchungen bedürfte. Daran werden dann auch gelegentlich die Grenzen der hier angewandten Vorgehensweise deutlich.

Desweiteren stellen die Interviewmaterialen keine psychologischen Tiefeninterviews dar, so daß es nicht Sinn der vorliegenden Untersuchung sein konnte, jeweils ein differenziertes Persönlichkeitsprofil zu erstellen. War hierfür einerseits die Materialerhebung nicht angelegt, so bleibt andererseits sogar manches, das in den Aussagen enthalten ist, unberücksichtigt, weil es nicht zur Themenstellung gehört. Dazu gehören etwa auch Aussagen zur gegenwärtigen Dynamik des jeweiligen familialen Systems. Hier war hinsichtlich der thematischen Stringenz eine Beschränkung erforderlich und es ist nicht zuletzt aus forschungsethischen Erwägungen zu beachten, daß die Teilnehmerinnen und Teilnehmer der Untersuchung ihre Zustimmung zu den Interviews speziell hinsichtlich der Fragestellung nach der Entwicklung von Religiosität gaben. Dies aber will dann auch für die Auswertung im Sinne einer Selbstbeschränkung berücksichtigt sein.

Die Analysen haben also stets zum Thema, wie Religiosität sich in den sozialen Kontexten der einzelnen Familien im Laufe dreier Generationen unter neuzeitlichen Bedingungen darstellt und verändert. Alle anderen Aspekte, die dabei zur Sprache kommen, bleiben dieser Fragestellung untergeordnet.

---

89 MANNHEIM, KARL: Das Problem der Generationen (1928/29), abgedruckt in: FRIEDEBURG, LUDWIG V. (HRSG.): Jugend in der modernen Gesellschaft. Köln, Berlin: 1965, S. 23-48.

C. RELIGIOSITÄT IM KONTEXT DER FAMILIENGESCHICHTE. DREI FALLSTUDIEN.

VORBEMERKUNG

Aus den zwanzig interviewten Familien werden drei näher vorgestellt. Es sind drei Familien aus der Großstadt. Allerdings sind die Eltern der beiden letztgenannten Familien auf dem Land aufgewachsen und erst später in die Großstadt gezogen.

In der Akademiker-Familie, die wir als erste vorstellen werden, ist der Vater katholisch, die Mutter und die Kinder sind evangelisch. Die befragten Familienmitglieder der drei Generationen bieten hier derzeit ein sehr unterschiedliches Bild hinsichtlich ihrer Religiosität und Kirchlichkeit. Insofern zeigt die Familie, welch hoher Grad an individueller Gestaltung der Religiosität sich auch innerhalb einer solchen Familie ergibt, in der alle Familienmitglieder noch einer Kirche angehören. Das Merkmal Kirchenzugehörigkeit allein sagt wenig aus.

Die zweite Familie stammt aus dem Arbeiter-Milieu und ist in ihrer religiösen Entwicklung einheitlicher als die erste. Auch in dieser Familie ist der Vater katholisch, während die Kinder mit der Mutter evangelisch sind. Diese Familie ist ein Beispiel dafür, wie aus der jeweiligen Lebenssituation heraus Religiosität seit Generationen im Grunde genommen neben der Kirche gelebt und konstruiert wird.

Die dritte Familie lebt erst seit ca. 12 Jahren in Deutschland und war vorher in einem Siebenbürger Dorf zu Hause. An dieser Familie läßt sich der Übergang von einer auf Verwandtschaftsbasis organisierten Lebensform zur modernen Gesellschaft, wie sie durch die soziale Individualisierung gekennzeichnet ist, studieren. In ausgeprägter Weise ist hier für Kinder und Erwachsene die Familie die soziale Grundbasis überhaupt, von der sich alles andere ableitet. Dies gilt auch für die Religiosität, die schon in Siebenbürgen, noch mehr aber in der ausdifferenzierten deutschen Gesellschaft, ihren Ort in der Familie und nicht in der Kirche hatte.

Die Fallstudien sind so aufgebaut, daß sie den oben beschriebenen Weg der Analyse nachzeichnen. Jeder Einzelanalyse sowie der gesamten Familienanalyse ist am Schluß eine Zusammenfassung beigefügt. Von daher wird sich in den Einzelteilen manches wiederholen. Wer diesen Erkenntnisgang nicht im einzelnen nachgehen will, der setze mit dem Lesen gleich bei den Zusammenfassungen ein.

I. FALLSTUDIE EINER AKADEMIKER-FAMILIE

Die interviewten Mitglieder der Familie 2 leben in einer süddeutschen Großstadt im Innenstadtrandbereich. Im einzelnen wurden interviewt (in der Reihenfolge der Analyse):

1. Frau (GMv/2), Großmutter väterlichseits, geboren 1915
2. Herr (V/2), Vater, geboren 1943
3. Frau (M/2), Mutter, geboren 1942
4. Herr (1S/2), Sohn, geboren 1964
5. Herr (2S/2), Sohn, geboren 1974
6. Frau (3T/2), Tochter, geboren 1977

Angefragt für ein Interview war auch die noch lebende Mutter von Frau (M/2), die sich aber einem Gespräch verweigerte. Die Reihenfolge der durchgeführten Interviews ergab sich aus den möglichen Terminen: 2, 3, 6, 4, 1, 5. Für die sechs Interviews waren fünf Termine notwendig. Die Interviews fanden zwischen dem 16.11.92 und 14.1.93 in den Wohnungen der jeweiligen Familienmitglieder statt. Das kürzeste Interview dauerte 41 Minuten, das längste 90 Minuten.

1. Analyse der Großmutter väterlichseits

a) Vorbemerkung

Frau (GMv/2) wurde 1915 in einer süddeutschen Großstadt als lediges Kind ihrer damals 20jährigen Mutter geboren und stammt aus einer katholischen Familie. Der Vater fiel noch vor ihrer Geburt und der Heirat der Eltern im 1. Weltkrieg. Frau (GMv/2) wuchs dann bei der Mutter, die als Schneiderin und später Directrice berufstätig war, und der Großmutter auf. 1930 heiratete ihre Mutter und bekam noch einen Sohn. 1934 heiratete Frau (GMv/2) einen 10 Jahre älteren Juristen im Bankgewerbe, mit dem sie bis 1955 vier Kinder, zwei Töchter und zwei Söhne, bekam. 1989 ist der Ehemann verstorben, seitdem lebt Frau (GMv/2) in der Wohnung allein, bzw. vermietet derzeit einige Zimmer des Hauses an Verwandte.

Die Bildanalyse zu Beginn des Interviews fällt aus, weil Frau (GMv/2) keine sie ansprechenden Bilder fand.

b) Systematische Analyse des Fragenteils

Frau (GMv/2) wuchs in ihrer Kindheit in einer sehr katholisch geprägten Umgebung auf. Die berufstätige Mutter tat viel dafür, daß Frau (GMv/2) den Makel "unehelich" nicht als Benachteiligung zu spüren bekam: "meine Mutter hat mich da immer sehr rausgeputzt, gell" (132)[1]. Trotzdem sagt sie bis heute: "Da hab ich schwer dran getragen, ein ganzes Leben lang." (116). Als sich die Mutter später jedoch verheiratete, kam es mit der damals 15jährigen Tochter zum Konflikt. Sie lehnte ihren neuen Stiefvater und den bald darauf geborenen Bruder ab: "dann kam ein Mann in ihr Leben, sie war damals erst 35, wenn ich mir das heute denk und den hat sie dann geheiratet, und da kam dieser - (kurze Pause)

---

1 In den Einzelanalysen beziehen sich die Zitate immer auf das entsprechende Interview. Deshalb wird als Zitationsnachweis jeweils nur die Zeilennummer angegeben, in der das Zitat beginnt (132) = Interview Großmutter/Familie 2, Zeile 132. Materialteil unveröffentlicht, kann beim Autor angefordert werden.

Bruder, das war für mich weiter eine schwere Zeit" (203-205). Der Konflikt entschärfte sich erst durch die Heirat von Frau (GMv/2) mit 19 Jahren. Ein entspanntes Verhältnis hat sie mit ihrem Stiefvater bis zu dessen Tod, ca. 5-6 Jahre nach ihrer eigenen Eheschließung, nicht.

In der Kindheit hatte die Großmutter auf Frau (GMv/2) aufgepaßt und sie war der Mittelpunkt: "ich wurde heiß geliebt, gell." (200). In der Erinnerung ist es vor allem diese Großmutter, die Frau (GMv/2) religiös geprägt hat. Mit ihr mußte sie "stundenlang bis zur Erschöpfung beten" (12 f.): "es ging mit Vater-Unser, Gegrüßest seist Du Maria, und dann: Herr, gib ihm die ewige Ruhe, und all diese Sachen, und dann kam noch: Heilige Barbara, Du edle Braut, Leib und Seele sei - und da hab ich dann gesagt: Mei, Oma, ich kann nicht mehr." (101-104). Der sonntägliche Kirchgang war selbstverständlich, nicht zu gehen wurde als "Todsünde" (39) aufgefaßt. Die großen kirchlichen Feiertage, wie Weihnachten, Karfreitag und Ostern, wurden in der Familie jeweils gemäß katholischem Brauch begangen.

Vom Religionsunterricht in der Kindheit erinnert Frau (GMv/2) noch den unterrichtenden Kaplan: "und der mochte mich sehr gern, und da bin ich eifrig zur Kirche, eifrig zur Beichte, alles eigentlich sehr eifrig" (142 f.). Gott war für sie der "liebe Gott" (149-163), der zunächst einmal "über allem steht" und dessen "Gebote" zu halten waren. Die institutionelle Vermittlung der Beziehung Gott-Mensch durch die Kirche spielte dabei stets eine wesentliche Rolle: "Was hatte ich für ein Gefühl? Das Gefühl, man muß so leben, wie man uns sagt, daß er's will" (155 f.). *Man* - das waren aber nicht nur die Geistlichen, sondern vor allem eben auch die Großmutter zu Hause. Von ihr hat sie zwar viele Bräuche gelernt, dieses Lernen geschah aber weithin als Imitation: *"Hat man Ihnen 'mal erklärt, warum man so lange beten muß?* Nein, nein. (...) *Sie haben auch nie gefragt?"* Nein. Mm, war halt so, war ein Brauch." (105-111)

In ihrem eigenen Verhalten wirkte sich dies bei Frau (GMv/2) so aus, daß die "Angst vor der Sünde" als Erklärungsmuster herhalten mußte und für sie oft handlungsleitend wurde: "Man hat viele Dinge nicht getan aus Angst vor der Sünde." (159 f.).

In der späten Kindheit, so etwa ab 11 Jahren, hatte Frau (GMv/2) eine Freundin aus reichem Hause. In dieser Zeit war sie mehr bei ihrer Freundin als zu Hause. Auch die Mutter der Freundin förderte den Kontakt sehr, zumal als einige Jahre später die eigene Tochter zu flirten beginnt: "Und dieses Mädchen, diese (Name), die war, dann, als sie so 15 - 16 war, war die ein bißchen locker, da fing die schon an ein bißchen mit jungen Männern, was für mich also ganz entsetzlich war, und da sollte ich immer da sein, und so ein bißchen den Engel spielen, der da alles verhindert und sagt: das tut man doch nicht, und so." (186-190).

Nachdem sie mit 18 Jahren ihren späteren Mann kennenlernte, wurde ein Jahr später geheiratet. Auch ihr Mann war "gut katholisch" (14), und so war man sich einig, daß auch die vier Kinder in einer bewußt katholischen Erziehung aufwachsen sollten. Frau (GMv/2) versuchte dabei das, was sie in der Kindheit vermittelt bekommen hatte, an ihre Kinder weiter zu geben. Von Bedeutung waren dabei die Riten: "Beten und Tischgebet und Abendgebet und Morgengebet und am Sonntag in die Kirche gehen" (18 f.). Das Einhalten dieser Riten wurde auch erzwungen: "also, da hab ich die Kinder gezwungen, also man ging am Sonntag in die Kirche" (19 f.) - oder vom Gebet sagt Frau (GMv/2) hinsichtlich ihrer Kinder: "ich habs immer schon ein bißchen erzwingen wollen" (94). Dabei hat sie den Zwang durchaus auch auf sich selbst angewendet, wenn sie etwa betont: "Ich hab mit dem In-die-Kirche-Gehen am Sonntag eisern durchgehalten, solange die noch zu Hause waren." (35 f.). Gleichwohl ging dieser Zwang nicht soweit, daß er nicht auch Raum für eigenständiges Handeln der Kinder freigab. Als die Kinder äußerten, sie möchten nun selbst ohne Mutter am Bett beten, da hat sie dies nicht unterbunden: "Ja, da mußte man sich damit abfinden, denn es geht jetzt einfach nicht mehr von einem gewissen Alter an, gell." (250 f.). Insgesamt empfand sich Frau (GMv/2) in ihrer Erziehung in Kooperation mit der institutionellen religiösen Erziehung: "Sie haben den Religionsunterricht in der Schule gehabt, und man hat ihnen zu Hause gesagt und gezeigt, was man tun und was man nicht tun darf." (239 f.)

Die Vorstellung, daß ihre Kinder einmal einen andersgläubigen Ehepartner finden könnten, war für beide Elternteile "schrecklich" (268)) - es ist dann bei allen vier Kindern eingetroffen! Sowohl die beiden Töchter als auch die beiden Söhne heirateten evangelische Partner. Wiederum versuchten Frau (GMv/2) und ihr Mann es zu "erzwingen", daß ihre Kinder wenigstens katholisch heiraten würden, was sich dann aber nur bei einer Tochter verwirklichen ließ. (266-360)

Heute stellt Frau (GMv/2) fest, daß sie "gleichgültiger" gegenüber der rituellen Praxis geworden ist (46). Nach wie vor geht sie gern in die Kirche, aber nicht mehr "regelmäßig", d.h. nicht mehr jeden Sonntag. Sie bedauert dies: "es tut mir leid, daß ich nicht noch, immer noch nicht stärker gebunden bin" (44 f.). Allerdings wäre es für sie unvorstellbar, etwa Weihnachten nicht in die Kirche zu gehen: "sagen wir mal Weihnachten, unbedingt zur Christmette, sonst, sonst wär's nichts, also nur, nur der Baum und das Zeug und die Esserei, das würde mir nicht genügen" (69-71).

Sie gibt an, auch heute noch in der Bibel zu lesen (382), kann aber auf Nachfrage keine biblische Geschichte angeben, die ihr etwas bedeutet. Ihr Gottesverständnis hat sich nach eigenem Bekunden im Vergleich zur Kindheit nicht wesentlich verändert: "Daß Gott über allem steht, daß man zu ihm betet, daß man ihn bittet, daß man ihm dankt. Er ist da." (388 f.). Jesus Christus ist für sie der "Sohn Gottes" (397), der auf die Welt kam "um den Menschen Gebote zu geben, um den Menschen ein besseres Leben zu lehren, einen guten Glauben zu lehren." (398 f.)

Frau (GMv/2) nimmt schließlich Anteil an der literarisch-theologischen Diskussion um Autoren wie Küng oder Drewermann. Zu letzterem sagt sie: "das macht einem alles verrückt, gell" (401 f.). Drewermann imponiert ihr durchaus, seine Ablehnung der Lehre von der unbefleckten Empfängnis bringt sie aber durcheinander: "Jetzt sagt man natürlich, ja, ja, es kann ja eigentlich biologisch gar nicht sein, früher war das einfach so. Maria war die Jungfrau Maria, und jetzt kommt man da an, daß es biologisch nicht ging. Warum, warum zerstört man das alles, warum wird da so gebohrt in diesen Dingen?" (402-405). Das kritische Hinterfragen von Glaubensartikeln hinterläßt also auch bei ihr seine Spuren, obgleich sie sich schwer tut, dies mit der institutionellen Gebundenheit ihres Glaubens in Einklang zu bringen.

c) Die Religiosität von Frau (GMv/2)

Frau (GMv/2) erlebt in ihrer Kindheit, wohl vorwiegend durch die sie aufziehende Großmutter, den Glauben als Brauchtum. Was die Großmutter ihr vorlebt und was von der Enkelin übernommen werden soll, sind vorwiegend die Riten des Glaubens. Sie werden nicht reflektiert, sondern gelten, getreu ihrem Brauchtums-Charakter, aus Konvention, weil "man" das so macht. Festgeschrieben werden diese Konventionen durch die Institution der katholischen Kirche und ihre Vertreter. Man kann darüber spekulieren, inwieweit das eifrige religiöse Bemühen des damaligen Mädchens auch mit dem selbst empfundenen "Makel", unehelich geboren zu sein, zusammenhängt.

Frau (GMv/2) gibt an, daß sich ihr Gottesbild in der Kindheit bis zum späten Erwachsenenalter nicht wesentlich geändert habe. In der Tat lassen sich in ihren jeweiligen Schilderungen für Kindheit und Erwachsensein zwei gleiche Komponenten feststellen: Macht und Moral. Gott ist einerseits derjenige, der "über allem ist" und ist zugleich derjenige, der in seinen Geboten Anweisungen für das rechte Leben gibt. In letzterem sieht sie auch die Rolle Jesu Christi, der in die Welt gekommen sei, um den Menschen Gesetze zu lehren. Letztlich ist auch hier die institutionelle Vermittlung durch die Kirche von entscheidender Bedeutung: "man muß so leben, wie man uns sagt, daß er's will" (155 f.).

Die Zugehörigkeit zur Institution durch das Einhalten der Riten wurde auch in der religiösen Erziehung ihrer eigenen Kinder zum entscheidenden Faktor. Zwang als Mittel zur Einpassung in die institutionell vorgegebenen Riten spielte dabei eine geradezu selbstverständliche Rolle. Es sind dann aber gerade die Kinder, die die konfessionelle Geschlossenheit der Familie von Frau (GMv/2) öffnen, indem sie alle einen evangelischen Ehepartner finden. Frau (GMv/2) findet darunter in Frau (M/2) eine Schwiegertochter, vor derem evangelischen Glauben sie hohen Respekt hat.

So wie sich Frau (GMv/2) auch heute noch der katholischen Kirche sehr verbunden fühlt, so interessiert sie sich doch zugleich für die Thesen von so scharfen Kritikern der katholischen Kirche wie Küng und Drewermann. Dabei ist es ihr ein Problem, das neuzeitlich-kritische Reflektieren kirchlichen Lehrguts, wie Küng und Drewermann dies auf je unterschiedliche Art und Weise üben, mit ihrem eigenen Glauben, der vom Brauchtum herkommt, zu vereinen. Daß sie sich dabei nicht vorschnell auf die eine oder andere Seite schlägt, sondern um eine für sie und ihre Glaubensgeschichte tragfähige Lösung ringt, zeigt die Lebendigkeit ihres eigenen Denkens.

2. Analyse des Vaters

a) Vorbemerkung

Herr (V/2) wurde 1943 als drittes Kind und erster Sohn geboren. Sein jüngerer Bruder wird zwölf Jahre später geboren. Nach der Evakuierung aufs Land in den letzten Kriegsjahren und dem Schulbesuch in einer süddeutschen Großstadt studiert Herr (V/2) Medizin und arbeitet später als Kinderarzt und Allgemeinpraktischer Arzt. Er heiratet 1973 eine Ärztin, die bereits ein Kind mit in die Ehe bringt. 1974 und 1977 werden noch ein Sohn und eine Tochter geboren.

b) Analyse der Bildsequenzen

Das erste ausgewählte Bild erinnert Herrn (V/2) an den Religionsunterricht und die Art und Weise, wie dort gemalt wurde. Dazu fällt ihm aus dieser Zeit ein Sinnspruch ein: "Der Teufel tut zur Sünde locken, du aber laß ihn ruhig hocken".

Das zweite Bild erinnert Herrn (V/2) an die "Jobberei" während der Schulzeit und des Studiums.

Das dritte Bild stellt für Herrn (V/2) seine Verheiratung dar.

Die zwei nächsten ausgewählten Bilder sind für Herrn (V/2) Symbol für "Natur und Wald", die bei ihm "immer eine große Rolle" gespielt haben.

Das Bild von einem Soldaten läßt Herrn (V/2) an einen Einsatz in Somalia denken, den er als Arzt mitgemacht hat und der ihn "sehr beeindruckt hat".

Bei diesem Bild assoziiert Herr (V/2) die Einsamkeit, die er "das schlimmste Los der Alten" nennt.

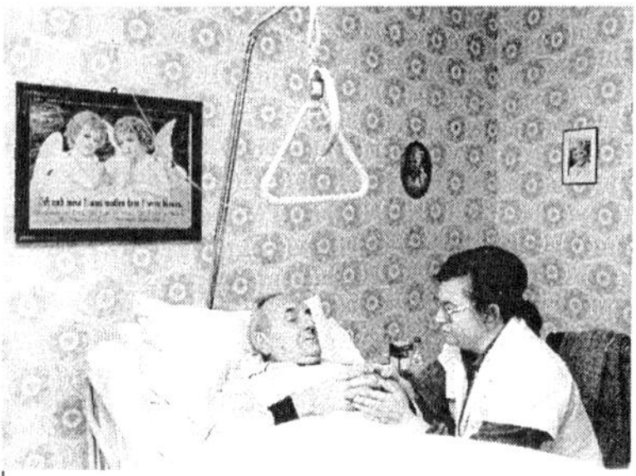

Mit diesem Bild verbindet Herr (V/2) den bettlägerigen Vater, der vor seinem Tod vor fünf Jahren zu Hause "von der Mutter sehr rührend gepflegt worden" ist.

Das letzte Bild schließlich erinnert Herrn (V/2) an den Stadtteil, in dem seine Praxis liegt.

Zusammenfassung: Bis auf das erste ausgewählte Bild stammen alle Bilder entweder aus dem Bereich Beruf oder Familienleben. Herr (V/2) zeigt sich hier als Mensch, der in seinem Beruf sehr engagiert ist und über die rein medizinische Versorgung hinaus auch die soziale Situation seiner Patienten mit im Blick hat. Im privaten Bereich erwähnt er, neben der Vorliebe für die Natur, seine Eheschließung und das Sterben seines Vaters. Es bleibt hier offen, was Herr (V/2) jeweils mit diesen Lebensdaten verbindet.

Betrachtet man schließlich die Aussagen zum ersten Bild, so fallen einige Stichworte auf: Auge Gottes, Teufel, Sünde. Verbindet man dies mit dem oben angeführten Sinnspruch aus dem Religionsunterricht, an den Herr (V/2) sich sofort erinnert, so sind dies erste Hinweise auf eine Form religiöser Erziehung, die stark auf Überwachung und Angst ausgerichtet war.

c) Systematische Analyse des Fragenteils

Die katholische Familie, in der Herr (V/2) als drittes und für lange Jahre als letztes Kind aufwuchs, war in vielem geprägt durch den Beruf des Vaters, der als Jurist im Bankgewerbe tätig war. Allerdings lernte Herr (V/2) seinen Vater erst mit ca. drei Jahren kennen, da dieser vorher im Krieg und in Gefangenschaft gewesen war. In den Jahren danach hat der Vater "gearbeitet wie ein Tier" (202), Urlaubsfahrten unternahm man regelmäßig mit der Mutter ohne den Vater. Die sozialen Kontakte der Familie beschränkten sich auf die Verwandtschaft und "ein paar alte Freunde der Familie" (210). Während der Vater Herrn (V/2) emotional "karg" (351) erschien, war bei der Mutter "alles sehr emotional" (369). In der Erinnerung ist es für Herrn (V/2) der Vater, der ihn sehr beeindruckt hat aufgrund seiner großen Menschlichkeit und Zielstrebigkeit (123).

Was die religiöse Erziehung angeht, so war ein vom Katholizismus geprägtes Christentum zu Hause selbstverständlich. Weihnachten, das zu Hause "immer sehr schön und sehr ritualisiert" (83) gefeiert wurde, stand ebenso wie Karfreitag und Ostern auch in kirchlicher Tradition. Der Besuch des Gottesdienstes war selbstverständlich und zu Hause wurde auch das Weihnachtsevangelium vom Vater vorgelesen. Gebetet wurde zu Hause täglich mittags und abends, wobei Herr (V/2) nur noch das selbst gesprochene Abendgebet, also ohne Mutter, erinnert (116). Für Herrn (V/2) sind dies heute noch "Fixpunkte im Jahr" und "Traditionen", an denen er festhalten möchte (94). Freilich übt er auch hier schon Kritik an dem, was er damals in der Kindheit erlebte. So nennt er etwa eine Großmutter, die an Karsamstag die Fleischbrühe aufgrund des Fastengebots nie und nimmer vor zwölf Uhr gekostet hätte, "bigott" (103).

Den Religionsunterricht hat Herr (V/2) in denkbar schlechter Erinnerung. Der Kooperator hatte damals die Kinder "im heiligen Zorn verdroschen" (148), was von Herrn (V/2) angesichts von ca. 60 Kindern in der Klasse "als die einzige Möglichkeit, da wohl durchzugreifen" (149) legitimiert wird. Der Unterricht selbst aber wird von ihm beschrieben als "ein miserabler Unterricht, unheimlich verlogen, unheimlich verlogen von den Leuten" (151). Dabei hebt er die Behandlung der Sexualität im Unterricht hervor, die er als "verdruckt und schmierig" (152) kennzeichnet. Sein Resümee ist deutlich: "an und für sich war das bei uns kein Religionsunterricht, das war an und für sich schlimm" (157).

Seine Gottesvorstellung in der Kindheit hängt dann auch eng mit dieser religiösen Erziehung zusammen. Gott war ihm damals "ein bißchen unheimlich, wahrscheinlich", da Herr (V/2) religiös gesehen "in der Furcht" erzogen wurde (166). Er verdeutlicht dies an der selbst erlebten Beichtpraxis, die er als sehr bedrängend und beengend erfahren hat. Er selbst hat noch auf dem Land, wo er mit der Familie evakuiert war, die "Beichtzettel" erlebt, die beim Beichten ausgeteilt wurden. Der Pfarrer hatte dabei von jedem Gemeindeglied einen solchen Zettel und wer ihn sich in der Beichte nicht abholte, war automatisch exkommuniziert, bis er "wieder mit tätiger Reue gebeichtet hat" (180). In der Erinnerung war er in der Kindheit "pausenlos in der Kirche" (442), zumindest jeden Sonntag, jeden Mittwoch in der Schulandacht und im Mai in den Maiandachten täglich. Diese religiöse Erziehung war für ihn eine Form, in der "viel mit der Angst passiert" (172) ist und die geprägt war von einem immer wiederkehrenden "du mußt, du mußt, du mußt" (174). Er erwähnt in dieser Passage des Interviews Eugen Drewermann, dessen vielfältige Kirchenkritik er mit seinen Erfahrungen in Verbindung bringen kann.

Als Herr (V/2) mit dreißig Jahren katholisch heiraten wollte, da wurde ihm die kirchliche Trauung wegen der ersten Ehe seiner Frau verweigert (181), was ihm sehr nahe ging. Heute zieht er insgesamt zu seinen Erfahrungen mit der Kirche das Fazit: "Und diese ganzen Geschichten haben mich von, von der Kirche absolut weggebracht, daß damit eigentlich nichts ist." (187). Das bedeutet aber nun im Gegenzug nicht, daß Herr (V/2) mit dem Gedanken spielt, aus der katholischen Kirche auszutreten. Er gesteht der Kirche auf sozialem Gebiet eine wichtige Rolle zu und versteht von daher seine Kirchensteuer als "eine Art Sozialbeitrag" (197). Darüber hinaus gibt es für ihn aber auch noch einen ideellen Grund für seine Kirchenmitgliedschaft: "und dann geht's ja auch ganz klar um eine bestimmte Bewahrung einer Tradition, man kann ja auch hoffen, daß sich das ändert, also irgendwann einmal." (197).

Die religiöse Erziehung seiner Kinder hat Herr (V/2) "meiner Frau überlassen, weil die da wesentlich dichter dran ist" (223). Daß die beiden gemeinsamen Kinder dann evangelisch getauft wurden, war ihm dabei kein Problem. Als der älteste Sohn konfirmiert wurde, erlebte Herr (V/2), wie dessen Bezug zur Kirche nach der Konfirmation in seinen Augen ausdünnte. Hier kritisiert er dann "diese Liberalität, die die evangelische Kirche da bietet" (233) und favorisiert im Gegenzug die katholische "Verpflichtung des sonntäglichen Messgangs" (232), die immerhin für einen bleibenden Kontakt sorge. Als der gleiche Sohn zehn Jahre später seinem Kind einen muslimischen Vornamen geben möchte, da ist es Herrn (V/2) wichtig, daß noch ein christlicher Vorname hinzukommt, was er dann durch "Überzeugungsarbeit" erreicht: "Dann hab ich gesagt: Du, aber sei so lieb, der wird auch mal 50, dann heißt er vielleicht nicht mehr so wahnsinnig gern [muslimischer Vorname], dann gibst ihm einen christlichen Namen noch dazu, und da haben wir dann den [christlicher Vorname] durchgedrückt" (256).

Sein Bezug zur Kirchengemeinde ist konjunktivisch formuliert: "Ja, das wär was sehr schönes." (262). Während er einerseits zur katholischen Gemeinde keinen Kontakt mehr hat, ist aber auch die evangelische Gemeinde seiner Frau nicht "seine" Gemeinde geworden. Dabei ist ihm von der Theorie her wichtig, daß "man das Christentum nicht allein praktizieren kann", sondern daß eine "Gemeinschaft in Gott" wesentlich dazu gehört (262). Einen gewissen Ersatz dafür hat er im Chor einer evangelischen Gemeinde gefunden, in dem er seit Jahrzehnten singt und wo er viele gute Freunde gefunden hat (293).

In seinem gegenwärtigen Glaubensverständnis sind ihm zunächst einmal die biblischen Geschichten bedeutsam, die "unserem normalen Gerechtigkeitsempfinden" zuwider laufen (307). Er denkt dabei an die "ungerechten Geschichten" von den Arbeitern im Weinberg sowie von den klugen und törichten Jungfrauen. Entscheidend wichtig ist ihm dabei, daß hier die Liebe Gottes so erzählt wird, "daß immer der, der eigentlich hintangesetzt wäre in unserer Gesellschaft, daß der hochgehoben wird" (304). Herr (V/2) streicht heraus, daß er erst im evangelischen Bereich gelernt habe, in der Bibel mit Verstand zu lesen: "Und das ist das Wesentliche, das haben wir in der katholischen Kirche ja ganz wenig. Da war der Katechismus, da waren die Vorschriften, da waren die Sakramente, da war das, aber Bibellesen, mit Verstand Bibellesen - nie!" (466).

Sein Gottesverständnis charakterisiert er selbst als "sehr schwankend" (321), wobei er zumindest auf jeden Fall gelten lassen will, "daß es irgendwo einen Gott geben muß, weil wir einfach nicht weiter denken können" (322). Die Frage nach Gott beschäftigt ihn, zumal er die Alternative des Atheismus für sich auch nicht gelten lassen kann: "ohne tu ich mich eigentlich auch sehr hart" (327). Probleme hat er allerdings mit den kirchlichen Lehrdistinktionen, was an der Person Jesu Christi deutlich wird. Hier gilt für ihn, "daß alles, was die Kirche vorschreibt, daß ich das eigentlich nicht brauche." (333). Es genügt ihm der Mensch Jesus, der "die Welt verändert" (338) hat. "Gottes Sohn" ist Jesus für Herrn (V/2) im selben Sinne, wie er sich "Gottes Kind" nennen kann. Die "einmalige Tat" Jesu bestand schließlich darin, "die Erlösung zu bringen" (344). Wie sich das Mensch-Sein Jesu mit der Erlösungstat verbinden soll, läßt er dabei offen. Auf jeden Fall wäre ihm an der kirchlichen Lehre "vieles besser erklärbar, wenn man es auf dem Boden der Tatsachen ließe" (347).

d) Die Religiosität von Herrn (V/2)

Die religiöse Entwicklung von Herrn (V/2) ist einerseits geprägt von einem katholischen Familienleben, an dessen Traditionen er im wesentlichen gerne festhalten möchte. Andererseits aber kommen sehr repressive Erfahrungen aus dem Bereich kirchlicher Erziehung hinzu, die Herrn (V/2) zur katholischen Kirche auf Distanz gehen lassen. "Gott" erschien ihm in seiner Kindheit als "unheimlich", als etwas, womit ihm Angst gemacht wurde.

Aber diese Absetzung von der so erfahrenen Kirche geht bei Herrn (V/2) nicht soweit, daß es zu einer völligen Loslösung kommt. Herr (V/2) wird zu einem Katholiken abseits der Kirche, d.h. er schätzt nach wie vor manche Traditionen aus dem katholischen Bereich, denkt auch keineswegs an einen Kirchenaustritt - und kann sich doch mit der gegenwärtigen katholischen Kirche nicht mehr identifizieren. Er hofft vielmehr auf eine innerkirchliche

Veränderung. Die evangelische Kirche, so wie er sie durch den Chor und dann durch den Einfluß seiner Frau kennen gelernt hat, ist ihm akzeptabler, obschon er auch hier nicht heimisch wird.

Die Distanz zur Kirche ließ Herrn (V/2) auch die kirchlichen Lehraussagen nicht mehr fraglos übernehmen. Eugen Drewermann, der im Interview erwähnt wird, dürfte hier argumentatorische Hilfestellung leisten. An Stelle kirchlich-offizieller Theologie müssen nun aber eigene theologische Aussagen gefunden werden. Das fällt Herrn (V/2) nicht leicht und erklärt vielleicht auch, warum er angibt, in der Gottesfrage zu "schwanken". Leichter fällt ihm da der Aufbau einer Position zu Jesus Christus, indem er hier sich an die "Tatsachen" hält und das Menschsein Jesu gegenüber dem Gott-Sein hervorhebt. Die von Herrn (V/2) angesprochene Veränderung der Welt, die Jesus bewirkt habe, könnte sich etwa in der Aufhebung sozialer Ungerechtigkeit zeigen, wie er es an zwei biblischen Beispielen herausstreicht. Herr (V/2) verwendet hier auch den Terminus "Erlösung", freilich ohne genauer anzuführen, was er in seinem Kontext darunter versteht.

3. Analyse der Mutter

a) Vorbemerkung

Frau (M/2) wurde 1942 als jüngstes von fünf Kindern geboren. Der Vater, Polizeioffizier im Dritten Reich, danach Beamter, war von 1945 bis 1948 in Kriegsgefangenschaft. Nach dem Abitur heiratete Frau (M/2) und bekam zwei Söhne. Das erste Kind war geistig behindert und starb mit 4½ Jahren. Die Ehe ging bald in die Brüche und 1974 heiratete Frau (M/2) zum zweiten Mal. Mit Herrn (V/2) hat sie noch zwei gemeinsame Kinder. Frau (M/2) studierte Medizin und arbeitet als Ärztin.

b) Analyse der Bildsequenzen

Das erste Bild erinnert Frau (M/2) an ihre frühe Kindheit, als sie mit 2½ Jahren nach der Flucht aus einer Stadt im östlichen Teil Mitteleuropas mit der Familie nach Süddeutschland kam. Der Vater wurde als hoher NS-Polizeioffizier in Gefangenschaft genommen. Für sie selbst waren die amerikanischen Besatzungssoldaten, hier vor allem die farbigen Soldaten, "eigentlich meine besten Freunde", zu denen sie "eine echte Verbindung" hat: "die haben mich immer auf den Arm genommen, herumgetragen, auf dem Lastwagen herumgefahren, meine Eltern, meine Mutter hat das auch zugelassen, haben mir Schokolade geschenkt und Kaugummis, und waren also sehr liebevoll zu mir." Schrecklich war für sie, daß von den amerikanischen Soldaten immer wieder welche im nahen See ertranken, weil sie bei Unwettern zu leichtsinnig waren: "da waren wir immer zitternd im Wald gesessen, wenn die Sturmwarnung war, und haben schon wieder gewußt, daß irgendetwas Furchtbares passiert". Sie erinnert sich, damals "wahnsinnig Angst vor dem Tod" gehabt zu haben.

Das nächste Bild erinnert Frau (M/2) "an den ganzen Schulunterricht". Sie erzählt davon, schon in der Volksschule von der Judenverfolgung im Dritten Reich gehört zu haben und "daß wir uns unheimlich schämen müssen für unsere Eltern". Ihr Vater hat dies stets abgelehnt, da er "das gar nicht gewußt" habe. Bei ihr selbst hat die Behandlung der Judenverfolgung im Unterricht das Gefühl bewirkt, "so als Deutscher minderwertig zu sein, denn das waren Geschehnisse, die habe ich überhaupt nicht unterbringen können." Es hat dann viele Jahre gedauert, bis sie sich einmal nach Israel getraut hat, was dann allerdings "eine ganz schöne Erfahrung" war.

Weiter erinnert sie das Bild an ihre "Verwandten in der Ostzone". Die ehemalige DDR war für sie durch Erzählungen "eine Hölle, ein Hinrichtungsland, eine richtige Hölle". Sie hat sich gewundert, daß den Wünschen der Verwandten aus dem Osten so sehr entsprochen wurde, weil doch die Familie nach dem Krieg selbst "ziemlich arm" war.

Hier bringt sie das Bild in Verbindung mit ihren Freundinnen in der Kindheit. Dies war für sie "keine schöne Zeit", da die Flüchtlingskinder im Dorf abgelehnt wurden. Sie erinnert sich an Depressionen ihrer Mutter mit Selbstmorddrohungen in dieser Zeit, die ihr als Kind große Angst machten. Doch hat die Mutter versucht, für die Kinder zu sorgen und "das letzte zusammengekratzt, damit ich etwas zu essen hatte." Allerdings war Frau (M/2) vom Essen "angeekelt" und vergrub dieses "komische Zeugs" auf dem Schulweg, was ihr dann aber wieder ein "furchtbar schlechtes Gewissen" gemacht hat. Es war für Frau (M/2) eine Mischung aus "Hunger und irgendwie Verachtung". Sie hat dann in der Schule versucht, durch Versprechungen die Sympathie anderer Kinder zu gewinnen: "und dann konnte ich diese Versprechungen nicht einhalten, ich hab keinen Bär gehabt, ich hab keine Puppe gehabt zum Verschenken, und alles, was ich versprochen habe, und dann habe ich darunter wahnsinnig gelitten". Ihre Brüder hatten sich in der Zeit öfters mit der Dorfjugend angelegt, was dazu führte, daß Frau (M/2) von der Dorfjugend auf dem Schulweg abgefangen wurde: "sie haben mir nichts getan, mich nicht verprügelt, aber sie haben mich furchtbar runtergemacht, verlacht, einfach das allerschlimmste". Die Tatsache, daß die Familie von Frau (M/2) evangelisch war, spielte allerdings in ihrer Erinnerung für die Auseinandersetzungen mit der katholischen Dorfjugend keine Rolle. Frau (M/2) war zwar getauft, erinnert sich aber nicht, vor dem

Religionsunterricht in der Familie jemals etwas über Gott gehört zu haben: "meine Mutter hat nie von Gott oder von irgendetwas gesprochen". Den evangelischen Betsaal, den es am Wohnort gab, hatte die Mutter "verachtet", weil sie eine "richtige Kirche" wollte.

Auch mit diesem Bild ist Frau (M/2) noch in ihrer Kindheit. Sie assoziiert damit die Landschaft um ihren Wohnort nach der Flucht: "Also der Wald und der See, das waren meine Aufenthaltsorte, da war ich immer, keine Stadt und nichts gebraucht."

Zu diesem Foto gehört nun für Frau (M/2) die Erinnerung an ihre "alte Großmutter aus dem Norden", die stets davon sprach, nur noch auf den Tod zu warten. Dies hat sie als Kind sehr bewegt, "wie man leben kann, um auf den Tod zu warten".

Das nächste Bild führt Frau (M/2) in die Zeit ihrer Konfirmation. Mit zwölf Jahren war sie vom Dorf in die Stadt gezogen und hatte hier Konfirmationsunterricht bei einem Pfarrer, "der mir sehr viel gegeben hat, der mich sehr ernst genommen hat". Obwohl sie "voller Kritik" war, war sie sehr eifrig bei der Sache und hatte im Unterricht "immer was zu sagen gehabt, alles als Problem betrachtet". Den Pfarrer selbst hat sie "verehrt".

Als Studentin arbeitete sie dann in Fabriken während der Semesterferien und hatte "eine richtige Beziehung zu diesen Menschen aufgebaut, die also wirklich schuften". Noch heute ist es so, daß sie mit den Frauen, "die das Schlimmste mitgemacht haben, und die schwerste Arbeit gehabt haben" sehr gut auskommt, auch wenn diese "bös sind und aggressiv". Dafür hat sie dann Verständnis.

Hier sind es Eindrücke aus einem Stadtteil, in dem Frau (M/2) wohnte, nachdem sie mit 20 Jahren geheiratet hatte. Zu ihrem damaligen Ehemann sagt sie: "also, das war ein ziemlich verrückter Mann, deswegen hat er mir auch so gut gefallen". Sie wollte mit ihm ausbrechen aus der wohlgeordneten Welt des Beamtenhaushalts ihrer Eltern. Sie hatten zusammen zwei Kinder, wobei das erste durch eine Infektion schwer erkrankte, was eine geistige Behinderung zur Folge hatte. Frau (M/2) wollte das Kind behalten, jedoch "das haben mir alle systematisch ausgeredet", so daß sie es nach eineinhalb Jahren Aufenthalt im Krankenhaus in eine Anstalt gab, was für sie "eigentlich das Schlimmste" war, weil sie das Kind gerne für sich gehabt hätte. Dort ist es dann ein paar Jahre später gestorben. Da der Mann bald nach der Eheschließung von Frau (M/2) wegging, lebte sie mit ihrem zweiten Sohn allein in einer Hochhauswohnung. Bild Nr. 6 erinnert sie "an diese Trostlosigkeit damals".

Das nächste Bild erinnert Frau (M/2) "an alles eigentlich, ab 19": die Krankenpflege, die sie mit 19 Jahren ausübte, an ihren kranken Vater, der vor seinem Tod ein paar Wochen im Krankenhaus lag und schließlich an ihren jetzigen Alltag als praktische Ärztin. In ihrem Beruf ist sie täglich im Altersheim und sagt, daß sie sich im Umgang mit den "ganz Alten" wohl fühlt.

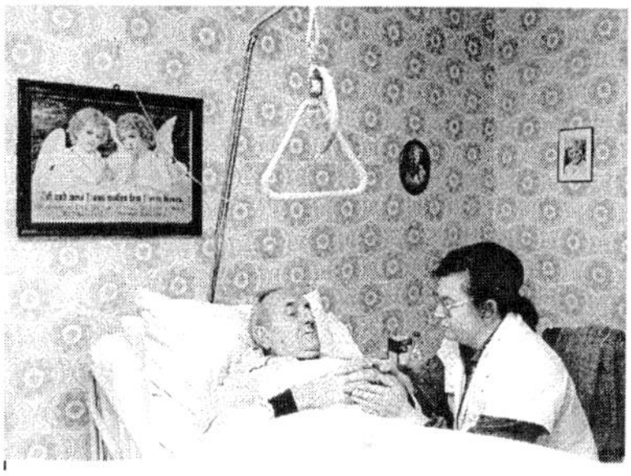

Das letzte ausgewählte Bild veranlaßt Frau (M/2) von der Beerdigung ihres Vaters 1965 zu erzählen. Es war für sie "ein Schock, daß er so schnell da weggegangen ist". Sie sagt, daß sie sich heute sowohl dem sterbenden Vater gegenüber als auch der Mutter gegenüber anders verhalten würde, da sie inzwischen "eine viel natürlichere Einstellung" zum Tod hat. Heute würde sie "anders für ihn sorgen", und vor allem ihrer Mutter den nahen Tod nicht verheimlichen: "ich würde ihr jede Chance geben selber, ich würde sie viel mündiger sehen. Ich hab sie wie ein Kind behandelt, eigentlich."

Zusammenfassung: Frau (M/2) deckt mit ihrer Auswahl der Bilder ihren ganzen Lebenslauf vom Kleinkindalter bis hin zur Gegenwart ab. Sie erzählt von ihrer Kindheit in der Nachkriegszeit auf einem oberbayerischen Dorf, wo die Familie 1945 hin geflohen ist. Dies waren für sie keine guten Jahre. Der Vater war drei Jahre in Kriegsgefangenschaft, die Familie hatte wenig zu essen, die Beziehungen zur Dorfjugend waren schlecht und auch das

Verhältnis zur Mutter war durch deren Depressionen nicht frei von Belastungen. Einzig das Verhältnis zu den farbigen amerikanischen Besatzungssoldaten hebt Frau (M/2) aus dieser Zeit besonders hervor.

Konfessionelle Unterschiede spielten dabei in der Erinnerung von Frau (M/2) keine Rolle, schon allein deshalb, weil Frau (M/2) vor dem Schulbesuch über Religion zu Hause nichts vermittelt bekam.

Weiter erzählt sie von ihrer Konfirmation in der Stadt und der guten Beziehung zum damaligen Pfarrer, der sie damals "sehr ernst genommen hat" (204).

Die frühe Heirat mit 20 Jahren versteht sie heute als Ausbruchsversuch aus der wohlgeordneten Welt des Beamtenhaushalts ihrer Familie. Da die Ehe bald in die Brüche ging, mußte sie sich allein um die zwei Kinder kümmern, wurde dabei aber von ihren Eltern unterstützt. Nachdem ihr erstes Kind sehr krank war und dadurch die geistige Entwicklung behindert war, gab sie das Kind - auf dringendes Anraten ihrer Eltern - in eine Anstalt, was ihr sehr schwer fiel.

Die "Krankenpflege" ist für Frau (M/2) ein Kontinuum seit ihrem 19. Lebensjahr, als sie einen Krankenpflegekurs besuchte. Heute arbeitet sie als praktische Ärztin besonders viel mit alten Menschen zusammen, was ihr gut gefällt.

Das Thema "Tod" zieht sich durch viele Bilder hindurch: Frau (M/2) erzählt vom Tod der amerikanischen Soldaten, von den Selbstmorddrohungen ihrer Mutter, von ihrer Großmutter, die nur noch auf den Tod wartete, vom Tod ihres ersten Kindes und vom Tod ihres Vaters. Während sie früher, etwa als Kind, große Angst vor dem Tod hatte und auch später das nahe Sterben ihres Vaters sowohl der Mutter als auch den Geschwistern nicht mitteilte, stellt sie bei sich heute "eine viel natürlichere Einstellung" (362) zum Tod fest.

c) Systematische Analyse des Fragenteils

Die Kindheit von Frau (M/2) ist geprägt vom Leben auf dem Land in einem Dorf. Der Vater, von der Persönlichkeit her "durch und durch so Offizier" (408), entwickelte nach seiner Freilassung aus amerikanischer Kriegsgefangenschaft eine enge Beziehung zu Religion und Kirche. War er nach 1933 aus der Kirche ausgetreten, so trat er nun wieder in die Kirche ein. Dabei wurde, nach der Erinnerung von Frau (M/2), die Kirche "immer mehr sein Halt" (419). Er ließ "keine Gelegenheit ungenutzt" (397), den Gottesdienst zu besuchen und versuchte auch seine Kinder dazu anzuhalten, bis dahin, daß er sie zum Gottesdienstbesuch "dann mit Geld gelockt" (400) hat. Auch wenn er mit den Jahren sehr leutselig wurde, so blieben doch Werte wie "Ordnung, Disziplin, Fortbildung" (581) für ihn von Bedeutung. Er hoffte darauf, daß seine Söhne zur Bundeswehr oder Polizei gingen, um dort "ein ehrenwerter Offizier" (588) zu werden. Auch für seine jüngste Tochter wünschte er zumindest eine Beamtinnenkarriere. (590).

Neue Kontakte hatte die Familie am neuen Wohnort dagegen wenig aufgebaut (540). Man traf sich vielmehr mit "Leuten aus der alten Zeit" (526). Der Vater war gefühlsmäßig stark an seine alte Heimat Ostpreußen gebunden und hatte ansonsten noch Kontakte zu alten Kameraden und Spätheimkehrern, um deren Belange er sich besonders kümmerte.

Die Mutter legte "überaus viel Wert" (555) auf Sauberkeit, was Frau (M/2) "sehr gestört" hat. Beim Hausputz wurde sie jedoch "bloß für Feinarbeiten benutzt" (558), weil sie das "zarte, kleine Mädchen" (559) war. An Weihnachten war die Mutter sehr "aufs Äußere" (391) bedacht: "viel gebacken, für jeden irgendwelche Geschenke, praktische Geschenke" (392). Auch die Mutter hatte wenig soziale Kontakte zum Dorf, verachtete den kleinen evangelischen Betsaal am Ort. Sie brachte ihrer Tochter vor der Schule Lesen, Schreiben und Rechnen bei (462), jedoch spielte Religion in der Erziehung kaum eine Rolle (516), gemeinsames Beten mittags oder abends fand nicht statt. Für Frau (M/2) war ihre Mutter "auch so ein vornehmer Typ" (534) wie einige alte ostpreußische Tanten, die Frau (M/2) sehr gern hatte, weil sie einerseits sehr fröhlich sein konnten, andererseits aber auch sehr diszipliniert (531). In der Erziehung hatte die Mutter von Frau (M/2) vor den Kindern "einen ganz großen Respekt" (606) und zollte ihnen Anerkennung als "Persönlichkeiten" (611). "Das Menschliche war schon total in Ordnung, ja, weil sie ehrlich waren, großzügig waren, bloß die Ordnung hat halt eine zu große Rolle gespielt, und liebevoll eigentlich waren, bloß vor lauter Lebenskampf eigentlich es nicht immer so zeigen konnten." (613).

Anderen Erwachsenen gegenüber war Frau (M/2) sehr reserviert und hat mit ihnen "überhaupt nicht gesprochen, bis ich sechs Jahre alt war" (449). Sie erschienen ihr "verdächtig", "unglaubwürdig" (456), "nur anständig, ordentlich und auf Vernunft bedacht" (458). Aus Gründen, die sie im Interview nicht näher benennt, waren ihr die Erwachsenen "von Kopf bis Fuß widerlich" (473).

In der Familie wurde Weihnachten (370) immer mit Gästen, zumeist Verwandten, gefeiert. Neben Geschenken und Essen gehörte der Kirchgang an Heiligabend und die Hausmusik dazu. Vom Karfreitag (442) wußte Frau (M/2) als Kind von ihren Eltern, daß es der "größte Feiertag" ist. Auch hier war der Kirchgang obligatorisch. Frau (M/2) fand Karfreitag "schrecklich", weil sie als Kind nicht verstehen konnte, "daß da einer stirbt für mich, wo ich das gar nicht wollte" (444). An Ostern war sie dann "wieder entlastet davon, von diesen traurigen Tagen" (447).

An die Kirche in ihrer Kindheit hat Frau (M/2) die Erinnerung, daß es "ernst und still, dunkel, düster" war und sie im Gottesdienst gewartet hat, "daß es vorüber ist" (993). Anders hat dagegen der Religionsunterricht auf sie gewirkt. Die Religionslehrerinnen und -lehrer hat sie in guter Erinnerung. Sie hat viele Lieder auswendig gelernt und später im Religionsunterricht "die ganze Pubertät mit denen erörtert" (486).

Ihre Gottesvorstellung (505) kann Frau (M/2) in der Rückerinnerung beschreiben als eine "Figur, die gelebt hat in einer Sphäre, die für mich nicht mehr sichtbar war". Gott hat zwar "alles gesehen", das war aber für sie "nie etwas Bedrohendes", da es "keine Konsequenzen für mich gehabt" hat.

Gegen Ende ihrer Schulzeit, um 1960, war Frau (M/2) "ein ziemlicher Revoluzzer eher" (604). Sie wollte heraus aus "dieser verstaubten Anständigkeit" (602). Ihr erster Mann, den sie in dieser Zeit kennen lernte, half ihr dabei: "ich bin dann immer weggeblieben während der Schulzeit, und wurde immer wieder abgeholt eben von diesem Mann, und das war für meine Eltern, für diesen anständigen Haushalt war das so schlimm, meine Mutter hat geheult und geweint, das waren schreckliche Zeiten" (598).

Als sie dann selbst Kinder hatte, hat Frau (M/2) "eine Zeitlang mit meinen Kindern am Abend gebetet" (619). Dabei haben die Kinder gelegentlich Fragen gestellt, die sie dann zu beantworten versuchte. Lieber haben sie allerdings "eine Gute-Nacht-Geschichte gehört"

(628), wobei Frau (M/2) auch Geschichten aus der Kinderbibel vorlas. In der religiösen Erziehung ihrer Kinder war Frau (M/2) wichtig, "bloß ganz wenig" zu machen, "damit sie keine Aversion bekommen" (631). Die Vorstellung, daß eines ihrer Kinder zum Islam übertreten könnte, kommentiert sie mit "das wär mir schon furchtbar". Statt zu versuchen, einen solchen Übertritt zu verbieten, würde sie es allerdings "dann abgeben an Gott, ich würd ihm das abgeben, ich würde mich nicht zerfressen deswegen." (641).

Einen neuen und intensiven Zugang zur Religiosität fand sie vor ca. 10 Jahren, als sie durch Vermittlung ihrer Schwester Kontakt mit einer Kommunität in Österreich aufnahm (759). Hier lernte sie Bibelarbeiten kennen und empfand die Mitglieder der Kommunität "so großzügig, die haben sich so eigentlich um mich gekümmert". Dabei lernte sie "auch offener zu sein für die Eindrücke und von mir auch immer ein bißchen mehr zu geben". Ihren dabei erzielten Fortschritt beschreibt sie so: "ich könnte heute schon mal mich wirklich konzentrieren und wirklich das sagen, was ich denke."

Durch diesen Kontakt wurde ihr vor allem Karfreitag zu einem "ganz großen Feiertag" (729), an dem ihr der Kirchgang besonders wichtig ist. Ihre Gottesvorstellung (822) beschreibt sie heute als ihren "Lebensinhalt, das ist das, um das ich mich herumlebe", ihr "Kern", ihre "Zukunft". Sie hat "Spaß daran, fromm zu sein" und läßt dieses Thema gelegentlich in Patientengespräche mit einfließen: "das bezieht sich halt auf jeden Bereich, was ich mit den Leuten rede, mit Leuten, die sehr krank sind und die sterben müssen, und daß ich da auch mal ein Gespräch so einfädele, ob sie an das auch schon mal gedacht haben in ihrer Hoffnungslosigkeit" (832). Jesus Christus ist für sie "ein Zeichen der Liebe Gottes" (841), damit die Menschen verstehen, daß Gott mit ihnen in Verbindung treten will, weil er "der sein will, der alles mit uns zusammen lebt". Dieser Gedanke kehrt dann auch wieder, wenn Frau (M/2) aus der Bibel die Geschichten vom verlorenen Sohn und den Arbeitern im Weinberg für sich hervorhebt (792). Wichtig ist ihr an diesen Geschichten, daß Gott sich hier "um den Einzelnen so kümmert" und daß es "für niemanden da zu spät ist". Der guten Gerechtigkeit Gottes stellt sie die Gerechtigkeit der Menschen gegenüber, die ihr "einfach so borniert" (797) erscheint. Dagegen ist die Gerechtigkeit Gottes geprägt von "Langmut" und der "Chance bis zum letzten Augenblick". Das bedeutet für sie, daß es "nie zu spät ist, und daß man so sein kann, wie man eben gewesen ist, nicht wie man will, sondern wie man gewesen ist und sich alles zu Schulden kommen lassen kann, und nicht verloren ist" (800). Daneben beunruhigt sie aber auch die Forderung Jesu an die Jünger, "daß sie alles aufgeben müssen" (804), weil man nicht weiß, "wie weit das geht, wieviel das gemeint ist" (806). Sie wäre durchaus bereit, dies "rigoros" zu tun und etwa den "Zehnten" von ihrem Geld an die Kirche zu geben "weil ich's einsehe und weil's mir auch überhaupt nicht leid täte um das Geld" (811). Allerdings könne sie ihrem "Mann doch nicht seine Sachen wegnehmen und sein zehntes Gehalt", überlegt aber, dies später einmal zu praktizieren, wenn sie ihre eigene Pension hat. Frau (M/2) möchte sich diesem Anspruch stellen: "Das müssen sie leben, man kann das ja nicht nur so hören und dann einfach wieder drüber wegleben. Das ist etwas zu billig." (819). Sie gibt an, jeden Tag zu beten, nicht in bestimmten Situationen, sondern "immer wenn ich dran denke" (875). Sie versteht unter einem Gebet "ein Gespräch eigentlich mit Gott für mich" (877).

Die Kirchengemeinde (661) ist für Frau (M/2) etwas, das "bei mir anfängt", was sie "am meisten bewegt". Sie fühlt sich "selbst als Kirchengemeinde, mit denen, die ich kenn". Ihr fällt zur Kirchengemeinde "überhaupt nichts Negatives ein", weil sie dies sofort auf sich selbst beziehen müßte. Sie hat gelernt, ihre eigene "Schlappheit oder Müdigkeit oder Zerstreutheit oder Zeitlosigkeit" zu akzeptieren und deshalb kann sie auch die Kirchengemeinde so annehmen, wie sie ist. Gegenwärtig trägt sie "Gemeindeblättchen" aus und übernimmt Straßensammlungen, könnte es sich aber gut vorstellen, später einmal "mehr mitzumachen", etwa im Kirchenvorstand mitzuarbeiten.

d) Die Religiosität von Frau (M/2)

Die Religiosität in der Herkunftsfamilie von Frau (M/2) hatte unterschiedliche Facetten. Zunächst einmal ist festzuhalten, daß Frau (M/2) in ihrer Kindheit durchaus den kirchlichen Bezug zu Feiertagen wie Weihnachten, Karfreitag und Ostern durch ihre Eltern vermittelt bekam. Andererseits kann Frau (M/2) sich nicht an einzelne Elemente religiöser Erziehung im Elternhaus, etwa das abendliche Gebet, erinnern. Gott war für sie in der Kindheit eine unsichtbare Figur, die zwar alles sieht, was aber für Frau (M/2) ohne Konsequenzen blieb. Gegenüber einer solchen relevanzlosen, vielleicht auch machtlosen Figur steht die ausgeprägte Angst vor dem Tod in der Kindheit, von der Frau (M/2) erzählt. Sie scheint bis in ihr Erwachsenenalter hinein mit diesem Problem beschäftigt gewesen zu sein. Eine Hilfe in ihren Glaubensfragen und -zweifeln war sowohl der Religions- als auch der Konfirmationsunterricht. Hier traf sie auf Pfarrer und eine Lehrerin, die sie als Person ernst nahmen und sich mit ihren Problemen auseinandersetzten.

Genau dies, daß sie ernst genommen wird und daß man ihren Problemen zuhört, erlebte Frau (M/2) als erwachsene Frau in einer Kommunität, die ihre heutige Religiosität geprägt hat. Wenn sie heute Gott als ihren "Kern" und ihre "Zukunft" bezeichnet, dann lassen sich darin Spuren mystischer, personbezogener Frömmigkeit finden. War Gott für sie in der Kindheit noch in einer unsichtbaren Sphäre, so wurde Jesus Christus für sie nun zum sichtbaren Zeichen der unsichtbaren Liebe Gottes zu den Menschen. Frau (M/2) hebt ganz besonders die Gerechtigkeit Gottes heraus, die sie, ohne die Tradition zu nennen, im Sinne der lutherischen Rechtfertigungslehre als die Gerechtigkeit eines den Menschen zugewandten Gottes versteht. Ihre Sicht von der Kirche ist wiederum stark personbezogen, wenn sie die Kirchengemeinde bei sich selbst anfangen läßt und *die* Gemeindeglieder mit einschließt, die sie kennt. Sie schätzt die kirchlichen Feiertage, worunter für sie Karfreitag durch den Einfluß der Kommunität zu einem ganz besonders wichtigen Feiertag geworden ist.

Gleichwohl ist ihre Frömmigkeit nicht nur auf das innere Ich bezogen, sondern durchaus auch nach außen gekehrt, bis dahin, daß sie auch versucht, christliches Denken "wie einen roten Faden" in ihre Arbeit mit einzuweben. Im Anspruch an ihre Lebensführung stellt sie den ethischen Kompromiß mit der Welt sehr in Frage und versteht sich selbst dabei durchaus als "rigoros". Sie möchte ihre Lebensführung angesichts biblischer Forderungen nach Verzicht auf keinen Fall "zu billig" gestalten. Hier allerdings klaffen ihrer Meinung nach bei ihr selbst Anspruch und Verwirklichung noch weit auseinander. Das beunruhigt sie.

4. Analyse des 1. Kindes (Sohn)

a) Vorbemerkung

Herr (1S/2) wurde als 2. Kind 1964 geboren. Sein älterer Bruder, der geistig behindert war, starb 1966 in einem Heim. Er selbst lebte in den ersten Jahren mit seiner Mutter allein bei den Großeltern. Seine Mutter heiratete 1974 erneut und Herr (1S/2) bekam noch zwei Geschwister, einen Bruder und eine Schwester. Nach dem Abitur leistete Herr (1S/2) den Zivildienst ab, studierte dann ein paar Semester Elektrotechnik und jetzt Umweltschutz. Er lebt mit seiner Freundin zusammen und hat mit ihr einen dreijährigen Sohn.

b) Analyse der Bildsequenzen

Das erste Bild verbindet Herr (1S/2) mit seiner Pfadfinderzeit. Er war bei den katholischen St. Georgs-Pfadfindern, von denen er sagt, das christlich-katholische Element wurde da "nicht so streng gehandhabt".

Das zweite Bild erinnert ihn an seine Zivildienstzeit, wo er sich "mit Krieg und mit Töten auseinandergesetzt" hat.

Das dritte Bild zeigt für Herrn (1S/2) eine "Atmosphäre zwischen Demo und Kirchentag", wobei er an den Demonstrationen "so um die Wackersdorf-Zeit rum" beteiligt war.

Damit hängt dann auch das nächste Bild zusammen, das Herr (1S/2) ebenfalls mit Wackersdorf assoziiert.

Die zwei folgenden Bilder erinnern Herrn (1S/2) wieder an seine Zivildienstzeit, wo er ein Jahr im Altersheim gearbeitet hat und dabei sich mit dem Tod auseinandersetzen mußte und die Einsamkeit der alten Menschen verspürte.

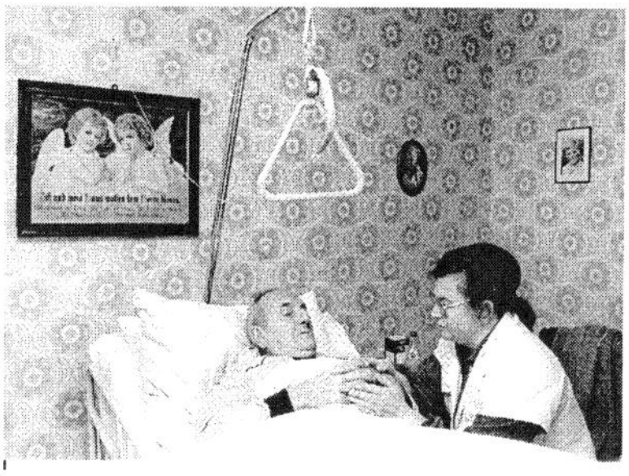

Das letzte Bild verbindet Herr (1S/2) mit seinem eigenen Kind.

Zusammenfassung: Keines der von Herrn (1S/2) ausgewählten Bilder hat mit seiner Herkunftsfamilie zu tun. An den familiären Bereich knüpft nur das letzte Bild Nr. 4 an. Ansonsten sind durchwegs Außenaktivitäten benannt: die Pfadfinder, Kirchentag, Demonstrationen und Zivildienst. Der Zivildienst stellt dabei mit drei Bildern das häufigste Thema dar. Dabei fällt auf, daß das Thema "Tod" eng mit dem Zivildienst verknüpft ist. "Wackersdorf", also die politische Auseinandersetzung um den Bau einer atomaren Wiederaufbereitungsanlage, folgt mit zwei Bildern.

Insgesamt zeigt Herr (1S/2) mit seiner Bildauswahl Bereiche auf, in denen er sich besonders engagiert hat oder noch engagiert: Engagement im Jugendverband, Engagement im Zivildienst, politisches Engagement gegen die WAA und Engagement als Vater. Religiosität und Kirche klingen nur in der einschränkenden Bemerkung zum ersten Bild an, daß bei den St.Georgs-Pfadfindern der christlich-katholische Aspekt "nicht so streng" gehandhabt wurde.

c) Systematische Analyse des Fragenteils

Herr (1S/2) verlebte einen Teil seiner Kindheit (bis zu sechs Jahren) bei den Großeltern mütterlichseits und wurde von ihnen dabei auch in religiösen Angelegenheiten mit geprägt. Er erlebte dort das Tischgebet (130) als Ritus und erinnert sich auch noch daran, damals abends vor dem Schlafen gebetet zu haben (140). Durch Kinderlieder und auch sonst war bei den Großeltern "auf jeden Fall ähm von Gott die Rede öfter" (142).

Die kirchlichen Feste erinnert Herr (1S/2) im Zusammenhang mit der Zeit, als seine Mutter mit Herrn (V/2) zusammenzog. Weihnachten (84) war dabei als großes Familienfest stets verbunden mit dem Gottesdienst. Ostern dagegen ist in der Familie "irgendwie nicht so festgelegt" (111) gewesen, da die Familie an Ostern meistens unterwegs war. Dabei lernte

Herr (1S/2) während eines Besuchs bei der Tante die Osternacht kennen. Zu Karfreitag erklärte ihm seine Mutter einmal, "daß äh das also ein sehr hoher kirchlicher Feiertag sei" (122).

Von seinem Stiefvater, Herrn (V/2), hat Herr (1S/2) die Anregung erhalten, einer katholischen Pfadfindergruppe beizutreten (212), "weil der ähm hat das schon immer gern gesehen, wenn ich eben irgendwas Konstruktives gemacht habe". Ansonsten wird das Verhältnis zu Herrn (V/2) eher distanziert beschrieben. Herr (1S/2) erinnert sich daran, daß der Stiefvater "relativ äh penibel" (222) war, wenn es um Ordnung im Haus ging, sowie an die "unheimlich hohe Leistungserwartung und daß ich also mein Leben möglichst gut manage" (490). An vertraute Gespräche mit dem Stiefvater kann er sich nicht erinnern: "Geredet mit meinem Vater zum Beispiel habe ich überhaupt nie so." (487) Über den katholischen Glauben des Stiefvaters wurde zwar gesprochen, aber Herr (1S/2) hatte nie den Eindruck "daß er katholisch ist, wäre er evangelisch gewesen, hätte sich eigentlich ähm überhaupt nichts geändert." (277).

Eine beeindruckende Person in seiner Kindheit war dagegen der jüngste Bruder der Mutter, der noch in der Wohnung der Großeltern mit lebte. Auch dieser Onkel war Pfadfinder und vermittelte seinem Neffen den Spaß daran (212). Ansonsten war Herr (1S/2) beeindruckt davon, wie der Onkel "irgendwie ganz locker gelebt hat und Gitarre gespielt hat" (150). Gitarre spielen hat Herr (1S/2) inzwischen selbst gelernt.

Der Religionsunterricht (165) war für Herrn (1S/2) "eine Stunde, wo man sich irgendwie drauf gefreut hat, weil die halt anders war als die anderen Stunden". Hervorgehoben wird die "lockere Art" der Religionslehrer, also der geringere Leistungsdruck. Herr (1S/2) kann sich zwar nicht mehr an einzelne Unterrichtsinhalte erinnern, meint aber, dies wäre bei anderen Schulfächern ganz genauso. Im großen und ganzen hat er "ein ganz ganz gutes Bild so im Kopf von der Bibel" (172) und führt dieses Wissen auf Religions- und Konfirmationsunterricht, dann aber auch auf Eltern und Großeltern zurück. Austreten aus dem Religionsunterricht wollte er nie.

Seine Gottesvorstellung (188) in der Kindheit umschreibt er mit "der liebe Gott, der, ja, zu dem man eben betet, der irgendwo oben sitzt". Er hat sich aber "nie an Gott irgendwie so persönlich gewandt" und empfand sich Gott gegenüber als "relativ neutral". Ein schlechtes Gewissen oder Angst gegenüber Gott war ihm ebenso fremd wie eine ethische Verpflichtung im Sinne von: "mach das jetzt, weil Gott das will".

Im Umgang mit seinem dreijährigen Sohn ist es Herrn (1S/2) wichtig, "ihm irgendwie die Bibel nahe zu bringen" (240) und er verwendet dazu Kinderbücher und die Patmos-Bibel (vgl. auch 390). Er erzählt ihm vom Leben Jesu, das er mit folgenden Stationen umschreibt: "Empfängnis und Verkündigung und Geburt, Weihnachten, diese ganze Geschichte von seinem Erdenauftritt, vom Tempel, das das lese ich ihm auch immer vor, bis hin zur Kreuzigung" (392).

Herr (1S/2) war auch bemüht, seinem Sohn das Kirchengebäude der Gemeinde am vorherigen Wohnort vertraut zu machen. In diesem Gebäude fand auch die Spielgruppe des Jungen statt. Zu der neuen Gemeinde, in der die Familie seit einem halben Jahr wohnt, hat Herr (1S/2) noch keinen Kontakt und verspürt bisher "kein Bedürfnis, jetzt da drauf zuzugehen." (311). In der alten Gemeinde war Herrn (1S/2) und seiner Freundin vor allem der Kontakt zu einem der Gemeindepfarrer sehr wichtig, was dann auch dazu führte, daß sie ihr Kind von diesem Pfarrer taufen ließen (314). Ansonsten ist seine Einstellung gegenüber der Kirche (264 und 284) von dem Ideal der Basisgemeinden bestimmt. Das führt dazu, daß er alle Hierarchisierungen in der Kirche kritisiert: "ich finde immer die unteren Instanzen am besten, am produktivsten und je höher es dann geht, desto desto ähm sinnloser kommt mir die ganze Geschichte vor." (290). Vor allem die katholische Kirche mit dem Gedanken des Papsttums sieht er als stark hierarchisiert an und wirft ihr vor, daß da "Gott also sehr sehr verwaltet und für eigene Zwecke verwendet" (266) wird. Von daher hätte Herr (1S/2) "stark was dagegen" (264), wenn sein Sohn einmal den Wunsch äußern sollte, katholisch werden zu wollen. "Also ich glaube, da wäre ich recht unglücklich drüber, aber mei, verbieten also in dem Sinn könnte ich absolut nicht, wenn er es machen wollte." (272).

An der Bibel ist ihm die Bergpredigt besonders wichtig, weil Jesus da "die Sachen, die im Neuen Testament eigentlich erzählt werden, so auf den Punkt bringt" (362). Den Inhalt der Bergpredigt versteht Herr (1S/2) als Liebe, die "ziemlich bedingungslos" (364) gedacht ist. Dies ist für ihn "sehr fortschrittlich" und wird "zu wenig umgesetzt" (366).

In seinem gegenwärtigen Gottesverständnis (369) ist Gott jemand, "der da ist" und der "über alles, was so geschieht, den Überblick hat". Das vermittelt ihm ein Gefühl, das er als "irgendwie beruhigend" umschreibt. Im Religionsunterricht der Oberstufe des Gymnasiums hat er durch die Behandlung der Gottesbeweise "ein bißchen mehr dran gezweifelt" (377), weil ihm hier deutlich wurde, "Gott läßt sich einfach nicht beweisen" (379).

Das Gebet (259) ist bei Herrn (1S/2) ein innerer Vorgang, der zum Beispiel "beim Radfahren" geschehen kann. Ein gemeinsames Gebet in der Familie oder mit dem Sohn gibt es dagegen nicht.

Herr (1S/2) hat Schwierigkeiten, besondere Tage seiner Familie zu benennen, da für ihn "alle Tage relativ ähnlich sind" (332), weil er zur Zeit "so von einem Tag in den anderen irgendwie rein" (329) lebt. Das ist allerdings für ihn kein Zustand, "der mir jetzt irgendwie toll gefällt". Weihnachten als besonderer Tag im Jahreslauf ist stark von den Bedürfnissen der Herkunfts-Familien, Stichwort Besuche, bestimmt, während für ihn selbst, aufgrund eines alljährlichen open-air-Festes, Pfingsten von Bedeutung ist.

Seine sozialen Kontakte rühren bei Herrn (1S/2) vor allem von einer Umweltschutzgruppe her, dann auch noch aus der Schulzeit. Die gegenwärtige Beziehung zu seinen Großeltern ist unterschiedlich ausgeprägt. Während er von der Großmutter mütterlichseits, bei der er aufgewachsen ist, sagt, daß er sie "recht gern mag" (400), ihre Anschauungen im Hinblick auf "Leistung und Herkunft" (408) ihm aber gelegentlich durchaus "auf die Nerven" gehen können (401), hat er zur Großmutter väterlichseits insgesamt ein distanziertes Verhältnis: "eigentlich so richtig länger unterhalten habe ich mich mit ihr noch nie, so richtig von Person zu Person" (415). Trotzdem sagt er über sie: "ich mag sie auch gern" (418) und respektiert sehr ihre Haltung: "also sie ist sehr bescheiden und eigentlich relativ anspruchslos und das gefällt mir eigentlich an ihr recht gut" (421). Aber ein "typisches Großmutterverhältnis" (423) konnte er zu ihr, die er mit sechs Jahren kennengelernt hat, nicht mehr entwickeln.

d) Die Religiosität von Herrn (1S/2)

Herr (1S/2) erhielt seine religiöse Prägung in der Kindheit im wesentlichen durch die Familie seiner Mutter. Bei den Großeltern lernte er die Kirche, Gebete, Lieder und auch die Bedeutung kirchlicher Feste kennen. Ergänzt wurde dies durch Religionsunterricht, Konfirmationsunterricht und eine katholische Pfadfindergruppe. Der katholische Glaube von Herrn (V/2), mit dem seine Mutter zusammenzog, als Herr (1S/2) sechs Jahre alt war, spielte dagegen, wie auch der ausgeprägte Katholizismus der neuen Großeltern, keine bedeutsame Rolle.

Während für Herrn (1S/2) Gott in seiner Kindheit eine selbstverständliche, aber ansonsten "neutrale" Rolle spielte, hat sich dies im Erwachsenenalter geändert. Jetzt hat die Anwesenheit Gottes für Herrn (1S/2) auch einen beruhigenden Aspekt. Beten ist ihm nicht fremd, geschieht bei Herrn (1S/2) aber situativ und bleibt als Ritus auf seine Person beschränkt. ,Ein gemeinsames Gebet in seiner jetzigen Familie gibt es nicht.

Auffällig ist die große inhaltliche Nähe der Glaubensvorstellungen von Herrn (1S/2) zur kirchlichen Lehre. Die Bergpredigt mit ihrem Plädoyer für eine bedingungslose Liebe ist ihm Zentrum des Neuen Testaments. Diese Liebe versteht er auch gesellschaftspolitisch, wozu bei ihm nicht nur eine bedingungslose Absage an das Töten im Krieg, sondern auch das Engagement in einer Umweltschutzgruppe gehört. Die Stationen des Lebens Jesu sind ihm bekannt und auch Gegenstand der religiösen Erziehung an seinem Sohn. Einen guten Kontakt zur Kirche hatte er durch einen bestimmten Gemeindepfarrer, den er und seine Freundin sehr schätzten und deshalb auch ihr Kind von ihm taufen ließen. Sein Ideal von Kirche ist einerseits getragen von der basisgemeindlichen Kritik an kirchlichen Herrschaftshierarchien, andererseits aber deutlich geprägt von einem personalgemeindlichen Charakter. Kirche ist ihm also für seinen Glauben nicht an sich wichtig, sondern erhält da eine besondere Bedeutung, wo er guten Kontakt zu kirchlichen Repräsentanten und eine gemeinschaftliche Wir-Gruppe aufbauen kann.

5. Analyse des 2. Kindes (Sohn)

a) Vorbemerkung

Der zweite Sohn von Familie 2, Herr (2S/2), ist 1974 geboren. Seine Eltern heirateten im Jahr seiner Geburt, nachdem sie vorher schon vier Jahre zusammengewohnt hatten. Neben dem zehn Jahre älteren Bruder hat er noch eine drei Jahre jüngere Schwester. Herr (2S/2) lebt seit seiner Geburt im selben Stadtteil und besucht dort auch das Gymnasium.

Auf dem ersten von Herrn (2S/2) ausgewählten Bild sieht er zwei spielende Kinder, die ihn an "Tage mit meiner Schwester, vor allem in der frühen Kindheit" erinnern.

Dieses Foto verbindet Herr (2S/2) mit Formen religiöser Erziehung, wie er sie durch seine Mutter kennengelernt hat, wobei er betont, daß diese religiöse Erziehung "nie sehr aufdringlich" war.

Bei diesem Bild führt Herr (2S/2) "Eindrücke aus dem Kindergarten" an und spricht von einer "Gemeinschaft mit Gleichaltrigen".

Dieses Bild erinnert Herrn (2S/2) zwar an die Schule, er empfindet das Bild aber als ein "sehr unfreundliches Bild", was er aber mit seinen Schulerfahrungen nicht verbinden kann.

Bei dem nun ausgewählten Bild fühlt sich Herr (2S/2) an die "Kirchentage" erinnert, wie er sie in Frankfurt (1987) und Berlin (1989) kennen gelernt hat.

Das letzte Bild empfindet Herr (2S/2) als "ein sehr schönes Bild", der Natureindruck ist für ihn "sehr faszinierend".

Zusammenfassung: Herr (2S/2) erwähnt zum ersten Bild als Spielgefährtin seine jüngere Schwester. Die Wahl der Schwester ohne Erwähnung des älteren Bruders weist auf den hohen Altersunterschied hin, der zwischen den drei Geschwistern besteht. Die beiden jüngeren Geschwister erlebten ihre Kindheit gemeinsam, neben dem älteren Bruder.

Die Aussagen zum Kindergarten, zur Schule sowie zur Einrichtung der Kirchentage zeigen zum einen den bedeutsamen Stellenwert von Institutionen in seiner Kindheit, und sind zum andern ein Hinweis darauf, daß Herr (2S/2) zumindest den von ihm genannten Institutionen nicht grundsätzlich abgeneigt ist: seine Aussagen hierzu sind wertneutral oder von positiven Wertungen gekennzeichnet. Dasselbe gilt für die Wertung der durch die Mutter erfahrenen religiösen Erziehung als "nie sehr aufdringlich". Welche Rolle das "faszinierende Naturerlebnis" im zuletzt ausgewählten Bild bei Herrn (2S/2) spielt, muß offenbleiben.

c) Systematische Analyse des Fragenteils

Herr (2S/2) erlebte in seiner Kindheit im familialen Umfeld vielfältige Bezüge zur Institution Kirche sowie zum christlichen Glauben. Er erinnert sich daran, daß zu Weihnachten nicht nur der gemeinsame Besuch des Familiengottesdienstes gehörte, sondern daß er auch noch einen weiteren Gottesdienst besuchte, in dem der Vater im Chor mitsang (55). Beide Großelternpaare - zu denen er ein gutes Verhältnis hat (247) - erlebte er als gläubig und erwähnt, daß die eine Großmutter Weihnachtskarten "mit Gottes Segen" (255) unterschrieb. Ein Tischgebet hat er als Ritus zu Hause nicht erlebt (70), wohl aber ein Abendgebet, welches die Mutter mit ihm sprach. Dabei erinnert er sich nicht mehr an ein festes Gebet, sondern daran "eigentlich mehr mehr frei also" gebetet zu haben (80). Besondere Bezüge zu Karfreitag gab es in der Erinnerung von Herrn (2S/2) in der Familie nicht, was er auf den österlichen Urlaub in der Berghütte der Familie zurückführt (66). Dabei galten diese Tage, an denen die Familie zusammen weggefahren ist, neben Weihnachten immer als "wichtige Tage" in der Familie (168). Weihnachten hat darüber hinaus als Familienfest einen so hohen Stellenwert, daß Herr (2S/2) noch heute nicht mit Freunden außerhalb der Familie Weihnachten feiern würde, denn dies "stünde in keinem Verhältnis zu dem Ärger, den ich damit hätte" (182)

Seinen Vater erwähnt Herr (2S/2) explizit an zwei Stellen. Zum einen wird der Vater im Zusammenhang mit der Forderung nach Sauberkeit in der Familie genannt: "mein Vater hat uns schon immer sehr dazu angehalten, viel Ordnung zu halten" (120). Die zweite Erwähnung des Vaters geschieht dann im Zusammenhang mit der Familiencharakterisierung. Hier spricht Herr (2S/2) zunächst von der Gemeinsamkeit dreier Generationen, die in seiner Familie zwar vorhanden, aber "nicht so innig" war: "soviel haben wir nicht miteinander zu tun gehabt, aber hier so das, vielleicht auch, daß der Vater hier, der scheint da drauf nicht so besonders interessiert zuzuhören, das ist schon, das trifft vielleicht schon zu aber, daß man oft aneinander ein bißchen vorbeiredet." (322).

Die Person, die Herrn (2S/2) in der Kindheit besonders beeindruckt hat, war dagegen der Großvater väterlichseits (85), mit dem er sich "sehr gut" verstanden hat. In der Familie hieß es von den beiden, "daß wir uns so ähnlich sind", was Herr (2S/2) aber aus heutiger Sicht verneint, auch wenn er der "Lieblingsenkel" des Großvaters war.

In den Religionsunterricht ist Herr (2S/2) als Kind "gern hingegangen" (100). Er erinnert sich daran, daß "Geschichten aus der Bibel erzählt" wurden und diese anschließend zu malen waren. Freilich sind damals "so weitere religiöse Fragen, auch ethisch, nicht nicht behandelt" worden.

Befragt nach dem Gottesverständnis in seiner Kindheit gibt Herr (2S/2) die Auskunft, Gott habe ihm damals "viel bedeutet" und sei ein "Bestandteil meines Lebens" gewesen (102). Er sieht seine damalige Beziehung zu Gott als ein "bißchen großväterliches Verhältnis so also, ein sehr positives Verhältnis", in dem es "wenig Scheu und Fürchten" gab.

Von dieser Glaubenseinstellung ist Herr (2S/2) durch die "letzten zwei Jahre" (213) allerdings losgekommen. Während er für die Zeit davor für sich in Anspruch nimmt, "sehr intensiv geglaubt" (212) zu haben, hat er jetzt "keine Beziehung mehr dazu" (201). Zwar möchte er "nicht sagen, daß es keinen Gott gibt, das, so weit würde ich nicht gehen", jedoch hat der Glaube derzeit "keine Bedeutung mehr" für ihn. Diese Einstellung wird von ihm argumentativ durch "Unstimmigkeiten" und "Widersprüchlichkeiten" begründet, die ihm inzwischen an der Religion bewußt geworden sind. Ein wichtiger Punkt ist für Herrn (2S/2) dabei, "wie vor allem die Religion das Denken blockieren kann, das freie Denken". Es ist ihm bewußt geworden, wie sehr das "Gedankenspiel" des Glaubens einem "gedanklichen Käfig" gleichkommen kann, in dem man "eingeengt" ist. Hinzu kommt auch noch die geringe Bedeutung, die Religion "auf das praktische Tun oft hat". Als Konkretionen dieser grundsätzlichen Bedenken führt er zum einen die Bergpredigt an, die er zwar grundsätzlich gutheißt, von der aber zugleich gilt, "daß sowohl ich als auch äh eigentlich alle Christen damit nicht fertig werden". Zum andern ist er der Meinung, daß die Religion die Lösung naturwissenschaftlicher Fragen dadurch behindere, daß man durch sie "einfach zu denken aufhört".

Seine neue Lebenseinstellung (224) umschreibt Herr (2S/2) als ein "sehr individualistisches Denken", welches durch die Lektüre von Schriften aus dem französischen Existenzialismus, Sartre und Camus, beeinflußt ist. Keineswegs will er sich dabei "völlig abkapseln von der Welt". Es ist ihm vielmehr wichtig, "daß ich anderen Leuten nicht schade, aber zugleich äh so mir eine eine Lebensfreude erhalten kann".

Mit der neuen Lebenseinstellung hat er schließlich auch aufgehört, zu beten (258). Diese gesamte Veränderung seiner Einstellung zum Glauben und zur Religion charakterisiert er als einen "Prozeß", von dem er sagt: "so leicht geht das nicht". Vielmehr vollzog sich diese Umstellung im Verlauf von zwei Jahren, wobei ein "Freundeskreiswechsel" viel dazu beigetragen hat. Denn mit den neuen Freunden, die alle aus dem Gymnasium stammen und "also alle nicht religiös waren", hat er sehr viel gesprochen "über das Leben, über Religion und Weltansichten". Gemeinsam war man nun darum bemüht, all diese Fragen "mit der Vernunft zu erfassen".

Auch wenn Herr (2S/2) für sich selbst derzeit reklamiert, "vom Glauben weggekommen" (238) zu sein, so bedeutet das nicht, daß er einzelne Elemente daraus nicht auch jetzt akzeptieren kann. So ist Jesus Christus (242) für ihn heute "ein jüdischer Gelehrter, ein Rabbi", der eine "große Vision hatte von der Zukunft der Menschheit, daß sie besser werden könnte". Dies lehnt er keineswegs ab. An der Bibel (193) ist ihm etwa die Geschichte von Jesus und der Ehebrecherin von besonderer Bedeutung, da hier für ihn klar zum Ausdruck kommt, wie wichtig es ist, "daß man erst mal sich selbst anschaut". Auch die Kirchengemeinde (156) "könnte was sehr positives sein", ist allerdings in seiner Gemeinde zu "unüberschaubar": "da kennt man sich halt nicht gegenseitig". Fasziniert haben ihn darüber hinaus auch immer die Kirchen als "Bauwerke" (375).

In der Erziehung seiner eigenen Kinder (130) würde er später einmal "ihnen alle Freiheit lassen", sie also nicht "selbst zur Religion" zu bringen versuchen. Damit hätte es aber noch nicht sein Bewenden. Denn im Hinblick auf die Schule sagt er: "auch wenn es Ethik gäbe, ich würde die schon gerne in den Religionsunterricht stecken", denn nach wie vor sieht er "Religion durchaus als was positives" an. Taufen lassen möchte er seine Kinder "auf jeden Fall", denn eine "gewisse Grundlage" an Religion sollen sie schon bekommen. Auch hier zeigt sich noch einmal ein gewisses Vertrauen, das Herr (2S/2) gegenüber Institutionen hegt.

Verhindern möchte er aber die Zugehörigkeit seiner Kinder zu Sekten (149). Einem möglichen Übertritt zum Islam würde er dann akzeptieren, wenn sie ihm "die Gründe darlegen" könnten und "also wirklich ein Bedürfnis dazu hätten".

Als Pläne in naher Zukunft hat Herr (2S/2) ins Auge gefaßt, zunächst den Zivildienst abzuleisten, um dann "was Geisteswissenschaftliches" zu studieren (276).

d) Die Religiosität von Herrn (2S/2)

Herr (2S/2) ist in seiner Kindheit religiös vielfältig beeinflußt worden. Da war zunächst die Mutter, die für seine religiöse Erziehung grundlegend war. Dann die Großeltern, bei denen Herr (2S/2) ebenfalls religiöse Bezüge und kirchliche Bindungsformen kennenlernte. Schließlich gehört auch der Vater in diese Reihe, wenn Herr (2S/2) etwa davon berichtet, mit dem Vater in den Gottesdienst gegangen zu sein. Der Vater ist aber auch deutlich Reibungsfläche für Herrn (2S/2), gilt er doch als Forderer von Ordnung, sowie als derjenige, der in der Familie am wenigsten interessiert zuhört.

Wie sehr die Religiosität in der Kindheit mit "Familie" bei Herrn (2S/2) verknüpft war, zeigt sich schließlich darin, daß er - der Lieblingsenkel des Großvaters - sein damaliges Gottesverhältnis als "großväterlich" bezeichnet.

Dieser Hintergrund muß mit bedacht werden, wenn Herr (2S/2) für die Gegenwart davon spricht, vom Glauben "losgekommen" zu sein. Er befindet sich mitten in einem, wahrscheinlich sehr fruchtbaren, Aufbruch heraus aus den festen Bindungen seiner Kindheit. Die Religion, und hier weniger die institutionelle Bindung an die Kirche, sondern Religion als Weltanschauung wird ihm zu eng und widerspricht seinem Bedürfnis nach eigenständigem Denken. Die Vernunft, verstanden als die Kompetenz des eigenen selbsttätigen Erfassens von Welt, wird für ihn zum neuen Ideal im neuen Freundeskreis. Demgegenüber erscheint ihm die Religion derzeit als voll von Unstimmigkeiten bis hin zu strukturellen Überforderungen im Sinne der Bergpredigt.

Gleichzeitig ist dies alles aber kein total vollzogener Abschied von den Bindungen seiner Kindheit. Weihnachten als das Fest schlechthin in dieser Familie würde er, aufgrund des zu erwartenden Konflikts, nicht außerhalb der Familie verbringen wollen. Jesus Christus ist für ihn eine positiv besetzte Figur, die Bibel hat, hier am Beispiel der Geschichte von der Ehebrecherin, für ihn Gewichtiges zu sagen. Und er würde, vom heutigen Standpunkt aus gesehen, seine Kinder selbstverständlich taufen lassen und hier geht er soweit zu sagen, Religion sei für ihn "durchaus was positives". Der scheinbare Widerspruch dieser Aussage zur vorher dargelegten Aufbruchsstimmung erklärt sich eben aus diesem adoleszenten Umbruch, der keineswegs ein Totalbruch oder -abbruch ist. Ebenso wie er einen Weg finden muß, sein Leben jenseits der zwar stabilisierenden aber doch auch einengenden Familie zu gestalten, so wird sich auch sein Verhältnis zur Religion danach bestimmen, inwieweit ihm hier die Selbständigkeit des Erwachsenen zum legitimen Element des Glaubens werden kann. Das "großväterliche Gottesverhältnis" kann dies nicht mehr leisten.

6. Analyse des 3. Kindes (Tochter)

a) Vorbemerkung

Die Tochter der Familie 2 wurde als jüngstes Kind und einzige Tochter 1977 geboren. Ihr ältester Bruder ist dreizehn Jahre, der mittlere Bruder drei Jahre älter als sie. Frau (3T/2) besucht derzeit ein Gymnasium.

b) Analyse der Bildsequenzen

Frau (3T/2) wählt zunächst dieses Bild aus und verbindet damit die Erinnerung an das Abendgebet mit der Mutter. Sie unterscheidet zwischen "ganz früher", als die Mutter noch mit allen drei Kindern zusammen gebetet hatte und einer späteren Zeit, als dies nur noch mit dem zweiten Bruder geschah. Dies fand sie dann "immer komisch". Sie weiß noch, daß es da ein Gebetbuch gab, das "Haus der Gebete oder irgend sowas" hieß. Diese Gebete fanden ihrer Erinnerung nach nur "ganz selten" statt und haben sie nach ihrer Einschätzung auch nicht "irgendwie da geprägt".

Das zweite Bild verbindet Frau (3T/2) mit Basteln, das sie "viel gemacht" hat und zwar in der "Kirche, also z.B. Kinderbibelwoche oder so, vom Kindergarten her".

Das dritte Bild bezieht Frau (3T/2) auf ihre Konfirmation und bemerkt, dies "war schon die Zeit, wo das alles nicht mehr so auf mich gewirkt hat". Die Konfirmandenstunden hat damals keiner "irgendwie ernstgenommen", was sie traurig findet, denn "der Pfarrer hat sich immer so bemüht". Aber auch sie glaubt, daß diese Stunden ihr "nichts gebracht" haben. Inhaltlich erinnert sie sich zunächst daran, viele "Zettel" ausgeteilt bekommen zu haben, dann an "verschiedene Abendmahlsbilder", an das "kleine Einmaleins des christlichen Glaubens", welches auswendig zu lernen war und schließlich an Begriffe wie "Wasser" oder "Brot", zu denen im Konfirmationsunterricht assoziiert werden sollte.

Diese Fotos bespricht Frau (3T/2) zusammen und meint, dies gehöre zu dem, was sie "in Gedanken prägt". Das ist zum einen das Thema "Umwelt" und zum andern sind es "alte Leute, die allein sind". Sie erwähnt ihre Nachbarin im Wohnhaus, die sie manchmal besucht und eine Großmutter, die sich beklagt, zuwenig besucht zu werden. Frau (3T/2) meint, daß sie aber "so wenig Bezug zu ihr" hat und deshalb nicht einfach so hingehen möchte. Aber sie befürchtet, sich später Vorwürfe zu machen, wenn die Großmütter gestorben sind und sie sich bis dahin nicht "die Geschichten von ihnen" erzählen ließ.

Zusammenfassung 9-106: Insgesamt fällt auf, daß die meisten Aussagen zu den Bildern sich um die Familie (Mutter, Brüder, Großmütter) oder um die Institution Kirche (Kindergarten, Kinderbibelwoche, Konfirmationsunterricht) drehen. Lediglich die Nachbarin, die aber im Haus neben der Familie wohnt, kommt noch hinzu. Berichtet wird weiter von der religiösen Erziehung der Mutter, die Frau (3T/2) nach dem Weggang des ältesten Bruders "komisch" fand. Hier zeigt sich eine Distanz zu dem Gebetsritus der Kindheit, der auch darin noch einmal zur Geltung kommt, daß Frau (3T/2) betont, davon bestimmt nicht geprägt zu sein.

Auch der Konfirmationsunterricht war für sie nichts, was ihr etwas "gebracht" hat, obwohl sie hier auch die Partei des Pfarrers ergreift, wenn sie "traurig" darüber war, daß er trotz seiner vielen Mühen nur wenig Interesse wecken konnte.

Ihre Stellung zu alten Menschen scheint aus dem bisher Gesagten ambivalent zu sein. Einerseits hat sie "viel zu wenig Zeit" und "so wenig Bezug" für einen Besuch bei alten Menschen, andererseits spricht sie von möglichen späteren Selbstvorwürfen, wenn sie jetzt nicht hingeht. Denn neben der Klage einer der beiden Großmütter, von keinem besucht zu werden, steht für Frau (3T/2) auch die Gefahr, es einmal versäumt zu haben, sich "die Geschichten von ihnen erzählen zu lassen, was ich immer spannend finde." (98).

c) Systematische Analyse des Fragenteils

Die religiöse Prägung in der Kindheit ist für Frau (3T/2) mit der Familie und hier besonders stark mit der Mutter verbunden. Sie erinnert sich daran, mit der Mutter als kleines Kind im Bett gebetet zu haben (128, vgl. 9), sowie daran, daß die Mutter sie bei Schwierigkeiten dazu aufforderte, zu beten (240). Weihnachten (104) erlebte auch sie als "ein riesiges Fest hier" in der Familie. Die inhaltliche Tradition von Karfreitag verbindet sie dagegen innerhalb der Familie nur mit der Mutter (126), wobei Frau (3T/2) bis heute nicht versteht, "warum da Leute traurig sind, wenn sie wissen, wozu das war, wenn sie wissen, wie's ausgeht" (117).

Ihre Gottesvorstellung war in der Kindheit "eben von der Bibel und so" (333) her geprägt. Gott hatte sie sich "schon so als Mensch, klar" (168) vorgestellt. Dabei hat sie den Glauben als etwas erlebt, das "einem in der Kindheit auch hilft" (237). In ihrer Selbsteinschätzung hatten dabei die durch die Mutter vermittelten Tage in einer Kommunität zunächst großen Einfluß.

Genau hier setzt aber inzwischen auch die Kritik an einer Glaubensform an, die sie als "irgendwo so dumm gläubig" (197) ansieht. Ihr kritisches Bewußtsein rebelliert jetzt dagegen, daß die Teilnehmerinnen und Teilnehmer dieser Freizeiten "da drin sitzen und dem irgendwie alles glauben, was er sagt" (197). Weiterhin kann sie "das eben alles nicht so wörtlich glauben, was in der Bibel steht" (337) und begreift Gott heute eher als den "Begriff für das Gute auf der Welt" (334). An dieses Gute kann "man schon sich daran wenden" (345). Sie überlegt auch, ob sie dem Guten das Böse gegenüberstellen soll, oder ob Gott nicht "überhaupt alles" ist (341). Zu besagter Kommunität will sie, auch wegen einer Auseinandersetzung mit dem Leiter auf dem letztjährigen Seminar (176), nicht mehr fahren. Allerdings ist das für sie auch schade, weil sie dort unter den Teilnehmenden "wahnsinnig gute Freunde" (193) treffen könnte.

Für die 15jährige Frau (3T/2) verändert sich aber derzeit insgesamt ihre Einstellung zu den Vorgegebenheiten ihrer Kindheit, wovon Religiosität ein wichtiger Teil war. Sie erlebt dabei, wie sie "ganz anders jetzt" (111) ist, und stößt sich deshalb am aus ihrer Sicht gleich gebliebenen Verhalten ihrer Umwelt. Das macht sie exemplarisch am Weihnachtsfest deutlich, dessen traditionelle Gestaltung in der Familie sie kritisiert: "Naja, inzwischen ist es ein bißchen peinlich, weil eben meine Eltern und meine Oma immer noch genauso sind, und die stürzen hier ins Zimmer, und fällt Ihnen der Mund runter, weil sie den Christbaum sehen, ah, ist der wieder schön, und letztes Jahr dacht ich, ich muß platzen vor Lachen, weil ich das nicht aushalte, wie die immer noch so sind, und ich bin ganz anders jetzt, ich stehe ganz anders dazu, es besteht halt alles so aus Traditionen" (107). Andererseits kann sie sich aber noch nicht vorstellen, an Weihnachten "jemals von dieser Familie weg" (297) zu sein. Als vor vier Jahren ihr ältester Bruder Weihnachten erstmals mit Freunden außer Haus verbrachte, da war das für sie "das schlimmste Weihnachten überhaupt" (300). Auf der einen Seite steht also ihre eigene derzeitige Veränderung, während sie auf der anderen Seite als jüngstes Kind in der Familie auch wesentliche Veränderungen im familialen System - die Ablösung der älteren Geschwister - zu verarbeiten hat. In diesem Sinne bemerkt sie auch, daß inzwischen jeder in der Familie - die Eltern und jedes der Geschwister - seine eigenen Wege geht (206). Trotzdem vermutet Frau (3T/2), daß ihre Familie "von meinen Freunden noch die intakteste Familie" (407) ist. Sie selbst gibt an, die meisten Kontakte in ihrem Freundeskreis über die Schule gewonnen zu haben (312).

Beide Großmütter spielen dabei für Frau (3T/2) nur eine Randposition (353). Zur Großmutter väterlichseits fühlt sie sich insgesamt "nicht so verbunden". Aber auch zur Großmutter mütterlichseits hat sie wenig Kontakt, obwohl Frau (3T/2) von ihr sagt, sie "wahnsinnig gerne" zu mögen. Ihren Vater erwähnt Frau (3T/2) im Interview an einer für sie markanten Stelle: beim Thema Sauberkeit (215): "also mein Vater ist ein ziemlicher Fanatiker da". Sie sieht sich dabei in einer Linie mit ihrem großen Bruder stehen, der ehedem den Konflikt "Sauberkeit" mit dem Vater austrug: "also früher war's immer mein großer Bruder, den er wahnsinnig die ganze Zeit wirklich genervt und angeschrieen hat, und jetzt hab ich halt das Gefühl, daß ich's jetzt bin, mit dem Finger drauflegen, und so, aber es ist jetzt nicht so schlimm, also manchmal, z.B wenn irgendein Besuch kommt, der überhaupt nichts in meinem Zimmer zu suchen hat, dann muß es halt trotzdem sauber sein, könnte ja jemand reinschauen". Der Vater wird also hier von Frau (3T/2) als ihr derzeitiger Konfliktpartner Nr. 1 in der Familie vorgeführt, wobei sie auch bemerkt, es sei "jetzt nicht so schlimm" (221).

Ähnlich wie den Konfirmationsunterricht erlebt Frau (3T/2) auch den Religionsunterricht (132) als eine Veranstaltung, die sie wenig überzeugt. Die meisten in ihrer Altersstufe besuchen den Ethik-Unterricht, so daß sie von den Teilnehmerinnen und Teilnehmern am Religionsunterricht als von einem Rest spricht: "wir sind halt so ein paar, die noch in Reli gehen". Vom Unterricht selbst berichtet sie, daß dort die ganze Stunde gelacht wird und sagt vom Religionslehrer, er sei "nicht so ein erträglicher Mensch". Sie kann dann aber doch ziemlich detailliert davon berichten, wie der Lehrer die Versuchungsgeschichte anhand eines Kriegsfilms aktualisierte. Von ihrer Klasse meint sie, "daß keiner so an Gott glaubt, wie er von der Kirche her ist".

Unter Kirchengemeinde (272) versteht sie "halt die Leute, die da sind". Dabei unterscheidet sie genau zwischen den üblichen Gottesdiensten, wo "nur die Älteren" hinkommen und den "Aktionstagen", an denen sich "Junge und Alte" in der Gemeinde treffen. Gelegentlich nahm sie hier auch an einer Jugendgruppe teil. Diese Gruppe hatte keinen festen Leiter und die Treffen sahen in der Regel so aus, daß man Musik hört oder sich unterhält. Nach dem Versuch, die Jugendgruppe als "Café" zu organisieren, löste sie sich auf: "es hat sich auch so auseinandergelebt, glaub ich, hatte keiner mehr richtig Lust" dazu. Darüber hinaus nimmt sie in einer anderen Innenstadtgemeinde auch an Jugendgottesdiensten, mit Übernachten in der Kirche, teil (322). Hier erlebte sie auch erstmals fröhliche und ausgelassene Gottesdienste, während sie ihre sonstigen Gottesdiensterfahrungen so beschreibt: "in einer Bank sitzen, und nie kapiert, um was es geht" (449)

An der Bibel (320) ist ihr der Spruch "Ich will dich segnen, und du sollst ein Segen sein" wichtig, der auch ihr Konfirmationsspruch ist und ihr "so oft" begegnet.

Ein Gebet (373) spricht sie nur selten, "wenn es mir überhaupt einfällt" und dann in Situationen, in denen es ihr "besonders gut oder besonders schlecht" geht. Einwände der christlichen Kommunität zu einer solchen Gebetspraxis läßt sie nicht mehr gelten: "das ist halt so, da kann man nichts dagegen machen, und ich find auch, wenn nichts passiert und einem nicht danach ist, dann hat man's halt nicht nötig, und das macht auch nichts."

Ihre eigenen Kinder möchte sie später einmal in Sachen Religion so erziehen, "daß sie sich eben entscheiden können" (232), was anläßlich der Konfirmation geschehen könnte. Sie überlegt, ob sie die Kinder taufen lassen würde. Das widerspräche zwar einerseits ihrem Prinzip der freien Entscheidung, sie findet es aber auch "blöd", daß manche Eltern ihren Kindern gar nichts von Religion erzählen, denn dann "können sie gar nicht glauben oder nicht glauben, weil sie's nicht kennen". Zudem ist der Glaube für sie in der Kindheit eine Hilfe. Schließlich möchte sie auch den späteren Ehemann an dieser Entscheidung beteiligt wissen. Daß man im Bereich der Religion etwas verbieten könnte, etwa den Beitritt zu Sekten, bezweifelt sie, möchte dem aber doch auch nicht gleichgültig gegenüberstehen: "aus meiner Erfahrung, wenn man älter ist, kann man das halt besser überschauen, glaub ich schon, daß ich das halt dem Kind sage, aber man kann das nicht verbieten, denn wenn ich's verbiete, dann ist es vielleicht noch der Held, daß er das trotzdem macht, und so" (255). Jesus Christus würde sie ihren Kindern vorstellen, als jemanden, von dem "die Leute sagen, es war Gottes Sohn oder so" und dann "die Geschichte" erzählen (351).

d) Die Religiosität von Frau (3T/2)

Frau (3T/2) ist in ihrer Religiosität zum einen durch die Mutter geprägt, die sie für diesen Bereich als einzige Person aus der Familie explizit benennt. Durch die Mutter wurde aber auch der Kontakt zu einer christlichen Kommunität hergestellt, die ebenfalls Einfluß auf die Entwicklung der Religiosität bei Frau (3T/2) hatte. Hinzu kommen im Bereich der institutionellen Einflüsse noch Kirche und Religionsunterricht.

Auffallend ist, daß Frau (3T/2) derzeit zu allen diesen Einflußfaktoren eine kritische Haltung einnimmt. Das Kindergebet mit der Mutter erscheint ihr als "komisch", der in der Kommunität vermittelte Glaube als zu naiv und Konfirmationsunterricht und Religionsunterricht sind wenig ergiebig. Dahinter sind zum einen konkrete Erfahrungen sichtbar geworden, die zu einem solchen Urteil führten. Andererseits steht diese Ablehnung aber auch im Zusammenhang mit dem Selbsterleben von Frau (3T/2). Sie bemerkt ihre eigene Veränderung in Richtung auf größere Selbständigkeit und geht deshalb zu vorgegebenen Glaubensformen wie zu vorgegebenen Familientraditionen auf Distanz. Dabei gerät sie besonders mit ihrem Vater in Konflikt. Bei den vielen institutionellen Kontakten, die die Tochter im Bereich der Religion aufzählen kann, ist dies kein leichter Entwicklungsschritt, weil damit für sie bedeutsame Beziehungen gefährdet sind. Gleichwohl erwähnt sie auch befriedigende Erfahrungen mit Institutionen, etwa die Übernachtungsgottesdienste. Sie bemüht sich insgesamt um ein individuelles Glaubensverständnis und gerät dabei noch oft auf unsicheres Terrain - etwa die Frage, ob Gott gut und böse zugleich sein kann. Bemerkenswert ist, daß sie diese Ambivalenzen ausspricht und damit auch erst einmal aushält, statt sich mit einfachen und plakativen Lösungen zufrieden zu geben. Ihr Bemühen um Eigenständigkeit äußert sich auch in ihren spekulativen Erziehungszielen. Besonders wichtig an einer späteren religiösen Erziehung ihrer Kinder ist ihr deren Möglichkeit, sich frei zu entscheiden. Genau das probiert sie derzeit aus und verläßt dabei bisher keineswegs den Bereich der christlichen Religion.

7. Zusammenfassung und Verknüpfung der Einzelanalysen

In Familie 2 mischen sich in der Elterngeneration zwei Familien zusammen, die väterlichseits aus einer katholischen Tradition und mütterlichseits aus einer evangelischen Tradition herstammen. Dabei spielte in beiden Herkunftsfamilien die Institution "Kirche" eine bedeutsame Rolle, wenngleich auch in konfessionell unterschiedlicher Weise.

Die Großmutter väterlichseits, Frau (GMv/2), erlebte bei ihrer Großmutter und bei ihrer Mutter den katholischen Glauben in Form eines selbstverständlichen Brauchtums. Eine legitimierende Reflexion über Riten und Inhalte war dabei weithin unbekannt. Entscheidend für den Glauben war die Bindung an die Kirche, die Frau (GMv/2) später in der Erziehung ihrer eigenen vier Kinder auch mit Zwang herzustellen versuchte. Die Inhalte des Glaubens sind hier so gegeben, wie sie durch die Institution vermittelt wurden: "man muß so leben, wie man uns sagt, daß er's will" (GMv/2, 89;155)[2]. Die mit der kirchlichen Bindung einher gehende konfessionelle Geschlossenheit der Familie, wie es Frau (GMv/2) noch von ihrer Herkunftsfamilie her gewohnt war, ließ sich aber durch die Heirat ihrer Kinder nicht mehr fortsetzen. Auch bei sich selbst stellt Frau (GMv/2) inzwischen eine lockere Haltung zur Kirche fest.

Das kirchliche Gebundensein der Familie von Frau (GMv/2) ist der Hintergrund für die Erinnerungen von Herrn (V/2), wenn er seine religiöse Erziehung in der Kindheit als sehr ritualisiert und auch disziplinierend beschreibt. Er übt dabei harsche Kritik an der Institution der katholischen Kirche, die er seit seiner Kindheit oft genug als wenig überzeugend erlebt hat. Der erlebte Zwang ist für ihn vorwiegend ein institutionell vermittelter Zwang, weniger ein spezifisches Erziehungsverhalten seiner Eltern. Kritik an der Erziehung in der Familie übt er deshalb nur sehr verhalten.

Für Herrn (V/2) ist das Verhältnis Institution-Individuum nicht mehr - wie für seine Mutter bis heute - hinsichtlich einer mangelnden Bindung des Individuums problematisch,

2 Zitate in den Zusammenfassungen stammen aus unterschiedlichen Interviews. Deshalb wird hier das jeweilige Interview benannt, die Seitenzahl und die Zeilennummer angegeben. (GMv/2, 89;155) = Großmutter väterlichseits, Familie 2, Seite 89, Zeile 155.

sondern hinsichtlich der Verfaßtheit der Institution. Dabei ist er selbst durchaus an die Kirche gebunden. Er denkt keineswegs an einen Kirchenaustritt und die Liberalität der evangelischen Kirche, wie er dies angesichts des Konfirmationsunterrichts seiner Kinder erlebte, ist ihm zu lax. Er selbst umschreibt seine Haltung und die vieler seiner Zeitgenossen zur Kirche so: "ich bin katholisch, aber das ist mir eigentlich ziemlich wurscht, was die da oben machen" (V/2, 111;483). Eine solche Kritik an der Institution ist für Frau (GMv/2) nur in Ansätzen denkbar, etwa wenn sie von Drewermanns und Küngs Ausführungen irritiert ist, diese aber auch keineswegs übergeht. Für Herrn (V/2) ist dabei die Aussage "ich bin katholisch" durchaus ernst zu nehmen. Obwohl er seit vielen Jahren z.B. in einem evangelischen Kirchenchor singt und dort auch viele Freunde gewonnen hat, kommt für ihn eine Konvertierung nicht in Frage.

Parallel zur Einstellung gegenüber der Institution stellt sich auch das Gottesverständnis dar. Für Frau (GMv/2) gibt es hier keine sichtbaren Irritationen, Gott ist definiert durch seine Allmacht und durch seine Gebote. Bei Herrn (V/2) ist das Gottesverständnis viel weniger profiliert, weil er den mit der Institution verbundenen Autoritäts-Gott nicht mehr für sich akzeptiert, ohne dabei bisher einen ihn selbst befriedigenden Ersatz formulieren zu können. Sind bei Frau (GMv/2) die Gebote wichtig, die Gott den Menschen gegeben hat - und die dann natürlich über die Kirche weitergegeben werden - so hebt Herr (V/2) demgegenüber in seinem Gottesverständnis gerade *die* Gerechtigkeit Gottes hervor, die gegen die überlieferte Gerechtigkeit der Menschen steht. Sichtbarer Ausdruck dafür ist ihm das Leben Jesu Christi.

Auch bei der evangelischen Mutter der Familie 2, Frau (M/2), hat sich die Religiosität im Vergleich zu ihrer Herkunftsfamilie gewandelt. Während die Mutter von Frau (M/2) am neuen Wohnort nach der Flucht kaum Kontakt zur Kirchengemeinde pflegte, wurde die Kirchengemeinde für ihren Vater nach dem Zusammenbruch des nationalsozialistischen Regimes zum neuen Halt. Religion und Kirche wurden in dieser Zeit für Frau (M/2) zu Selbstverständlichkeiten, ohne größere Relevanz für ihre Lebensgestaltung. Im Vordergrund der religiösen Erziehung standen auch hier Riten, etwa der Besuch des Gottesdienstes, den der Vater bei seinen Kindern auch mit Geld zu erkaufen suchte.

Die Einstellung zur Institution Kirche wurde für Frau (M/2) dann aber im besonderen Maße abhängig von der Begegnung mit für sie authentischen Personen, etwa dem Konfirmator oder einem späteren Religionslehrer. Der Kontakt mit einer christlichen Kommunität führte bei Frau (M/2) schließlich dazu, daß sie stärker als zuvor den Glauben als Hilfe für ihre persönliche Entwicklung entdecken konnte. Anders als ihr Mann sieht sie die Kirche nicht so sehr als Institution "da oben", sondern als eine Gemeinschaft von Menschen, an der sie im begrenzten Rahmen Anteil hat. Glaube bedeutet für sie vorrangig aber nicht Bindung an eine Institution, sondern eine Form der Lebensgestaltung, die sie "nicht zu billig" haben möchte. Da dieser Glaube vermittelt ist durch die Institution der Kommunität, spielt der institutionelle Aspekt auch hier eine Rolle. Ihr persönlicher Glaube ist ihr aber bedeutsamer als die kirchliche Bindung. Darin unterscheidet sie sich dann - im Hinblick auf ihre Mutter geht das aus dem Interview nicht eindeutig hervor - zumindest vom Glaubensverständnis ihres Vaters, für den die Bindung an die Institution entscheidend war.

Auffallend ist die Ähnlichkeit des Gottesverständnisses zwischen Herrn (V/2) und Frau (M/2). Denn auch Frau (M/2) hebt die Gerechtigkeit Gottes gegenüber menschlicher Gerechtigkeit hervor. Während Herr (V/2) allerdings in seinen Ausführungen dabei stärker soziale Aspekte der Gottesgerechtigkeit anspricht - die er dann an der Person Jesu Christi noch einmal entfaltet -, steht bei Frau (M/2) der Rechtfertigungsgedanke in lutherischer Prägung im Vordergrund. Gottes Gerechtigkeit gilt demnach auch und gerade dem Sünder, so daß es "nie zu spät ist". Jesus Christus ist bei Frau (M/2) in diesem Sinne ein Zeichen der Liebe Gottes zu den Menschen.

Auch in ihrer Einstellung zur Institution Kirche sind sie sich, aus unterschiedlichen Richtungen kommend, ähnlich. Während Herr (V/2) sich enttäuscht von seiner Kirche abgewandt hat, ist für Frau (M/2) die institutionelle Bindung, wie sie sie in der Kindheit am Verhalten des Vaters erlebt hat, nie sehr überzeugend gewesen. Für sie steht der persönliche Glaube im Mittelpunkt. Beide sind aber auch offen für diverse Angebote der Institution Kirche, die allerdings keine konstitutive Rolle in ihrem gegenwärtigen Glaubensverständnis spielen.

Die drei Kinder der Familie 2 sind in sehr unterschiedlichen Konstellationen aufgewachsen. Während Herr (1S/2) die ersten Jahre seines Lebens mit der Mutter bei den Großeltern wohnte, haben Herr (2S/2) und Frau (3T/2) ihre Kindheit in der Ehe von Herrn und Frau (V/2) und (M/2) erlebt. Für alle drei gilt aber zunächst, daß sie vielfältige Bezüge zu Religion und Kirche in ihrer Biographie vorzuweisen haben und dies bei allen dreien bis zur Gegenwart noch nachwirkt.

Der älteste Sohn, Herr (1S/2), hat bei den Großeltern mütterlichseits Riten des christlichen Glaubens kennengelernt. Auch die Grundelemente christlicher Lehre sind ihm gut bekannt. In auffälliger Weise beschreibt er seine Gottesvorstellung in der Kindheit genauso wie seine Mutter, Frau (M/2), dies tat: Gott war vorhanden, hatte aber für die Lebensführung keine weitere Bedeutung. Die Vermutung liegt nahe, daß Herr (1S/2) hier, ähnlich wie schon seine Mutter, von den Großeltern geprägt wurde. Seine Vorstellungen von "Kirche" stehen dagegen deutlich den Vorstellungen der Eltern näher: auch für Herrn (1S/2) ist Glaube nicht grundsätzlich auf die Kirche verwiesen. Seine Zugehörigkeit zu einer Gemeinde ergibt sich - wenn sie sich ergibt - vielmehr aus Sympathie. Sodann finden sich bei Herrn (1S/2) auch Gedanken, die ihn in die Nähe der Kirchenvorstellung seines Vaters bringen, der ja erst in sein Leben trat, als Herr (1S/2) sechs Jahre alt war. Seine Kritik an einer hierarchischen Kirche - die sich in dieser Form bei der Mutter nicht findet - ähnelt der Kritik des Vaters an der katholischen Kirche. Auch sein gesellschaftspolitisches Engagement, derzeit vor allem im Umweltschutzbereich, erinnert an Aktivitäten des Vaters. Das Hervorheben der Bergpredigt mit ihren ethischen Forderungen bei Herrn (1S/2) läßt sich dann wieder mit beiden Eltern verbinden. Beim Vater ist die Gottesgerechtigkeit stark von sozialen Aspekten geprägt und für die Mutter ist es sehr wichtig, daß der Glaube sich auch in der eigenen Lebensführung auswirkt. Auch die Mitgliedschaft bei den Pfadfindern in der Jugendzeit hat wohl zu dieser gesellschaftspolitisch-engagierten Einstellung von Herrn (1S/2) beigetragen.

Trotz dieser aufgezeigten Parallelen auch zum Glaubensverständnis des Vaters beschreibt Herr (1S/2) die Beziehung zum Vater und dann auch zu den Großeltern väterlichseits als eher distanziert. Der Vater steht für Herrn (1S/2) - hier übrigens in deutlicher Parallele mit den beiden anderen Geschwistern - für Ordnung und Leistung in der Familie. Sowohl vom Vater als auch von der Großmutter väterlichseits sagt Herr (1S/2), er habe sich nie intensiver mit ihnen unterhalten. Da paßt es dann auch, daß die Großmutter väterlichseits, Frau (GMv/2), über ihn sagt, er sei als Kind schwierig gewesen.

Anders dagegen der zweite Sohn, der von Anfang an auch mit der Herkunftsfamilie von Herrn (V/2) aufwächst, ja hier sogar zum "Lieblingsenkel" des Großvaters väterlichseits wird. Er zeigt Institutionen gegenüber größeres Vertrauen als sein älterer Bruder und formuliert seine Auseinandersetzung mit der Religiosität statt im Bereich der Institutionenkritik auf dem Feld der Ideen. Er würde seinen Kindern im Hinblick auf religiöse Erziehung "alle Freiheit" lassen, sie aber doch taufen und in den Religionsunterricht schicken, damit sie sich mit dem Thema Religion auseinandersetzen. Für Herrn (2S/2) selbst, der derzeit im Rahmen der Adoleszenzphase seine Individualität erprobt, ist der Konflikt zwischen vorgegebenem Glauben und eigener Denkfähigkeit von besonderer Bedeutung, so daß darin dann auch die Aufgabe der Ablösung von der institutionellen Prägung bei ihm eine gewichtige Rolle spielt. Insofern steht er auch hier eher in der Tradition der väterlichen Linie.

Für die 15jährige Tochter ergibt sich in der Auswertung des Interviews zunächst einmal die religiöse Prägung durch die Mutter. Bei ihr spielen die Großeltern beider Linien nur eine marginale Rolle. Ihre Religiosität erscheint derzeit stark auf ihre eigene Entwicklung bezogen, wobei die Institution Kirche bzw. der Religionsunterricht keine konstitutive Rolle spielen. Sie erlebt, wie sie sich selbst verändert und wie sich dadurch auch ihre Beziehungen zur Umwelt verändern. Sie sieht sich selbst beim Thema Ordnung als erste Konfliktpartnerin des Vaters, steht also mit ihm wohl derzeit in einer sehr intensiven Beziehung. Auch von der Kommunität, die bei ihr wie bei der Mutter eine wichtige Rolle spielte, löst sie sich offensichtlich gerade, was ihr nicht leicht fällt. Aufgewachsen in einer Familienphase, die durch eine erneute Hinwendung der Mutter zu institutionellen Kontakten (Kommunität) geprägt war, entdeckt sie nun für sich selbst, daß ihre Glaubensvorstellungen von den Institutionen auch abweichen können. Diese Differenz kann sie dann auch legitimieren: "das macht auch nichts" (3T/2, 170;378). Auch hier klingt also wieder die Höherwertung der eigenen Glaubensvorstellung gegenüber der institutionellen Bindung an, freilich in einem frühen Entwicklungsstadium.

Insgesamt vermittelt Familie 2 den Eindruck, daß die Konflikte im Bereich der Elterngeneration in fortgeführter Form bei den Kindern wiederkehren. Auch im Hinblick auf die Großelterngeneration liegen für die Entwicklung der Religiosität in dieser Familie die entscheidenden Weiterführungen bei den Eltern. Weder die massive Institutionenkritik des Vaters noch die individualisierte Frömmigkeit der Mutter sind in dieser Weise in der Großelterngeneration zu entdecken. Für die Kindergeneration gilt aber auch, daß sie diese "Grundkonflikte" ihrer Eltern in - soweit das schon sichtbar ist - eigenständiger Weise fortführen und so die Linien weiter ausziehen. Für den ältesten Sohn verbindet sich seine individualisierte Glaubenshaltung auf dem Hintergrund eines politisch-sozialen Engagements auch mit einer deutlichen Reserviertheit gegenüber Institutionen. Beim mittleren Sohn war die Religiosität dagegen nicht nur von einem größeren Vertrauen in

Institutionen, sondern auch von einer starken Betonung der eigenen Individualität geprägt. Und auch bei der Tochter steht dem gegenwärtigen Aufbau von Distanz gegenüber den Institutionen eine Betonung des Rechts auf eigene Frömmigkeitsgestaltung gegenüber. Drückt sich die Gebundenheit des Vaters an die Institution nicht zuletzt durch seine andauernde Hoffnung auf Veränderung der Institution aus, so spielt dies in der Kindergeneration kaum eine Rolle: eine Institution, die den eigenen Bedürfnissen nicht entspricht, wird eher verlassen denn verändert, geschweige denn erlitten. Damit allerdings gehen die Kinder auch noch einmal einen Schritt weiter als die Mutter, für die Kritik an der Institution Kirche immer auch zugleich Kritik am eigenen Mitgliedsverhalten implizierte. Wie in anderen Lebensvollzügen auch, beherrschen bei den Kindern zusehends marktwirtschaftliche Aspekte das Teilnahmeverhalten. Wenn das Angebot der Nachfrage nicht entspricht, wird es zum Ladenhüter. Das "Aufpolieren" ist ihre Sache nicht.

II. FALLSTUDIE EINER ARBEITERFAMILIE

Familie 6 lebt in einer süddeutschen Großstadt in einer Wohnsiedlung am Stadtrand, die geprägt ist vom funktionalen Architekturstil der 60er Jahre. Die Großmutter, die Eltern sowie die bereits verheiratete Tochter wohnen alle in unmittelbarer Nachbarschaft zueinander in Mietwohnungen.

Im einzelnen wurden interviewt:

1. Frau (GMm/6), Großmutter mütterlichseits, geboren 1909.
2. Frau (M/6), Mutter, geboren 1935.
3. Herr (V/6), Vater, geboren 1935.
4. Frau (2T/6), 2. Kind/Tochter, geboren 1965.

Die Reihenfolge der durchgeführten Interviews ergab sich aus den von der Familie angegebenen möglichen Terminen: 1, 2, 4 und 3. Für die vier Interviews wurden zwei Termine benötigt. Die Interviews fanden am 16.11.92 und am 26.11.92 statt. Das längste Interview in dieser Familie dauerte 90 Minuten, das kürzeste 43 Minuten.

1. Analyse Großmutter mütterlichseits

a) Vorbemerkung

Frau (GMm/6) wurde 1909 in Schlesien geboren und kam mit ihren evangelischen Eltern 1911 nach Bayern aufs Land. Der Vater arbeitete als Werkzeugmeister in einer Papierfabrik. In der Familie gab es noch einen 1906 und einen 1910 geborenen Bruder. Frau (GMm/6) wurde Köchin und arbeitete nach dem 2. Weltkrieg in einer Fabrik. Sie hat eine Tochter, 1935 geboren. Verheiratet war sie nie. 1961 zog Frau (GMm/6) in die Nähe ihrer Tochter in eine süddeutsche Großstadt und lebte hier mit ihrer Mutter zusammen, bis diese vor ungefähr zehn Jahren hochbetagt verstarb.

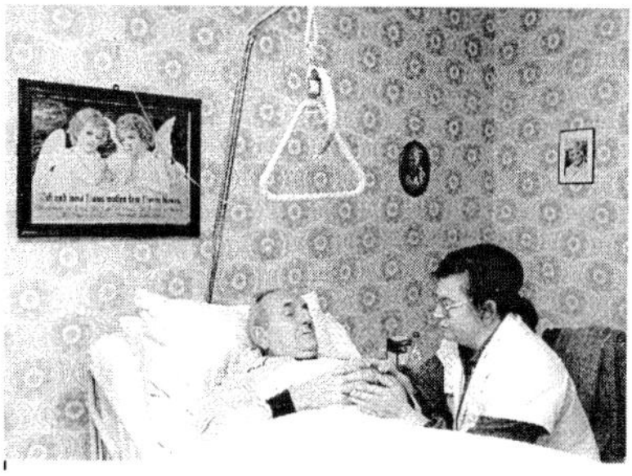

Das erste Bild erinnert Frau (GMm/6) daran, "wie unser Papa so dalag, dreiviertel Jahr eh er gestorben ist." Sie erzählt von seinem Lungenkrebs, den sie als Spätfolge eines Arbeitsunfalls sieht. Der Vater war Werkmeister in einer Papierfabrik.

Das zweite ausgewählte Bild zeigt "das Kircherl" des Ortes, in dem sie ihre Kindheit verbracht hat. Es war ein acht Kilometer langer Fußmarsch bis zur Kirche, in die man während der Konfirmationszeit jeden Sonntag gehen mußte. Frau (GMm/6) erzählt auf Nachfragen, daß sie mit zwei Jahren aus Schlesien nach Bayern kam, wo sie dann nach zwei weiteren Umzügen in einem Ort von ihrem zehnten bis zu ihrem 52. Lebensjahr lebte.

Zu diesem Foto erwähnt Frau (GMm/6) das Anzünden einer Kerze, als sie "die neue Kirche kriegt hab'n" in ihrem Wohnort der Kindheit. Sie erinnert sich daran, daß sie als Konfirmandin auch einmal die Kerzen anzuzünden hatte.

Das leitet über zum nächsten Bild. Hier sieht sie den "Herrn Pfarrer", der sie auch konfirmiert hat. Sie erwähnt die vielen Flüchtlinge, die (wohl nach 1945) in den Ort kamen, so daß eine neue evangelische Kirche gebaut wurde. In ihrer Kindheit mußte sie dagegen den Acht-Kilometer-Fußmarsch gehen, wobei sie gelegentlich in einer Kutsche mitgenommen wurde, "weil die Herrschaften, wo unser Papa angestellt war, die waren auch evangelisch". Vom Pfarrer erzählt sie, daß er ihnen regelmäßig "vier Seiten" diktiert habe: "das mußten wir aufschreiben und mußten wir auswendig lernen". Ihr Kommentar dazu: "War schon schlimm", denn es war damals für sie "wahnsinnig viel" neben der Schule zu lernen. Sie wundert sich sehr, daß die Kinder heute "gar nichts mehr" lernen müßten, wie sie an ihrer Urenkelin beobachtet hat.

Dieses Foto erinnert sie an eine Paketpost und daran, wie sie Päckchen bekommen und auch welche an Verwandte in der DDR geschickt hat.

Bei der auf dem nächsten Bild zu sehenden Kartoffelernte war Frau (GMm/6) "auch schon mit".

Mit diesem Bild verbindet Frau (GMm/6) zunächst Erinnerungen an ihre zweite Enkeltochter: "Das ist, wie wenn es meine Enkeltochter wäre, mit mir." Auch ihre erste Enkeltochter hat sie sechs Jahre lang aufgezogen, weil "meine Tochter bloß in (Ortsname) ein Zimmer gehabt hat und ihr Mann". Diese erste Enkeltochter ist vor zehn Jahren mit 28 Jahren gestorben. Frau (GMm/6) hat sich dann auch um das damals sechsjährige Urenkelkind gekümmert. Acht Jahre später ist auch der Vater des Kindes gestorben. Auf Nachfragen erzählt Frau (GMm/6), daß sie mit ihren Enkelkindern "halt das übliche" gebetet hat, z.B. "Müde bin ich, geh zur Ruh", aber auch frei. Ihrer Urenkelin hat sie dann "wie die Mutti gestorben ist", das Vaterunser vermittelt. Ihrer eigenen Tochter dagegen hat nicht Frau (GMm/6), sondern die Mutter von Frau (GMm/6) das Beten beigebracht, weil sie in der Zeit "dann fort" war.

In der Kindheit mußten Frau (GMm/6) und ihre Geschwister "alle Tage beten", wobei hier die Mutter mit den Kindern gebetet hat, auch weil die Großeltern in Schlesien weit weg waren. Das Tischgebet am Sonntag war bei Frau (GMm/6) in der Kindheit "gang und gäbe", zumal die Mutter "recht christlich gewesen" war und "jeden Sonntag in die Kirche gegangen" ist. Schließlich mußten die Kinder auch an Heilig Abend "immer beten, gell, immer".

Das Weihnachtsfest (190-216) hat sie "ganz groß, schön, schön" in Erinnerung. Damals hat jeder "das bekommen, was er notwendig gebraucht hat". Sie vergleicht die Freude der Kinder damals mit den heutigen Kindern und meint, daß sich heutige Kinder "gar nicht mehr" freuen. Sie erinnert sich auch noch gut an das Essen zu Weihnachten: mittags gab es eine sog. Schüllsuppe, Reis mit Leber, und am Abend "immer Schweinebraten, Kartoffelbrei und Sauerkraut". In der Kirche war man wegen des langen Weges erst am Ersten Feiertag. Mit einer Freundin ist sie aber um halb zwölf an Heilig Abend in die katholische Mette gegangen. Zu Hause hat die Mutter die Weihnachtsgeschichte vorgelesen, ein Brauch, den Frau (GMm/6) selbst nicht fortgeführt hat: "alles, alles vergessen, gell." Zugleich erwähnt sie dann aber auch, jeden Abend und Morgen zu beten.

Dieses Bild bringt Frau (GMm/6) wieder mit den Enkelkindern in Verbindung.

Auf dem nächsten Foto sieht sie "die Mama mit dem Papa", die sich "sehr" gut verstanden haben.

Das Bild sagt Frau (GMm/6) "eigentlich wenig". Sie erkennt darauf "ein KZ-Ding". Auf Nachfragen meint sie, daß sie sich später "das" mal angeschaut habe. Damals habe man es zwar "schon mitgekriegt", aber nicht "wie es in dem Maße überhaupt vorgefallen ist". Sie erzählt von einer Fernsehsendung am Vortag, wo jemand "monate- und jahrelang" auf die Rückkehr des Vaters, der "geholt worden ist", gehofft habe. Dann spricht sie wieder von "uns" und davon, daß jemand damals "recht bespitzelt worden" sei, und "um des lieben Friedens willen haben sie halt mitgemacht, wenn es auch der Gedanke nicht so war".

Hierzu sagt Frau (GMm/6) "das ist auch wieder ein Grab. Könnte von uns allen eines sein." Sie erinnert sich daran, daß ihre Enkelin "auch so viel Blumen gehabt" hat.

Da s letzte ausgew ählte Bild zeigt "unser Mamele", das ist die Mutter von Frau (GMm/6). Sie wurde 103 Jahre alt und Frau (GMm/6) erinnert sich daran, wie ihre Mutter zum hundertsten Geburtstag, als Bürgermeister und Landrat zu Besuch waren "mit den Herren groß gemacht" hat.

Zusammenfassung: Die von Frau (GMm/6) ausgesuchten Bilder werden von ihr um die Themen Familie, Kirche und Gesellschaft zentriert. Den zahlenmäßigen Schwerpunkt stellt dabei die Familie dar. Erwähnt werden die Eltern von Frau (GMm/6), hier als erstes der Tod des Vaters, dann das gute Verhältnis der Eltern, sowie die hochbetagte Mutter. Weiter finden sich Assoziationen zu den Enkelkindern und von da aus dann auch zur Urenkelin. Die eigene Tochter wird nur auf Nachfrage erwähnt. Frau (GMm/6) erzählt vom Beten-Müssen in ihrer Kindheit und von der Weihnachtsfeier in ihrer Herkunftsfamilie, wobei sie auch hier das Beten hervorstreicht. Die Christlichkeit der Mutter wird am regelmäßigen Kirchgang festgemacht. Daß Frau (GMm/6) so genau die Speisen der Festtage hervorhebt, darf bei einer gelernten Köchin nicht verwundern.

Frau (GMm/6) erzählt aber auch von ihren eigenen Bemühungen, das Beten an Enkel und Urenkel weiterzugeben. Dabei hat sie, neben freien Formulierungen, mit den Enkelkindern "das übliche" gebetet. Sie selbst betont, auch heute noch regelmäßig zu beten. Breiten Raum nimmt schließlich der Tod der ältesten Enkelin ein, der dazu führte, daß sich Frau (GMm/6) jahrelang um die Urenkelin kümmerte.

Das Thema Kirche wird biographisch von Frau (GMm/6) bis zur Konfirmation behandelt. Der weite Weg zum "Kircherl" in ihrer Kindheit, die Christenlehre am Sonntag und die Konfirmationszeit werden genannt. Dabei wird am "Herrn Pfarrer" Kritik aufgrund des hohen Lernpensums geübt. Andererseits kann sie es nicht verstehen, daß ihre Urenkelin anscheinend nichts mehr im Konfirmationsunterricht zu lernen hat.

Aufgrund der Aussagen des Interviews muß es offen bleiben, warum Frau (GMm/6) das Bild Nr. 11a aussuchte. Sie erkennt sofort das Konzentrationslager und wählt das Bild aus, obwohl sie sagt, daß es ihr "eigentlich wenig" sagt. Sie spricht dann von der Hoffnung, daß jemand der "abgeholt" wurde, wiederkommt, von Bespitzelung und vom Mitläufertum. Was davon auf biographische Bestandteile zurückzuführen ist, und nicht nur auf die erwähnte Fernsehsendung vom Vortag, kann hier nicht geklärt werden.

c) Systematische Analyse des Fragenteils

Die Familie von Frau (GMm/6) war 1911 aus Schlesien nach Bayern gekommen. Hier, im bayerischen Oberland, waren sie nicht nur als Schlesier fremd, sondern auch als Angehörige des evangelischen Glaubens Teil einer sehr kleinen Minderheit. Der Vater fand Arbeit als Werkmeister bei einem evangelischen Fabrikherren. Die Außenkontakte der Familie beschreibt Frau (GMm/6) nur für den Vater, der im Turnverein und im Werkmeisterverein war. Es steht zu vermuten, daß die Mutter keine institutionellen Kontakte außerhalb der Familie hatte. Auch war die Verwandtschaft "so weit weg, die waren ja in Schlesien" (185). So mußte die Mutter von Frau (GMm/6) also mit den drei Kindern alleine zurecht kommen. Dabei beschreibt Frau (GMm/6) das Verhältnis der Eltern untereinander als sehr gut. Entscheidungen haben "der Papa und die Mama" (369) gemeinsam gefällt, allerdings kann sich Frau (GMm/6) nicht daran erinnern, daß auch die Kinder an Entscheidungen beteiligt gewesen wären. Auf Sauberkeit legten die Eltern "sehr, sehr" (353) großen Wert. Vom Vater sagt sie: "unser Papa war ein guter, er war streng, aber er war auch ein guter Mann" (371).

Die Werkmeister-Familie hatte gelegentlich auch privaten Kontakt mit der Familie des Fabrikherren. So durften sie manchmal mit ihnen in der Kutsche zum Gottesdienst fahren (91). Frau (GMm/6) freundete sich mit der Tochter der Unternehmerfamilie an und war "als Kind immer dort zum Spielen" (284). Sie war von dem Mädchen sehr beeindruckt, weil diese "so eine geschickte" war und "so viele Sprachen gesprochen" hat. Als die Tochter des Fabrikherrn zehn Jahre alt war, kam sie auf eine Schule nach München und der Kontakt zu Frau (GMm/6) brach ab: "dann ist sie weggekommen von uns. Dann hat sich das auch aufgehört, gell." (286).

Den Religionsunterricht erlebte Frau (GMm/6) in der Kindheit "mit Widerwillen" (290). Den Pfarrer empfand das Arbeiterkind "so von oben herab". Er habe sich "in die Kinder nicht so einfühlen können" und "uns immer soviel aufgegeben". Dabei gibt Frau (GMm/6) zu Bedenken, daß sie einen sehr weiten Schulweg damals hatte: im Winter war auch nachmittags Schule und so war es "finster wie wir in die Schule gegangen sind und finster, wie wir wieder heimgekommen sind". Trotzdem hat sie "schon mitgetan, weil ja schon die Mama dahinter war, daß wir gelernt haben, gell."

Ihre Gottesvorstellung in der Kindheit beschreibt Frau (GMm/6) so: "Ja, so ein Mensch, dem man alles sagen kann, gell, dem man alles anvertrauen kann, als, als Mann, als Mann, gell." (303). Dabei hat sie Gott gegenüber "schon ein gutes" Gefühl gehabt, auch wenn sie manchmal "ein schlechtes Gewissen" hatte, weil sie nicht gebetet hat (306).

Nach der Geburt ihrer Tochter 1935 kümmerte sich vorwiegend die Mutter von Frau (GMm/6) um das Kind. Im Hinblick auf Sauberkeit sagt Frau (GMm/6) von sich selbst: "Ich war auch schon eine Wilde. Ich hab immer gewienert und geputzt und getan." (354) Als Köchin war Frau (GMm/6) "oft monatelang nicht heimgekommen" (424). So kann sie sich auch nicht an Gespräche über Religion mit ihrer Tochter erinnern, sondern es war die Oma, die für die religiöse Erziehung des Kindes zuständig war. Die Oma war "auch schon streng" (414) und die Tochter hatte "auch ihre Flausen" (415). Von ihrer Tochter sagt Frau (GMm/6), sie sei eine "schwierige Passion, äh Person" (416) gewesen. Von anderen Verwandten ist bei Frau (GMm/6) wenig die Rede. Sie erzählt, Kontakte zu Arbeitskollegen, zur Nachbarin und zu einer schlesischen Familie gehabt zu haben. Die beiden verheirateten Brüder werden nur gelegentlich erwähnt. Nach 1945 hatte Frau (GMm/6) eine große Auseinandersetzung mit der Frau des jüngeren Bruders, weil diese Schwägerin Frau (GMm/6) aus der Fabrikwohnung ihres Vaters herausbekommen wollte. Um dies abzuwehren, gab dann Frau (GMm/6) auf Anraten des Betriebsrates ihren Beruf als Köchin auf und begann in der Fabrik zu arbeiten. So konnte sie sich das Anrecht auf die Wohnung erhalten.

Weihnachten (389-401) feierte Frau (GMm/6) mit ihrer Mutter und der Tochter "auch so, wie es die Mama gemacht hat, gell". Wieder gab es "Schweinebraten und Kartoffelbrei und Sauerkraut" und Geschenke, auch wenn "man nicht soviel Geld gehabt" hat. Die Weihnachtsgeschichte wurde allerdings, anders als noch in der Kindheit von Frau (GMm/6), in der Familie nicht mehr gelesen.

Hatte also die Erziehung ihrer Tochter im wesentlichen die Mutter von Frau (GMm/6) übernommen, so kümmerte sich Frau (GMm/6) später um ihr Enkelkind, das 1954 geboren wurde. Während die inzwischen verheiratete Tochter in einer Großstadt in einer Fabrik arbeiten ging, blieb das Enkelkind bei Frau (GMm/6) und ihrer Mutter. Sie brachte dem Kind das Beten bei (176-178), genauso wie sie später auch mit ihrer Urenkelin betete, die ebenfalls einige Zeit nach dem Tod der Mutter bei ihr lebte. Frau (GMm/6) sagt, daß sie selbst heute noch "alle Abende" und "in der Früh" (218) betet. Gott ist für sie "immer noch der Mann, dem ich alles sagen kann" (412). An eine biblische Geschichte, die ihr etwas besonderes bedeutet, kann sie sich nicht mehr erinnern: "Mei, da weiß ich gar nichts mehr." (410). Auch Kontakte zur Kirchengemeinde hat sie in späteren Jahren keine gewonnen: "Mei, da hab ich eigentlich weniger da mit, da mitgetan" (385). Wichtig ist es ihr aber, anderen Menschen zu helfen: "ich bin sonst so auch hilfsbereit und habe geholfen und getan, wo ich konnte und noch, gell, da kann kein Mensch was sagen. Ich hätte auch das letzte hergegeben, gell." (307). Auch ein bißchen stolz erzählt sie davon, daß der Bürgermeister ihr einen "so schönen Brief geschrieben" (315) habe, weil sie ihre Mutter so lange gepflegt und "nicht in ein Heim gesteckt" (317) hat. Ihre Kraft, trotz Krankheit und Alter sich auch noch um das Kind ihrer verstorbenen Enkelin zu kümmern, erklärt sie so: "weil das eiserne 'Muß' dafür steht, sonst fällt es mir auch schwer." (364)

Heute verbringt sie "immer schöne Weihnachten bei meiner Tochter" (447), wobei die Höhepunkte des Festes aus Abendessen, Bescherung und Punsch bestehen. Am ersten Weihnachtsfeiertag lädt sie dann zum Essen ein. Inzwischen kocht sie allerdings nicht mehr selber, sondern geht mit ihrer Tochter und dem Schwiegersohn ins Restaurant. Weihnachten und Familie, das gehört für Frau (GMm/6) eng zusammen.

Bei der Vorlage von Bildern zum Thema "Das Leben ist wie..." sagt sie schließlich: "Bunt, kunterbunt ist das Leben, ja. Und aufregend. Anstrengend, arbeitsam, arbeitsreich muß ich sagen" (483). Am besten allerdings paßt für Frau (GMm/6) "arbeitsreich" (487).

d) Die Religiosität von Frau (GMm/6)

Für die Religiosität in der Kindheit von Frau (GMm/6) ist zunächst einmal das Leben als evangelisch-schlesische Familie in einem Teil Bayerns, der damals fast ausschließlich katholisch besiedelt war, prägend gewesen. Das bedeutete nicht nur die Trennung von der Verwandtschaft, sondern auch die Isolation von für das Dorfleben wichtigen sozialen Kontaktstellen wie dem sonntäglichen Gottesdienst. Von daher wurde der acht Kilometer entfernte evangelische Gottesdienst für die Familie zum wichtigen sozialen Ersatzort. In diesem Zusammenhang ist es wohl zu sehen, wenn Frau (GMm/6) die Christlichkeit ihrer Mutter am regelmäßigen Kirchgang festmacht. Das Einhalten dieser und anderer Riten wurde für die schlesische Familie schon aus sozialen Gründen bedeutsam.

Frau (GMm/6) hat an diesem Verhalten ihrer Mutter partizipiert, wenngleich sie den Pfarrer als "von oben herab" und den Religionsunterricht als enorme zusätzliche Belastung zur Schule erlebte. Daß auch hier der Klassenunterschied zwischen Arbeiterkind und den sich üblicherweise zur höheren Mittelschicht rechnenden Pfarrern eine Rolle spielte, kann mit guten Gründen vermutet werden. Das hinderte sie aber nicht, unterstützt vom Druck durch die Mutter, den Verhaltenserwartungen der Institution weithin zu entsprechen.

Ihre Gottesvorstellung, die sie übrigens für die Kindheit ebenso wie für ihr späteres Leben genau gleich formuliert, ist dagegen deutlich familiär geprägt: Gott ist der "Mann, dem man alles sagen kann". Das gelegentlich "schlechte Gewissen" gegenüber Gott bezieht sich dann wieder auf rituelles Handeln: dem Vergessen des regelmäßigen Betens. Das Beten als Ritus spielt auch die herausragende Rolle in dem, was Frau (GMm/6) von der religiösen Erziehung erzählt, die sie selbst an den beiden Enkelinnen und der Urenkelin geübt hat.

In Kindheit wie Erwachsenenalter zeigt sich, daß die Kirche als Institution zwar in Bezug zu dieser Religiosität steht, aber dies stets in der Perspektive konkreter Handlungen. Die abstrakte Auseinandersetzung mit institutionell vermittelten christlich-dogmatischen Inhalten spielt keine Rolle, wohl aber die Frage nach dem richtigen Verhalten, wie es sich nicht nur an der Bedeutung der Riten ablesen läßt. So war im arbeitsreichen Leben der Frau (GMm/6) auch die gegenseitige konkrete Hilfeleistung von besonderer Bedeutung. Daß sie die Bedeutung dieses Handelns gleichrangig mit den religiösen Riten einstuft, ergibt sich aus folgender Sequenz: "Manchmal habe ich ein schlechtes Gewissen gehabt, wenn ich nicht gebetet habe, aber ich bin sonst so auch hilfsbereit und habe geholfen und getan, wo ich konnte und noch, gell, da kann kein Mensch was sagen." (306). Die mangelnde Einhaltung des Gebetsritus wird hier also mit dem hilfreichen Handeln aufgewogen. Die Religiosität von Frau (GMm/6) hat damit eine stark handlungsbezogene Komponente, die nicht zuletzt von einer inneren Disziplinierung gespeist wurde: "Da hat oft seine Mutter gesagt, daß du das nur so schaffst, ja, sage ich, weil das eiserne 'Muß' dafür steht, sonst fällt es mir auch schwer." (363).

2. Analyse der Mutter

a) Vorbemerkung

Frau (M/6) wurde 1935 als erstes und einziges Kind ihrer ledigen Mutter geboren. Sie verbrachte ihre Kindheit auf einem oberbayerischen Dorf, um dann nach dem Schulbesuch in einer Fabrik in einer Großstadt zu arbeiten. Nach der Heirat mit einem katholischen Mann wurde die erste Tochter 1954 geboren, die zweite 1965. 1983 verstarb die ältere Tochter. Frau (M/6) arbeitet heute im Magazin einer großen Firma und lebt mit ihrem Mann in einer Mietwohnung, ganz in der Nähe der Wohnung ihrer Mutter. Im gleichen Haus wohnt auch die zweite Tochter mit ihrer Familie.

b) Analyse der Bildsequenz

Das erste Bild erinnert Frau (M/6) an ihre Kindheit: "wie wir als Kind immer gespielt haben und rumgelaufen sind"

Eine Erinnerung aus der Schulzeit verbindet sie mit dem nächsten Bild, das "anstellen müssen" in der Schule.

Dieses Foto verbindet Frau (M/6) mit ihrer "Oma, wenn sie so alleine gesessen ist"

Auf dem Bild sieht sie sich selbst bei ihrer Konfirmation.

Dieses Bild hängt für Frau (M/6) mit der Kindergartenzeit ihrer zweiten Tochter zusammen.

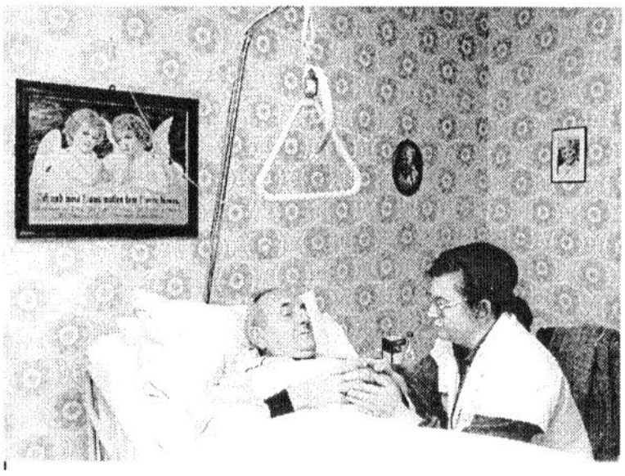

Das Bild eines Kranken im Bett verbindet sie mit der kranken Großmutter.

Das abgebildete Grab auf diesem Bild ist für Frau (M/6) das Grab ihrer verstorbenen Tochter.

Das nächste Bild verbindet sie schließlich mit ihrer Enkelin und der Zeit, in der die Enkelin bei ihr war. Allerdings war das Kind nur tagsüber bei ihr, sie haben also nicht abends zusammen gebetet.

Zusammenfassung: Frau (M/6) wählt Bilder aus, mit denen sie Stationen ihres gesamten Lebenslaufs benennt: Kindheit, Schulzeit, Großmutter, Konfirmation, eigene Kinder, Tod der Tochter, Enkelin. Der Schwerpunkt ihrer Auswahl liegt deutlich auf der Familie. An Institutionen spielen dabei Schule, Kirche und Kindergarten (Tochter) eine Rolle, allerdings ausschließlich im Zusammenhang mit Kindheit und Jugend. Aus der Berufswelt wird von Frau (M/6) kein Bild ausgewählt. Auffallend ist, daß Frau (M/6) nur von Frauen spricht, wobei sie zwar zweimal die Großmutter, nicht aber ihre Mutter erwähnt.

Ihre Aussagen zu den Bildern sind knapp, bestehen oft nur aus einem Halbsatz. Die Bilder werden von ihr mit konkreten Situationen verbunden, die sie benennt ohne dies in eine Erzählung überzuführen. Neben dieser, durch die Verbindung mit Situationen erfolgten Betitelung der Bilder, äußert sie kein einziges Mal eine Wertung zu den angesprochenen Situationen. Ebenso behält sie für sich, welche Gefühle die Bilder bei ihr auslösen. In Zeile 29/30 etwa lautet die Aussage: "Das, wo meine Tochter gestorben ist." Zugleich zeigt dies aber auch, daß sie an ihrem Erleben innerlich sehr wohl Anteil nehmen kann. Hier von Verdrängung zu sprechen, wäre vorschnell, denn dann hätte sie wohl das Bild gar nicht "angefaßt", oder es mit einer allgemeinen Friedhofsszene verbunden. Sie spricht aber von "meiner Tochter". Sie ist sich der persönlichen Bedeutung ihrer Erlebnisse also durchaus bewußt, sieht aber keinerlei Veranlassung, dies jetzt nach außen zu tragen. Vielleicht wartet sie noch ab, wie sich das Gespräch mit dem Interviewer entwickelt, vielleicht entspricht es auch einfach nicht ihrer Alltagskommunikation, Gefühle in besonderer Art und Weise zu äußern.

c) Systematische Analyse des Fragenteils

Frau (M/6) wächst zusammen mit ihrer Mutter und Großmutter auf dem Dorf auf. Im Haus wohnt auch noch die ersten Jahre der bis nach dem 2. Weltkrieg unverheiratete Bruder von Frau (GMm/6). Die Kontakte der Familie beschränkten sich im wesentlichen auf die Nachbarn im Wohnhaus, von dem Frau (M/6) sagt, es "war ein bißchen abseits von der Ortschaft" (126-130).

Es war vor allem die Großmutter, die Frau (M/6) in der Kindheit beeindruckt hat, weil sie "für alles so Verständnis gehabt" (91) hat. Dagegen konnte sie zu ihrer durch den Beruf häufig abwesenden Mutter "kein Verhältnis" aufbauen (224). Dies gilt für sie heute noch: "Ich akzeptiere sie, weil sie meine Mutter ist, aber sonst nichts, da war die Oma." (141 f.). Sie erzählt, daß die Mutter viel Wert auf Sauberkeit gelegt hat. Das ging für Frau (M/6) hin bis zu verletzenden Erfahrungen mit ihrer Mutter: "Dann lag sie da mit Lungenentzündung, nein Rippenfellentzündung war es, da habe ich die ganze Wohnung geputzt, aber auf die Knie eingeweicht, wie es früher gewesen ist, die Schränke weggeputzt. Und wie ich fertig war, dann ist sie aufgestanden und hat von vorne angefangen." (135-139). "Sauberkeit" und "Ehrlichkeit" galten in der Familie als wichtigste Normen: "Ja, Sauberkeit ist bei uns, also Wahnsinn, das war das erste Gebot. Ehrlichkeit und Sauberkeit." (147). Dagegen erinnert sich Frau (M/6) nicht daran, an Entscheidungen in der Kindheit beteiligt gewesen zu sein: da wurde "nie drüber geredet" (152).

In der Familie gab es kein Gebet bei Tisch oder am Abend, "außer man hat selbst gebetet, das habe ich schon getan" (85). Abends im Bett betete Frau (M/6) z.B. das Kindergebet "Ich bin klein, mein Herz ist rein..." (88). Dagegen war der sonntägliche Gang in den Gottesdienst auch für sie Pflicht. Sie ging dann, "weil man muß" (120), in den Kindergottesdienst, der ihr manchmal gut, und "manchmal nicht so gut" (124) gefallen hat. Dieses "muß" des Kirchgangs galt auch an Weihnachten, wo sie als Kind vor der Bescherung hingehen mußte. Eindrücklicher ist ihr allerdings noch die Erinnerung, daß am Tag vor dem Heiligen Abend regelmäßig im Wald ein "Christbaum geklaut" wurde, was damals dort "so gang und gäbe" war (73).

Der Religionsunterricht war für Frau (M/6) mit einer Diskriminierung verbunden: "Wenn die Katholischen Religion gehabt haben, mußten wir raus." (95). Daran erinnert sie sich noch gut, auch wenn dies alles ansonsten "verdammt lang her" (95) für sie ist. Statt Unterricht haben sie dann "im Schulhof die Obstbäume leer gemacht" (96). Die drei evangelischen Mädchen in der Klasse wurden "irgendwie nachmittag, außer der Schulzeit" in Religion unterrichtet. Sie erinnert sich noch an das Auswendiglernen, an das Geschichten erzählen und daran "daß wir immer was aufgehabt haben" (101). Auch das Religionsbuch mit den "bunten Bildern" (108) ist in ihrer Erinnerung gut haften geblieben. Da waren "die Geschichten drin, ja praktisch vom Anfang, wie Jesus geboren ist, dann der verlorene Sohn war drin und alles, was halt so zur Religion gehört, aber irgendwie mit bunten Bildern dargestellt, nicht so nüchtern, wie es heute ist." (106).

Ein katholischer Pfarrer aus dieser Zeit ist ihr noch ganz besonders in Erinnerung: "Ich werde nie vergessen, als Kind, da hatten wir draußen einen katholischen Pfarrer, und bei dem sind wir auch in die Religion gegangen, der hat uns nicht hinausgeschickt." (323). Dieser Pfarrer hat sie sehr beeindruckt, nicht nur dadurch, daß er den Kindern geraten hat, Blumen für eine Prozession zu stehlen, ohne sich dabei erwischen zu lassen, sondern vor allem weil er "sich ein bißchen mit der Bevölkerung und der Jugend abgegeben" (336) hat, indem er z.B. auch mit der katholischen Jugend zum Skifahren fuhr. Gerade in seinem Fall mußte sie aber erleben, wie sich "Intrigen" (337) um seine Person rankten, weil er "diesen Betschwestern nicht gepaßt hat" (332), so daß er schließlich versetzt wurde. Noch heute sagt sie, daß sie diesen Pfarrer "nie vergessen" (324) werde und hält die Vorgänge um ihn typisch für die katholische Kirche.

Als sie selbst konfirmiert werden sollte, war dafür ein Pfarrer vorgesehen, den sie als "ganz alten Pfarrer" in Erinnerung hat, der den Jugendlichen als "so ein arroganter Mensch" erschien (47). Allerdings konnten sie durchsetzen, daß statt seiner der zweite Pfarrer sie konfirmierte: "Dann hat die ganze Klasse gesagt, entweder der Pfarrer (Name eines zweiten Pfarrers) konfirmiert uns, oder wir gehen gar nicht zur Konfirmation. Dann haben wir es durchgesetzt" (49). Vom Konfirmationsunterricht weiß sie noch, daß sie damals "ziemlich viel" zu lernen hatte. Dabei erinnert sie sich auch noch an eine "Biblische Geschichte", von der sie sagt: "die war irgendwie ganz anders als das heute ist, die war irgendwie viel ansprechender." (62)

Ihre Gottesvorstellung in der Kindheit bringt sie ebenfalls mit dem Religionsbuch in Verbindung. Demnach war Gott für sie so, "wie er da drin abgebildet gewesen ist. Und zwar ein älterer Mann mit einem grauen Bart, ein fester Mann und der hat da so eine Kutte umgehabt, so ohne Ärmel, so ein Ding und einen weißen Vollbart und graue Haare. Genau so." (111). Gott gegenüber hatte sie das Gefühl, "daß ich zu dem kommen kann und alles erzählen." (115).

Als sie selbst kleine Kinder hatte, war ihre Mutter, Frau (GMm/6), viel mit den Enkelinnen zusammen. Frau (M/6) erinnert sich, daß die ältere Tochter von Frau (GMm/6) "verwöhnt worden" ist, während sie die zweite "immer auf die Seite gestellt" (215) hatte, weil sie sie nicht mochte. Anders dagegen die Mutter von Frau (GMm/6), die "sie alle beide gleich gern gehabt" (215) hatte. Das Verhältnis von Frau (M/6) zur eigenen Mutter blieb auch dadurch weiter schlecht.

Frau (M/6) erzählt, sie habe "eigentlich nicht" (157) mit den beiden Töchtern über Religion gesprochen. Ihre Einstellung zur religiösen Erziehung umschreibt sie dann so: "ich kann ihnen bloß sagen, sie sollen in die Kirche gehen, gehen sie nicht, zwingen kann ich sie nicht." (157). Allerdings hätte sie die Kinder "nie über die Kirche oder über irgendjemand lästern" (164) lassen, sondern vertritt die Ansicht, "jeder muß so akzeptiert werden, wie er ist" (165). Dabei ist ihr auch "Ehrlichkeit" (166) wichtig. Konfrontiert mit der hypothetischen Frage, was sie getan hätte, wenn ihre Kinder zum Islam hätten übertreten wollen, antwortet sie: "Das hätte ich ihnen bestimmt ausgeredet, wenn es gegangen wäre." (169). Das wäre ihr dann "ein bißchen zuviel" (171) gewesen.

Heute, da nun auch die jüngere Tochter aus dem Haus ist, erlebt sie ihr Leben trotzdem noch als "Hektik" (260), auch deshalb, weil sich "immer alles bei mir abspielt" (247) in der Familie. Vor allem an Weihnachten ist ihr "der ganze Tumult, die ganze Arbeit" eigentlich zuviel, sodaß sie heute das Weihnachtsfest nicht gerne feiert. Demgegenüber hat Glücklich-Sein für sie viel mit Beruhigung zu tun (236).

Ihre heutige Einstellung zur Kirche ist von einer Reserviertheit geprägt, die sie so ausdrückt: "beten kann ich überall, da muß ich nicht in die Kirche gehen" (159). Damit wird also die eigene Religiosität als autonom von der Institution Kirche erklärt. Die Reserviertheit der Frau (M/6) gegenüber der Kirche resultiert auch daraus, daß sie an anderen Kirchenbesuchern wenig überzeugendes Verhalten wahrnimmt. Da ist zum einen die "Modenschau" des sonntäglichen Kirchgangs, die sie stört und zum andern denkt sie an eine Verwandte, von der sie sagt: "die ist jeden Tag in die Kirche, wenn's pressiert hat, zweimal. Aber sowas von einer bösen Frau wird es nicht noch einmal geben, wie die gewesen ist." (300). Eine Mitarbeit in der Kirchengemeinde kommt für sie darüberhinaus schon allein aus zeitlichen Gründen nicht in Frage: "ich komme abends von der Arbeit heim, und der Haushalt und alles drum und dran, also da bin ich ehrlich ausgelastet genug" (180). Einen Austritt aus der Kirche erwägt sie aber ebensowenig (308). Vielmehr legt sie Wert darauf, daß ihre Töchter und ihre Enkelin "konfirmiert" (310) worden sind.

Verstärkte Ressentiments hat Frau (M/6) immer noch gegenüber der katholischen Kirche. Ihr wirft sie vor, ein Schema zu haben, von dem man "ja nicht ein bißchen abweichen" (343) darf. Darüber hinaus lehnt sie das Zölibat und die "Ohrenbeichte" (344) ab. Sie findet, daß gerade die Ohrenbeichte bei Kindern etwa nur zum Lügen führt und ist der Meinung: "vergeben kann mir doch bloß der, der da oben, aber doch kein menschlicher Vertreter" (357). Die evangelische Praxis der gemeinsamen Beichte vor dem Abendmahl findet sie dagegen "gut" (351).

An der Bibel gefällt ihr besonders die Geschichte von David und Goliath, weil hier davon erzählt wird, "daß sich der Kleine nicht unterkriegen läßt vom Großen" (203). Seit ihrer Schulzeit kennt sie diese Geschichte und erinnert sich dann auch noch in Bruchstücken an den "verlorenen Sohn", sowie an die Josefsgeschichte.

Ihre Gottesvorstellung heute sieht sie "genau noch so" (209) wie früher. Auf Nachfrage, ob der Tod ihrer Tochter etwas an ihrem Verhältnis zu Gott geändert habe, sagt sie: "Na, manchmal habe ich schon gefragt, warum. Habe ich schon manchmal gefragt, aber er wird schon wissen, warum. Aber im Endeffekt ist es das gleiche wie vorher." (212) Auch wenn sie sich selbst also schwer getan hat, dem frühen Tod ihrer Tochter einen Sinn beizulegen, so vertraut sie an dieser Stelle doch darauf, daß es hierfür einen Sinn gibt, den "er" wenigstens weiß. Ihre Gottesbeziehung verhilft ihr somit, den Tod der Tochter als Teil eines sinnvollen Ganzen zu sehen.

d) Die Religiosität von Frau (M/6)

Im Hinblick auf ihre Kindheit erscheinen bei Frau (M/6) drei Faktoren von besonderer Bedeutung zu sein. Da ist zum ersten, daß Frau (M/6) ohne Vater bei ihrer Mutter und der Großmutter aufwuchs. Während sie zur Großmutter eine gute Beziehung aufbauen konnte, gelang dies zur Mutter nicht. Hier ist die Beziehung noch heute belastet.

Zweitens lernte sie durch die beiden Frauen eine Einstellung zur Kirche kennen, die geprägt war von ritueller Konvention gegenüber der Institution, wie es etwa am "muß" des sonntäglichen Kirchgangs deutlich wird. Frau (M/6) erzählt, daß sie sich dieser Institution gegenüber auch widerständig erwies, was durch den Konflikt um den Konfirmator belegt wird.

Schließlich war es drittens das Leben als Evangelische auf dem katholischen Dorf, wodurch Frau (M/6) in ihrer Religiosität geprägt wurde. Neben der Diskriminierung, das Klassenzimmer während des katholischen Religionsunterrichts verlassen zu müssen, war der Ersatzunterricht am Nachmittag eine zusätzliche Benachteiligung. Es unterstreicht noch das Erlebnis des Diskriminiertseins, daß Frau (M/6) den einen katholischen Pfarrer "nie vergessen wird", bei dem sie eben nicht das Klassenzimmer verlassen mußte.

Frau (M/6) erinnert sich nicht daran, als Kind gemeinsam mit der Familie ein Gebet gesprochen zu haben. Jedoch erzählt sie davon, alleine gebetet zu haben. Dieses Gebet im Stillen war ein Ort, wo sie gemäß ihrer Gottesvorstellung "alles erzählen" konnte. Die Formulierung "daß ich zu dem kommen kann und alles erzählen" (116) zeigt viel Vertrauen und wenig Angstanteile in ihrem Gottesbild, von dem sie sagt, daß es "ganz genauso" heute noch Gültigkeit für sie besitzt. Daß sie sich in ihrer Gottesvorstellung an ein Bild aus dem Religionsbuch hält, wonach Gott ein "fester Mann" war, hängt wohl weniger mit dem

Wunsch nach einem "Vater" zusammen, der im ganzen Interview auch nie geäußert wird. Es könnte vielmehr damit zusammenhängen, wie sie die Erwachsenen ihrer Umgebung - berufstätige Frauen - erlebte: wer körperlich hart arbeiten muß und mit einem grundsätzlich niedrigeren Frauenlohn eine Familie zu ernähren hat, der muß "fest" im Leben stehen.

Auch in ihrer heutigen Einstellung zur Kirche findet sich jene selbstverständliche Bindung zur Institution, wie sie es in den Kindertagen gelernt hatte. Ein Austritt aus der Kirche käme für Frau (M/6) nicht in Betracht. Weiter betont sie, daß sowohl ihre Kinder als auch das Enkelkind getauft und konfirmiert sind. Andererseits legt sie aber auch Wert auf die Selbständigkeit ihres Glaubens: zum Beten braucht sie keine Kirche. Berücksichtigt man, wie nah für Frau (M/6) Beten und Gottesbild zusammenhängen, dann wird diese Aussage in ihrem Gewicht noch deutlicher. Ihre Beziehung zu Gott ist für sie unabhängig von einer Beziehung zur Kirche. Warum sollte sie also ihre Kinder zum Kirchgang zwingen? Wenn sie dann auf die "Modenschau" im Sonntagsgottesdienst und auf das Verhalten häufiger Kirchgängerinnen kritisch zu sprechen kommt, dann wird deutlich, daß Frau (M/6) zwischen Kirche als Institution und Kirche als Sammelbegriff für die Menschen in der Gemeinde unterscheidet. Während die Institution der evangelischen Kirche weithin kritikfrei bleibt, findet sie, die ihr Leben lang in der Fabrik gearbeitet hat, zu den Menschen dort keinen Zugang. Die "Modenschau" steht deshalb auch für ihre Differenzerfahrung unterschiedlicher Lebenswelten, die sie im Bereich der Kirchengemeinde gemacht hat.

Mit der Vorstellung eines von der Kirche unabhängigen Gottesverhältnisses verbindet sich bei Frau (M/6) eine massive Kritik an der katholischen Kirche. Das Glaubensschema, von dem man nicht abweichen darf, der institutionelle Zwang zum Zölibat sowie die Ohrenbeichte und die damit einhergehende institutionelle Vermittlung der Vergebung durch den Beichtvater werden von ihr durchgehend auf dem Hintergrund eines (protestantischen) Subjektivitätsprinzips kritisiert: "Was kann mir, wenn ich einem Pfarrer das sage, was ich angestellt habe, der kann mir das doch nicht vergeben, oder? Ist doch auch bloß ein Mensch." (347). Vergeben kann eben nur "der da oben" (358), zu dem sie selber eine unmittelbare Beziehung hat.

Vielleicht steckt ja auch im Bild von David und Goliath etwas vom Verhältnis der Frau (M/6) zur Institution Kirche. Der "Kleine" läßt sich nicht unterkriegen vom "Großen", so wie sie es damals exemplarisch erlebt hatte, als sie mit dafür eintrat, daß nicht der erste, sondern der zweite Pfarrer sie konfirmiert. Dies war einer der Momente, wo aus der fremden Institution "ihre" Institution wurde.

3. Analyse des Vaters

a) Vorbemerkung

Herr (V/6) wurde 1935 als fünftes Kind, nach einer Tochter und drei Söhnen, geboren. 1941 stirbt sein Vater und wenige Monate danach wird noch der jüngste Bruder geboren. Die katholische Familie wird 1945 aus dem Sudetenland zwangsausgesiedelt und nach

Oberbayern gebracht. Hier lebt Herr (V/6) auf einem Dorf. Einer seiner älteren Brüder, der in der Familie die Vaterrolle übernommen hatte, stirbt durch einen Unfall, als Herr (V/6) in der Berufsschule ist. Nach der Heirat mit Frau (M/6) wird 1954 seine erste, 1965 seine zweite Tochter geboren. Die erste Tochter stirbt 1983. Herr (V/6) lebt heute in einer Großstadt und arbeitet in einer Fabrik als Montageschlosser.

b) Analyse der Bildsequenzen

Herr (V/6) wählt dies als erstes Bild. Es erinnert ihn an die Landschaft in seiner Kindheit, wo er "wirklich frei aufgewachsen" ist. Das Haus der Eltern lag "eineinhalb Kilometer auswärts von der Ortschaft", so daß er viel Zeit beim Spielen in der Natur verbrachte.

Auf die Frage nach Erlebnissen im Zusammenhang mit dem Krieg erzählt Herr (V/6) zunächst von Bomben, deren Abwurf er beobachtet hat und dann von einem Zug Gefangener aus einem Konzentrationslager, "wahrscheinlich nicht nur jüdische, sondern Deutsche, Polen", die im Winter an seinem Dorf vorbeikamen. Von früh bis abends konnte er die Menschen beobachten, die "in Viererreihen", mit "Lumpen um die Füße gewickelt" vorwärts getrieben wurden. Er erinnert sich auch noch daran, daß Erwachsene zu dem Zug gingen und dann erzählten, "daß da schon noch welche gelebt haben, die angeschossen waren, also nicht richtig erschossen, sondern so noch ein paar Stunden erlebt haben.".

Für ihn selbst waren dies "schreckliche" Erlebnisse. Herr (V/6) erzählt weiter, daß seine Mutter nach dem Tod des Vaters eine nationalsozialistische Frauenverbindung verließ, um sich besser den Kindern widmen zu können. Nach ihrem Austritt hat sich aber "niemand mehr gekümmert" um die Familie, obwohl es doch in der "Propaganda" hieß, Hitler sei "für die Kinder, für die Familien" da. Das war schon "schäbig", sagt Herr (V/6), zumal doch auch zwei ältere Brüder "draußen im Krieg waren und den Kopf hinhielten.". Herr (V/6) zieht daraus den Schluß, Hitler "war nicht nur ein Kriegsverbrecher, der war ein Betrüger, an der kleinsten Familie schon". Dies war dann sein "Leitsatz" (51) bei späteren Diskussionen um "das Für und Wider Hitler und so weiter".

Dieses Foto erinnert Herrn (V/6) "an die erste Tochter", die "auch so ein netter Kerl, brav" war. Auf das Nachtgebet hat man "schon drauf geschaut".

Das Bild weckt bei Herrn (V/6) Erinnerungen an die "Kriegszeit", in der er am "Kartoffelklauben" beteiligt war, um "ein bißchen was verdienen" zu können. Er erzählt von den Zuckerrüben, die man damals selbst in der Pfanne ausgelassen hat, um daraus Sirup zu machen.

Auch dieses Bild verbindet Herr (V/6) mit seiner ersten Tochter, erzählt dann aber, veranlaßt durch die Nachfrage, warum das Bild nicht zur zweiten Tochter passen würde, von den "verschiedenen Charakteren" der Geschwister. "Sie waren beide gut, aber jede in ihrer Art". Während die ältere "gutmütiger" war, beschreibt er die jüngere als "die frechere, also frech, aber lebhafter". Bei Streitigkeiten zwischen den beiden Mädchen war nach seiner Beobachtung "mehr eben die kleinere, die jüngere schuld".

Zu diesem Bild führt Herr (V/6) aus, daß er hier "mehr nach der jüngeren auch gehen" würde. Es war für ihn "nicht ungewöhnlich" sich auch um die Kinder zu kümmern. Von seinen Töchtern sagt er, sie "waren also beide leicht zum Erziehen, leicht. Sie waren leicht zum Führen". Schwierigkeiten in der Erziehung der Töchter gab es "kaum": "wenn sie mal aufbegehrt haben oder irgendwas, dann hat man sie leicht wieder in die richtige Richtung" bringen können.

Das Bild stellt für Herrn (V/6) eine Szene dar, die er wieder mit der älteren Tochter in Verbindung bringt. Mit ihrem ehemaligen Freund, zu dem die Verbindung später wieder gelöst wurde, hat die Familie "Riesen-Ausflüge" gemacht.

Die Mutter von Frau (GMm/6) assoziiert Herr (V/6) mit diesem Foto. Von ihr sagt er, sie war "eine seelensgute Frau" und "verständnisvoll, sagenhaft". Demgegenüber kam es zwischen Frau (GMm/6) und ihrer Tochter, Frau (M/6), immer wieder zu "Spannungen", in denen Herr (V/6) "dann wieder vermittelt" hatte.

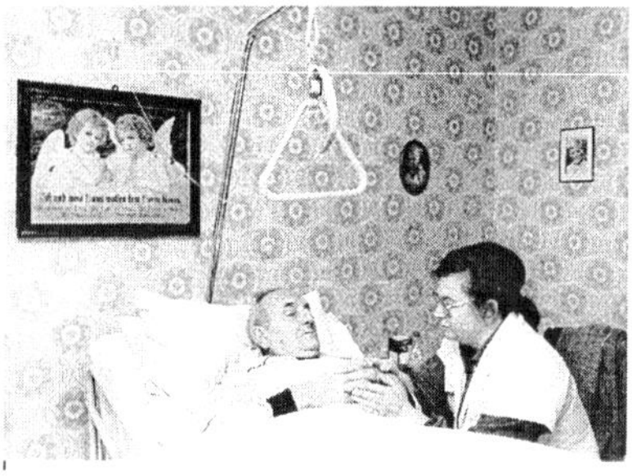

Zu diesem Bild erzählt Herr (V/6) etwas von seinem "älteren Bruder", bei dem er mehrere Krankenbesuche machte, bis dieser vor zwei Jahren starb: "Die letzten Tage war ich öfters mit der Schwägerin drin und äh.".

Die Szene vor einem Grab verbindet Herr (V/6) mit Verwandten, "Tante und Onkel von hier", mit denen die Familie "sehr gut ausgekommen" ist und man auch "viel Kontakt" zueinander hatte.

Die hier zu sehenden Kinder erinnern Herrn (V/6) an seine Kinder in der Schule bzw. im Kindergarten: "daß man ihnen zugeschaut hat, daß man sie abgeholt hat, aber sonst könnte ich dazu nichts sagen."

Die Fotos auf diesem Bild erinnern Herrn (V/6) an eine ähnliche Gedenk-Ecke in der Wohnung der verstorbenen Tante. Er erzählt von einem Kriegs-Erlebnis seiner Frau, von dem er sagt, "das könne man jetzt schon bald spirituell oder irgendwie" verstehen. "Irgendetwas" fiel herunter und kündete dadurch "die Heimkehr" eines Verwandten an. Im Hinblick auf die aufgestellten Soldaten-Fotos im ausgewählten Bild sagt er, daß er in seiner eigenen Herkunftsfamilie sich "eigentlich bloß an Zivilaufnahmen erinnern" kann. Der jüngste seiner drei älteren Brüder war "in Wien bei der Flak", und durfte deshalb nicht "über Wien hinaus".

Die nächsten zwei Bilder verbindet Herr (V/6) mit einem Gefangenenlager, in dem seine Mutter nach Kriegsende eingesperrt war. "Der Russe" und "der Tscheche" hatten "Akten und das alles gefunden" über die Mitgliedschaft der Mutter bei einer NS-Verbindung. Eines Tages, als die Mutter mit den Kindern auf dem Feld war, "da ist Mutter vom Feld weg abgeführt worden". Die Familie wurde "zwangsausgesiedelt" und kam in ein Transport-Lager. Von hier aus wurden die Menschen dann in Viehwaggons gesteckt, "dreißig Leute rein, ob da die Kinder im nächsten oder im vorderen waren, das hat gar nicht interessiert". Im Lager hat er zusammen mit seinen Geschwistern überlegt, "ob die Mutter noch rechtzeitig ins Lager kommt, damit sie mit rauskommt". Einmal hat er die Mutter im Gefangenen-Lager von weitem gesehen. Die Frauen hatten da "auch exerzieren müssen und gerade gehen müssen wie die Soldaten".

Das Weihnachtsfest wird hier von Herrn (V/6) noch erwähnt und er erzählt von den Semmeln, die mit Mohn und Butter überbrüht waren, von einer einfachen Suppe und davon, daß es Fleisch an Weihnachten erst gegeben hat, "nachdem wir in der Kirche waren".

Auch dieses Bild gehört zu den Erinnerungen aus der Kriegszeit. Herr (V/6) erzählt davon, wie die Familie versuchte, vor den "Russen" zu fliehen und dabei durch Ortschaften kam, in denen bereits die ehemaligen nationalsozialistischen Bürgermeister aufgehängt waren: "haben es immer wieder gesehen, da haben sie die Hakenkreuzfahne, sehe ich heute noch". Und er erinnert sich noch einmal an den Zug der Gefangenen aus dem Konzentrationslager durch sein Dorf: "da ist es immer wieder passiert, daß Frauen oder was jemandem im Schnee ein Stück Brot zugesteckt haben, also, da ist man sofort geschlagen worden, das hat man gesehen und miterlebt."

Zusammenfassung: Die von Herrn (V/6) ausgewählten Bilder verteilen sich gleichmäßig auf drei große Themenblöcke: Kindheit und Krieg; die eigenen Kinder; Verwandtschaft.

Das Thema Arbeit oder Beruf spielt dabei ebensowenig eine Rolle, wie soziale Beziehungen außerhalb des Verwandtschaftskreises.

Im ersten Themenblock, Kindheit und Krieg, wird einerseits die Kindheit als besonders frei beschrieben, andererseits ergeben sich dann durch die Kriegsereignisse Aussagen zu Tod, Gefangenschaft und die Zwangsaussiedelung. Im Vordergrund dieser Erfahrungen aus der Kindheit steht die Bedrohung seiner Familie. Mehr so nebenbei wird im Zusammenhang mit dem Weihnachtsfest auch der obligatorische Kirchgang erwähnt.

Im zweiten Themenblock, der sich um die eigenen Kinder dreht, ist die besondere Nähe des Vaters zu den kleinen Kindern deutlich zu spüren, wobei Herr (V/6) seiner älteren Tochter näher stand als der jüngeren. Die Spannungen zwischen und mit den Töchtern werden erwähnt, freilich stets im Zusammenhang mit der Versicherung, keine ernsthaften Probleme mit den Kindern gehabt zu haben. Die Erziehung wird von ihm als ein leichtes Führen beschrieben, das er auch bei gelegentlichem "Aufbegehren" der Kinder durchhalten konnte. Wiederum eher nebenbei wird ein Hinweis zum Nachtgebet mit den Kindern gegeben.

Der dritte und letzte Themenblock befaßt sich mit verschiedenen Verwandten. Die Rolle von Herrn (V/6) als Vermittler bei Spannungen zwischen seiner Ehefrau und seiner Schwiegermutter wird deutlich. Er erzählt von Krankenbesuchen bei seinem Bruder bis zu dessen Tod und schließlich von den guten Kontakten zu "Onkel und Tante hier". Herr (V/6) erscheint hier als jemand, der um gute Beziehungen im Verwandtschaftskreis bemüht war und dabei wohl häufiger in der Situation gewesen ist, Konflikte zu schlichten, statt sie mit zu veranlassen.

c) Analyse des systematischen Fragenteils

Die Erinnerungen von Herrn (V/6) setzen im wesentlichen erst mit Kriegsende ein. Das Einleben in Bayern war für die zwangsausgesiedelte Familie "schon schwierig" (538), wurde man doch in Bayern nicht "mit offenen Armen empfangen" (541).

Weihnachten wurde in diesen ersten Jahren nach dem Krieg in schlichter Weise gefeiert. Herr (V/6) spricht davon, daß es da "schon traurige Weihnachten" (400) gegeben hat, auch wenn "recht schön gefeiert worden ist". Geschenke hat es in dieser Zeit "gar nicht gegeben", Weihnachten war damals für Herrn (V/6) stärker auf "Christi Geburt und das ganze" (403) bezogen.

In diesen Jahren nach dem Krieg hatte einer der älteren Brüder die Rolle des Familienoberhaupts übernommen. Herr (V/6) hat diesen zwölf Jahre älteren Bruder sehr verehrt und ihn "als Vater akzeptiert" (462). Dieser Bruder hat "mit einem, einem gewissen Druck" versucht, seine Geschwister zum Kirchgang zu bewegen: "da hat es kein Kino gegeben ohne Kirche" (417). Ein "sanfter, aber schon gezielter" (420) Druck war das, den die Geschwister akzeptierten. Herr (V/6) sagt, daß er sich mit dem Bruder "sehr gut verstanden" (423) und viel mit ihm unternommen hatte. Auf "Kontrollen" zur Sauberkeit hat der "Bruder schon Wert" (509) gelegt, ebenso wie er für Entscheidungen in der Familie zuständig war. Herr (V/6) betont dabei, "daß da wirklich korrekt entschieden worden ist." (513). Als der Bruder einige Jahre später bei einem Verkehrsunfall ums Leben kam und der Pfarrer im Religionsunterricht der Berufsschule Andeutungen machte, der Bruder wäre "mit dem Teufel im Bund" (569) gewesen, hat Herr (V/6) den Pfarrer "dann zur Rede gestellt" (570) und "sofort den Religionsunterricht verlassen" (574). Den Pfarrer hat er "nicht mehr sehen wollen" (576). Da der Bruder ansonsten in der Ortschaft sehr beliebt gewesen war, gab es eine Beerdigung, die der Ort "zehn Jahre vorher und zehn Jahre nachher" (443) nicht gesehen hatte.

Ein Tischgebet gab es zu Hause nicht, wohl aber "in jedem Fall" (450) ein Nachtgebet. Herr (V/6) erinnert sich, dabei "die üblichen Kindergebete" (452) mit der großen Schwester gebetet zu haben. Dabei war folgendes üblich: "wenn man gebetet hat, dann gibt es vielleicht noch ein kleines Geschichterl zum Vorlesen oder irgendwas erzählen" (456). Dies will er "nicht gerade als Schema bezeichnen" (458), wohl aber als einen bestimmten Rhythmus, in dem "man drin" (459) gewesen war.

Auch der Kirchgang gehörte für Herrn (V/6) in seiner Kindheit zu den Gegebenheiten, von denen er sagt, "das war einfach schon von der Schule her, wir sind da so reingewachsen, das hat es einfach nicht anders gegeben" (434). Fehlte man trotzdem einmal, dann wurde "also schon das Elternhaus angesprochen", was "dann schon Folgen" (474) hatte. Kirche, und auch der vom Pfarrer gehaltene Religionsunterricht, waren damit etwas, was man "nicht übermäßig gern" (478), wohl aber "unter sanftem Druck" in steter Regelmäßigkeit besucht hat.

Herr (V/6) hatte in der Kindheit Gott gegenüber "schon ein gutes Gefühl", welches er in Zusammenhang bringt damit, "daß ich schon was Rechtes tu" (493). Die in der Familie geübte Religiosität ist für ihn "ein guter Mittelweg" gewesen, ohne daß man "streng religiös" (659) war.

Mit seinen eigenen beiden Töchtern hat Herr (V/6) anläßlich von "Feierlichkeiten" (522) wie der Konfirmation über religiöse Dinge gesprochen, während es "im Alltag eigentlich weniger" (5230) dazu kam. Der katholische Vater war damit einverstanden, daß seine Töchter evangelisch getauft werden, denn "die Kinder sollen in dem Glauben erzogen werden wie die Frau, weil sie ja doch mehr um die Kinder und mehr, also das war von vornherein festgestanden." (559). Einen hypothetischen Übertritt zum Islam hätte er bei seinen Kindern zu verhindern versucht, solange er "einigermaßen einen Einfluß darauf, und der war nicht gering", (530) hatte.

Die Kirchengemeinde versteht Herr (V/6) als "eine Familie im größeren Sinne" (534), wobei er selbst "zu 95 Prozent" (563) zur evangelischen Kirche hin orientiert ist. Hierzu hat auch das oben geschilderte Erlebnis in der Berufsschule beigetragen. Inzwischen hat er auch öfters am evangelischen Abendmahl teilgenommen, was er sich anfangs "nicht so recht getraut" (550) hatte.

Gott ist für ihn heute "im Himmel" und "eigentlich, der er immer war" (583). Auf die Frage, was er seinen Kindern zu Jesus Christus sagen könnte, antwortet er: "das weiß ich selber nicht" (592). Manchmal betet er, wobei sich Bitten und Danken im Gebet je nach den "Höhen und Tiefen" (601) im Leben richten.

d) Die Religiosität von Herrn (V/6)

Die katholische Herkunftsfamilie von Herrn (V/6) pflegte nach seinen Aussagen in religiösen Angelegenheiten einen "guten Mittelweg". Deutlich ist dabei, wie die institutionelle Bindung an die Kirche im Vordergrund steht und mittels eines "sanften Drucks" auch bei den Kindern aufrecht erhalten wurde. Kennzeichnend hierfür sind folgende Strukturen: da gibt es keine Geschichte ohne Nachtgebet und kein Kino ohne Kirchgang. Wie sehr sich die kirchliche Bindung hier auch mit einer Disziplinierung verband, zeigt sich am überwachten Kirchgang durch den "strengen Pfarrer" und seinen Rückmeldungen an das Elternhaus. Von daher verwundert es nicht, daß die wenigen Aussagen von Herrn (V/6) zu seinem Gottesverständnis in der Kindheit ebenfalls geprägt sind von Überlegungen zum rechten Handeln. Daß dabei die schwierige Neuansiedelung in Bayern das Bemühen um rechtes Tun gegenüber der Institution Kirche auch am neuen Wohnort zunächst forciert hat, ist nachvollziehbar. Vielleicht ließen sich auch die gemachten bedrohlichen Erfahrungen durch die Kriegsereignisse auf dem Wege über streng ritualisiertes Handeln auffangen.

Sieht man einmal von der Kritik am strengen Pfarrer in der Kindheit ab, die die Selbstverständlichkeit von Kirche noch nicht in Frage stellte, so ergibt sich erst durch das Ereignis in der Berufsschule eine deutlich sichtbar werdende Distanz zur Kirche. Aufgrund von Anspielungen des Pfarrers tritt Herr (V/6) aus dem Religionsunterricht aus. Die Heirat mit einer evangelischen Frau sowie das Aufwachsen der Kinder in der evangelischen Kirche verstärkte die Distanz soweit, daß Herr (V/6) heute von sich sagt, zu 95% schon evangelisch zu sein und auch schon am evangelischen Abendmahl teilnahm. In der Erziehung seiner Kinder spielte wiederum der "sanfte Druck" eine entscheidende Rolle. Allerdings wiederholt Herr (V/6), soweit ersichtlich, nicht die disziplinierende religiöse Erziehung der eigenen Kindheit bei seinen Kindern.

Insgesamt ist die Aktivität im kirchlichen Bereich von Herrn (V/6) heute gering. Gleichwohl ist er nicht aus der Kirche ausgetreten und ein hypothetischer Austritt seiner Kinder aus dem Christentum wäre ihm nicht egal gewesen. Das Interesse an dogmatischen Fragen ist bei ihm nach wie vor wenig ausgeprägt. Religiosität ist hier weniger Ausdruck der Individualität als vielmehr Bindung an eine Institution, deren Existenz, trotz aller Distanzerfahrungen, von Herrn (V/6) grundsätzlich nicht in Frage gestellt wird.

4. Analyse des 2. Kindes (Tochter)

a) Vorbemerkung

Frau (2T/6) wurde 1965 in einer süddeutschen Großstadt als zweites Kind geboren. Ihre große Schwester war elf Jahre älter als sie. Da beide Eltern berufstätig waren, lebte Frau (2T/6) jahrelang tagsüber bei der Großmutter. Als sie 17 Jahre alt war, starb ihre Schwester. Ein Jahr später, 1985, lernte sie ihren zukünftigen Mann und dessen damals vier Jahre alte Tochter kennen und zog bald zu ihm. Die Heirat erfolgte dann 1990. Frau (2T/6) besuchte die Realschule und arbeitet heute im Geschäft ihres Mannes mit. Sie wohnt mit ihrer Familie im selben Mietshaus wie die Eltern.

Das erste ausgewählte Foto ordnet Frau (2T/6) ihrer Kindheit zu. Sie sieht sich selbst als Kind auf diesem Bild und sagt, sie war damals "mehr oder weniger ziemlich alleine". Mit anderen Kindern spielen mochte sie "eigentlich nie". Deshalb sagt das Foto für sie "eigentlich sehr viel aus", weil sie "eben weiß, wie das ist." Sie betont, dies "nicht anders gewollt" zu haben. Auf Nachfrage erzählt sie, "direkt hier geboren" zu sein und vielleicht das ganze Leben hier hängen zu bleiben.

Das zweite Bild erinnert Frau (2T/6) an ihre "Schulzeit" oder an den "Hort". Sie sagt, es "ist halt auch schön für Kinder, in der Gruppe zu sein" und hält es für "das schlimmste", "als Schlüsselkind alleine zu Hause" zu sitzen. Da ihre Eltern berufstätig waren, war sie in der Hauptschul- und Realschulzeit regelmäßig von halb zwei "auf sich allein gestellt bis um vier, halb fünf". Dies hält sie heute für "nicht so ideal", meint aber, daß es sich "in unserer Gesellschaft nicht mehr anders da eigentlich fast" realisieren läßt.

Das dritte ausgewählte Bild erinnert Frau (2T/6) an ihre Konfirmation. Sie ist heute noch begeistert von dem damaligen Pfarrer, den sie "sehr, sehr viele Jahre" kannte. Bei ihm war sie "sehr gerne dort" und verbindet ihn auch mit Kasualien im Verwandtschaftskreis. An den Konfirmationsunterricht bei ihm erinnert sie sich gerne, weil er "nicht so trocken oder so" war. Dabei denkt sie zunächst daran, daß sie damals einen "riesengroßen Lebensbaum" gebastelt hatte, der dann in der Kirche aufgestellt wurde: "wenn man dann in die Kirche gegangen ist und hat den gesehen, Mensch, da hast du ja auch deinen Teil irgendwie dazu beigetragen". Hinzu kam, daß man "viel geredet" und bei Sommer- und Familienfesten mitgeholfen hat. Schließlich erinnert sich Frau (2T/6) auch noch an eine Wochenendfreizeit mit einer "Mitternachtswanderung". Sie hebt noch einmal hervor, "daß es eben nie irgendwo also langweilig und erdrückend war". Im Gegensatz dazu sieht sie den derzeitigen Gemeindepfarrer, mit dem sie "nie warm werden" könnte. Als sie heiraten wollte, versuchte sie ihren alten Gemeindepfarrer für die Trauung zu bekommen. Das klappte nicht und so vollzog der neue Pfarrer die Trauung. Es war für sie "sehr sehr schwierig", sich von "jemand Fremden trauen lassen" zu müssen.

Das nächste Foto verbindet Frau (2T/6) mit der Beerdigung ihrer Schwester sowie dem Tod naher Verwandter und Bekannter, denn es hat "die letzten Jahre sehr viele Todesfälle in unserer Familie" gegeben. An Allerheiligen, wenn die Gräber besucht werden, weckt das "immer irgend solche Erinnerungen". Es fällt ihr offensichtlich schwer, dabei von Schmerz zu sprechen und sie kleidet ihr Empfinden in einen indirekten Wortschatz: "unschöne Erinnerungen, und das ist halt etwas ungünstig". Der Angst vor dem Tod setzt sie ein gefühlsarmes Selbst-Bild entgegen: "bin ich eigentlich auch ein sehr nüchterner, realistischer Mensch". Sie meint, die Entwicklung zu einer solchen Nüchternheit habe sich durch ihre Tätigkeit im Geschäft ihres Mannes ergeben. Vor dem Tod hat sie "eigentlich überhaupt keine Angst". Sie räumt lediglich ein, und dies wieder mit dem indirekten Wortschatz, daß sie über die Art des Sterbens nachdenkt: "die eine ist ein bißchen schöner, die andere weniger schön". Allerdings schränkt sie diese Sichtweise auch ein, indem sie sagt, daß zu ihr selbst auch dazu gehört, gern zu träumen. Im Hinblick auf den Tod gesteht sie sich diese emotionale Linie aber nicht zu: "aber so in dem Sinne, muß ich sagen, hab ich eigentlich gar keine Angst davor. Wie andere, die dann Panik kriegen, oder sonst irgendwas. Überhaupt nicht, ja, mit Sicherheit nicht."

Das letzte von Frau (2T/6) ausgewählte Bild verbindet sie schließlich mit ihrer Tochter, mit der sie "halt auch oft gebetet" hat. Sie hat auch eine Bibel gekauft und daraus dann abends vorgelesen. Diese Kinderbibel war für sie ein angenehmer Kontrast zum Religionsunterricht, der für sie "furchtbar trocken und senil" war, auch wenn der evangelische Religionsunterricht "noch wesentlich besser ist" als der katholische.

Sich um die damals vierjährige Tochter ihres Mannes zu kümmern, fiel ihr nicht schwer, sie hatte vorher schon ihre Nichte mit aufgezogen und sagt dazu: "ich hab eigentlich mein ganzes Leben nie etwas anderes getan, als wie Kinder aufgezogen"

Zusammenfassung: Die von Frau (2T/6) ausgewählten Bilder beziehen sich auf verschiedene Lebensphasen. Angesprochen werden Ereignisse aus der Kindheit, der Schulzeit, der Jugend und dem Erwachsensein. Die beiden ersten Bilder variieren das Thema "Einsamkeit". Dabei identifiziert sich Frau (2T/6) mit dem einsamen Kind auf dem Spielplatz, erwähnt ihre Kindergruppe im Hort, um schließlich über ihre Erfahrungen als "Schlüsselkind" zu sprechen.

Ganz anders ist der Tenor in den Ausführungen über den Konfirmator. Man spürt noch heute dabei ihre Begeisterung für diesen Pfarrer, ihre Lust am handwerklichen Basteln und ihren Stolz über das fertige Produkt in der Kirche. Um so größer war für sie die Enttäuschung darüber, daß "ihr" Pfarrer keine Zeit für ihre Trauung hatte. Den Nachfolger, der dann die Trauung vollzog, lehnt sie wohl ebenso stark ab, wie sie den Vorgänger verehrt hat.

Das Thema Tod war für Frau (2T/6) seit dem Tod ihrer Schwester mehrfach gegenwärtig. Der Versuch, gerade hier auf ein emotionsfreies Selbst-Bild zurückzugreifen, könnte andeuten, wie nahe ihr diese Ereignisse gingen.

Anhand des letzten Bildes wird angesprochen, daß Frau (2T/6) im Umgang mit der Tochter Elemente religiöser Erziehung durchaus aufnimmt. Zugleich wird aber auch Kritik an der institutionalisierten Form religiöser Bildung geübt. Deutlich wird auch, daß Frau (2T/6) schon in sehr frühen Jahren, ihren Mann hat sie mit 18 Jahren kennengelernt, in die Rolle einer erziehenden Mutter schlüpfen mußte.

c) Systematische Analyse des Fragenteils

Seit ihrer Kindheit lebt Frau (2T/6) mit ihrer Familie am gleichen Ort. Trotzdem sind die Außenkontakte spärlich. Im wesentlichen ist die Familie mit Verwandten zusammen (354). Frau (2T/6) erinnert sich noch, daß Sauberkeit ein wichtiger Faktor in der Erziehung ihrer Eltern war. Sie sagt von sich selbst, "streng" und "ordentlich erzogen" (359) zu sein und verlangt dies "auch heut nach wie vor von meiner Tochter" (360). Entscheidungen wurden mit den Kindern nicht besprochen, sondern sind "allein von den Eltern entschieden worden" (368). Hier allerdings denkt Frau (2T/6) heute anders als ihre Eltern: "es gibt Sachen, da müßte man, sollte man mehr mit den Kindern reden" (369).

Zu den Personen innerhalb ihrer Familie äußert sich Frau (2T/6) besonders zur Schwester, sowie zur Urgroßmutter und Großmutter. Die Schwester wird von ihr beschrieben als "ein Kumpel" (263), mit dem sie sich besonders gut verstand: "das war eigentlich der einzige Mensch, muß ich sagen, der mir also in der Kindheit irgendwas bedeutet hat" (270). Doch auch über ihre Urgroßmutter äußert sie sich sehr positiv, wenn sie sie als "eine Seele von Mensch" bezeichnet, die "herzensgut, warm, gütig, fantastisch" (512) war. Anders dagegen die Großmutter, die sie als eine "sehr bewußte, resolute Frau" (489) beschreibt, die "keinen Widerspruch geduldet" (490) hat. Zu ihr hat Frau (2T/6) ein gestörtes Verhältnis, nicht zuletzt deshalb, weil sie sich von ihr von Anfang an abgelehnt fühlte. "Die hat also, und hat mich also eigentlich nicht wollen, daß meine Mutter mit mir schwanger war. Und das ist eigentlich irgendwo, das bleibt hängen." (494).

Weihnachten wurde in der Familie nach den Erinnerungen von Frau (2T/6) "total nach einem System" gestaltet. An Heilig Abend wurde nach dem Essen die Bescherung abgehalten und dann saß die Familie bei Punsch und Plätzchen zusammen. Auf Nachfrage, ob die Familie an Weihnachten auch in die Kirche ging, antwortet Frau (2T/6): "Wir waren schon ein paarmal, aber ich muß sagen, es war nicht so, wie wir uns das vielleicht vorgestellt hätten." (211) Sie fühlt sich fremd in einer Kirche, in der an Weihnachten Lieder gesungen werden, "die kein Mensch kennt" (214) und eine Ansprache "so normal wie eine Kirchenpredigt" (219) gehalten wird.

Elemente religiöser Erziehung finden sich im abendlichen Gebet, welches Frau (2T/6) "als Kind gelernt" (239) hat. Sie erinnert sich noch an folgendes Gebet: "Jesu Kindlein komm zu mir, mach ein frommes Kind aus mir, mein Herz ist klein - nein - mein Herz ist rein, mein Herz ist klein, nur du hast - ach, da muß ich gleich überlegen, äh, mach ein frommes Kind aus mir? Nur du sollst da drinnen sein, oder so ungefähr." (248). So ein kleines Gebet findet sie für Kinder "genau richtig" (257), im Vergleich etwa zum Vaterunser, das sie als "anstrengend" (253) und "extrem lang" (254) bezeichnet.

Den Religionsunterricht hat sie insgesamt als "furchtbar langweilig" (276) in Erinnerung. Allerdings nimmt sie davon die ersten zwei Jahre an der Realschule aus. Hier hatte sie eine Religionslehrerin, mit der in der Klasse "Alltagsprobleme" (295) besprochen wurden. Danach bekam die Klasse wieder einen Pfarrer, dessen Unterricht sie als "Klump und Zeug" (303) bezeichnet, da hier "seitenweise die Bibel auswendig gelernt" (302) werden mußte.

Ihre Gottesvorstellung in der Kindheit umreißt Frau (2T/6) mit "Hüter, so ein bißchen als Menschenlenker" (308). Der Tod ihrer Schwester bedeutete für sie und ihr Gottesverständnis einen deutlichen Einschnitt. Sie selbst war damals gerade 17 Jahre alt: "da war es, knallhart gesagt, da war es vorbei" (309). Die Theodizee-Frage brach unhaltbar durch: "in der Nacht dann, da bin ich nur im Bett da drin gesessen und hab auf ihn da oben geschimpft und hab gesagt, was bist denn du überhaupt, sag ich, daß du sowas zulassen kannst, daß es, daß es überhaupt irgendwo eine Möglichkeit gibt, daß man sagt, Gerechtigkeit und so, viele Menschen würden gerne sterben, die dürfens nicht und andere Menschen, die gebraucht werden, die werden einfach so aus dem Leben gerissen." (313).

Heute sagt sie, sie habe "wenig damit zu schaffen" (325). Sie denkt, daß Gott jemand ist, der "doch die Geschicke der Menschen irgendwo lenkt" (477), betont aber auch, selber "ein zu großer Realist" (326) in den letzten Jahren geworden zu sein, um sich intensiver damit zu beschäftigen.

Ihr gegenwärtiges Leben scheint sehr stark vom Geschäft ihres Mannes mit bestimmt zu sein. Ihren Bekanntenkreis bezeichnet sie als "nur geschäftlich, rein geschäftlich" (452). Das Leben wird von ihr weitgehend unter dem Aspekt Arbeit verstanden: "ohne Arbeit geht's einfach irgendwo nicht. Das ist eigentlich irgendwo das Leben. Das ist eben unser Hauptbestreben im Leben irgendwo." (589).

Ihre Tochter allerdings konfrontiert Frau (2T/6) "immer wieder" mit Fragen, etwa "wenn dann einer gestorben ist und so". Sie erzählt, daß man sich dann "halt mal ganz kurz über diese ganze Sache" (333) unterhält und bezeichnet sich dabei in solchen Angelegenheiten als "ein bißchen schlampig" (335). Für so etwas hat sie durch den Beruf "keine Zeit" (336).

Ganz im Gegenzug dazu verhält es sich beim Thema Sauberkeit. Hier legt sie "sehr viel Wert drauf" (361) und meint, "so ein bißchen extrem sogar" (362) zu sein. Wenn sie etwas in einen Schrank einordnet, "dann steht das aber hundertprozentig dann genauso wieder auf den Millimeter da wie es vorher gestanden ist." (363). Sie erzählt, daß es darüber mit ihrer Tochter "viel Clinch und Knatsch und Ärger und Schimpfen" (360) gibt, und betont noch einmal ihre Maxime: "Sauberkeit, Ordnung ist bei mir ganz oberstes Gebot" (365).

Und auch im Zusammenleben mit ihrer Tochter werden dann Entscheidungen doch von ihr und ihrem Mann getroffen, denn: "im Endeffekt bin ja ich dann dafür verantwortlich, unabhängig jetzt von der Meinung meiner Tochter" (374).

Früher hat sie mit ihrer Tochter auch gebetet oder ihr eine Geschichte aus einer Kinderbibel vorgelesen (259). Einen Bezug zur Kirche hat die Familie aber nicht mehr gefunden. Frau (2T/6) erwähnt einen "schönen Spruch" ihres Mannes: "ich glaube an Gott, aber nicht an sein Bodenpersonal" (337). Wohl stellvertretend für die Familie beschreibt sie seine Einstellung zur Kirche. Danach ist er "ein gläubiger Mensch" (339), aber "geht deswegen auch in keine Kirche" (340). Die Leitvorstellung lautet hier demzufolge: "glauben kann ich selber für mich, da brauche ich nicht in eine Kirche rennen und das nach außen irgendwo tragen." (340). Von daher wehrt sie sich aber auch gegen "viele Vorurteile" (351), z.B. daß jemand, der nicht in die Kirche geht, auch nicht glaubt: "daß man sagt, ja du gehst ja nicht in die Kirche, wer bist du denn überhaupt, du kannst ja gar nicht glauben, kannst ja gleich austreten. Es ist aber nicht so, überhaupt nicht." (349). Kirchengemeinde erscheint ihr insgesamt als "nicht mehr das, was es früher vielleicht einmal war" (421), schon allein aufgrund der hohen Anonymität in der Großstadt: "Es, es ist ja schon eigentlich, eigentlich eine Sensation wenn in einem Aufgang sich alle kennen." (424). Anders als auf dem Dorf hat in der Großstadt mit dem "heutigen materialistischen Denken" "keiner mehr dafür Zeit" (434).

Würde ihre Tochter zum Islam übertreten, so wäre dies "ihre Sache" (409), wobei Frau (2T/6) sich dann aber nicht mehr in der Lage sähe, ihrer Tochter "Beistand" (411) zu geben: "sie muß dann mit ihrer Religion und dem ganzen, da bräuchte sie also nicht mehr zu mir kommen, und sagen, du, wie schaut es aus, kannst du mir helfen" (412). Sollte ihre Tochter dagegen zu einer Sekte übertreten wollen, so würde Frau (2T/6) "mit aller Macht dagegen, gegen meine Tochter antreten, mit aller Macht." (404).

Befragt nach einer Geschichte aus der Bibel, die ihr etwas bedeutet, nennt Frau (2T/6) zuerst die Zehn Gebote (457) und dann "die sieben guten und die sieben mageren Jahre" (467). Weiter sagt sie, daß sie den Übergang vom Alten zum Neuen Testament "oft sehr verwirrend" (463) findet.

d) Die Religiosität von Frau (2T/6)

Frau (2T/6) wächst in der Großstadt auf. Die Familie ist einige Jahre vorher in die neue Wohnung gezogen und hat in der Nachbarschaft auch eine kleine Wohnung für die Großmutter und Urgroßmutter gefunden. Da beide Eltern und die ältere Schwester berufstätig sind, ist Frau (2T/6) als Kind nachmittags in der Grundschulzeit in der Wohnung der Großmutter. Für ihre religiöse Entwicklung spielen von daher auch Urgroßmutter und Großmutter eine Rolle. Vertraut ist ihr aus den Kindertagen noch das Abendgebet. Eine nähere Beziehung zur Kirche hat es in dieser Zeit jedoch nicht gegeben. Für die noch nicht lange ansässige Familie blieb die Ortsgemeinde fremd.

Der Religionsunterricht verstärkte, bis auf eine Ausnahme in der 7. und 8. Klasse, diese Fremdheit, da er nicht das Interesse der Kinder wecken konnte. Jedoch bildete der Konfirmationsunterricht, gleichsam wie eine Episode, eine große Ausnahme. Frau (2T/6) spricht noch heute euphorisch von ihrem Konfirmator. Deutlich wird in ihren Erzählungen dabei, daß es dieser Pfarrer zumindest bei Frau (2T/6) verstand, ihre Stärken anzusprechen und in den Unterricht zu integrieren. Der gebastelte Lebensbaum als Kirchenschmuck ließ

Frau (2T/6) die Zugehörigkeit zur Kirche neu verständlich werden, weil etwas von ihr nun in der Kirche sichtbar war.

Der Tod der Schwester und die damit bei Frau (2T/6) verbundene Anklage Gottes war für sie ein starkes emotionales Erlebnis. Sie erzählt aber nicht einmal in Andeutungen, daß sie dabei an Gottes Existenz gezweifelt hätte, wohl aber an seiner Gerechtigkeit, bzw. an seiner Fähigkeit, das Richtige zu tun. War Gott für sie bis dahin der "Hüter" und "Menschenlenker", so wird nun seine Kompetenz für diese Funktion in Frage gestellt. Trotzdem läßt sie sich aber wie selbstverständlich kirchlich trauen und trotzdem wird sie in den folgenden Jahren auch der angeheirateten Tochter Elemente religiöser Erziehung nahe bringen.

Ihre Nähe zur Kirche verliert sich denn auch nicht durch den Hader mit Gott, sondern durch den Verlust der personalen Bindung zum Pfarrer. Nach dem Gemeindewechsel ihres Konfirmators kann sie mit dem neuen Pfarrer keine auch nur annähernd vergleichbare Beziehung aufbauen. Dies gilt auch für die Zeit nach der Eheschließung. So, wie sie die Religiosität ihres Mannes beschreibt, paßt diese gut in das von ihr bisher gezeichnete Bild: auch er scheint kein Gegner der Religion zu sein, hat aber ebenso wie seine Frau keine intensive Verbindung zur Kirche. Daß Frau (2T/6) aber nach wie vor eine solche Beziehung zur Religiosität hat, die auch eine kirchliche Komponente besitzt, geht aus mehreren Beobachtungen hervor. So weist sie selbst einen Kirchenaustritt von sich und würde auch eine Konvertierung ihrer Tochter zu einer anderen Religion als deutlichen Einschnitt in das Mutter-Tochter-Verhältnis erleben. Gleichwohl erfährt sie die Gemeinde als fremd, zumal die angebotenen Veranstaltungen der Kirchengemeinde nicht ihren Bedürfnissen entsprechen. So besucht sie etwa nicht mehr den Weihnachtsgottesdienst, weil ihr die Predigt zuwenig stimmungsvoll und die Lieder zu fremd sind.

Während Frau (2T/6) einerseits als ihre gegenwärtige Gottesvorstellung angibt, daß Gott die Geschicke der Menschheit lenkt - und damit die Vorstellung aus der Kindheit wiederholt -, ist es andererseits doch nicht leicht, in ihren alltäglichen Lebensvollzügen einen Punkt auszumachen, wo dies für sie Relevanz gewinnt. Gottes Dasein mag bei ihr unhinterfragt akzeptiert werden, die Betonung ihres "Realist-Seins" im Alltag weist aber darauf hin, daß es für sie schwer ist, Gott mit den unmittelbaren Anforderungen des Alltags in Verbindung zu bringen. Auch die Erinnerung an die Zehn Gebote kann diese Lücke nicht füllen. Eine gewisse Stabilität im Alltag scheint ihr vielmehr der Anspruch auf Sauberkeit und Ordnung zu gewährleisten. Wenn dies so ist, dann zieht sie die selbstgeschaffene, sichtbare Ordnung der für sie unverständlichen, unsichtbaren Ordnung Gottes vor. Damit allerdings ist in ihren Alltag nicht nur die Kirche, sondern Gott selbst in die Ferne gerückt.

5. Zusammenfassung und Verknüpfung der Einzelanalysen

Die Religiosität von Frau (GMm/6) und Frau (M/6) verband früher das Bewußtsein, Angehörige einer konfessionellen Minderheit zu sein. War es bei Frau (GMm/6) der Umzug von Schlesien nach Bayern, der dies auslöste, so verspürte auch die in Bayern geborene Tochter noch die konfessionelle Diskriminierung in der Schule. Aber auch mit der eigenen Kirche ergaben sich Schwierigkeiten. Im kleinen evangelischen "Kircherl" erlebt Frau (GMm/6) einen Pfarrer, den das ehemalige Arbeiterkind als "von oben herab" in Erinnerung hat. Trotzdem ist für sie der Bezug zur Kirche selbstverständlich geblieben, verbindet sich aber mit einer starken ethischen und rituellen Komponente. Bei Frau (GMm/6) steht damit deutlich das geforderte richtige Verhalten im Mittelpunkt ihrer Religiosität und sie achtet darauf, daß niemand, sei's aus dem Dorf oder aus der Kirche, "da was sagen" kann.

Frau (M/6) erlebt diese starke Ausrichtung an Riten, etwa den Zwang zum sonntäglichen Gottesdienst, in ihrer Kindheit. Sie entwickelt sowohl gegenüber ihrer Mutter als auch gegenüber der Kirche eine deutliche Bereitschaft zum Konflikt. Anders als bei der Mutter steht in ihrer Handlungsmotivation nicht das Bemühen im Vordergrund, alles richtig zu machen. Wichtig für Frau (M/6) ist dagegen die Betonung des Individuums - auch gegenüber Institutionen. Einen katholischen Kaplan, der ihr ebenfalls diese Linie zu vertreten schien, hat sie noch heute sehr lebhaft in Erinnerung. Die diskriminierenden Erfahrungen in der Diasporasituation haben sicher auch zur Entwicklung dieser Einstellung beigetragen. Ein an der Institution orientierter Zwang in der religiösen Erziehung ihrer Kinder war ihr von dieser Einstellung her verwehrt.

Auffallend bei Frau (GMm/6) und (M/6) ist die ähnliche Formulierung des Gottesverständnisses. Beide sprechen davon, Gott sei jemand, dem man "alles erzählen" kann. Gott ist hier also jemand, der sich auch für die alltäglichen Dinge interessiert, der zuhört, wenn man ihm "alles" erzählt. Für beide gilt auch, daß die Beziehung zu Gott stets intensiver war als die Beziehung zur Kirche. Während dies bei Frau (GMm/6) allerdings durch das Bemühen, sich korrekt zu verhalten, verdeckt erscheint, setzt Frau (M/6) die Betonung der Subjektivität auch öffentlich gegen die eigene Kirche ein. An einen Austritt aus der Kirche dachten allerdings beide nie.

Herr (V/6) erlebte in seiner Kindheit den Tod des Vaters und die Vertreibung der Familie aus ihrer Heimat. Am neuen Wohnort in Bayern führte dies zunächst einmal zu einer engeren Bindung der Familienmitglieder miteinander. Da die Familie von Herrn (V/6) katholisch war, gab es hier mit der Konfession zunächst keine Probleme. Das änderte sich in dem Moment, als ein Pfarrer eine Anschuldigung gegen den soeben verunglückten Bruder von Herrn (V/6) in der Schulklasse aussprach. Dies war für Herrn (V/6) derart ungeheuerlich, daß er aus dem Religionsunterricht austrat. In diesem Moment stand für ihn die Familie gegen die Institution Kirche.

Obwohl er bis heute nicht aus der katholischen Kirche ausgetreten ist, hat er den Bezug zu ihr doch weithin verloren. Durch die Heirat mit Frau (M/6) und die Entscheidung, die Kinder evangelisch taufen zu lassen, gab es auch Anknüpfungspunkte an die evangelische Kirche. Anders als seine Frau spricht er vom "sanften Druck", der in der religiösen Erziehung eine Rolle spielen muß. Sein Gottesverständnis ist auch verbunden mit der Frage nach dem richtigen Verhalten. Die Konfessionsverschiedenheit war nach Aussage beider in der Ehe kein großes Problem, was einerseits mit der bei Herrn (V/6) zunehmenden Distanz zur katholischen Kirche und andererseits mit den eher losen Kontakten der Frau (M/6) zur evangelischen Kirche zusammenhängen dürfte.

Die Tochter, Frau (2T/6), findet einen näheren Bezug zur Kirche über die Person ihres Konfirmators. Als dieser allerdings die Stelle wechselt, schwinden auch wieder die nahen Kontakte der Frau (2T/6) zur Kirche. In ihrem Gottesverständnis spricht sie zwar nicht, wie Mutter und Großmutter, vom Gott, dem man alles erzählen kann, sondern vom "Hüter und Menschenlenker". Aber auch so ist Gott für sie derjenige, der auf die Dinge des Alltags bezogen bleibt. Dafür kann sie ihn dann auch, etwa am Beispiel des Todes ihrer Schwester, zur Verantwortung ziehen. Ähnlich wie die Mutter trennt auch Frau (2T/6) ganz bewußt zwischen Glaube und Kirchlichkeit. Dabei machen beide Fremdheitserfahrungen innerhalb der eigenen Gemeinde, die das Interesse an einem näheren Kontakt nicht aufkommen lassen.

Die Distanz zur Kirche, verknüpft mit einer am Alltagsgeschehen individuell ausgerichteten Religiosität, verbindet die Familienmitglieder untereinander. Dabei zeigen sich allerdings unterschiedliche Faktoren für diese Entwicklung: das Übersiedeln der Familie in eine anders strukturierte Region; die Schichtzugehörigkeit; der Zusammenhalt der Familie; Diasporaerfahrungen; der Verlust personaler Beziehungen zu kirchlichen Repräsentanten. Keineswegs ist hier also die Distanz zur Kirche einlinig ableitbar, bzw. ein Phänomen nur der jüngsten Generation.

Dabei kommt der Religiosität aber doch eine stabilisierende Funktion für den Lebenslauf zu. Trotz aller Fremdheitserfahrungen wird in dieser Familie auf Kasualien (Taufe, Konfirmation, Heirat, Beerdigung) großer Wert gelegt, so als ob erst dadurch alles seine Richtigkeit habe. Beachtenswert ist darüber hinaus, daß auffallend selten von Hilfeleistungen der Kirche in Glaubensfragen berichtet wird. Die Konstruktion des persönlichen Glaubens vollzieht sich im individuellen Bereich. Die dogmatische Kompetenz der Kirche kommt da nicht zum Tragen, wo vertrauensvolle personale Beziehungen fehlen.

Das hier sichtbar gewordene Transformationsprofil der Familie 6 führt die Linien aus, wie sie schon in der Großelterngeneration mütterlichseits deutlich geworden sind. Die damalige Arbeiterfamilie (mütterlichseits) nahm die Kirche als ein Anderes im Anderen des katholischen Umfelds wahr, dem sie sich durch Einhalten der Riten und Konventionen anzupassen versuchte. Die Elterngeneration ist sich darin gleich, daß beide dieses Verhältnis in Betonung ihrer Eigenständigkeit lockerten, ohne es ganz aufzukündigen. Für sie wie auch für die Tochter wird dadurch der Bezug zur Kirchengemeinde schließlich zur personalen Option. Eine strukturelle Notwendigkeit, sich in ihren Lebensvollzügen an die Kirchengemeinde zu halten, sehen sie nicht.

Unabhängig davon gilt aber auch, daß alle Familienmitglieder nicht auf den Glauben verzichten, sondern an ihm, quasi im Schatten ihrer Beziehung zur Kirche, festhalten. Im "Schatten" deshalb, weil es einerseits aus institutioneller Perspektive schwer fallen dürfte, die Konturen dieses Glaubens wahrzunehmen. Dafür sind die Kontakte auf Gemeindeebene wohl doch zu gering. Andererseits orientieren sich aber die Inhalte dieses Glaubens nach wie vor am traditionell gesteckten Rahmen, freilich ohne dabei die Hilfe für ihre Glaubenskonstruktion in Anspruch zu nehmen, die die Tradition den Familienmitgliedern bieten könnte.

III. FALLSTUDIE EINER FAMILIE AUS SIEBENBÜRGEN

Die interviewten Mitglieder der Familie 15 sind vor einigen Jahren aus Siebenbürgern nach Deutschland gekommen und leben heute am Stadtrand einer süddeutschen Großstadt. Im einzelnen wurden interviewt (in der Reihenfolge der Analyse):

1. Frau (GMv/15), Großmutter väterlichseits, geboren 1933
2. Herr (V/15), Vater, geboren 1952
3. Frau (M/15), Mutter, geboren 1954
4. Herr (1S/15), Sohn, geboren 1973

Die Reihenfolge der durchgeführten Interviews ergab sich aus den möglichen Terminen: 1, 4, 2, 3. Die vier Interviews fanden in den Wohnungen der jeweiligen Familienmitglieder am 14./15.1. 1993 statt. Das kürzeste Interview dauerte 42 Minuten, das längste 68 Minuten.

1. Analyse Großmutter väterlichseits

a) Vorbemerkung

Frau (GMv/15) wurde 1933 in Siebenbürgen als erstes Kind in der Familie geboren. Zwischen 1935 und 1941 folgten noch drei Töchter und ein Sohn nach. Der Vater starb 1944 als Soldat im Zweiten Weltkrieg. Frau (GMv/15) heiratete mit 18 Jahren und bekam in den folgenden Jahren drei Söhne. Ihr Mann war als Molkereimeister tätig, sie selbst übte, nachdem die Kinder größer waren, verschiedene Tätigkeiten aus. 1985 wanderte die gesamte Familie, bestehend aus vier Generationen, nach Deutschland aus. Die Schwiegereltern verstarben beide 1989, ihr Mann 1990. Seitdem lebt Frau (GMv/15) allein. Sie arbeitet in der Küche eines kirchlichen Altersheims.

b) Analyse der Bildsequenzen

Als erstes wählt Frau (GMv/15) dieses Bild aus und verbindet dies damit, "wie die Mutter uns selber beten gelernt hat".

Das zweite Bild erinnert sie an die "Vorfahren" und hier besonders an den Vater, der als "deutscher Soldat" aus dem Zweiten Weltkrieg "nicht mehr gekommen" ist.

Dies verbindet Frau (GMv/15) mit ihrer Konfirmation: "Konfirmiert sind wir doch alle."

Das nächste Foto erinnert Frau (GMv/15) an das Leben mit den Geschwistern. Dabei denkt sie an die Zeit, als der Vater gestorben war und die Familie zu den Großeltern zog: "jeden Abend sind wir dann gesessen und haben verschiedene Spiele gespielt und haben gesungen". Bei den Großeltern lebte damals eine kranke Tante, die der ganzen Familie Kleidung strickte. In der Familie wurde auch Hanf gesponnen, um zu weben.

Den hier abgebildeten Wald verbindet Frau (GMv/15) mit "Arbeit". Im Winter hat sie zusammen mit ihrem Mann im Wald "Holz gemacht", das dann im Frühjahr von Büffeln abgeholt wurde. Die Arbeit im Wald war für sie "das allerschwerste Problem".

Dieses Bild assoziiert Frau (GMv/15) mit ihrer Oma. Sie erinnert sich daran, wie die Oma so dasaß im hohen Alter "und hat ständig Lehren gegeben". Dabei vertrat diese die Ansicht, daß man sich nie rächen solle, sondern lieber zu Gott beten. Gott soll es dem andern dann "so vergelten, wie er es verdient, nicht selber soll man das tun."

Das Bild ist für Frau (GMv/15) eine Erinnerung an das Jahr 1989, als sie ihre beiden Schwiegereltern bis zu deren Tod zu pflegen hatte. Dadurch, daß gleichzeitig beide bettlägerig waren, mußte Frau (GMv/15) zu Hause bleiben und verlor so ihre Arbeit.

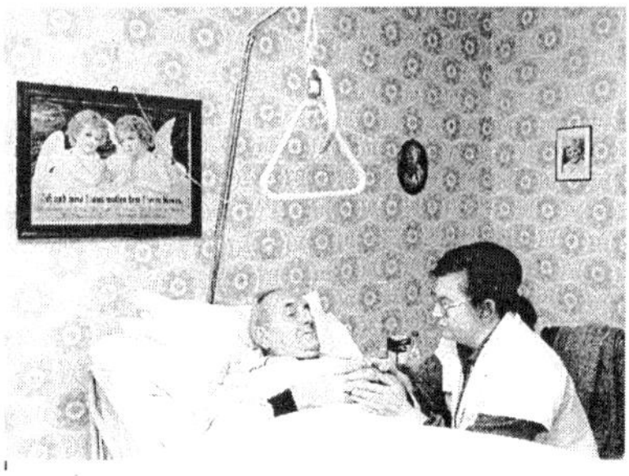

Das nächste Foto verbindet Frau (GMv/15) dann mit den Gräbern ihrer Schwiegereltern und ihres Mannes. Für sie war es "das allerschwerste, was es gibt", nach 40 gemeinsamen Jahren den Ehepartner zu verlieren. Sie erinnert sich, daß sie als junge Frau auch schon den Großvater ihres Mannes gepflegt hatte und resümiert: "ich habe schon vieles durchgemacht." Sie erzählt noch einmal davon, wie sie die Schwiegermutter gepflegt und künstlich ernährt hat, ohne daß ihr jemand dafür genaue Anweisungen gegeben hätte: "Ich habe mich gequält, was Nerven gekostet hat, bis ich es rausgekriegt habe, wie das geht!" Nun lebt sie alleine in der Wohnung und weiß, daß sie im Ruhestand die Miete für die Wohnung nicht mehr aufbringen kann.

Noch einmal kehren ihre Gedanken zurück zum Vater, den sie hier sieht, wenn er als Soldat "auf Urlaub kam und sollte wieder wegfahren, so saß er immer, denn wir waren fünf kleine Kinder."

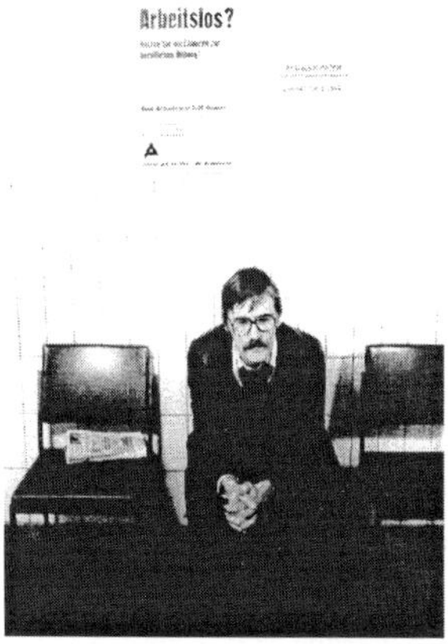

Das letzte Bild bezieht Frau (GMv/15) auf die Anfangszeit in Deutschland. Nachdem sie aus Rumänien nach Deutschland kam, hatte sie große Schwierigkeiten, mit 52 Jahren eine Arbeit zu finden. Sie erzählt, wie sie sich "immer vorgestellt" hat, aber aufgrund ihres Alters abgelehnt wurde.

Zusammenfassung: Insgesamt wird durch die Bildauswahl deutlich, wie sehr sich das Leben von Frau (GMv/15) im Bereich ihrer Familie und Verwandtschaft abspielt. Jedes der von ihr herangezogenen Bilder wird in irgendeiner Weise mit "Familie" verbunden. Da ist zuerst die Mutter, die den Kindern das Beten beigebracht hat, und die Erinnerung an den Vater, der im Krieg gestorben war. Alle Geschwister werden im Hinblick auf die Konfirmation erwähnt, und Frau (GMv/15) erzählt, wie die ganze Familie nach dem Tod des Vaters bei den Großeltern untergekommen ist. Die Arbeit im Wald verbindet sie dann wiederum mit ihrem Mann. Und sie erzählt von der Oma und deren "Lehren". Der Abschied von dieser in sich geschlossenen Familienwelt wird dann mit Bild Nr. 29 eingeleitet. Hier berichtet sie zum ersten Mal von einer Situation nach der Übersiedlung nach Deutschland: 1989 starben die Schwiegereltern und sie erzählt davon, wie sie sie zu Hause gepflegt hat. Darauf folgt das Bild von einem Grab, mit dem Frau (GMv/15) den Abschied vom Ehemann, der 1990 starb, thematisiert. Dazu holt sie dann noch einmal eine Erinnerung an den Vater hervor, wie er Fronturlaub hatte, zu Hause saß "und sollte wieder wegfahren" (166 f.). Also auch hier das Thema Abschied von einem Familienmitglied. Nur das letzte Bild hebt sich etwas aus diesem Kreis hervor, weil Frau (GMv/15) hier von ihren Problemen berichtet, mit 52 Jahren eine Arbeit in Deutschland zu finden. Aber auch hier leitet sie ihre Erzählung ein mit den Worten: "Und das sind ja die Sorgen, wie wir dann einmal hier waren" (170 f.), bezieht also auch dies auf das "Wir" der Familie.

Von daher bekommen die Schilderungen vom Abschiednehmen, das ja nicht erst in Deutschland begann, einen besonderen Klang. Das Leben in der Familie, wie es für Frau (GMv/15) jahrzehntelang selbstverständlich war, gibt es nicht mehr. Heute lebt sie in der Wohnung allein.

c) Systematische Analyse des Fragenteils

Frau (GMv/15) wuchs auf in einem Siebenbürger Dorf, das "ein kleiner Ort" war und in dem "fast alle Anverwandte" waren (365). In der Familie wurde durchaus "viel Wert" (376) auf Sauberkeit gelegt, wobei die Situation nach dem Tod des Vaters, als die Familie mit den Großeltern in einem Zimmer zu neunt lebte, manches an Sauberkeitsansprüchen verunmöglichte. Entscheidungen wurden "nicht immer" mit den Kindern besprochen, denn "Kinder sind ja immer Kinder, die laufen ja auch, spielen und hin und her" (387 f.). Aber unter den Erwachsenen "wurde immer alles besprochen" (388) und auch "alles geteilt" (390).

Auf die Frage nach der Gestaltung des Weihnachtsfestes in ihrer Kindheit antwortet Frau (GMv/15) in zweierlei Hinsicht: zum einen war es "so feierlich" und zum andern "viel anders wie hier" (197). Diese zwei Stränge ziehen sich durch die nachfolgende Erzählung hindurch. Die Vorweihnachtszeit galt in Siebenbürgen als eine "Fastenzeit", die streng eingehalten wurde. Da gab es keine Unterhaltungsveranstaltungen, keine Taufen, keine Trauung und vor allem keine vorgezogenen Weihnachtsfeiern, wie Frau (GMv/15) dies in Deutschland erlebte. Sie erzählt von den Speisen an Weihnachten, vom Gebäck, das erst kurz vorher gebacken wurde, und vom typischen Weihnachtsessen, das aus Sauerkraut und Krautwickel bestand. Und auch im Hinblick auf das Kochen betont sie den Unterschied zu Deutschland: "Nein, wir machen das nicht so." (210 f.)

Wie selbstverständlich "ging alles" (216) Heilig Abend in die Kirche. Dort sind an die Kinder kleine Körbe mit Päckchen verteilt worden, die vorher durch die "Frauen von den Presbytern" (218) zusammengestellt wurden. Hierzu wurde an einem Tag gemeinsam auf dem Pfarrhof gebacken, um Kekse und ähnliches für die Kinder-Päckchen vorzubereiten. Nach dem Verteilen der Päckchen ging es nach Hause und dort gab es traditionell frisch geschlachtetes Fleisch und Wurst. Danach wurden die Kerzen am Weihnachtsbaum angezündet, Gedichte durch die Kinder aufgesagt und man unterhielt sich "bis spät" (236), bis dann um zehn Uhr abends die Glocken läuteten und "die Kirchenmusik" vor der Kirche blies, was dann "das ganze Dorf hörte" (239). Und noch einmal betont Frau (GMv/15) den Unterschied zu dem, was sie hier erlebt: "So wurde Weihnachten bei uns gefeiert. Nicht früher also äh, ich halte das nicht richtig!" (239 f.).

Karfreitag (249-252) war in ihrer Kindheit "ein Leidenstag", an dem "immer gefastet" wurde. Sie erinnert sich, daß es auch zwischen "Faschingsmittwoch" und Ostern "keine Unterhaltung und nichts" gab.

Das Tischgebet (253-279) durfte zu Hause immer das jüngste Kind, sobald es sprechen konnte, beten. Sie erinnert sich noch an zwei Tischgebete sowie an ein Abendgebet, das gemeinsam gesprochen wurde. Die Gebete wurden den Kindern von der Mutter beigebracht, zumal die Mutter durch die kriegsbedingte Abwesenheit des Vaters mit den Kindern zumeist allein war.

Vom Vater erinnert Frau (GMv/15) aus dieser Zeit: "immer nur im Urlaub und im Krieg" (271 f.). 1944 vor Weihnachten ist der Vater dann im Krieg gefallen. Sein Grab ist der Familie bis heute unbekannt. Danach zog die Mutter mit den Kindern zu ihren Eltern. Der 17jährige Bruder der Mutter wurde dann bald für vier Jahre nach Rußland zur Zwangsarbeit geschafft.

Besonders beeindruckend in dieser Zeit war für Frau (GMv/15) die Großmutter, aber auch der Großvater. Von beiden sagt sie: "die Großeltern haben sich für uns geopfert" (290 f.), da sie der Mutter nach dem Tod des Vaters "immer zur Seite gestanden" sind. Anders dagegen die Großeltern väterlichseits, von denen Frau (GMv/15) sagt: "es ist ein großer Unterschied Mensch und Mensch" (293 f.). Sie lehnten ihre Schwiegertochter lange ab und verhielten sich auch den Enkelkindern gegenüber sehr unterschiedlich und wählerisch. Frau (GMv/15) kann dies nicht gutheißen: "Na äh, macht man das so? Ich habe elf Enkelkinder, aber ich möchte keinen auf die Seite geben. Ich treffe die so, wenn ich was mache, wenn ich einem was gebe, dann allen gleich, dann allen gleich. Sonst, das tut weh." (306-309).

Vom Religionsunterricht (315-336) erinnert Frau (GMv/15) vor allem eine Szene aus der vierten Klasse. Der "Herr Pfarrer" hatte damals einem Jungen "mit der Bibel auf den Kopf gehauen", weil er eine Frage nicht beantworten konnte. Frau (GMv/15) konnte als Kind "da das nicht verkraften" und erzählte zu Hause davon: "Und äh, mir hat es weh getan um den Jungen." Nachdem kurz darauf die Russen ins Land gekommen waren, wurde dieser Pfarrer erschossen. Darauf sagte die Mutter von Frau (GMv/15) zu ihr: "weißt du, wie du kamst und sagst vom Herrn Pfarrer, er hat den (Name) auf den Kopf geschlagen und hat gesagt, das Himmeldonnerwetter schlägt ein, habe ich gesagt, ich weiß es, das vergiß ich auch nie. Und jetzt hat aber der liebe Gott auch ihm es gezeigt. Ja, die Russen haben ihn erschossen." (333-336).

Befragt nach ihrer Gottesvorstellung in der Kindheit (337-357) antwortet Frau (GMv/15) damit, daß in der Familie "viel an lieben Gott gebetet" wurde, denn sie waren "viel mit Not". Ihre Familie war "ein schweres Haus", für die es nicht immer leicht war, genug zu essen zu bekommen. Sie erzählt von der Katastrophe, als die Mutter für viel Geld zwei Ferkel kaufte, um sie großzuziehen und beide kurz nach dem Ankauf verendeten: "wir haben alle geweint um die Ferkel". Daß man immer nur dann Gott "anruft", wenn man in Not ist, verbindet Frau (GMv/15) auch mit einem Spruch aus der Bibel: "rufe mich an, ich werde dich erquicken." (357).

Seit ihrem dreizehnten Lebensjahr mußte sie selbst voll mitarbeiten und ging "jeden Tag auf das Feld" (461). Frau (GMv/15) erinnert sich noch daran, daß ihre Oma darüber sprach, wie "das arme Kind noch aushält" (463). Sie selbst sagt dazu: "Tja, ich mußte! Ich mußte! Ich war die größte und war ein starkes Kind und na." (463 f.).

Als Frau (GMv/15) später selber Kinder hatte, konnte sie mit ihnen "nicht viel über Religion" reden, denn sie "wollten das nicht haben" (399). Es gab sogar Ärger, als Frau (GMv/15) zu Evangelisten in der Nachbarschaft gehen wollte, was sowohl ihr Mann als auch ihre Kinder nicht gutheißen wollten. Auch im Hinblick auf das Abendgebet sagt sie von den Kindern: "die reagierten ja auf nichts, die wollten ja das nicht haben." (415). Frau (GMv/15) führt das auf den Einfluß des Kommunismus in der Schule zurück (417-419). Es hat ihr selbst "schon weh getan", daß die Kinder "auf das nicht reagierten" (421).

Befragt nach Verboten im Bereich der Religion erzählt Frau (GMv/15) davon, ihre Mutter hat "das so eingeführt, ein Kind darf nicht lügen" (445). Das hat Frau (GMv/15) dann auch ihren Kindern beigebracht: "Wer lügt und betrügt, der stiehlt auch." (447).

Einen Kirchenaustritt ihrer Kinder (448-454) hätte sie "nicht akzeptieren" können und begründet dies damit: "irgendwohin muß man ja auch gehören". Wichtig ist ihr dabei, "als Christ sterben" zu können und vom Pfarrer beerdigt zu werden, "wie es ja auch üblich ist".

Zum Stichwort Kirchengemeinde sagt sie: "viel erinnert mich das nicht" (457), denn sie mußte schon immer viel arbeiten und hatte wenig Zeit dafür. Wichtige Tage in der Familie waren aber neben den Geburtstagen auch die kirchlichen Namenstage, die als Feiertage begangen wurden (465-481).

Das Weihnachtsfest hat sie mit ihren Kindern (482-492) auch anders gefeiert als dies in ihrer Herkunftsfamilie üblich war. Entscheidend war dabei, daß sie durch die Heirat mit ihrem Mann in dessen Familie integriert wurde und damit "in einem anderen Umkreis" lebte. Dort hat sie es erlebt, daß die Schwiegereltern nur von einer Tochter viel hielten und "all die andern Kinder, die waren Nebensache" (496). Das war für sie eine schmerzliche Erfahrung, zumal sie es war, die später die beiden Schwiegereltern pflegte und nicht "die gute Tochter" (499).

Ihren heutigen Bekanntenkreis bezieht sie wiederum ausschließlich aus der Verwandtschaft. Dadurch, daß sie "immer gearbeitet" (509) hatte, blieb zum Aufbau eines anderen Freundeskreises für sie keine Zeit.

Gott ist für sie heute "mein Retter" (532), wobei sie betont, viel zu beten. Dabei schließt sie "jeden" (532) in ihr Gebet ein, auch ihren Mann, wie sie besonders betont. Von ihm sagt sie, er hat "nicht geglaubt, ich muß es ehrlich sagen" (533). Dann erzählt sie, wie sie ihm im Krankenhaus nahe gelegt hat, mit ihr zu beten. Er aber wollte nicht: "komm wir sollen beten, ich knie neben dich nieder und wir sollen es. Dann hat er gesagt, mir kann niemand helfen, ich bete nicht." (535 f.). Anders hat es Frau (GMv/15) erlebt, als die Mutter ihres Mannes starb. Sie war mit den Schwiegereltern alleine zu Hause und sang gerade mit dem Schwiegervater einige Choräle, unter anderem "So nimm denn meine Hände". Als sie sah, daß es mit der Schwiegermutter zu Ende ging, sagte sie zu ihrem Schwiegervater: "Vater, wir sollen beten, wir sollen der Mutter auf den Weg helfen. Unsere Mutter will uns verlassen." (560 f.) So beteten beide das Vaterunser. Als sie wieder nach der Schwiegermutter sah, läuteten gerade die Glocken von der Kirche: "Und in der Zeit ist sie gestorben. Das war wie eine, wie eine Feier, so so ist die verschieden." (566 f.)

Bei ihren Enkelkindern unterscheidet Frau (GMv/15) zwischen den Jungen und den Mädchen. Mit den Jungen "kann man nicht viel" (575) über Religion sprechen. Anders die Mädchen, von denen Frau (GMv/15) sagt, sie "sind für das interessiert". Zu ihnen hat sie gesagt, "der Herr Jesus Christus, das ist Gottes Sohn, den hat der liebe Gott in die Welt geschickt und für, um den feiern wir seinen Geburtstag, wenn Weihnachten ist, das ist der Geburtstag vom Herrn Jesus." (577-579).

d) Die Religiosität von Frau (GMv/15)

Der Bezugspunkt für die Religiosität von Frau (GMv/15) ist ihre Familie. Dabei bedeutet Familie hier zugleich die Verbindung zur Dorfgemeinschaft. Denn fast alle im Dorf sind "Anverwandte". In der Familie lernte Frau (GMv/15) nicht nur Grundlagen der Religion kennen, etwa das Beten oder bestimmte Verhaltensregeln, sondern hier wird die Religiosität im wesentlichen auch gelebt. Zugleich steht die Religiosität der Frau (GMv/15) in Distanz zur Kirche. In ihrer Erinnerung verstößt der Pfarrer selbst gegen die Religion durch sein Verhalten und wird dadurch prompt von Gott "bestraft". Dieser Vorgang wird in der Familie besprochen und hier erhält Frau (GMv/15) durch Mutter und Großmutter diese für sie relevante Deutung des Vorfalls. Gleichwohl hatte die Kirche in der Kindheit von Frau (GMv/15) bestimmte Funktionen, durch die sie in die Familien hineinreichte: der Religions- und Konfirmationsunterricht sowie das Ausrichten von Festtagen. Ein Austritt aus der Kirche wäre für sie undenkbar gewesen. Die Bindung ist für sie selbstverständlich und entspricht auch dem, was "üblich" ist. Ein näherer Bezug zur Kirchengemeinde war in Siebenbürgen aber durch die Verwandtschaft und die Dorfgemeinschaft überlagert. Man war als Verwandtschaft zusammen, einer integrierenden Funktion der Kirchengemeinde bedurfte es nicht.

Die Beziehung zu Gott strukturiert sich bei Frau (GMv/15) durch Beten und Singen. Dabei spielt hier die Kirche insofern eine Rolle, als geprägte Gebete wie das Vaterunser sowie Kirchenchoräle aufgenommen werden. Wesentlich ist für Frau (GMv/15) aber nicht das Gebet im Gottesdienst, sondern das Gebet in der Familie. Seit ihren Kindertagen ist sie an gemeinsame Gebete gewöhnt und kann damit auch nichtstandardisierte Situationen strukturieren. Es wird also nicht nur beim Mittagstisch und abends gemeinsam gebetet, sondern auch in Ausnahmesituationen, wie sie etwa vom Sterben der Großeltern und vom Krankenhausaufenthalt des Ehemannes berichtet werden.

An ihrem neuen Wohnort hat Frau (GMv/15) keinen Kontakt zur Kirchengemeinde. Im Zentrum ihrer Kontakte steht auch hier wiederum die Verwandtschaft, freilich jetzt räumlich weit auseinandergezogen. Gerade die Schilderungen vom Sterben zeigen aber, daß Frau (GMv/15) ihre geprägte Religiosität hier weiterlebt, so gut das eben geht. Nach wie vor ist Gott für sie der "Retter", den sie im Gebet anruft.

Dabei ist die religiöse Umwelt der Frau (GMv/15) aber schon in Siebenbürgen gebrochen gewesen. Weder ihr Mann noch ihre Söhne, noch die Enkelsöhne nehmen an ihrer Religiosität großen Anteil. Für Frau (GMv/15) war dies sehr schmerzlich und sie spricht im Hinblick auf ihre Kinder von einer "anderen Generation". Lediglich mit ihren Enkelinnen findet sie eine gemeinsame religiöse Sprache, so daß sie hier Elemente ihrer Religiosität tradieren kann.

2. Analyse des Vaters

a) Vorbemerkung

Herr (V/15) wurde 1952 in Siebenbürgen als erstes Kind von drei Söhnen geboren. In der evangelischen Familie folgten die weiteren Geschwister 1953 und 1957. Mit zwanzig Jahren heiratete er und aus der Ehe gingen vier Söhne zwischen 1973 und 1976 hervor. Der gelernte Heizungselektriker arbeitete in Siebenbürgen in einer Molkerei, bevor er mit seiner Familie 1985 nach Deutschland kam. Hier ist er heute Hausmeister in einer Sportanlage.

b) Analyse der Bildsequenzen

Dieses Bild wählt Herr (V/15) als erstes aus. Es erinnert ihn daran "wie wir klein waren und genauso spielten".

Das zweite Bild verbindet er mit der Gegend, "wo ich aufgewachsen bin". Er erwähnt die verstaatlichten Kolchosen und die dort abgeleistete "Gemeinschaftsarbeit". Die Großeltern, und für kurze Zeit auch der Vater, waren auf einer solchen Kolchose beschäftigt.

Das nächste Bild erinnert Herrn (V/15) an Bastelarbeiten in der Grundschulzeit.

Mit diesem Foto spricht Herr (V/15) das Thema "Beerdigung" an. Beerdigungen hatten in "der kleinen Gemeinschaft, die einen großen Zusammenhalt hatte", einen wichtigen Stellenwert. Innerhalb dieser Gemeinschaft lernte er "schon ganz früh", um jemanden zu trauern.

Die hier abgebildete Zeichnung verbindet Herr (V/15) mit eigenen Bildern aus seiner Kindheit. Gemalt wurde damals, "was man sich so unter verschiedenen Stichworten" vorstellte.

Das Bild erinnert ihn an eine Lehrerin aus der Schulzeit, "die sich äh ganz besonders um um alle Schüler kümmerte". Er erzählt, daß sie "immer zur Stelle war", wenn "man ein Leid oder sowas hatte".

Der Konfirmationsunterricht ist die wesentliche Assoziation hierzu. Herr (V/15) erzählt, daß er in diesem Alter begann, "sich mit der Religion ein wenig intensiver zu beschäftigen". In der Schule war allerdings Religion "nicht geduldet". An Weihnachten wurde versucht, die Kinder in der Schule zu behalten, damit sie nicht in den Gottesdienst gehen konnten.

Die hier abgebildete Gedenkecke erinnert Herrn (V/15) "stark an an äh die Familie". Auch in seiner Familie sah es "genauso" aus. Die Erinnerung an die "Vorfahren" wurde mit solchen Gedenkecken "in Ehren gehalten".

Das nächste Bild zeigt für Herrn (V/15) seine beiden Urgroßeltern, die er selbst "noch erlebt" hat.

Dieses Foto verbindet er mit seiner

Großmutter, zu der Zeit, "wo man dann schon rechnete, was wird morgen sein".

Mit diesem Bild verknüpft Herr (V/15) eine Erinnerung an "einen Onkel", der eine Firma aufgebaut hatte, die ihm nach dem Zweiten Weltkrieg nicht mehr gehörte und er selbst "der Sklave im eigenen Betrieb" wurde.

Die eigene Trauung steht hier für Herrn (V/15) im Vordergrund: "Das ist, als würde ich den Pfarrer sehen, wo er sagt, kniet nieder."

Das folgende Bild assoziiert er mit seiner eigenen Person "als junger Vater". Der Mann hält "ein krankes Kind" im Arm und versucht, "im Gewühl der Großstadt" sich zu einem Arzt zu "mogeln", wie Herr (V/15) "das selber auch gemacht" hat. Auf Nachfrage erzählt er, daß sein zweiter Sohn an einer weithin unerforschten Hautkrankheit erkrankt ist und daran auch seelisch leidet.

Das Paketband auf diesem Bild verbindet Herr (V/15) mit Situationen, als er und seine Familie "Geschenke kriegten aus aus Deutschland", was für die Familie "jedesmal Heiliger Abend" war.

Mit diesem Bild erinnert sich Herr (V/15) daran, daß ihm in Siebenbürgen eine "große Angst" vor Zuchthäusern "im Nacken saß", weil auch er, um den Lebensstandard zu Hause zu heben, gelegentlich etwas Eßbares aus der Molkerei mit nach Hause gehen ließ.

Anläßlich bestimmter Feiertage mußte die Belegschaft seines Betriebes bei "Demonstrationen" mitmachen, obwohl kaum jemand Lust dazu hatte. Das Bild zeigt für Herrn (V/15) eine solche Situation: "der eine hat dann das gemacht, der andere das, der andere das."

Der abgebildete Soldat ruft bei Herrn (V/15) Erinnerungen an seine Sorgen wach, was sein wird "wenn ein Krieg ausbricht". Er denkt dabei an seine Kinder und daran, daß im Kriegsfall schon immer "unsere Vorfahren auf die erste Linie geschickt" worden sind.

Auf dem Bild rechts sieht Herr (V/15) "den Vater", der "genauso" im Krankenhaus lag, bevor er dann dort auch "verstorben" ist.

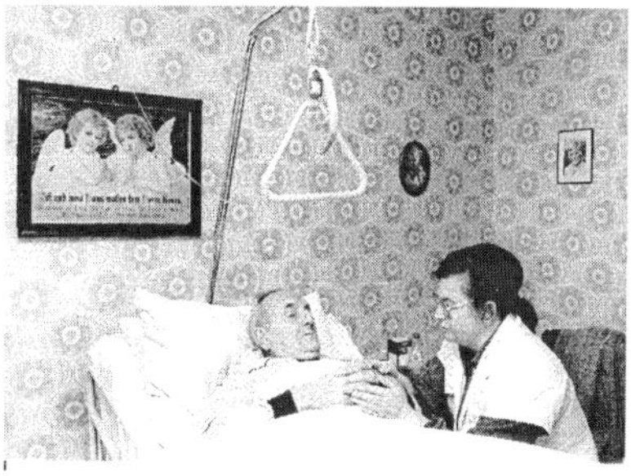

Dieses Bild verbindet Herr (V/15) mit sich selbst, "wenn man dann die Neuigkeiten aus der Welt las". Er dachte dann oft an die Zukunft, auch an die Ausreise, und fragte sich, ob "alles klappen" werde und ob die "Kinder zurecht kommen" werden in der neuen Heimat.

Der Wald erinnert Herrn (V/15) an sein "Hobby" in Rumänien, die Jagd. Er zeigt dabei auf die vielen ausgestopften Tiere in seiner Wohnung und meint, dies ist "die letzte Erinnerung an was, was einmal war, nicht".

Das letzte Bild zeigt mit dem Thema "Arbeitslos?" eine Situation, in der Herr (V/15) zwar nicht steht, von der er aber befürchtet, daß es "irgendwann soweit kommen kann."

Zusammenfassung 1-269: Insgesamt zeigt sich bei Herrn (V/15) eine starke Familienorientierung. Über die Hälfte der ausgewählten Bilder werden dem Bereich der Familie zugeordnet. Dabei schließt "Familie" für Herrn (V/15) das gesamte Verwandtschaftssystem mit ein, bis hin zur Dorfgemeinschaft, der er einen "großen Zusammenhalt" (57 f.) bescheinigt. Herr (V/15) wählt aber nicht nur Bilder zur Herkunftsfamilie aus, sondern auch zur selbst gegründeten Familie. Hier nennt er Sorgen um die Krankheit seines zweiten Kindes, Sorgen wegen materieller Not in Rumänien, und Angst bzw. Unsicherheit in Hinblick auf die Zukunft, die sich an Themen wie Krieg, Eingewöhnung und drohender Arbeitslosigkeit festmacht.

Daneben finden sich auch Bilder zu den Bereichen Schule, Kirche, Betrieb und Gesellschaft. Die Institution Schule wird mit der Erinnerung an eine Lehrerin verknüpft, die Herr (V/15) gerne mochte. Kirche wird anläßlich der Konfirmation sowie der Trauung thematisiert, verbleibt also im Kasualbereich. Der Betrieb wird einerseits im Zusammenhang mit der materiellen Not der Familie und andererseits mit dem, über den Betrieb organisierten, staatlichen Zwang zu Massenaufmärschen angesprochen. Die Bilder zur gesellschaftlichen Lage sind, wie oben bereits genannt, alle verbunden mit einer Unsicherheit im Hinblick auf Zukunft.

c) Systematische Analyse des Fragenteils

Das Dorf in Siebenbürgen, in dem Herr (V/15) aufwuchs, bestand zu je einem Drittel aus Siebenbürger Sachsen, Rumänen und Roma. Die Menschen erlebten sich bewußt als "drei äh Völker" (349 f.), d.h. man blieb abgegrenzt von den anderen in der eigenen Gruppe. In den Familien lebten in der Regel zwei bis drei Generationen zusammen, manchmal sogar vier.

Weihnachten (273-297) erinnert Herr (V/15) als ein "besinnliches Fest in der Familie". Der Staat versuchte über die Schule, die Kinder vom Besuch des Weihnachtsgottesdienstes abzuhalten. Wer sich "auf die Eltern stützen" und entwischen konnte, der kam trotzdem zum Gottesdienst, schon allein deshalb, weil dort Geschenkpakete an die Kinder verteilt wurden, "und das wollte jeder haben". Selbstverständlich an Weihnachten war auch der Besuch von "Anverwandten". Das wichtigste für Herrn (V/15) an Weihnachten war "ja immer das Geschenk" (294).

Karfreitag (298-306) war in Rumänien ein normaler Arbeitstag. Die Besonderheit dieses Tages ergab sich für Herrn (V/15) daraus, daß seine Urgroßeltern, die er noch gekannt hat, an diesem Tag regelmäßig fasteten. Sonst hat ihm Karfreitag "nicht äh so viel gesagt".

An ein Tischgebet (307-322) zu Hause kann er sich nicht erinnern. In der frühen Kindheit wurde allerdings mit der Mutter vor dem Einschlafen gebetet. Dabei wurde das Vaterunser gesprochen und gelegentlich auch noch etwas frei formuliert.

In Rumänien gab es in der Schule keinen Religionsunterricht, wohl aber den Konfirmationsunterricht in der Kirche, in den Herr (V/15) gerne ging (323-335). Dabei interessierte er sich besonders für den "geschichtlichen Teil". Konfirmiert zu werden galt damals in der evangelischen Bevölkerung als Selbstverständlichkeit. Herr (V/15) sagt, er kenne nur eine einzige Person, die nicht konfirmiert war. "Konfirmation gehörte wie wie zum, wie das tägliche Brot gehörte dazu."

Seine Gottesvorstellung (336-342) in der Kindheit war geprägt einerseits von der Angst vor dem Unbekannten. Die Vorstellung von Gott wurde nicht weiter erklärt und es kam hinzu, daß "auch mit Gott gedroht" wurde. Gleichzeitig hieß es aber andererseits, daß Gott auch hilft. So war Gott für Herrn (V/15) "zweiseitig", "gut und böse".

Als Herr (V/15) später selber Kinder hatte, unterhielt auch er sich mit den Kindern sehr wenig über Religion (386-397). Aus heutiger Sicht sagt er, daß ihm im "Kampf ums Überleben" die Zeit nicht reichte, um sich "im Allgemeinen mit den Kindern zu beschäftigen". Zuständig für die Kinder waren die Ehefrau, die Oma und die Uroma. "Ich war am Tag in der Arbeit, ich war am Nacht in der Arbeit, ich war weg von zu Hause". So wählt Herr (V/15) zu seiner Familie auch ein Bild aus, auf dem ein Kind in vertraulicher Nähe zu einer Frau zu sehen ist (537-548).

Befragt nach dem Verhältnis seiner Kinder zu den Großeltern, antwortet Herr (V/15), dies sei ein "Superverhältnis" (499), weil die Großeltern "viel mehr Zeit für die Kinder" (501) gehabt hätten als er und seine Frau: "Wobei wir immer, laß mich in Ruh, immer gehetzt, immer in äh, mehr oder weniger nie viel Zeit hatten." (508 f.). Religion spielte in diesem Verhältnis seiner Einschätzung nach allerdings "eigentlich" (506) auch keine Rolle. Wichtiger dagegen war, daß die Oma "mehr Geduld" (506) hatte, den Enkeln zuzuhören.

Würde eines seiner Kinder heute zum Katholizismus konvertieren wollen, so wäre das "seine Entscheidung" (400). Gleichwohl verbindet Herr (V/15) mit der Kirchengemeinde in Siebenbürgen "sehr viel" (401-421). Sie vermittelte ihm dort Geborgenheit, gab Hilfe und Stütze. Herr (V/15) war dort einer der gewählten Gemeindevertreter in der Bezirkskirche und sah in der Kirchengemeinde die Möglichkeit, "gehört zu werden, also etwas zu sagen und gehört zu werden." (406 f.) Zur Kirchengemeinde am neuen Wohnort, wo er seit 1985 lebt, hat er keinen Kontakt. Er meint, dafür sei bei ihm "noch zu wenig Anpassung" (412) da. Es ist für ihn "so schwierig, ob man immer verstanden wird mit dem, was man will" (414 f.). Herr (V/15) sucht sich seine Kontakte aber bewußt nicht unter "Landsleuten", weil er "aus dem Kreis herauskommen" möchte, um sich "anpassen zu können" (458). So ist er gegenwärtig mit Berufskollegen und mit Verwandten zusammen. Zu diesem Anpassungsprozeß gehört es wohl auch, daß Herr (V/15) unterscheidet zwischen dem neuen, werdenden Leben und dem alten, vergangenen Leben (555-565).

In seiner Familie ist ihm "jeder Tag wichtig", wo er sagen kann, "es ist nichts passiert, es ist gut gegangen" (422-430). Symbolische Tage unterscheidet er davon und nennt Weihnachten, Ostern, Geburts- und Gedenktage der Familie. In Rumänien feierte er mit seinen Kindern genauso Weihnachten, wie er es als Kind erlebt hatte, es war "eine Kopie"

(433). Seitdem die Familie in Deutschland ist, ist es "anders" geworden, vor allem, weil die Geschenkauswahl schwieriger wurde: "wußten wir nicht, was kaufen, damit sie sich auch freuen, weil sie hatten alles" (435-443).

Im Zusammenhang mit der Bibel beschäftigt ihn, "als Jesus mit den Jüngern das Abendmahl" (475) hielt. Hier möchte er "schon auch eine Wahrheit wissen" (479) und die Aussagen der Bibel mit der "heutigen äh Geschichtsvorstellung" in Einklang bringen. Gott ist für ihn heute "ein Symbol, das ich anrufe vor allem, wenn es mir nicht gut geht oder wenn ich an etwas zweifle oder so" (484). In "Not und Verzweiflung" (487) wendet er sich an Gott, auch wenn er insgesamt "mehr oder weniger auch nicht beschreiben kann" (486), was Gott für ihn genau bedeutet. Im Hinblick auf Jesus Christus kann Herr (V/15) wesentliche Elemente aus der Tradition benennen: der "Sohn Gottes" ist "in einer Krippe geboren und den haben die, ein Jünger hat ihn dann verraten, er ist gestorben, er ist dann auferstanden, ist im Himmel, der äh vergibt uns die Sünde, kann uns helfen, der sieht alles, was wir machen" (488-495). Gerade hinsichtlich des letzten Punktes stellt sich dann aber bei Herrn (V/15) wieder die Bedrohungsempfindung ein: "das ist jetzt wieder der Bereich wo aber wenig, wo man die Kinder ein wenig mit, mmh bedroht oder so" (494 f.).

Er selbst gibt an, heute "selten" zu beten, und wenn, dann "im Gottesdienst", oder "ganz kurz", um Gottes Hilfe zu erbitten (513-516). Dabei kann Herr (V/15) die Kirche auch mit Beten gleichsetzen: "Jung und alt die Hände falten, Gott anbeten." (602 f.)

d) Die Religiosität von Herrn (V/15)

Die Religiosität bei Herrn (V/15) ist eingebunden in seine ausgeprägte Familienorientierung, die in Verwandtschaft und Dorfgemeinschaft hineinreicht. Weihnachten wird beschrieben als Familienfest und auch die wenigen Bezüge, die Herr (V/15) zu Karfreitag hat, ergeben sich aus verwandtschaftlichen Kontakten (Urgroßeltern). In der Familie hat er durch die Mutter das Abendgebet gelernt, ein Ritus, den er in der Schulzeit wieder abgelegt hat. Auch sein Gottesverständnis in der Kindheit ist sichtlich geprägt vom Leben in der Familie. Da ist zum einen die erzieherische Funktionalisierung der Allmacht Gottes, die den Kindern Gott als ultimative Drohung vor Augen führt. Zum andern wird Gott als Ort der Hilfe vorgestellt, was für Herrn (V/15) in der Kindheit (und später wohl auch) nur schwer zusammenzudenken ist. Deshalb sagt er, sein Gottesbild bleibe "zweiseitig", "gut und böse" (342).

Die Kirche ist in diese familienorientierte Religiosität an spezifischen Punkten eingeordnet. Ein solch wesentlicher Bezugspunkt ist für Herrn (V/15) in der Kindheit der Weihnachtsgottesdienst mit seinem Festcharakter sowie dem Verteilen der Geschenkpäckchen gewesen. Weitere waren die Konfirmation sowie der Konfirmationsunterricht. Sowohl der Weihnachtsgottesdienst als auch die Konfirmation waren selbstverständliche Bestandteile der Religiosität. Wenn Herr (V/15) erzählt, daß sein besonderes Interesse im Konfirmationsunterricht dem geschichtlichen Teil galt, was für ihn verbunden ist mit der Wahrheitsfrage (vgl. 477 ff.), dann ergibt sich daraus auch das Nachdenken über seine Religiosität. So sagt er etwa im Bildteil des Interviews zum Konfirmationsunterricht, dies sei die Zeit gewesen, wo man begann "sich mit der Religion ein wenig intensiver zu beschäftigen" (85 ff.). Angesichts seines ambivalenten

Gottesverständnisses könnte dies eine willkommene Möglichkeit zur Klärung gewesen sein. Denn das Nachdenken über Religiosität konnte zu Hause offenbar nicht geleistet werden. Herr (V/15) sagt zum vermittelten Gottesbild, er "hatte keine Vorstellung von dem, weil äh das das war so wenig erklärt" (338 f.).

Allerdings setzte sich die Angst vor dem Unbekannten (vgl. 337 ff.) auch in späteren Jahren fort. Sowohl im Bildteil als auch im Fragenteil des Interviews taucht immer wieder die Angst vor dem, was die Zukunft bringen mag, auf. Sind es im Bildteil die zukünftig vorgestellten Themen Krieg, Eingewöhnung und Arbeitslosigkeit, so heißt es später bei Herrn (V/15), jeder Tag sei wichtig, an dem er sagen kann, "es ist nichts passiert, es ist gutgegangen" (426).

Im Erwachsenenalter bekam die Kirchengemeinde für Herrn (V/15) noch einmal eine neue Funktion. Durch sein Amt als gewählter Gemeindevertreter erlebte er die Kirchengemeinde als Forum, welches ihm die Möglichkeit gab, "etwas zu sagen und gehört zu werden" (407). Kirchengemeinde wurde ihm durch diese Gelegenheit, seine Person einzubringen, zu einem Ort der "Geborgenheit", der "Hilfe" und "Stütze". All dies vermißt er aber an seinem neuen Wohnort, wo er nun zur Kirchengemeinde keinen Kontakt hat. Er schreibt dies einem persönlichen Defizit zu, nämlich der noch nicht genügend vollzogenen Anpassung. Die Kirchengemeinde ist für Herrn (V/15) ein sozialer Ort, an dem er vielleicht später einmal - so seine Vorstellung - auch in Deutschland wieder teilnehmen kann. Kirchengemeinde ist für ihn weniger ein religiöser Ort, so daß ihm auch die angetragene Hypothese, einer seiner Söhne würde katholisch werden wollen, keinerlei Probleme bereitet (vgl. 400).

Wenn Herr (V/15) heute Gott als Symbol versteht, das er zwar nicht beschreiben kann, das er aber in "Not und Verzweiflung" (487) anruft, dann ergeben sich die Anlässe hierfür aus der Situation der Familie. Der Ort seiner Gottesbeziehung aber ist für Herrn (V/15) das Gebet: "für mich ist die Kirche Beten" (579). Herr (V/15) gibt an, "selten" (514) zu beten. Wenn er es aber tut, dann zeigt sich, daß das Gottesbild aus der Kindheit auch heute noch Gültigkeit für ihn besitzt: "Herr Gott hilf mir, ich weiß jetzt nicht weiter" (515 f.). Gott kommt für Herrn (V/15) da ins Spiel, wo er das Gefühl hat, mit seiner eigenen Handlungskompetenz an eine Grenze zu stoßen. Die Bedrohung vor dem Unbekannten und die Hoffnung auf Hilfe werden so verknüpft im Gebet zu Gott.

3. Analyse der Mutter

a) Vorbemerkung

Frau (M/15) wurde 1954 in Siebenbürgen geboren. Sie ist die älteste Tochter in der evangelischen Familie und hat zwei weitere Geschwister. Ihre Schwester wurde 1957 und der Bruder 1969 geboren. Frau (M/15) heiratete mit 18 Jahren und bekam zwischen 1973 und 1976 vier Söhne. In Rumänien war Frau (M/15) als Arbeiterin in einer Schuhfabrik tätig, nach der Übersiedlung der Familie nach Deutschland 1985 fand sie Arbeit in einem Altersheim der evangelischen Kirche.

Das erste Bild erinnert Frau (M/15) an ihre Kindheit: "wir waren zwei Geschwister", die "immer zusammen gespielt haben".

Beim nächsten Bild denkt Frau (M/15) an die "Landschaft" in ihrer "Heimat".

Dieses Foto verbindet sie mit einem "strengen Mann", so wie sie die Lehrer in ihrer Schulzeit in Erinnerung hat: "die waren viel strenger als hier, ich jetzt hier in der Schule sehe, da müßte mal, durfte man nichts".

Das Bild gehört für Frau (M/15) zur "Konfirmation", an die sie sich "gut erinnern" kann.

Bei den zwei folgenden Bildern denkt sie an ihre Kinder, "als sie klein waren".

Auch dieses Foto ordnet sie in die Zeit ein, als sie "verheiratet war, Kind hatte" und erinnert sich an das Anzünden einer Kerze.

Das nächste Bild stellt für sie die Großeltern dar, die "sehr viel für unsere Jungen getan haben". Angesichts von vier Kindern in vier Jahren war es für Frau (M/15) ein "großes Glück", daß die Großeltern "mit angeholfen haben". Die Eltern ihres Mannes sind ihr inzwischen "so ans äh Herz gewachsen, nicht, wie wenn es meine Großeltern wären".

Auf diesem Bild sieht Frau (M/15) die "Oma" sitzen, die für sie eine "ganz, ganz liebe" Person war.

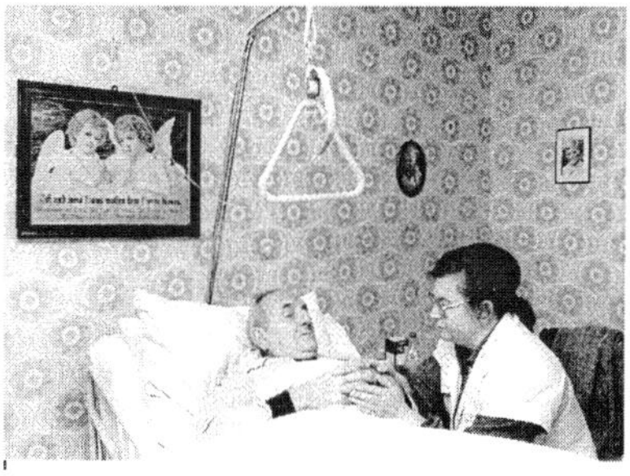

Dieses Bild steht bei Frau (M/15) einerseits im Zusammenhang mit ihrer Tätigkeit im Altenheim, die sie so umschreibt: "wie man sie pflegt und hilft, und wenn sie auf dem Wege sind, daß sie sterben und so, daß man ihnen gutes Wort sagt". Diesen Beruf der Pflege alter Menschen macht sie andererseits nicht zuletzt deshalb "aus Liebe", weil ihr die Großeltern "so ans Herz gewachsen" sind.

Das Bild links gehört in den Themenkreis Großeltern. Hier sieht sie den Großvater, der "ein sehr guter Mann" war und ihr bei der Arbeit auf dem Hof in Siebenbürgen "immer geholfen" hat.

Dieses Foto erinnert Frau (M/15) daran, wie die Familie nach Deutschland kam und man zum ersten Mal "in ein Kaufhaus gegangen" ist. Durch die Vielfalt der Waren, die sie nicht kannten, war es für sie so, "wie wenn wir in Paradies wären".

Das letzte ausgewählte Bild erinnert Frau (M/15) an die "Beerdigung von meinem Schwiegervater", der für sie "auch ein sehr guter Mensch" war. In Siebenbürgen war es "ganz anders" als in Deutschland, da sie dort mit den Schwiegereltern zusammen wohnten. Der Schwiegervater war zu ihr "wie mein eigener Vater". Demgegenüber erwähnt sie auch einen Konflikt mit ihren Eltern, die sie "wie verstoßen" haben. Sie bedauert, daß der Schwiegervater "so früh sterben mußte".

Zusammenfassung: Die Bildauswahl von Frau (M/15) berührt Szenen aus ihrem gesamten Lebenslauf. Ein deutlicher Schwerpunkt liegt dabei auf dem Leben mit der Familie ihres Mannes. Aus ihrer Herkunftsfamilie wählt sie ein Bild aus, auf dem sie sich mit ihrer Schwester sieht. Der um 15 Jahre jüngere Bruder spielte in dieser Konstellation keine Rolle. Neben dem Bild zur heimatlichen Landschaft erwähnt sie aus dieser Zeit noch die Schule, in der sie die Lehrer als sehr streng erlebt hat, und den Konfirmationsunterricht, an den sie sich "gut" erinnern kann. Danach folgen neun weitere Bilder, die alle mit ihrer jetzigen Familie zu tun haben. Erwähnt werden einmal die Kinder und mehrmals die Großeltern, von denen Frau (M/15) sich sehr unterstützt und akzeptiert fühlte. Nach einem Konflikt mit den Eltern erlebte sie hier die Aufnahme in eine neue Familie. Die ihr dabei entgegengebrachten Angebote zur Hilfe und die Freundlichkeit ihrer Schwiegereltern werden in den kurzen Erzählungen zu den Bildern immer wieder thematisiert.

c) Systematische Analyse des Fragenteils

Frau (M/15) stammt aus einer Familie, in der der Vater "sehr streng" (209) zu den Kindern war. Im Gegensatz dazu erlebte sie bei der Mutter, daß diese ein "Auge, wie schon gesagt, mal zugedrückt" (209) hat. Auf Sauberkeit wurde in der Familie sehr geachtet, die für Frau (M/15) noch heute sehr wichtig ist. Entscheidungen wurden in der Herkunftsfamilie ohne die Kinder gefällt (226). Die Familie war vorwiegend mit Verwandten zusammen, später hatten die Eltern von Frau (M/15) auch ein "Kränzchen" (204), zu dem sie sich hielten.

An Weihnachten (127-139) ging die Familie zunächst in die Kirche, wo es für Kinder und alte Leute Geschenke gab. Danach wurde zu Hause im Familienkreis mit einer Bescherung gefeiert, worüber sich die Kinder "riesig gefreut" (136) hatten. Später am Abend besuchte man die Großeltern und traf sich dort im Verwandtenkreis.

Karfreitag wurde in der Herkunftsfamilie von Frau (M/15) "gefastet" (141), d.h. es wurde nichts "mit Fett gegessen, alles nur mit Öl" (142). Auch gab es zu Hause eine Zeitlang ein Tischgebet (144-151). Die Mutter, nicht aber der Vater, brachte den Kindern auch bei, abends zu beten (152-155). Frau (M/15) sagt, daß sie auch jetzt noch jeden Abend das Vaterunser betet.

Besonders beeindruckend war in der Kindheit für Frau (M/15) die Mutter. Während sie vom Vater sagt, "mein Vater war ein ganz anderer Mensch, und war sehr böse mit uns und so" (162 f.), war die Mutter jemand, die die Kinder "ein bißchen mehr beschützt" (164) hatte.

Vom Konfirmationsunterricht - Religionsunterricht in der Schule gab es nicht - hatte Frau (M/15) vorher gehört, daß es dort "so streng" (167) zugehe. Der Katechismus mußte "ganz auswendig" (170) gelernt werden und Frau (M/15) meint heute, "das hat uns auch wirklich gut getan" (172). Vom Pfarrer selbst sagt sie, er "hat so schön gepredigt" (178). In seinen "privaten Sachen" (179) allerdings war er für sie "ein ganz ein schlechter Mensch" (179), was sie so umschreibt: "so wie es halt in Rumänien war, die, mit Securitate und das alles, der hat da ja mhm." (180 f.).

"Gott" bedeutete für Frau (M/15) in der Kindheit "außer den Eltern" das "Wichtigste" (182-197). Dabei fühlte sie sich von Gott durchaus "beobachtet", und war von daher stets darum bemüht, wenn sie "mit jemandem Streit" hatte, "gleich, daß ich das gut mache, also daß ich nicht äh schuld irgendwo bin".

Ihren eigenen Kindern hat Frau (M/15) zu vermitteln versucht, "daß wir noch beten sollen" und sie meint, "es ist schon gut, wenn man an Gott glaubt" (231-245). Wenn einem im Leben "was Schlimmes daneben geht", dann, so sagt sie, denkt man an Gott. Sie wollte den Kindern aber vermitteln, daß sie "halt immer die Hände zusammentun und beten". Sie hat aber erlebt, daß die Kinder seit der Übersiedlung nach Deutschland "ganz anders" wurden: "die Welt ganz anders, da waren sie auch ganz anders".

Frau (M/15) hätte nichts dagegen, wenn einer ihrer Jungen ein katholisches Mädchen heiraten würde, denn "überall in jeder Kirche, sage ich jetzt, glaubt man ja an Gott" (254). Aber sie wäre gegen den Kirchenaustritt eines ihrer Kinder: "Also ich wäre, äh äh für das wäre ich nicht." (257).

Bei dem Thema "Kirchengemeinde" denkt Frau (M/15) zuerst daran, "wie es bei uns jetzt war", also an die Zeit in Siebenbürgen (260-271). Diejenigen, die "da gewählt wurden", entschieden, welche gemeinsame Arbeiten zu verrichten waren. Zur Kirchengemeinde ihres heutigen Wohnorts hat sie aber keinen Kontakt. Auch nach sieben

Jahren ist es für sie immer noch eine "große Umstellung", denn hier ist es "ganz anders wie es bei uns war, nicht!". Ansonsten hat Frau (M/15) Kontakt zu Arbeitskolleginnen, einer Siebenbürger Nachbarin und den Verwandten (287-301). Zu ihren eigenen Eltern, die auch am Wohnort der Familie 15 leben, hat sie keinen Kontakt mehr.

An Weihnachten, das die Familie ansonsten "genau so" wie früher feiert, gehen sie "nicht in die Kirche" (284). Dafür besuchen sie jetzt das "Grab von meinem Schwiegervater und Großeltern" (285) und danach trifft sich "die ganze Familie" bei ihnen.

Frau (M/15) denkt häufig an ihren Konfirmationsspruch, den sie "nicht vergessen" (328) kann und den sie wie folgt erinnert: "Herr, dein Wort ist meines Fußes Leuchte und ein Licht auf meinem Wege" (325 f.). Gott ist für sie heute "genauso" (313) wie früher. Durch die Krankheit ihres zweiten Sohnes hat sie aber "noch mehr Glauben" (318) und "Hilfe" (319) bekommen. Von Jesus Christus sagt sie, er war "ein Armer" (323), der den Leuten, die "falsch waren, schlimm und so" (324), geholfen hat, "richtig alles zu machen" (325).

Frau (M/15) betet auch heute noch "jeden Abend" (353). Dabei kann sie die "Kirche" mit dem Beten gleichsetzen: "die Kirche stelle ich mir vor, Beten" (443 f.).

Das Verhältnis ihrer Kinder zu den Großeltern beschreibt sie als ein "ganz gutes Verhältnis" (336). Auf die Frage, ob zwischen Großeltern und Kindern auch Religion eine Rolle spielte, sagt sie zunächst: "ich weiß es nicht" (344). Dann ergänzt Frau (M/15), daß sie schon versucht haben, den Kindern "so ein bißchen Respekt" beizubringen. Eine Familie, in der nur "jeder für sich" (396 f.) lebt, entspricht nicht ihrer Leitvorstellung.

d) Die Religiosität von Frau (M/15)

Die Bezugsperson in der Herkunftsfamilie von Frau (M/15) war die Mutter. Während sie den Vater in seinen Forderungen als "sehr streng" und geradezu als "böse" in Erinnerung hat, hatte die Mutter die Rolle der Beschützerin. Auch im Bereich der Religion trennt sie zwischen Vater und Mutter. Während die Mutter mit den Kindern abends betete, erklärt Frau (M/15) ausdrücklich, der Vater habe ihr das nicht beigebracht. Die großen christlichen Feste wurden in der Familie durchaus in Bezug zur kirchlichen Tradition begangen. Weihnachten ging man zum Gottesdienst und Karfreitag wurde in der Familie gefastet.

Die Einstellung zur Institution Kirche ist bei Frau (M/15) einerseits von der Festtags-Funktion geprägt, andererseits hat sie durch den Konfirmationsunterricht und den damaligen Pfarrer auch Distanz zur Kirche aufgebaut. Den Konfirmationsunterricht belegt sie mit dem gleichen Attribut wie das Verhalten ihres Vaters: "streng". Und wie beim Thema Vater und Sauberkeit bewertet sie auch hier im nachhinein das Erlebte als gut und nützlich. Den Pfarrer hält sie durch dessen private Verstrickungen für einen "schlechten Menschen". Gegenwärtig hat sie keinen Kontakt zur Kirchengemeinde an ihrem neuen Wohnort. Auch an Weihnachten besucht sie den Gottesdienst nicht mehr. Dafür geht sie jetzt an Heilig Abend mit der Familie auf den Friedhof, die Gräber der Großeltern und des Schwiegervaters besuchen.

Weder in der Kindheit noch jetzt kam der Kirchengemeinde bei Frau (M/15) eine konstitutive Rolle für ihre Religiosität zu. Vielmehr entwickelte sich und besteht die

Religiosität bei ihr *neben* der Kirche. Das Zentrum ihrer Religiosität findet sich im Beten. War der dazugehörige soziale Ort in der Kindheit die Familie, so ist Frau (M/15) heute auf sich selbst verwiesen. Sie hat zwar versucht, auch ihren Kindern die Bedeutsamkeit des Gebets aus ihrer Sicht nahezubringen. Sie stellte dabei aber fest, daß die Kinder "nicht mehr halt so" (242) sind.

Ihre Gottesvorstellung stellt sich im Interview in zwei großen Komponenten dar. Grundsätzlich gilt für sie, daß Gott "das Wichtigste" neben der Familie ist. Ihr Konfirmationsspruch: "Herr, dein Wort ist meines Fußes Leuchte und ein Licht auf meinem Wege" bedeutet ihr "alles" (330). In der Kindheit verband sie Gott mit Aspekten aus dem moralischen Bereich. Er "beobachtete" sie und ihr Verhalten und sie versuchte, jegliche entstandene Schuld gleich wieder gut zu machen (192 ff.). Diese Seite tritt noch einmal hervor, wenn sie von Jesus Christus spricht und dessen Tun so umschreibt, daß er den Leuten hilft, "richtig alles zu machen" (325). Daneben benennt sie aber Gott auch als den Ort der Hilfe. Durch die Erfahrungen im Zusammenhang mit der Krankheit eines ihrer Kinder trat diese Seite ihres Gottesbildes "viel mehr" (315) für sie hervor. Die Grundtendenzen Anspruch und Unterstützung, die sie ehedem bei ihren Eltern erlebte, kehren so abgewandelt im Gottesbild wieder. Und wie es bei den Eltern die Mutter war, die ihr näher stand, so ist es jetzt auch die Unterstützung Gottes, die für sie im Erwachsenenalter an Bedeutung gewann.

4. Analyse des 1. Kindes (Sohn)

a) Vorbemerkung

Herr (1S/15) wurde 1973 als erstes Kind in Siebenbürgen geboren. In den folgenden drei Jahren wurden drei weitere Söhne geboren. Nach der Übersiedlung 1985 nach Deutschland wurde Herr (1S/15) bald konfirmiert. Er besuchte die Hauptschule und absolvierte danach eine Ausbildung zum Kfz-Mechaniker. Herr (1S/15) wohnt noch, wie seine drei Brüder, bei seinen Eltern.

Das erste Bild erinnert Herrn (1S/15) an seine "Jugend" in Rumänien. Diese Zeit war für ihn sehr "naturverbunden" und das Aufwachsen auf dem Land beschreibt er so: "also ungebunden, also frei, froh am Leben und so halt überhaupt".

Das zweite Bild bringt er in Verbindung mit dem "Glauben" und diesen wiederum mit "Uroma, Oma und so und halt mit den Eltern". Die Kirche war seiner Meinung nach damals "für die Deutschstämmigen" in Rumänien "der einzige Halt". Seine Familie hat "ziemlich viel mit der Kirche zu tun gehabt", ist zum Beispiel "am Wochenende in die Kirche gegangen", wobei er hier die Jugendlichen ausnimmt und vorwiegend "schon die älteren Leute" meint.

Auf diesem Bild erkennt Herr (1S/15) einen Mann, der sich "rührend" um ein Kind kümmert. Dies bringt er in Zusammenhang mit seinen Eltern, die sich auch um ihre Kinder "so gesorgt haben also, daß sie auch etwas erreichen im Leben".

Die Kartoffelernte auf diesem Foto weckt bei Herrn (1S/15) Erinnerungen an die Arbeit auf dem Feld in Siebenbürgen, bei der auch er und seine Geschwister als kleine Kinder "natürlich auch immer dabei" waren.

Dieses Bild ist für Herrn (1S/15) "ein Stück Natur", dem die Zerstörung durch den Menschen droht. Es ist für ihn wichtig, daß die Menschen lernen, "mit der Natur in Einklang leben" zu können. Wenn er "so draußen" steht, dann ist das für ihn "herrlich" und erweckt in ihm Assoziationen "von Freiheit, von Abenteuer".

Das nächste Bild steht für Herrn (1S/15) für das Thema "Tod". Der Tod gehört nach seiner Meinung "einfach zum Leben" dazu. Er erzählt, daß er durch den Tod der Urgroßeltern zum ersten Mal unmittelbar betroffen war. Der darauffolgende Tod seines Großvaters hat ihn "schon also ziemlich mitgenommen". Zum Großvater hatte er eine "Vertrauensbasis". Die Alten in seiner Familie waren insgesamt wichtig für ihn, waren sie doch jemand "auf die du hören kannst oder hast jemand für dich gehabt, waren immer hilfsbereit".

Dieses Bild verbindet Herr (1S/15) mit jemandem, der "so nachdenklich" schaut, weil er vielleicht weiß, daß es "sich nicht da zu kämpfen" lohnt, allzumal wenn es dabei um "eine verlorene Sache" geht. Für Herrn (1S/15) denkt dieser Mann darüber nach, "warum ist er jetzt da und kämpft und puh und mordet vielleicht", eine Situation, die er sich gut in "Jugoslawien, Ex-Jugoslawien" vorstellen könnte.

Das folgende Bild weckt in Herrn (1S/15) das Lebensgefühl, "eingesperrt", "nicht frei", "umzingelt" zu sein. Er sagt, dies "ist halt so, wie wir früher waren, in den diktatorischen Ländern". Nicht frei zu sein heißt für ihn, seine "Meinung nicht sagen" sowie seinen "Glauben einfach nicht so richtig ausleben" zu können.

Mit diesem Bild erinnert sich Herr (1S/15) an "alte Leute", vor allem an seine Großeltern, zu denen er ein "enges Verhältnis" hatte. Er fand es bei "Oma und Opa" immer "fröhlich", und es hat ihm "Spaß gemacht, ihnen zuzuhören, die alten Geschichten und so". Auch das Leben auf dem Bauernhof war für ihn "faszinierend", z. B. "wenn ein Schwein geschlachtet wurde, waren wir halt als kleine Kinder dabei". Die Großeltern waren für ihn auch "Vorbilder", und sie waren "einfach akzeptiert, die Leute".

Auch zur Uroma, die Herr (1S/15) mit dem nächsten Bild verbindet, hatte er eine enge Beziehung. Als die Eltern beim Arbeiten waren, haben die Urgroßeltern "für uns gesorgt" und "waren immer für uns da". Er bewundert, wieviel sie mitgemacht haben in ihrem Leben und meint "die Leute, die waren einfach stark".

Dieses Bild interpretiert Herr (1S/15) im Sinne von "noch in alten Jahren einfach Lebensfreude" zu haben. Er findet es "einfach faszinierend", wenn alte Menschen "eine so lange Beziehung ausgehalten haben" und "fest in schweren Zeiten, in guten Zeiten zueinander halten".

Das letzte ausgewählte Bild ist für Herrn (1S/15) ein "Ahnenbild". Obwohl er "alles nur vom Sagen und vom Erzählen" kennt, ist er doch "mächtig stolz" darauf, als (Name der Familie) geboren zu sein. "So viele Leute" haben seine Ur- und Großeltern gekannt. "Früher, wenn alle zusammengekommen sind" empfand er dies als eine "richtig große Familie". Auch wenn inzwischen viele verstorben sind, so leben sie doch "im Unterbewußtsein noch mit uns mit". Herr (1S/15) glaubt auch, daß die alten Bilder seiner Oma "noch Kraft und so, Kraft zum Leben" geben.

Zusammenfassung: Die von Herrn (1S/15) ausgewählten Bilder beschäftigen sich fast durchweg mit seiner Familie. Ausgenommen sind davon zwei Bilder, mit denen Herr (1S/15) die Zerstörung der Natur bzw. das als sinnlos erachtete Kämpfen in einem Krieg verbindet. Ansonsten liegt der Schwerpunkt auf dem Leben der Familie in Siebenbürgen. Dort erlebte Herr (1S/15) seine Kindheit auf dem Land als "ungebunden", dort war die Familie sozial anerkannt. Dies gilt auch angesichts der politischen Lage in Rumänien, die er diktatorisch nennt, aber deren Auswirkungen er wohl als Kind nur wenig mitbekommen hat.

Ein starker Bezug besteht zu den Groß- und Urgroßeltern. "Vorbild", "starke Leute", "Lebensfreude" sind Aussagen, die Herr (1S/15) mit ihnen verbindet. Auch den Tod erwähnt er hier, der für ihn "zum Leben dazugehört". Schließlich ist er insgesamt "mächtig stolz" Mitglied dieser Familie zu sein. Das Thema Religion wird lediglich an einer Stelle bewußt genannt und hier in Bezug zu Eltern, Verwandten und Kirche gesetzt.

Weihnachten (234-249) erlebte Herr (1S/15) in seiner Kindheit als "immer etwas Fröhliches" in der Familie. Von der Kirche aus wurde ein "Krippenspiel" eingeübt und am Heiligen Abend ging die ganze Familie zur Aufführung in die Kirche. Das "Beste" war für Herrn (1S/15), daß es nach dem Gottesdienst "immer die Geschenke gegeben" hat. In einer kleinen Tüte waren "vielleicht eine Blutorange oder Schokolade", beides Dinge, die es sonst nicht zu kaufen gab.

Karfreitag ist für Herrn (1S/15) dagegen mit keiner Erinnerung verbunden, er fragt nach: "Oh Gott, Entschuldigung, wenn ich frage, was das ist?" (253). Es fällt ihm ein, daß es Ostern für Jungen und Mädchen ein Ei gegeben hat.

Tischgebet und Abendgebet verbindet Herr (1S/15) mit der Groß- bzw. Urgroßmutter, als er ein "ganz, ganz kleines Kind" (264) war.

Sein Urgroßvater war für ihn eine besonders beeindruckende Person, eine "Lebenserscheinung" (272). Der Uropa war "lebensfroh und fit" (274) und auch der Großvater hat ihn durch das Erzählen von Geschichten beeindruckt: "er hätte stundenlang erzählen können, weil es einfach so faszinierend war und überhaupt, weil ich, Geschichten sind sehr interessant, was da in der Vergangenheit und so, mit meinen Vorfahren und so, was da für uns zum Beispiel vorgegangen ist, das hat mich schon ziemlich viel interessiert." (282-285)

Den einmal in der Woche außerhalb der Schule stattfindenden Religionsunterricht fand Herr (1S/15) "unterhaltsam" (294) und den Pfarrer "ziemlich freundlich" (296). Er erinnert sich, daß da "die alten Geschichten vorkamen aus der Bibel" und daß viel gemalt wurde, "wie wir uns Gott vorstellen" (293).

Gott war für ihn in seiner Kindheit "ein großer starker Mann" (299), der "da oben hockt und so" (300) und zuschaut, ob "du was Böses oder was Schlimmes machst" (302) und dann auch dementsprechend straft: "später wirst du dann leiden müssen" (303). Diese Vorstellung hat ihm seine Großmutter vermittelt.

In der Familie, die ihre Kontakte nicht nur im Verwandtschaftskreis hatte (305-308), waren Sauberkeit und Pünktlichkeit (309-322) von hohem Wert. Die Kinder durften beim Essen nicht mitreden und auch nicht "einfach aufstehen vom Tisch" (313). Herr (1S/15) sieht sich von dieser Erziehung auch geprägt. Heute betrachtet er die Familie als einen "Raum, der mir Kraft und Halt gibt" (467 f.) Seine Großmutter und seine Eltern sind für ihn auch heute noch Personen, zu denen er gehen könnte, wenn es ihm schlecht geht (454-461).

Sein Freundeskreis stammt aus der Schule, dem Fußballverein und der Arbeit. Herr (1S/15) sagt von sich, er kommt "halt mit jedem zurecht" (392). Wichtig ist ihm die "Gemeinschaft, wo nicht jeder für sich allein ist, sondern in der Gruppe" (447-449).

Während früher Religion für Herrn (1S/15) etwas "Faszinierendes" war, ist es heute "ziemlich anders" (336). Am neuen Wohnort ist es nicht mehr so, "wie bei uns unten damals" (338). Am Wochenende geht die Familie nicht in die Kirche. Herr (1S/15) meint, "es muß nicht, daß du unbedingt in die Kirche gehst, sonst bist du nicht gläubig, sondern zu

Hause betest und an Gott glaubst, ist es manchmal vielleicht mehr, als wenn du dauernd in der Kirche bist." (344-346).

Kontakt zur Kirchengemeinde hat Herr (1S/15) seit der Konfirmation nicht mehr, weil bei ihm "kein Interesse da" (366) ist. Obwohl er seine eigenen Kindern später mal "nicht festlegen" (351) möchte, will er sie doch taufen lassen. Er möchte nicht "stur auf, zum Beispiel auf etwas zugehen und sagen, das ist Gott und das andere interessiert mich nicht" (353 f.). Demgegenüber sagt er, "alles, alles jeder Mensch hat irgendetwas mit Gott, mit Religion zu tun" (354 f.). Einen hypothetischen Übertritt seiner Kinder zum Katholizismus würde er in deren Entscheidung belassen.

Zum Stichwort Bibel fällt Herrn (1S/15) "nichts ein" (395). Gott ist für ihn jemand, der ihm dabei hilft "an mich selber zu glauben" (406 f.). Jesus Christus versteht er als "Sohn Gottes" (412), der mit den Jüngern durch das Land gezogen ist, und dabei "jedem geholfen" (413) hat. Das Thema "Glaube" verbindet er stark mit seiner Großmutter, die dies öfter im Gespräch mit ihm thematisiert hat (429 f.).

Ein Gebet spricht Herr (1S/15), wenn er "so unschlüssig" (434) ist, wobei er sagt, "das ist nicht direkt beten" (434 f.). Vielmehr ist es eine Art, "selber sich zureden, daß du Mut, daß du selber, also nicht beweisen, sondern ja selber siehst oder was" (436-438).

d) Die Religiosität von Herrn (1S/15)

Die Ausführungen von Herrn (1S/15) sind von zwei Faktoren wesentlich geprägt. Da ist zum einen die Erinnerung an die alte Heimat in Siebenbürgen. Dort war das Leben für ihn als Kind einerseits ungebundener, andererseits war die Familie stärker in ein soziales Netz integriert. Neben die Erinnerung an die Zeit in Siebenbürgen tritt aber zweitens die auffällig starke Familienbindung bei Herrn (1S/15), die sich nicht nur auf die Eltern, sondern auch ganz besonders auf die Ur- und Großeltern bezieht. Das Thema Religion hat hier für Herrn (1S/15) einen bedeutsamen sozialen Ort, indem er nicht nur alte Leute mit der Kirche vorwiegend in Bezug setzt, sondern auch von seiner Großmutter ein bestimmtes Gottesbild vermittelt bekommen hat. Dieses Gottesbild setzte sich bei ihm in der Kindheit aus Macht und Androhung von Strafe zusammen. Die Kirche spielte dabei für ihn in der Kindheit eher eine Nebenrolle, auch wenn er aus heutiger Sicht den Bezug seiner Eltern zur Kirche in Siebenbürgen hervorhebt.

Heute hat die Familie keinen Kontakt mehr zur Kirche, was er selbst darauf zurückführt, daß "hier" in Deutschland alles anders sei. Er plädiert statt dessen für eine Religion "zu Hause", wobei er in jedem Menschen und überall etwas Religiöses zu finden glaubt. Sein heutiges Gottesverständnis ist denn auch geprägt von Vorstellungen der Selbstfindung. Gott ist für ihn heute das, was ihm hilft, an sich selbst zu glauben. Im Gebet versucht er, sich selber Mut zuzusprechen. Dabei sind ihm einzelne Elemente kirchlicher Dogmatik durchaus bekannt, etwa zur Person Jesu Christi. Gleichwohl ist hier aber auch zu sehen, daß Karfreitag für ihn inhaltsleer geworden ist. Er kann nicht von sich aus diesen Tag mit der Passionsgeschichte verbinden. Einen Kontakt zur Kirchengemeinde hat er seit der Konfirmation nicht mehr.

In seiner Selbstfindung geht es ihm aber nicht nur um die eigene Person, sondern auch um das Eingebettetsein in den Zusammenhang der Familie. Auch wenn er die soziale

Einbettung Siebenbürgens nicht mitnehmen konnte, so tradiert er doch den Stolz, ein [Name der Familie] zu sein. Die Familie ist immer noch bei ihm das Zentrum seiner Lebensstruktur: "ein Raum, der mir Kraft und Halt gibt" (467 f.).

5. Zusammenfassung und Verknüpfung der Einzelanalysen

Zur familienbezogenen Lebenswelt der Frau (GMv/15) gehört mit hinzu, daß auch Religion ihren Ort in der Familie hat. Das gilt in ganz ähnlicher Weise für ihren Sohn, Herrn (V/15). Gleichwohl ist Herr (V/15) durch sein früheres Engagement als Gemeinde- und Bezirksrat mit der Kirche in einer anderen Weise verbunden als seine Mutter. Für ihn war Kirche auch ein wichtiger sozialer Ort, indem er "etwas zu sagen hatte" und "gehört wurde". Für Frau (GMv/15) war Kirche dagegen nur ein Teil der umfassenderen Dorfgemeinschaft. So besuchte man die Gottesdienste, war stolz auf die lange Organistentradition in der Familie, hatte aber trotz alledem zum Pfarrer ein eher distanziertes Verhältnis. Nach der Übersiedlung in die BRD konnten sowohl Frau (GMv/15) als auch Herr (V/15) keine neuen Kontakte zur Kirche knüpfen. Während Frau (GMv/15) dies mit ihrer vielen Arbeit begründet, die sie im Berufsleben und durch die Pflege der Verwandten hatte, hält Herr (V/15) sich noch nicht für "angepaßt" genug, um in der Kirche mit seinen Problemen verstanden zu werden. Für ihre jeweilige Religiosität bedürfen sie beide der Kirche nicht.

Diese Religiosität gründet bei Frau (GMv/15) auf einem Gottesverständnis, wonach Gott einerseits der Retter aus der persönlichen Not, andererseits aber auch der das böse Verhalten rächende Gott ist. Dieser letztere Aspekt ist ihr bereits so von der Großmutter vermittelt worden und findet sich auch, in abgewandelter Form, bei ihrem Sohn wieder. Denn für Herrn (V/15) ist Gott "gut und böse", da er einerseits Hilfe gewährt, andererseits aber auch mit Strafe droht. Während Frau (GMv/15) darin ein Zeichen der guten Gerechtigkeit Gottes sehen kann - wie sie es am ungerecht handelnden Pfarrer erlebte - ist dieser ambivalente Gott für Herrn (V/15) selber bedrohlich. Im Zusammenhang mit dem Wunsch nach Klärung eines solchen zweiseitigen Gottesbildes steht bei ihm die immer wieder geäußerte "Frage nach der Wahrheit". Dies ist etwas, was in der religiös geprägten Lebenswelt von Frau (GMv/15) dagegen gar keinen Platz hat. Die ihr vermittelten religiösen Gehalte und Bräuche werden von ihr beibehalten, ohne daß sie einer kritischen Reflexion unterzogen würden. Vielmehr leidet sie darunter, daß sie ihre religiöse Vorstellungswelt nur schwerlich an die Kinder und Enkelkinder vermitteln konnte. Während Herr (V/15) dabei auch den Ausgleich mit der Moderne sucht, indem er die Religion dem Kriterium der (historisch bestimmten) Wahrheit unterziehen will, reflektiert Frau (GMv/15) über die veränderte Welt, die keinen Platz mehr zu haben scheint für die ihr lieb gewordenen religiösen Traditionen. Daran leidet sie.

Frau (M/15) hat eine Herkunftsfamilie, in der sie die elterliche Ambivalenz eines strengen Vaters und einer gütigen Mutter erlebt hat. Auch hier war die Religion eher familien- als kirchenbezogen. In ihrer Kindheit war Gott für sie das "Wichtigste" neben den Eltern. Wie bei ihrem Mann tritt das Moment der Beobachtung und der sich daraus möglicherweise ergebenden Schuld in den Vordergrund. Und auch die Unterscheidung zwischen der Kirche in Siebenbürgen und der Kirche in Deutschland hat sie mit ihrem Mann gemeinsam. Die Kirche in Siebenbürgen war für sie beide ein sozialer Ort, an dem man gelegentlich gemeinsame Arbeiten verrichtete. Die Brücke zur Religiosität schlagen Herr (V/15) und Frau (M/15) durch die Gleichsetzung von Kirche und Beten. Das persönliche Gebet wird zum wichtigsten Medium der Gottesbeziehung. Darin unterscheidet sich Frau (M/15) zunächst von ihrem Mann, der angibt, nur selten zu beten, während sie täglich das Vaterunser spricht. Allerdings ist für beide in der Gottesbeziehung der Aspekt der Hilfe ganz wesentlich. Herr (V/15) bezieht diese Hilfe stark auf seine Person, die er allerdings in den Dienst der Familie gestellt sieht. Frau (M/15) rückt hier von vornherein die Belange der Familie in das Gebet mit hinein. Während Herr (V/15) seine eigene Religiosität überlagert sieht von den Bedürfnissen des Alltags der Familie, erlebte Frau (M/15) vor allem durch die Erkrankung ihres zweiten Sohnes eine Intensivierung ihres Glaubens.

Auf die Kinder haben im religiösen Bereich vorwiegend die Großmutter und die Mutter eingewirkt. Für den ältesten Sohn, Herrn (1S/15) waren es die Ur- sowie die Großeltern, die für seine Religiosität entscheidend waren. So nimmt es nicht wunder, daß das Bild vom strafenden Gott hier wiederkehrt. Ebenso wie die Großeltern und Eltern hat auch Herr (1S/15) keinen Bezug zur Kirche in Deutschland aufbauen können. Kirchliche Traditionen bringt er aber auch aus Siebenbürgen nur begrenzt mit. In seinem Gottesbild ähnelt er am ehesten dem Vater. So wie schon beim Vater der Glaube tendenziell auf die Stärke des eigenen Ichs bezogen war, wird dies beim Sohn fortgeführt. Gott ist hier derjenige, der ihm hilft, an sich selbst zu glauben. Das Gebet wird beschrieben als ein Vorgang, innerhalb dessen er sich selber zuredet. Anders als die Welt seiner Kindheit, in der die Verwandtschaft und Dorfgemeinschaft das Leben prägte, erlebt er heute eine Umwelt, die sich zunehmend von den traditionellen sozialen Bindungen löst und auf die Stärke des Individuums focusiert wird.

Nach wie vor faszinieren ihn die Erzählungen seiner Großeltern aus vergangenen Tagen. In seiner Form der Religiosität zeigt er, daß er durchaus an der vermittelten Familienreligiosität festhalten möchte. Allerdings versucht er einen Ausgleich mit den ihn umgebenden Rahmenbedingungen zu schaffen. So will er die Kinder taufen lassen, möchte sie aber religiös nicht festlegen. Die durch die Familie geprägte religiöse Tradition, die für die Großmutter (und die Mutter) fraglos galt, für den Vater fraglich wurde, ist beim Sohn nun, aufgrund seiner fortgeschrittenen Einpassung an die neue Umwelt, freier verfügbar geworden. Dabei werden die Elemente der Beziehung zwischen Familienreligion und Dorfgemeinschaft nicht einfach ausgetauscht, sondern sie werden unter den Bedingungen der neuen Umwelt transformiert. Es zeigt sich also, daß der "Selbstbezug" des Glaubens von Herrn (1S/15) ebenso gesellschaftlich vermittelt ist wie der Familienbezug bei Frau (GMv/15). Die Mutter, Frau (M/15), formulierte dies im Hinblick auf ihre vier Kinder so: "Als wir jetzt nach Deutschland dann gekommen sind, ich weiß es nicht, ich, hängt es jetzt von dem ab oder es muß nicht sein, aber ich weiß nicht, die Welt ganz anders, da waren sie auch ganz anders." (242-244).

D. RELIGIOSITÄT IM PROZEß DER GENERATIONEN

VORBEMERKUNG

Waren die drei Fallstudien im vorherigen Kapitel auf die Entwicklung in einzelnen Familien bezogen, so werden die aus den Interviews sich ergebenden Aussagen jetzt innerhalb der Generationen betrachtet, um daran generationenspezifische Muster der Veränderung von Religiosität im Lebenslauf beschreiben zu können. Die bisherigen Ergebnisse der Fallstudien werden dabei aufgenommen und eingereiht in die ähnlich oder ganz anders gearteten Entwicklungsprozeße innerhalb der jeweiligen Generationslagen. Das wird es im einen oder anderen Fall auch möglich machen, die gewonnenen Einzelergebnisse der Fallstudien fortzuschreiben.

Wird also damit die Binnenperspektive auf der Ebene der Familiensysteme verlassen, so treten nun hinsichtlich der Generationslagen sozialgeschichtliche Aspekte stärker in den Vordergrund. Sie geben in diesem Kapitel den Rahmen dafür ab, in den dann die jeweiligen Formen religiöser Artikulation eingezeichnet werden können.

Wir beginnen mit der Generationenanalyse der acht Land-Familien. Auch wenn nur noch ein sehr geringer Prozentsatz der Bevölkerung auf dem Land lebt, so hat die Analyse dieser Familien doch für unsere Untersuchung einen besonderen Stellenwert. Anhand dieser Familien läßt sich im Drei-Generationen-Verlauf der Übergang von traditional bestimmten, in sich geschlossenen Sozialformen - sei es die Familie, die Verwandtschaft oder die Dorfgemeinschaft - zu den ebenso offenen wie selbst zu konstruierenden Sozialgebilden der Gegenwart studieren. Die älteste der hier befragten Personen ist 1904 geboren, die jüngste 1976. Es wird sich gerade bei den Landfamilien zeigen, daß dieser Prozeß keineswegs als abgeschlossen bezeichnet werden kann, sondern daß hier traditionale neben modernen Lebensformen zu stehen kommen und somit ein eigentümliches Gemisch eingehen. Darüber hinaus gewähren die Analysen natürlich auch Einblick in die oft klischeehaft verzeichnete soziale Realität der Landbevölkerung.

Während die Landfamilien in ihren Soziallagen zumindest in der Großeltern- und Elterngeneration eine große Ähnlichkeit aufweisen, kann dies von den zwölf Stadtfamilien keineswegs gesagt werden. Hier kommen die in Deutschland Mitte des 19. Jahrhunderts entstandenen sozialen Klassenunterschiede zunächst sehr deutlich zum Tragen, wenngleich sich dies schon in der Eltern-, vor allem aber in der Kindergeneration im Sinne einer Auflösung der traditionalen Sozialmilieus auch ebenso deutlich abschwächt. Das bedeutet dann keineswegs, daß die Lebensformen sich angleichen, wohl aber, daß der Bezugsrahmen dafür nicht mehr durch die Klassenzugehörigkeit formuliert werden kann. Hier ist die älteste Person 1908 und die jüngste 1978 geboren.

Gilt das bisher gesagte in noch näher zu beschreibender Modifikation für alle Familien, so ist in der Analyse der Stadtfamilien noch einmal zu differenzieren zwischen den Familien in Ost- und denjenigen in Westdeutschland. Dabei soll keineswegs ein allgemeingültiges typisches Profil der Entwicklung von Religiosität im Sinne von "Ost" oder "West" entwickelt werden. Vielmehr geht es zunächst einmal nur darum, Aspekte herauszuarbeiten, an denen sich deutlich machen läßt, an welchen Stellen so unterschiedliche Gesellschaftssysteme wie diejenigen von DDR und BRD Einfluß auf die religiöse Artikulation genommen haben. Hier wird sich zeigen, daß diese Einflußnahme keineswegs durchgängig zu ganz anderen Formen der Religiosität geführt hat, sondern die vor 1945 ausgebildeten Strukturen der Religiosität mit einer gewissen Zähigkeit auch fortbestehen konnten. Für die Erstellung von "Gesamttypen" müßte dann allerdings auf der Basis dieser Ergebnisse erst noch weitergearbeitet werden.

In beiden Teilen wird die Aufgabe also nun darin bestehen, zu zeigen, wie die Entwicklung der Religiosität in den verschiedenen sozialen Kontexten der Generationen sich entfaltete, nicht zuletzt, um gegenwärtige Ausdrucksformen der Religiosität auf dem Hintergrund ihrer Geschichte besser verstehen zu lernen.

I. DIE FAMILIEN AUF DEM LAND

1. Abriß der sozialgeschichtlichen Entwicklung der Familien auf dem Land seit 1800.

Die tiefgehenden Veränderungen, denen die Menschen auf dem Land im 19. und 20. Jahrhundert ausgesetzt waren, hatten ihren Ausgangspunkt nicht zuletzt durch die Neuregelung des Abhängigkeitsverhältnisses der Bauern vom jeweiligen Grundherrn im Jahre 1803.[1] In Bayern war der Staat im Zuge der Säkularisation anstelle der Klöster Grundherr über zahlreiche weitere Bauern geworden. Allen vom Landesherrn abhängigen Bauern gab der Staat nunmehr durch ein Gesetz die Möglichkeit zur Ablösung des Obereigentums. Den vom Adel abhängigen Bauern wurde dieselbe Möglichkeit erst 1848 eröffnet. Durch diese Regulierung der Grundlasten konnten die Bauern erstmals zu selbständigen Landbesitzern aufsteigen. Dabei spielte in den bayerischen Gebieten der Großgrundbesitz kaum, der mittelgroße bäuerliche Familienbetrieb dagegen eine bedeutsame Rolle. So hatten etwa 1882 $^2/_3$ aller Betriebe nicht mehr als 5 ha Grundbesitz.

Die nichtbesitzende Schicht der Tagelöhner und Häusler, die noch zu Beginn des 19. Jahrhunderts in manchen Landstrichen $^2/_3$ der Bevölkerung ausgemacht hatte, war in den folgenden Jahrzehnten ebenfalls einem grundlegenden Wandel unterworfen. Der durch die Industrialisierung notwendig gewordene Aufbau einer Fabrikarbeiterschaft griff größtenteils auf solche ländliche Unterschichten zurück. So wanderten also viele der ehemaligen

1 Vgl. zum folgenden FRIED, PANKRAZ: Die Sozialentwicklung im Bauerntum und Landvolk. In: SPINDLER, MAX (HRSG.): Handbuch der bayerischen Geschichte, 4. Band. Das neue Bayern 1800-1970. München: 1974/75, S. 751-780. WEHLER, HANS-ULRICH: Deutsche Gesellschaftsgeschichte. Bd. 2. München: [2]1989, S. 162-174.

Tagelöhner und Häusler in die neuen Industriezentren der Städte ab. Dies galt auch für die bestehenden Kleinstbetriebe der Gütler, wenn es ihnen nicht gelang, aus ihrem Kleinsteinen landwirtschaftlichen Kleinbetrieb zu machen.

Bestand die Landbevölkerung also ehedem aus einer vielfältigen Mischung verschiedener Berufs- und Besitzklassen, so zeigte sich gegen Ende des 19. Jahrhunderts eine deutliche Abnahme dieser sozialen Differenzierung zugunsten einer "Verbäuerlichung der landwirtschaftlichen Kleinstanwesen sowie von Teilen der Handwerkerschaft"[2]. Dies hatte dann auch Einfluß auf das soziale Gefüge des Dorfes. Das enge Nebeneinander vieler kleinbäuerlich-gewerblicher Existenzen, wie es etwa in Franken üblich war, führte hier zu einem weithin demokratisch-gleichheitlichen Charakter der Dorfgemeinschaft.[3]

Die Umstellung der Produktionsweise auf den Agrarkapitalismus[4] machte weiterhin eine möglichst umfassende Rationalisierung der landwirtschaftlichen Betriebsführung notwendig. Dies kam der Abwanderung der landwirtschaftlichen Unterschichten insofern entgegen, als durch die mit der Rationalisierung verbundene Technisierung der Arbeitsweisen auf einen Großteil des früher benötigten Gesindes nunmehr verzichtet werden konnte. So führte die Entwicklung in Bayern nicht nur zu einer Einebnung der sozialen Schichtung auf dem Land, sondern darüber hinaus zeigt sich im Lauf von fast zwei Jahrhunderten eine drastische Reduzierung des Anteils der Landbevölkerung an der gesamten Einwohnerschaft:

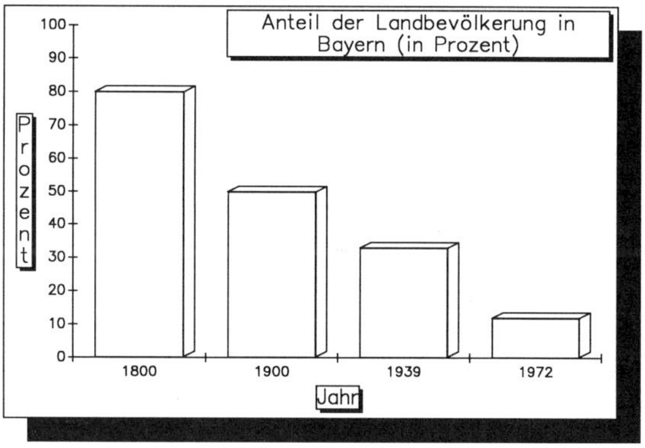

Während um 1800 der Anteil der Landbevölkerung an der Einwohnerschaft noch bei ca. 80% lag, fiel er bis 1939 auf ca. 33% zurück, um schließlich 1972 bei wenig mehr als 10% anzukommen. Im ehedem agrarisch dominiertem Flächenstaat Bayern beträgt also der Anteil der ländlichen Bevölkerung im letzten Drittel des 20. Jahrhunderts nur noch ein Zehntel, welches zumeist aus klein- bis mittelständischem Bauerntum besteht. Allerdings steht dem ein gewaltiger Anstieg der Arbeitsproduktivität entgegen, deren wirtschaftliche Effizienz sich inzwischen nicht mehr am Binnenmarkt, sondern am europäischen Agrarmarkt zu orientieren hat.

Diese Veränderungen blieben natürlich nicht ohne Einfluß auf die Struktur der bäuerlichen Familie. Während in vorindustrieller Zeit die Mehrgenerationenfamilie aufgrund der geringen Lebenserwartung entweder relativ selten[5] oder nur von kurzer

---

2 FRIED, a.a.O., S. 759.
3 A.a.O., S. 773.
4 WEHLER, a.a.O., S. 166.
5 MITTERAUER, MICHAEL / SIEDER, REINHARD: Vom Patriarchat zur Partnerschaft. Zum Strukturwandel der Familie. München: [4]1991, S. 55.

Dauer[6] war, wird zumindest die Drei-Generationen-Familie später weithin selbstverständlich. Durch die nahezu vollständige Abwanderung der Gesindearbeitskräfte mußte man zunehmend schon aus "zwingenden betriebswirtschaftlichen Gründen"[7] die trotz Technisierung immer noch notwendige Arbeitsleistung durch Familienangehörige abdecken.

Es gehört zu den funktionellen Eigentümlichkeiten der bäuerlichen Familie, daß der Übergang von der Selbstversorgerwirtschaft zur Marktwirtschaft im Zuge der Einführung des Agrarkapitalismus zunächst keineswegs zu der für Familientypen sonst üblichen Trennung zwischen Berufs- und Privatleben führte.[8] Vielmehr kam es hier zu einer Vermischung mehrerer Funktionen. So ist die bäuerliche Familie nach wie vor *Produktions- und Besitzgemeinschaft*, d.h. in der Regel tragen alle Familienmitglieder zur Bestreitung des gemeinsamen Lebensunterhaltes bei. Der Besitz sichert dabei die wirtschaftliche Grundlage der Familie. Dort, wo die Hofübergabe im Rahmen der Anerbensitte geschieht, d.h. wo also keine Realteilung des Besitzes auf alle Erben erfolgte, orientierte sich auch das Heiratsverhalten an der Wahrung des Besitzstandes.[9] Dabei ist allerdings zu sehen, daß gegenwärtig oft zur Disposition steht, ob der Hof aus wirtschaftlichen Gründen tatsächlich noch erhalten werden kann. Deshalb schreibt Ulrich Plank im Hinblick auf gegenwärtige Verhältnisse zu Recht: "Der Hof braucht den Erben mehr, um erhalten zu bleiben, als der Erbe den Hof, um eine Existenz gründen zu können."[10] Und doch bleibt auch im Bereich der Nebenerwerbslandwirtschaft der Hof ein bedeutsames Identifikationsobjekt für die Familie, welches für die Bestimmung des Ansehens nach außen hin eine wichtige Rolle spielt. Der sich aus dem Residenzzwang des Hofübernehmers zumeist ergebende Zwang zur Patrilokalität, also das Verbleiben am Wohnort der Eltern, begünstigt wohl entscheidend bäuerlichen Traditionalismus wie auch patriarchalische Autoritätsstrukturen.[11]

Weiter ist die Bauernfamilie eine *Fürsorgegemeinschaft*, insofern in der Regel erwerbsunfähige und betagte Familienmitglieder mit am Hof versorgt werden. Bildete die Fürsorgepflicht gerade gegenüber den Alten nach Übergabe des Hofes früher ein "Kernstück der patriarchalischen Familienordnung"[12], so ist hier durch die gesetzliche Regelung der Altersversorgung der Landwirte seit Ende der fünfziger Jahre eine deutliche Entspannung im Generationenverhältnis eingetreten.

Schließlich ist die bäuerliche Familie auch eine *Erziehungsgemeinschaft*. Da die Berufstätigkeit nicht aus dem Wohnbereich ausgegliedert wurde, können in der bäuerlichen Mehrgenerationen-Familie alle Erwachsenen Anteil an der Erziehungsfunktion haben. Dies ist nicht zwingendermaßen so, von der Struktur her ist aber grundsätzlich die

---

6 ROSENBAUM, HEIDI: Formen der Familie. Untersuchungen zum Zusammenhang von Familienverhältnissen, Sozialstruktur und sozialem Wandel in der deutschen Gesellschaft des 19. Jahrhunderts. Frankfurt a.M.: 1982, S. 62.

7 PLANK, ULRICH: Der Bäuerliche Familienbetrieb zwischen Patriarchat und Partnerschaft. Stuttgart: 1964, S. 49.

8 Zum folgenden vgl. PLANK, a.a.O., S. 48 ff., sowie: LINDE, HANS: Persönlichkeitsbildung in der Landfamilie. Abgedruckt in: a.a.O., S. 215-229.

9 Vgl. WEHLER, a.a.O., S. 164.

10 PLANK, a.a.O., S. 67.

11 A.a.O., S. 69.

12 A.a.O., S. 70.

Wahrnehmung dieser Funktion durch beide Eltern sowie durch die im Haus mitlebenden Großeltern möglich.

Angesichts dieser strukturellen und funktionalen Eigentümlichkeiten der bäuerlichen Familie hat die Eheschließung des Hoferbens, sei es Sohn oder Tochter, immer auch eine wesentliche Bedeutung für die anderen Familienangehörigen. Zur Wahrung des gemeinsamen Besitzstandes der Familie waren und sind unter den genannten Bedingungen bei der Partnerwahl Kriterien wie Mitgift, Arbeitsfähigkeit und Gesundheit bedeutsam.[13]

Die Beziehung zwischen den Ehegatten gestaltete sich zunächst aus der Besonderheit heraus, daß beide in der landwirtschaftlichen Produktion tätig waren. Stand insofern als prägendes Strukturprinzip die gemeinsame Arbeit im Vordergrund, durch die es dann auch selbständige Autoritätsbereiche[14] der Frau gegeben hatte, so wurde dies doch "durch die umfassende und uneingeschränkte Autorität des Mannes und Hausvaters überlagert."[15] Gemeinsame Mahlzeiten von Männern und Frauen sollten sich erst gegen Ende des 19. Jahrhunderts durchsetzen.[16] Besaß also einerseits die Gattenbeziehung durch die gemeinsame Arbeit auch partnerschaftliche Strukturelemente, so spielt doch bis in die Gegenwart hinein die patriarchalische Autorität des Mannes "in der Dorfgemeinschaft immer noch eine erhebliche Rolle"[17] und wirkt verzögernd auf den sonst allenthalben zu beobachtenden Autoritätsausgleich[18].

Kinder nahmen traditionellerweise in der bäuerlichen Familie keine zentrale Stellung ein, sie galten vielmehr als potentielle Arbeitskräfte. Die hohe Säuglings- und Kindersterblichkeit sorgte dafür, daß ein geschlossenes Geschwisterfeld nur selten auftrat. Auch waren "Geschwisterreihen aus mehreren Ehen mit sehr großen Altersabständen"[19] keine Seltenheit. Die hohe Arbeitsbelastung sorgte dafür, daß schon den kleinen Kindern wenig Aufmerksamkeit und Zuwendung durch die Eltern geschenkt werden konnte. Kinderpflege war oft die Aufgabe des jugendlichen Gesindes oder aber der alten Bäuerin.[20] Oft schliefen die Kinder dann auch entweder beim Gesinde, oder aber bei den Großeltern. In der durch und durch von der Arbeitswelt bestimmten Landfamilie gab es "zum Aufbau einer eigenständigen, aparten Kinderwelt des reinen Spiels"[21] kaum eine Möglichkeit. So war das Kind aber auch von Anfang an stärker an der Welt der Erwachsenen beteiligt.[22] Für viele Kinder war es selbstverständlich, nach der Schule am Hof mitzuarbeiten, bzw. mit Schulentlassung, also im Alter von 12, 13 Jahren auf einen Hof in Stellung zu gehen. Die gesindegleiche Stellung der Kinder, bzw. die kindgleiche Stellung des Gesindes

---

13 Vgl. ROSENBAUM, HEIDI: Formen der Familie. Frankfurt a.M.: 1982, S. 72.
14 PLANK, a.a.O., S. 66.
15 ROSENBAUM, a.a.O., S. 81.
16 Vgl. WEBER, MARIANNE: Ehefrau und Mutter in der Rechtsentwicklung. Tübingen: 1907.
17 PLANK, a.a.O., S. 65.
18 Vgl. hierzu schon SCHELSKY, HELMUT: Wandlungen der deutschen Familie in der Gegenwart. Stuttgart: [2]1954.
19 MITTERAUER/SIEDER, a.a.O., S. 77.
20 Vgl. ROSENBAUM, a.a.O., S. 92.
21 Linde, a.a.O., S. 228.
22 Vgl. ARIES, PHILIPPE: Geschichte der Kindheit. Deutsche Ausgabe München: 1975. Ariés zeichnet nach, wie die Intimisierung der Familie zusammen mit dem Schulwesen vorwiegend im Bürgertum die Kinder der Welt der Erwachsenen entzogen hat.

erleichterte diesen Übergang.[23] Der Gesindedienst dauerte dann meistens bis zur Verheiratung, also etwa bis zum 25. Lebensjahr. Diese Stellung der Kinder im Haus änderte sich bis zum 1. Weltkrieg kaum[24] und deutlich erst mit den fünfziger Jahren, als im dann mittelständisch strukturieren Bauernstand auch der Kinderreichtum auffallend zurück ging.[25]

Die mit dem Rückgang der Kinderzahlen sichtbar werdende Angleichung an das generative Verhalten der Gesamtbevölkerung hängt auch zusammen mit der zunehmenden Verstädterung der Lebensweisen auf dem Land. Die Volltechnisierung der Landwirtschaft, verbunden mit einer weitgehenden Industrialisierung auch ländlicher Gebiete bewirkten eine "weitgehende Auflösung des alten Dorfes als bäuerlich-handwerkliche Wirtschafts- und Sozialeinheit"[26]. Das zumindest zeitweilige berufliche Pendelwesen auch der Frauen wird inzwischen von den großen Industriebetrieben in den Städten organisiert. Die noch in den fünfziger Jahren mit dem Begriff Dorfgemeinschaft verbundenen gemeinsamen Fest- und Gesellungsformen haben sich, wenn nicht aufgelöst, so doch stark gelockert, nicht selten auch in folkloristische Schaudarstellungen gewandelt. An ihre Stelle trat eine zunehmende Mobilität im Freizeitbereich sowie die individuelle Nutzung der Massenmedien. Wir werden noch sehen, daß aber gerade hier in der jungen Generation auch unter der Ägide der allenthalben zu verzeichnenden Individualisierung[27] neue Gesellungsformen entstanden sind, die sich dann freilich nur noch wenig von den entsprechenden Formen der Stadtbevölkerung unterscheiden.

2. Die Großeltern

In den acht Land-Familien, die interviewt wurden, gab es acht Großmütter und drei Großväter, die alle evangelisch waren.

Die Grafik zeigt ihre Verteilung auf die Jahrgänge 1904-1926. Dabei ergibt sich eine Aufteilung in zwei Gruppen: einmal die 1904-1910 Geborenen, die durchaus noch Erinnerungen an den Ersten Weltkrieg haben. Sodann, neben einer Person, die mit dem Jahrgang 1915 genau in der Mitte liegt, die 1921-1926 Geborenen, für die in besonderer Weise die Jugendzeit mit dem Dritten Reich verknüpft war.

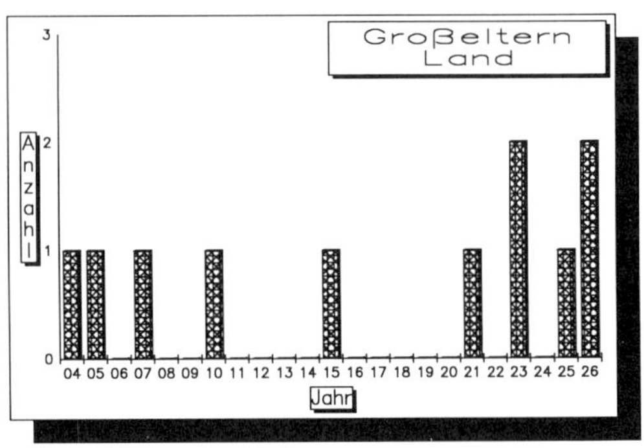

23 ROSENBAUM, a.a.O., S. 95 und 103.
24 A.a.O., S. 117.
25 FRIED, a.a.O., S. 770.
26 A.a.O., S. 774.
27 BECK, ULRICH: Risikogesellschaft. Auf dem Weg in eine andere Moderne. Frankfurt a.M.: 1986.

a) Kindheit und Jugend

In der Regel gab es in den Familien ca. 4-5 Kinder. Es waren kleine bis mittlere Anwesen, gelegentlich auch das eine oder andere handwerkliche Gewerbe darunter. Auf den Höfen gab es etwas Viehzucht, die üblichen Kleintiere und es wurde Ackerbau und Hopfenanbau betrieben. Reich war keiner.

Das Zusammenleben in der Familie war weithin von der gemeinsamen Arbeit bestimmt. Alle berichten davon, daß sie schon in der Kindheit auf dem Hof viel mitzuhelfen hatten:

"mit der Großmutter hab ich viel arbeiten müssen, in, in den Wald gehen und Streu rechen, das hab ich immer gemußt. Da ist man hinaus gegangen und die Rechen unter der Achsel, und den, den, den Korb, wo mans zusammengetragen hat, bin ich immer mit der Frau umeinander gewesen, bis ins hohe Alter, bis daß sie gestorben ist." (GVm/7, 528;140)28

So wurden also die Kleinen angehalten, zusammen mit den Großeltern erste Arbeiten zu verrichten. Entsprechend der traditionellen Rollenaufteilung wurden die Mädchen dabei sehr früh an die Hausarbeit gewöhnt:

"da ist man noch nicht in die Schule gegangen, da hat man schon abspülen müssen, die Eltern haben immer etwas anderes zu tun gehabt, und hat schon putzen müssen" (GMm/3, 185;480)

Überhaupt waren Ordnung und Sauberkeit in der Erziehung wichtig. Wenn es auch in den Interviews immer wieder heißt, daß sich der damalige Sauberkeits-Standard nicht an heutigen Verhältnissen messen läßt, etwa weil kein fließendes warmes Wasser oder kein Bad da war, so galten Ordnung und Sauberkeit doch auch als wichtige Meßlatte für soziale Wertschätzung:

"Ordnung, das hat es, wir waren fünf Kinder, Jacke in den Dreck schmeißen, das hat es da nicht gegeben, weil da war meine Mutter streng, da hat jeder seine Ware aufräumen müssen." (GVm/8, 604;275)

Aber nicht nur das Elternhaus, sondern auch die Schule versuchte, die Kinder an dieser Stelle zu disziplinieren:

"sauber sind wir immer gewesen, gell, dann haben wir schon, erstens ist man da von der Schule schon unheimlich angehalten worden, gell, also, das vergesse ich mein Lebtag nicht, daß der, unser Lehrer hat jeden Tag die Ohren und die Fingernägel und alles angeschaut, daß einfach alles sauber ist, der hat immer gesagt: Das kann nicht alles neu sein, aber sauber muß es sein, hat er immer gesagt, gell." (GMv/11, 873;230)

Während beim Thema Sauberkeit zu Hause vor allem die Mutter erwähnt wird, ist es bei zu fällenden Entscheidungen in der Familie vorwiegend der Vater, der hier eine Rolle spielt. Eine Beteiligung der Kinder an Entscheidungen in den Familien wird von niemandem in dieser Zeit berichtet:

"Ach nein, da haben wir nichts, da ist man nicht drüber gefragt worden, die Eltern, die haben ihr Zeug schon selber gemacht." (GMm/3, 186;489)

Das Ende der Kindheit in der Familie ergab sich für viele Kinder nach der Konfirmation. Sie kamen auf einen anderen Hof in Stellung:

"ich bin die ... Jüngste gewesen, ich habe nicht so früh hinaus müssen, aber meine Brüder und meine Schwestern, die haben alle Dienstmagd, haben Heumädel zuerst machen müssen und da arbeiten" (GMv/11, 871;110)

---

28 Die Zitation der Interviewpassagen ist wie folgt zu lesen: (GVm/7, 528;140) = Großvater mütterlichseits, Familie 7, Seite 528, ab Zeile 140.

Kontakte mit anderen Jugendlichen außerhalb der Familie bezogen sich auf die Jugendlichen im Dorf, mit denen man so ab 16/17 Jahren zusammen war. Dabei gab es einerseits die "gute Freundin", die man regelmäßig traf, dann aber auch die Dorfjugend als solche, mit der man abends in den Häusern zu sogn. Rockenstuben zusammen war:

"Frühers am Dorf, mit unserer Jugend war das doch ganz schön, wir haben abends, sind wir ein wenig zusammengekommen, die Buben und die Mädchen, naja, die Rockenstuben, wenn Sie wissen, was das bedeutet, ja, und da ist dann, mit dem Kamm ist gespielt worden, Mundharmonika ist dann gespielt worden, nichts anderes hat man da nicht gehabt. Da ist man, ich mein, die älteren Mädchen, hat man den jungen ein wenig das Tanzen so gelernt, Tanzkurs oder sowas hat man da auch nicht gekannt" (GVm/8, 599;30)

Auch den Kirchweihtanz besuchte man gemeinsam mit der jeweiligen Dorfjugend. Sowohl die Rockenstuben als auch solche Veranstaltungen wie der Kirchweihtanz standen für die Jugendlichen aber unter strenger Aufsicht der Erwachsenen. Demgegenüber erlebten sie durch die Jugendorganisationen der NSDAP zunächst eine so vorher auf dem Land nicht gekannte Unabhängigkeit:

"später ist es dann wieder etwas lockerer geworden, die Hitlerjugend und der BDM, die haben dann schon wieder mit ein bißchen besser Kontakt gehabt. Da haben wir dann raus gedurft, von der Partei aus ist das gesteuert worden, und da ist das schon ein bißchen, die ganze ist, ich will nicht sagen, daß die Jugend verwahrloster war, aber sittlich ein bißchen aufgelockerter gewesen ... Naja, da sind wir gemeinsam, junge Leute zusammengekommen, da haben wir auch ein bißchen poussiert (Lachen)" (GVm/8, 600;61).

Für die jüngeren der befragten Großelterngeneration setzte dann der 2. Weltkrieg der so beschriebenen Jugendphase ein krasses Ende. Die älteren hatten dagegen zu der Zeit schon die ersten kleinen Kinder. Für die Frauen bedeutete der Krieg oft den Verlust des Verlobten oder des jungen Ehemannes, für die Männer das Einrücken als Soldat:

"Kaum waren wir verheiratet, hat er in den Krieg gemußt, da war er zehn Jahre fort in der russischen Gefangenschaft." (GMm/4, 289;55)

"Naja, dann habe ich den Krieg mitgemacht bis '45, bin auch ein paarmal verwundet worden, nicht" (GVm/8, 600;68)

Die Beziehungen zur Kirche in der Kindheit und Jugend ergaben sich zunächst einmal durch den zumeist obligatorischen Kirchgang, wenngleich wegen der stets anfallenden Stallarbeit nicht alle Familienmitglieder gleichzeitig den Gottesdienst besuchen konnten. Konnte die Familie aus irgendwelchen Gründen an einem Sonntag nicht zum Gottesdienst gehen, so wurde zumindest aus einem Predigtbuch vorgelesen:

"Sonntags, wenn wir sonntags nicht in der Kirche, da hat meine Mutter extra so ein Predigtbuch gehabt und da ist dann für jeden Sonntag und für jeden Tag ist dann eine Andacht drin gewesen und dies ist dann gelesen worden." (GVm/8, 603;208)

Es gab allerdings zwei Gottesdienste im Jahr, die auf jeden Fall besucht wurden, nämlich dann, wenn Abendmahl gereicht wurde, in der Regel an Karfreitag und an Erntedank:

"Mit dem Dorf, ja, die sind zweimal zum Abendmahl gegangen, Frühjahr und Herbst, und da ist immer von den Nachbarn, da ist, also, am Freitag gehen wir, ja, hat der Vater gesagt, und da ist dann, man darf da sagen, das ganze Dorf geschlossen hingegangen" (GMm/10, 776;415)

Damit wird auch schon deutlich, daß neben dem sonntäglichen Kirchgang auch das Erleben von kirchlichen Feiertagen und ihrer Inszenierung in der Familie für die Beziehung zur Kirche in der Kindheit bedeutsam war. Das Weihnachtsfest wurde anstatt ausgedehnter

Feierlichkeiten zu Hause im Anschluß an den Kirchgang eher in einem bescheidenen Rahmen begangen. Auch hier war zunächst am Abend die Stallarbeit zu erledigen:

"und dann, na ja, hat man fertig gearbeitet, dann ist gefeiert worden, also, dann ist eine kurze Feier gewesen" (GMm/10, 773;250).

Im Zentrum der häuslichen Feier stand der Christbaum und nicht die sowieso nur kleinen Geschenke. Das Holen des Baumes aus dem Wald, das heimliche Aufstellen und Schmücken durch die Eltern waren in der Erinnerung wichtige Vorbereitungen:

"und wenn der Baum, dann ist geklingelt worden, und dann hat man da Freude gehabt, gekriegt hat man da ja nichts ... die Eltern, die haben ja selber kein Geld gehabt. Aber da war man mit dem Baum zufrieden, mit dem Christbaum" (GMm/3, 182;323)

Daneben stand der Heilige Abend aber auch für das Bemühen, in diesen wenigen Stunden einmal Familie jenseits der von der Omnipräsenz der Arbeit geprägten konfliktreichen Strukturen zu inszenieren. Der "Friede auf Erden" sollte so, ja durchaus in Anlehnung an die Botschaft von Weihnachten[29], an diesem Abend zum familienbestimmenden Kommunikationsmuster werden:

"Ja, wie bei uns Weihnachten gefeiert worden ist, das war noch eine Großfamilie. Und da ist am Heiligen Abend, da ist dann die Familie in die Kirche gegangen, und eins hat dann den Christbaum hergerichtet, und dann hats, wenn man gekommen ist von der, von der Kirche, dann hats kleine Geschenke gegeben, ich denk mir, nicht wie jetzt, dann hats halt Plätzchen gegeben, die wo die Mutter selber gebacken hat, ja, dann hat man sich um den Tisch herum gesetzt und dann hat man den Christbaum angeschaut, hat man auch vielleicht mal dazwischen gesungen, in einer guten, in einer guten Atmosphäre, oft war die Atmosphäre nicht so gut, in der Großfamilie. Sie wissen, früher waren die Leute arm, wir waren eine zehnköpfige Familie. Wir haben schon, naja, unsere Eltern, die waren schon, aber dazwischen wars auch nicht so harmonisch oft." (GVm/7, 527;71)

Eine solche Inszenierung setzte sich also bewußt und klar vom alltäglich Erlebten ab. Allerdings konnte dies nicht immer gelingen. Konterkariert wurde die Botschaft vom "Frieden auf Erden" in der Familie z.B., wenn man, bedingt durch die Kriegsteilnahme des Vaters am 1. Weltkrieg, an Weihnachten nicht gemeinsam feiern konnte:

"im ersten Krieg ist der Vater im Krieg gewesen und dann ... ist Weihnachten gefeiert worden in der Stille ... Wenn einmal schon der Vater nicht da ist." (GMm/10, 773;282).

Konterkariert wurde die Botschaft vom "Frieden auf Erden" aber auch durch den Versuch, die Kinder mit Hilfe von bewußt angstmachenden religiösen Vorstellungen zu disziplinieren:

"wenn der Pelzmärtel gekommen ist, haben sich wir da gefürchtet, hat man schon immer gewartet, wenn einmal die Zeit hergekommen ist: tut's nur warten, jetzt kommt der Pelzmärtel bald, der Rumpeldonner hat's da geheißen. Und wenn der Tag dann da war, ist man hinter den Tisch hinter gekrochen, und zu jeder Seite hat sich eines hingesetzt, der Vater und die Mutter, und dann ist einer gekommen mit dem Bart, hat sich einer verkleidet, hat man natürlich nicht gekannt, Sack hatte er und einen Drum Stecken, und da hat man sich gefürchtet, hat man sich da, lang gefürchtet, das war eigentlich nicht ganz richtig, man hat ja nichts Unrechtes getan, naja, dann ist er wieder gegangen, der hat dann etwas gebracht, Zuckerstückle." (GMm/3, 186;511)

Der Pelzmärtel, angekündigt in evangelischen Familien jeweils für den St.-Martins-Tag, wird so zum Vollstrecker elterlicher Disziplinierungswünsche. Von der pädagogischen Qualität solcher Maßnahmen einmal ganz abgesehen, ist vor allem die Verbindung zu

---

29 Vgl. zum Zusammenhang von biographischer Verankerung und theologischem Inhalt des Weihnachtsfestes ZIMMERMANN, PETRA: Das Wunder jener Nacht. Religiöse Interpretation autobiographischer Weihnachtserzählungen. Stuttgart, Berlin, Köln: 1992.

christlichen Inhalten äußerst problematisch. Dies läßt sich anschaulich an der Rolle des Christkinds in dieser Traditionslinie verdeutlichen:

"also das hat's immer geheißen: Da muß man in's Bett, das Christkind wenn kommt und hängt den Baum auf, das stiehlt die Augen aus, wenn man auf ist. Da hat man sich dann gefürchtet, da hat man sich geschickt, daß man in's Bett gekommen ist" (GMm/3, 182;320)

"Ja, da ist immer ein Christkind gekommen, gell. Und eines war einmal ein so böses, hat meinen Bruder so ausgehauen, weil er nicht gebetet hat, da habe ich mich auch schon bald gefürchtet, da, naja ich war vier Jahre jünger wie er. Naja, dann ist der vermißt, mein Bruder ist vermißt gestorben, in Stalingrad, ist auch schlimm gell" (GMv/9, 706;38)

Das "Fürchtet euch nicht", mit dem das Christkind der Welt angekündigt wurde, ist hier tatsächlich in sein Gegenteil verkehrt. Das "Licht der Welt" sollte hier den Kindern die Augen stehlen. Vor allem aber die zweite Erinnerung stimmt dabei nachdenklich. Denn das Schicksal des Bruders, der in seiner Kindheit nicht beten wollte, wird hier so berichtet, daß sich eine unheilige Allianz zwischen dem Tun des Christkinds und Stalingrad nahelegen könnte. Hier sind Traditionen am Werk, die Weihnachten auch schon in der Kindheit ambivalent erleben lassen. Das "Wunder jener Nacht" mußte sich so für die Kinder mit dem "Rumpeldonner und seinem Stecken" verbinden.

Karfreitag, als weiterer kirchlicher Feiertag, ist demgegenüber klarer, d.h. ohne die für Weihnachten aufgezeigte Ambivalenz, konturiert. Die Erinnerungen kreisen hier zum einen um den Kirchgang, den man damals selbstverständlich in schwarz antrat und der mit Abendmahl mit Beichte verbunden war. Die weitere Gestaltung des Tages geschah dann "in aller Stille", d.h. es wurde nichts gearbeitet und man verzichtete auf den Genuß von Fleisch an diesem Tag:

"Naja, in die Kirche gegangen. Weiß sonst nichts, gearbeitet haben wir nichts, weil, Karfreitag ist ja der wichtigste Feiertag für die Evangelischen." (GMv/9, 706;61)

Auch Karfreitag besaß also eine strukturgebende Komponente, die den Alltag der bäuerlichen Familie zu durchbrechen vermochte. Anders als Weihnachten wirkte Karfreitag aber mit seinen Elementen nicht auf die Inszenierung der Familie als Familie ein. Es sind vielmehr einzelne Funktionen, die hier angesprochen werden: die Arbeit, das Essen, der Bezug zur Kirche. Daß Karfreitag der "wichtigste Feiertag für die Evangelischen" ist, zeigt sich daran, daß man sich innerhalb dieser Bereiche gerade an Karfreitag streng an die kirchlicherseits vorgegebenen Konventionen und Riten hielt:

"Kirchgang, weil sonst ist da nicht viel" (GVm/8, 603;215)

Die sonst für den Protestantismus so typische individuelle Ausrichtung des Glaubens tritt hier also hinter den institutionellen Anspruch zurück. Karfreitag wird damit nicht nur vom christlichen Inhalt her, sondern auch in der durch die Familien geleisteten Inszenierung zum Gegenstück des individuell bis synkretistisch[30] verfaßten Weihnachtsfestes.

Die Beziehung zur Kirche wird für Kinder aber nicht nur über Gottesdienst und Gestaltung kirchlicher Feiertage greifbar, sondern natürlich auch über den Religions- und Konfirmandenunterricht. Die hierzu mitgeteilten Erinnerungen der Großelterngeneration treffen sich in zwei Punkten: es gab sehr viel zu lernen und die Pfarrer waren im Unterricht sehr streng.

---

30 Hierzu ZIMMERMANN, a.a.O., S. 211.

"uns haben die Pfarrer schon gehamstert, die haben uns schon beigebracht, daß du hast lernen müssen, daß der Kopf geraucht hat ... Ja, ja. Da ist ja, wir haben da ja noch die Prüfung im Gottesdienst gehabt, alles, was der Katechismus hergegeben hat, haben wir damals lernen müssen und wir haben damals noch die christliche Lebenskunde, das war noch mal ein extra Büchlein (Lachen)." (GVm/8, 603;218)

Die Strenge der Pfarrer wurde dabei auch als sehr handgreiflich erlebt:

"Da hat eine Freundin von mir gesagt, möchte vom Pfarrer auch einmal eine Tatzen kriegen. Es hat keine zehn Minuten gedauert, dann hat sie Tatzen gekriegt, weil wir geplaudert haben da vorne." (GMv/12, 930;17)

"Da hat man oft einmal eine Watschn gekriegt, wenn man nicht gehorcht hat. Ja, der war, der war streng. Ja. (Pause) Man hat da viel lernen müssen, für die damalige Zeit." (GVm/7, 529;158)

"wir haben da einen Pfarrer gehabt, der war sehr streng, der Pfarrer (Name), oh, der war strenger wie der Lehrer war der, nicht, da wenn etwas nicht richtig war, da hast du es schreiben müssen, schreiben und schreiben, fünfzig mal, hundert mal, gell" (GVv/11, 862;603)

Trotzdem war es durchaus nicht so, daß der Unterricht bzw. die Unterrichtenden rundweg abgelehnt worden wären. Im Gegenteil, zumeist waren die Pfarrer durchaus beliebt:

"Ja, war beliebt. Er war streng, ja, war streng, aber wir haben ihn gerne gehabt, Respekt hat man gehabt vor ihm, man hat viel gelernt, ja, war ein richtiger Mensch." (GMm/3, 175;49)

Ein kritischer Ton wird nur selten angeschlagen und wenn, dann bleibt die Aussage doch mehrdeutig:

Naja, gut, halbe halbe. Da hat man seine Sachen schon lernen müssen, gell. Er war gut und böse auch wieder. Naja, er war ein wenig nervös. Wenn er gelacht hat, wenn er gekommen ist, dann war es gut, wenn er zornig geschaut hat, dann war er böse, wie er gekommen ist, gell. (GMv/9, 707;83)

Abgesehen vom damaligen Erziehungsstil, demgegenüber die Strenge der Pfarrer zwar auch noch herausgehoben wurde - "strenger wie der Lehrer" - , letztlich aber wohl doch sich darin als üblich darstellte, ist die nicht vorhandene bis geringfügige Kritik an den Pfarrern wohl auch ein Resultat aus deren Stellung im damaligen gesellschaftlichen Kontext überhaupt. Denn zum einen war es "eine Selbstverständlichkeit gewesen, daß man da in den Unterricht gegangen ist, nicht" (GVm/7, 529;163), also wäre ein Austritt gar nicht in Frage gekommen. Zum andern wäre wegen der gesellschaftlichen Akzeptanz der Pfarrer eine offene kritische Einstellung auf Dauer wohl nicht zu legitimieren gewesen. Und nicht zuletzt war ja auch das Elternhaus um die erwünschte Einpassung besorgt:

"Der, der war für mich etwas Heiliges, der Religionsunterricht, muß ich schon immer sagen, der war für mich etwas Heiliges, der Religionsunterricht, da hab ich aufgemerkt, das hat auch immer der Herr Pfarrer gesagt, und habe auch gute Noten gehabt, also da war mir kein Liedervers und nichts war mir da zu viel, und die biblischen Geschichten habe ich so gern gehört, und man hat's dann nacherzählt, und da bin ich immer gelobt worden, ja, naja, das war noch, da hat es schon auch welche gegeben, die waren schlampig auch, und zumal daheim, die Hauptsache war, daß daheim die Eltern, daß die drauf waren, sie haben schon immer gesagt: Lernt eure Ware, und haben sich interessiert für das, was man aufgehabt hat, und das hat viel ausgemacht für die Kinder, naja, und so ist ein Jahr ums andere vergangen in der Schule." (GMm/3, 184;432)

Die Konfirmation selbst galt dann als ein großer Festtag, an dem die Verwandten, wenn irgend möglich, alle zu Besuch kamen. Da die Kindergeburtstage gewöhnlich nicht gefeiert wurden, war dies das erste Fest im Leben der Kinder, das in der Familie ihrer Person galt.

"Das war schön. Ach, war das ein schöner Tag, ... war das schön. Es ist ein recht ein schöner Gottesdienst gewesen, da haben wir Verwandte gehabt daheim und nachmittags ist so ein allgemeiner Spaziergang gemacht worden, naja, und dann ist der Tag so rumgewesen, ja. Aber es war ein schöner Tag. (GMm/3, 175;38)

Die Mädchen trugen an diesem Tag zum ersten Mal ein schwarzes Kleid in der Kirche, welches sie in der Folgezeit auch zu den Karfreitagsgottesdiensten tragen sollten. Bei den Jungen verhielt es sich ebenso mit dem schwarzen Anzug. Der durch die uniforme Kleidung hergestellte Bezug zu Karfreitag - als dem Feiertag, der im Protestantismus stark mit der Institution Kirche verbunden ist - verweist auch auf die hohe institutionelle Komponente der Konfirmation, die sich hier mit dem familiären Festgeschehen um die Person verbindet.

Die Konfirmation konnte damals ganz bewußt als Abschluß der Kindheit verstanden werden. Für viele gab es jedoch, aufgrund der nachfolgenden politischen Ereignisse, auch auf dem Dorf keine unbelastete Jugendphase:

"Na ja, und wie wir konfirmiert waren, dann ist das Leben losgegangen, nicht. ... Na ja, und dann ist der Krieg dann bald gekommen, nicht? Da ist Krieg gewesen dann '38 (sic!)" (GMv/11, 872;181)

Innerhalb der um Gottesdienst, Festtage und Unterricht gelegenen Bezüge zur Kirche entwickelten sich dann auch die spezifischen religiösen Formen. Das bedeutet, daß Religiosität und Kirchlichkeit hier noch sehr eng miteinander verbunden sind. Wirft man einen Blick auf die erinnerte Gebetspraxis jener Tage, so fällt auf, daß auch die private Gebetspraxis vielfältige institutionelle Bezüge besaß. Ein Beispiel hierfür ist das Abendläuten. Das Läuten der Kirchenglocken um sieben Uhr abends galt den Dorfbewohnern als Anlaß, ein Gebet zu sprechen:

"Naja, da ist abends gebetet worden, da ist meistens gebetet worden, wenn um sieben, wo die Glocken geläutet haben: 'Lieber Mensch, was solls bedeuten, daß man tut die Glocken läuten', nicht." (GMm/4, 299;477)

Während ein Tischgebet durchaus nicht überall gesprochen wurde, war das Nachtgebet der Kinder vor dem Einschlafen allgemein üblich. Soweit die Kinder dabei nicht schon selbst beteten, waren es stets die Mutter oder die Großmutter, die mit den Kindern ein Gebet sprachen. Zur Verwendung kamen dabei geprägte Texte wie Kinderreime oder auch das Vaterunser. Frei gesprochenes Beten wird im Kindesalter dagegen nur selten erwähnt.

Auch die erinnerten Gottesvorstellungen zeigen deutliche Bezüge zur Institution. Dies gilt einmal in einer sehr grundsätzlichen Weise, insofern nämlich die eigenen Gottesvorstellungen nicht als selbstreflexives Produkt, sondern als vermittelt durch die Belehrung von Elternhaus, Schule und Kirche[31] verstanden werden:

"Man ist halt dann mitgegangen, man hat halt geglaubt, was uns gesagt worden ist, ja, man ist in die Kirche gegangen, und hat man, alle Jahr ist man zum Abend- gegangen, ah, Abendmahl gegangen, zweimal, Herbst und Frühjahr. Hat man eine schwarze Krawatte getragen, das ist nicht anders gewesen. Ja. Ja." (GVm/7, 530;188)

"Nein, da hat man sich keine Vorstellung gemacht, weil es immer geheißen hat: Gott ist Geist, Gott ist Geist, hat es immer geheißen, und die ihn anbeten, müssen ihn im Geist und in Wahrheit anbeten, da hat man sich keine Vorstellung machen können, und es hat auch geheißen, man soll sich Gott nicht vorstellen, wie halt manche, gell, als einen alten Mann, mit einem Bart, nein, wir haben uns keine Vorstellung gemacht" (GMm/3, 185;443)

Inhaltlich lassen sich die genannten Gottesvorstellungen in drei Gruppen aufteilen. Da sind zum einen solche Vorstellungen, die sich auf Gott ohne ein ihn qualifizierendes

31 Darauf wies auch schon Beck in seiner Untersuchung hin, vgl. BECK, HERMANN: Das kirchliche Leben der evangelisch-lutherischen Kirche in Bayern. Tübingen: 1909, S. 260.

Handeln beziehen. Hierzu gehört das oben genannte "Gott ist Geist", aber dazu gehören auch solche Vorstellungen wie "Gott wohnt im Himmel droben" oder "in den Wolken". Die zweite Gruppe an Vorstellungen ist bezogen auf Gottes hilfreiches und beschützendes Handeln, etwa Gott ist ein "Anker", ein "Halt", ein "Schutzhelfer", ein "Helfer" und ähnliches mehr. Die dritte Gruppe der Gottesvorstellungen schließlich ist demgegenüber dem "strengen Gott" verpflichtet, wobei diese Vorstellungen dann auch schon den ethischen Imperativ mit sich führen. Hier werden Vorstellungen genannt wie folgende:

"Naja da ist, Gott sieht dich überall, das Gefühl habe ich in mir gehabt, der weiß jetzt, wenn ich was Schlechtes tue oder was Gutes tue, oder das das sieht der alles, habe ich immer so in mir gehabt. Mit dem Gedanken bin ich eigentlich schon groß geworden" (GMm/4, 301;556)

"ja der liebe Gott sieht uns glauben, war immer ein Mahnwort" (GMm/8, 617;150)

An Gott glauben oder ihn achten bedeutete demzufolge also zugleich, seinen Geboten gegenüber gehorsam zu sein:

"und man ist bestrebt gewesen, daß man nicht gegen die Gebote verstoßen hat, ja, und das ist ja schließlich Sinn vom Glauben, daß man sich, wenn es keinen Glauben gäbe, machte ja jeder, was er möchte." (GVm/7, 604;251)

b) Erwachsenenalter

Die hier zusammengefaßte Großelterngruppe bekam Kinder zwischen 1929 und 1956. Dabei fällt auf, daß die durchschnittliche Kinderzahl pro Familie deutlich gesunken ist. Kamen auf die Herkunftsfamilien durchschnittlich noch 4,3 Kinder, so kommen jetzt 3,1 Kinder auf eine Familie.

Bedingt durch den zweiten Weltkrieg war in dieser Generation die Familiengründung im frühen Erwachsenenalter durch schwere Belastungen geprägt. Die Erlebnisse des Kriegsgeschehens bei den Männern, das Aufziehen der kleinen Kinder ohne Partner bei den Frauen, sowie die sich anschließende Witwenschaft vieler Frauen hinterließen ihre Spuren.

"Das Militär, bin ich mal am besten dagegen. Weil das das schlimmste ist, wenn mans schon mal mitgemacht hat, den Krieg." (GMm/7, 545;382)

Auch in den vorliegenden Interviews gibt es einige Beispiele früher Witwenschaft, wenngleich hier nicht durch unmittelbare Kriegseinwirkung bedingt. Desweiteren kam, neben den kleinen Kindern, auch noch die Pflege eigener älterer Angehöriger auf dem Hof dazu:

"Das da, haben wir auch viel mitgemacht, haben wir auch schon was erlebt. Eltern sind gelegen, meine Schwiegerleute. Pflegen müssen, dann hatten wir Tiere dazu, mein lieber Gott ... Aber da hat man früher gar nicht dran gedacht, daß man die Leute ins Altersheim gibt, früher nicht." (GMm/8, 613;15)

Die Landwirtschaft konnte in allen Fällen erhalten werden, bzw. heirateten alle, die von einem Hof kamen, wieder auf eine Landwirtschaft. Allerdings kommen jetzt auch erste Fälle des Pendlerwesens vor, sofern es die Verhältnisse auf dem Hof erlaubten:

"Und das, das habe ich auch mitgemacht, ich war einmal eine Zeit lang in der (Firmenname), ja, am Fließband, in (Stadtname), die (Firmenname). ... Da hat mein Mann noch gelebt, da waren wir gesunde Leute da und da habe ich Zeit gehabt und da hab ich gesagt: Ich gehe einmal ein wenig fort." (GMm/3, 177;131)

Das Sozialverhalten blieb im wesentlichen auf die eigene Verwandtschaft, die unmittelbare Nachbarschaft und auf das Dorf bezogen. Dabei werden aber gerade im

Hinblick auf das Zusammenleben im Dorf im Vergleich zur eigenen Kindheit deutlich Veränderungen registriert:

"Naja, ach. Wir haben ein, ein Haus gehabt, da ist jeder Gast gewesen. Da sind meine Freundinnen gekommen, dann haben wir, die, die zwei Brüder, die, da ist dann abends gekartelt worden. Und, ah, das war, das war schon ganz anders wie heute, nicht. Heute ist ja keine Dorfgemeinschaft mehr. Mm. Heute ist ja jetzt was am Fernsehen - das, das war früher nicht am Land. Gehst in, ins Dorf, da siehst keinen Menschen. Das, was noch so gemacht wird, wird alles telefonisch gemacht. Ist nicht mehr so, wie es, wie es war. Wirklich nicht mehr so. (GMm/7, 540;201)

Alle Großeltern leben entweder in unmittelbarer Nähe, oder direkt mit im Haus eines ihrer Kinder. Das Betreuen der Enkel oder Urenkel ist gang und gäbe. Während die einen mit ihren Gedanken viel "in der früheren Zeit" sind, freuen sich andere daran, "noch zu zweit sein" zu können. Wichtig für alle ist aber, daß sie einen akzeptierten Platz in der Familie ihrer Kinder haben:

"ich bin gut aufgenommen worden von meiner Tochter, also ich habe ein Recht in der Familie, darf ich sagen" (GMm/10, 782;649)

Der Besuch des sonntäglichen Gottesdienstes ist bei den Befragten auch heute noch eher die Regel. Dabei ist der Kirchgang inzwischen weniger von der Konvention her geboten, als vielmehr eine mit verschiedenen Bedürfnissen verbundene Aktivität im Freizeitbereich:

"naja, Sonntag fahre ich dann in die Kirche, das ist dann mein Hobby, nicht, weil man braucht ja ein bißchen Ruhe auch." (GVm/8, 602;161)

Das "Hobby" steht hier für eine Tätigkeit, die sich jemand mehr oder weniger bewußt selbst ausgesucht hat. Es könnte auch anders entschieden worden sein. Für die befragten Großeltern ist dabei der sonntägliche Kirchgang als Kommunikationsort immer noch von Bedeutung:

"ist schon schön, wenn man in die Kirche gehen kann. Alle vierzehn Tage gehe ich. Und da kommt man zusammen mit den Leuten, gell, ist schon schön. Alle vierzehn Tage, weil wir nicht alle gehen können, wegen dem Füttern, gell." (GMv/9, 708;127)

Die mit dem genannten Verständnis des Gottesdienstes bereits angedeutete Veränderung im Teilnahmeverhalten bringt natürlich die Erfahrung mit sich, daß andere sich anders entscheiden, somit der Gottesdienst nicht mehr ein quer durch die Generationen gehender Kommunikationsort sein kann:

"Wenn man in die Kirche geht, sieht man alte Leute, sieht man das mittlere Alter, und so zu, aber wenn man zurückdenkt an unsere Jugend oder wenn wir die Kinder mitgenommen haben, und so, ja da haben wir oft kaum noch ein Plätzchen gehabt und waren noch die Kirchen kalt, heute sind sie warm." (GMm/10, 779;526)

Wie sehr dabei auch lang vertraute Gewohnheiten für den Kirchgang eine Rolle spielen, zeigt das Beispiel einer Frau, die nicht mehr regelmäßig in den Gottesdienst geht, seitdem der neue Pfarrer dazu übergegangen ist, neue Formen im Gottesdienst auszuprobieren:

"früher sind bei uns mehr Leute in die Kirche gegangen wie jetzt. Und warum? Weil unser Herr Pfarrer jetzt auch noch jung ist und noch soviel Neuerungen bringt. Und das, da kommen die alten Leute im Dorf nicht mehr mit." (GMm/4, 304;711)

Von den kirchlichen Feiertagen wird Karfreitag nach wie vor als ein "ruhiger Tag" ohne Arbeit beschrieben, zu dem "unbedingt" der Kirchgang mit Abendmahl sowie fleischloses Essen dazu gehören. Hier wird aber genauso die Erfahrung gemacht, daß diese Traditionen nicht mehr allgemein verbindlich sind.

Das Weihnachtsfest hat sich in seiner Grundstruktur wenig gegenüber den Erinnerungen aus der Kindheit verändert. Die Inszenierung als Familie wird noch einmal an folgenden Erinnerungen deutlich, in denen der Ehemann und Vater just am Heiligen Abend aus der Kriegsgefangenschaft nach Haue zurückkehrte:

"Schauen Sie, mein Mann ist am Heiligen Abend gekommen, ich habe nicht gewußt, daß er am Heiligen Abend kommt. Also ich kann Ihnen sagen, meine Kinder und ich wir haben überhaupt nicht mehr gewußt, sollen wir weinen oder lachen, vor lauter Freude. Und dann ist er ins Zimmer rein und dann hat er die Ware gesehen, den Baum, wie er brennt und alles. Dann hat er gesagt, ich meine halt grade, ich gehe in den Himmel hinein. Glauben Sie, das sind Stunden, die vergißt man sein ganzes Leben lang nicht." (GMm/4, 305;737)

Dabei geschieht die Inszenierung des Weihnachtsfestes in den Familien nicht ohne Bezug zu den auch sonst üblichen Lebensgewohnheiten. Die Szenen des Weihnachtsfestes bleiben demzufolge offen und passen sich in die jeweils vorfindlichen Strukturen ein:

"Das wissen Sie schon, wie's in einer Wirtschaft so geht, Herr Pfarrer, wir haben wohl einen Christbaum gehabt, aber, und sie haben auch ein wenig Geschenke gekriegt, aber so richtig Weihnachten..." (GMm/3, 186;525)

"Na, da sitzen wir da, da spielt meine Tochter Klavier jetzt. Da geht alles da vor zu mir (Lachen), da singen wir die Weihnachtslieder dann." (GMm/4, 305;732)

"Ja, also das, ich weiß nicht, wie das kommt, wird alles lauer, daß jetzt mal an Weihnachten Weihnachtslieder gesungen werden, man ist halt den Fernseher gewöhnt." (GVm/8, 603;203)

Der Bezug zur Kirchengemeinde hebt sich bei den Befragten deutlich ab vom Kirchgang. Ein regelmäßiger Besuch des Gottesdienstes bedeutet hier keineswegs auch eine enge Beziehung zu den weiteren Veranstaltungen und Gruppen der Kirchengemeinde. Vielmehr zeigen sich auch hier unterschiedliche Teilnahmestrategien.[32] Während es die einen bei dem Gottesdienstbesuch belassen, besuchen die anderen regelmäßig Gruppen wie Frauenkreis, Posaunenchor, Kirchenchor etc. Und es gibt auch hier die Gruppe derjenigen, die Kontakt zur Kirchengemeinde im Rahmen einzelner Aktivitäten haben:

"da war jetzt der Weihnachtsbasar doch drunten in (Ortsname), nicht, und da haben sie auch gebeten, und dann haben wir halt eine große Torte gemacht und haben sie ihnen hinunter getan, und nicht, das haben sie dann, haben sie dann verkaufen können" (GMv/11, 875;296)

Auffallend ist dabei, daß von den Befragten alle in irgendeiner Form Kontakt zur Kirchengemeinde haben. Insofern ist Kirche im Rahmen der drei aufgezeigten Teilnahmestrategien hier also durchaus noch fester Bestandteil der Lebenswelt. Dies zeigt sich auch an der Einstellung gegenüber der Kirchengemeinde, die unter den Befragten weniger Differenzierungen aufwies als das Teilnahmeverhalten:

"Kirchengemeinde, die muß sein." (GMm/10, 779;521)

"Na, die Kirchengemeinde ist sehr notwendig, das ist ganz klar, denn der, der Glaube, um was es sich ja da dreht und jeder ist doch durch die Taufe aufgenommen worden, durch die Konfirmation und das Glaubensbekenntnis und alles, da ist das schon richtig, wenn man eine große Gemeinschaft ist" (GVv/11, 864;706)

"man braucht ja eine Kirchengemeinde, daß der Glaube ein bißchen zugehalten wird, nicht. Und einen schönen Pfarrer muß man haben, der wo schön predigen kann." (GVm/8, 606;341)

---

32 Vgl. hierzu CORNEHL, PETER: Gottesdienst als Integration, in: BLOTH, PETER C. U.A. (HRSG.): Handbuch der Praktischen Theologie, Band 3, Praxisfeld: Gemeinden. Gütersloh: 1983, S. 59-78.

Diese Einstellung prägte dann auch deutlich das Erziehungsverhalten in Sachen Religion und Kirche. Hier lassen sich vier Bereiche erkennen, in denen das erzieherische Handeln besonders relevant wurde:

Da ist erstens die Unterweisung im Gebet, welches, analog dem in der Kindheit Erlebtem, in der Regel am Abend und durch die Mutter bzw. Großmutter geschah:

"Na, da habe ich mit den Kindern gebetet. ... Freilich. Das hat meine Mutter mit mir gemacht und ich habe es mit meinen Kindern gemacht auch." (GMm/4, 304;681)

Ein weiterer Bereich war der sonntägliche Kirchgang, zu dem die Kinder ab dem Schulalter mitgenommen wurden und später dann auch zum selbständigen Kirchgang aufgefordert wurden. So sagt ein Großvater im Hinblick auf seinen Enkel:

"Ich habe ihn öfters mal mit in die Kirche genommen, dann sind wir ein wenig zum Frühschoppen gegangen, hab ich gedacht, daß er sich da schon mal dran gewöhnt ... Zuerst habe ich ihn mitgenommen, aber jetzt kommt er auch nicht mehr mit, weil jetzt geht er natürlich Samstag in die Disco, na, es geht schon, hie und da bringe ich ihn schon mit in die Kirche, aber zum Frühschoppen hat er schon kein Interesse mehr, weil da lauter Ältere dahocken, ich kann das verstehen, der fährt dann halt heim." (GVm/8, 606;350)

Deutlich wird hier auch noch einmal der enge Konnex von Kirchgang und sozialer Kommunikation, wobei der Enkel eben inzwischen sein eigenes Kommunikationsnetz aufgebaut hat.

Die elterliche Unterstützung des Religions- und Konfirmandenunterrichts ist ein weiterer Bereich der religiös-kirchlichen Erziehung in der Familie. Ihr kommt insofern besondere Bedeutung zu, als die Vermittlung kirchlicher Lehrinhalte weithin von den Eltern als primäre Aufgabe der Schule bzw. des Konfirmandenunterrichts angesehen wurde. Fühlten sich die Eltern dadurch einerseits von der Institution entlastet, so waren sie auf der anderen Seite auch dazu bereit, diese Arbeit zu unterstützen:

"Weil die sind auch in die Schule gegangen, denen hat man alles gelernt. Und wenn sie mal, wenn sie mal was, was lernen haben müssen, dann hat man auch sich einen Katechismus oder was genommen und hat man ein wenig was korrigiert, das hat man schon gemacht, aber sonst eigentlich ist da nicht viel geredet worden, ich bin da ehrlich." (GVm/7, 531;242)

Und schließlich galt es im Rahmen der religiös-kirchlichen Erziehung als besonders wichtig, daß der zukünftige Ehepartner der Kinder nicht katholisch, sondern ebenso evangelisch war. Das Aufeinandertreffen unterschiedlicher konfessioneller Milieus wurde als sehr problematisch empfunden, und dies nicht nur für den Fall, daß die soziale Zusammensetzung des Dorfes eine konfessionelle Monostruktur aufwies. Gerade in konfessionell-gemischten Gegenden wurde die Verbindung mit einem katholischen Ehepartner als Bedrohung für die ganze Familie verstanden:

"Also da habe ich, man kann es nicht vermeiden, aber ich habe von vornherein ihr klar gemacht, zwei Glauben in einem Bett, die passen nicht. Das geht schön, so lang wie jetzt die Absichten da sind, ist das alles in Butter. Aber wenn es jetzt weitergeht, wir sind da ein bißchen Randgebiet, 700 Meter weg ist es katholisch, ich hätte auch mal, hätte ich ein paar Mädchen gern gesehen, die katholisch gewesen sind, aber da darf man nichts ernstes anfangen. ... Meine Mutter hätte das nicht gelitten, außer sie wäre evangelisch geworden." (GVm/8, 605;314)

Dabei spielen unterschiedliche Lehrauffassungen keine bedeutsame Rolle. Vielmehr ist die schroffe Ablehnung der konfessionell-gemischten Ehe hier Reflex auf die enge Bindung von Lebenswelt und Kirche. Ein Angehöriger einer anderen Glaubensgemeinschaft ist damit automatisch auch dem eigenen lebensweltlichen Kontext nicht zugehörig.

Im Hinblick auf die Enkelgeneration zeigt sich aber auch, daß die klaren erzieherischen Vorgaben hier nur noch selten greifen. Die sich vollziehenden Veränderungen werden auch von den Großeltern registriert:

"heute merken sie nicht mehr auf, zuerst habe ich auch, zuerst hat man sagen können: So, jetzt machst du das oder das, aber heute, heute kann man das zu der Jugend nicht mehr sagen, zu den jungen Leuten, gell, die, die müssen selbst entscheiden, nicht." (GMv/11, 874;249)

Reichen also die Verbindungen mit der Institution Kirche weit in das erzieherische Verhalten hinein, so lassen sich im Bereich der Religiosität zwar auch vielfältige Bezüge zur Institution herstellen, sie sind insgesamt aber nicht so eindeutig wie im Bereich der Erziehung. Vielmehr tritt hier wiederum die bereits in der Einstellung zur Kirche wahrgenommene Mischung aus Nähe und Distanz auf:

"Aber ich sage mir immer wieder, es gibt Menschen, die vielleicht christlicher sind und nicht in die Kirche gehen." (GMm/4, 307;838)

Daß hier neben dem Bezug zur Institution zugleich der Bezug zum eigenen Lebenszusammenhang eine entscheidende Rolle spielt, läßt sich vielfältig veranschaulichen. So ist die private Gebetspraxis einerseits stark an die Institution gebunden. Das zeigt sich etwa an der immer noch geübten Praxis des Betens beim Hören der Abendglocken:

Wie ich grad gesagt hab, so wie man getauft ist, so glaubt man heute noch, nicht, und die, die Abendglocken läuten, und dann, dann faltet man die Hände zusammen, dann betet man, und so weiter. Wieso - kann man nicht sagen. (GVm/7, 532;304)

Institution und Gebet im Alltag sind so bereits durch das Läuten - und damit noch vor allen geprägten Gebetsformulierungen, die hier eine Rolle spielen mögen - eng miteinander verbunden. Dabei wird aus der Aussage auch deutlich, daß das Beten hier Bestandteil eines vorreflexiven Brauchtums ist. Denn der Mann kann nicht erklären, warum er betet. Vielmehr steht dieses Gebet für ihn in einem Lebenszusammenhang, den er von der Taufe bis zur Gegenwart gespannt sieht, letztlich aber durch sein Beten als Antwort auf das Glockengeläut selbst immer wieder neu spannt. So entfaltet das Ritual Abendläuten-Händefalten-Beten im Übergang von Tag auf Nacht seine stabilisierende Kraft.[33]

Die Bedeutsamkeit der stabilisierenden Funktion der Gebetspraxis ist aber auch in den anderen vorfindlichen Gebetsformen greifbar. Diese beziehen sich im wesentlichen auf das Ritual des morgendlichen und/oder abendlichen Betens, welches von allen Befragten gepflegt wird.

"das war einem sein Halt, ich weiß noch, die schlimme Zeit, die ich durchgemacht habe (weint)." (GMm/3, 184;410)

"Ich bete abends und morgens, Vaterunser. ... Mir ist leichter." (GMv/9, 709;172)

"Jeden Tag, jeden Morgen und jeden Abend, ja. 'Geh ohn' Gebet und Gotteswort niemals aus deinem Hause fort!'" (GVm/8, 607;414)

Das Gefühl von Gehalten-Sein, Erleichterung, Schutz, Sicherheit sowie Fürbitte um Angehörige sind dabei die wesentlich genannten Themen. In diesen Gebetsformen finden wir zwar nicht den Bezug zur Institution, wohl aber wiederum den hergestellten

---

33 Vgl. hierzu die Funktion des Übergangsobjekts bei RIZZUTO, ANA MARIA: The Birth of the Living God. A Psychoanalytic Study. Chicago, München: 1979. Vgl. zum "Übergang" des alltäglichen Rituals auch EBERHARD HAUSCHILDT: Was ist ein Ritual? In: Wege zum Menschen 45 (1993), S. 24-35, der sich allerdings hier auf A. Schütz/Th. Luckmann und nicht auf Rizzuto beruft.

Lebenszusammenhang, hier nun bezogen auf die Einübung des Betens durch die Mutter/Großmutter in der Kindheit:

"Ja, als wir kleiner waren schon, ja, das machen wir ja heute noch, ich schlaf nie ein, daß ich nicht ein Gebet spreche und in der Früh." (GVm/8, 603;234)

Ein etwas anderes Bild ergibt sich, wenn man auf die Verwendung religiösen Schrifttums bei den Befragten blickt. Neben der Bibel finden sich auch Hinweise auf christliche Sonntagsblätter und Abreißkalender. Der Gebrauch der Bibel selbst ist dabei sehr unterschiedlich. Das geht von Aussagen, die auf ein sehr reges Bibelstudium hinweisen, bis zu Aussagen, die im Hinblick auf die Bibel gar nichts mehr erinnern. Einzelne Sprüche, hier vor allem Konfirmationssprüche, können eine eminente Bedeutung[34] erlangen, wobei dann auch hier Themen wie Gehalten-Sein und Beschützt-Werden mit ihrer stabilisierenden Funktion dominieren. Es finden sich aber auch Aussagen, die in den gesellschaftskritischen Bereich hineingehen, wenn etwa eine Frau mit der Geschichte vom armen Lazarus die mangelnde Spendenfreudigkeit ihrer Mitmenschen beklagt, oder aber Aussagen, die an einzelnen Geschichten - wie der Weihnachts- oder Passionsgeschichte - das Ganze des Evangeliums festmachen.

Die Gottesvorstellungen sind dagegen wiederum stärker mit Themen verbunden, die eine stabilisierende Funktion aufweisen. Gott ist hier die "feste Burg", die einem in schweren Tagen beisteht, der "Helfer" oder aber der "Halt", nunmehr auch im Hinblick auf die letzten Dinge:

"da klammert man sich jetzt dran; jetzt denkt man weiter, denkt nur an's Ende" (GMm/3, 187;559)

Im Leben und im Sterben wird Gott so zum Bezugspunkt für Trost und Hoffnung. Das reicht gelegentlich auch bis zu nahezu magischen Vorstellungen, wenn etwa seelische und materielle Not durch Gottes Gegenwart automatisch verhindert werden sollen:

"Wo Glaube da Liebe, wo Liebe da Friede, wo Friede da Segen, wo Segen da Gott, wo Gott, keine Not." (GMv/9, 708;152)

Neben diesen Aussagen zum gütigen, hilfreichen Gott - dem dann auch Jesus Christus zugeordnet wird - finden sich auch wieder Gottesvorstellungen ohne qualifizierendes Handeln, wie Gott ist "Geist" oder "der Herr". Kaum finden sich dagegen Aussagen, die Gott mit ethischem Handeln in Verbindung bringen. Gerade hier lag aber bei den aus der Kindheit erinnerten Vorstellungen ein Schwerpunkt! Das könnte damit zusammenhängen, daß für diese Menschen, die nun in der letzten Phase ihres Lebens stehen, weniger Orientierungs- als vielmehr Integrationsaspekte im Vordergrund stehen.[35] Zumindest weist folgende Aussage in diese Richtung:

"Man hat allerhand mitgemacht und viel, aber deswegen hat man auch immer wieder, immer wieder geglaubt. Da sagen die Leute oft manchmal, die und die, die haben nichts Gutes getan und jetzt geht es ihnen so gut, die anderen müssen büßen, denen es wirklich mal nützen würde, kann man halt nichts machen, nicht. Das ist das." (GMm/8, 619;223)

Das Leid und auch die Ungerechtigkeit gelten hier als bekannte Erfahrungen. Der erhoffte Lohn kann auch ausbleiben, bzw. noch schlimmer, offensichtlich an solche, die

34 Vgl. hierzu auch DAIBER, KARL-FRITZ / INGRID LUKATIS: Bibelfrömmigkeit als Gestalt gelebter Religion. Bielefeld: 1981, S. 44 ff.

35 So schon Erik H. Erikson, vgl. jüngst ERIKSON, ERIK H.: Der vollständige Lebenszyklus. Frankfurt a.M.: 1988, S. 78 ff.

"nichts Gutes getan haben" vergeben werden. Mit der abschließenden Sequenz "kann man halt nichts machen" wird dabei aber nicht nur das eigene Unvermögen, daran etwas zu ändern, thematisiert, sondern zugleich werden die Brüche des Lebens ebenso unter den Leitsatz "man hat immer wieder geglaubt" gestellt und damit durch das Vertrauen auf Gott integriert. Der Zusammenhang des Lebens wird so als religiöse Konstitution geleistet, d.h. in Beziehung auf Gott.

3. Die Eltern

Aus der Eltern-Generation der Familien auf dem Land wurden 15 Personen befragt, sieben Männer und acht Frauen. Alle sind auf dem Land aufgewachsen und soweit sich dies erkennen läßt, sind auch bei den neu hinzugekommenen Ehepartnern keine anderen wirtschaftlichen Verhältnisse als die bereits für die Großelterngeneration beschriebenen festzustellen. Auch hier sind wieder alle befragten Personen evangelisch.

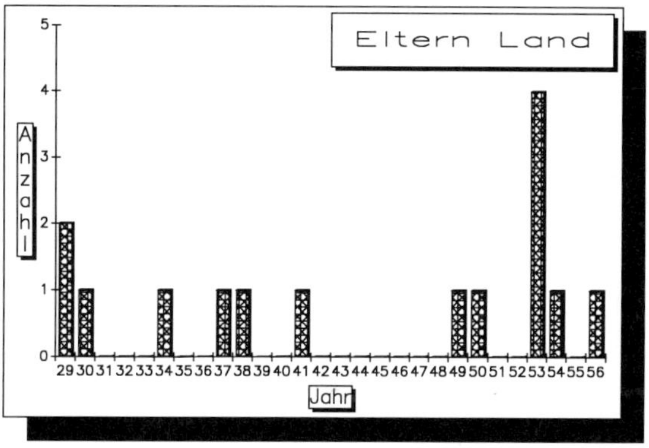

Wie nebenstehende Grafik zeigt, teilen sich die 15 befragten Eltern nach den Geburtsjahrgängen in zwei Gruppen: sieben sind 1929-41 geboren, haben also in der Kindheit die NS-Zeit sowie den Krieg mit erlebt. Acht weitere Personen sind in den Jahren 1949-56 geboren, wuchsen also in den 50er und 60er Jahren auf und damit in der Nachkriegszeit bzw. dem damit verbundenen wirtschaftlichen Aufschwung.

a) Kindheit und Jugend

Im Hinblick auf den lebensweltlichen Bereich soll nun das, was vordem aus der Sicht der Erwachsenen berichtet wurde, aus der erinnerten Kinderperspektive ergänzt werden.

Von den 1929-41 Geborenen registrierten zumindest die älteren schon als Kinder die um sich greifende Begeisterung für den Nationalsozialismus, der ja seinerseits gerade den Bauernstand als "Fundament der Nation"[36] mystifizierte. Zuerst in der Hitlerjugend, dann als Volkssturm erlebten sie die Auswirkungen dieser Ideologie auch auf dem Land hautnah:

"'45 haben wir zum Volkssturm gemußt, bevor der Krieg zu Ende war. Und da waren wir in [Name einer Kleinstadt im näheren Umkreis], da haben wir, wir waren damals 16 Jahre alt, haben wir da übernachtet und haben da ausladen müssen am Bahnhof dann, die die, die von den Großstädten hergekommen sind, hast sie ausladen müssen, das ist dann bitter gewesen. Die kleinen Kinder, über Nacht hast das gemacht. Und dann, eine Brauerei war das in [Name der Kleinstadt],

36 KNAURS LEXIKON, Berlin: 1939, Sp. 115. Hierzu BROSZAT, MARTIN: Der Staat Hitlers. Grundlegung und Entwicklung seiner inneren Verfassung. München: ^{5}1970, S. 230 ff.

mein Gott, direkt auf Stroh, ja Decken, die älteren sind eingewickelt gewesen. Wir haben die einfach ausladen müssen vom Zug, beim Tag ist es weniger gegangen, bei der Nacht, da ist man dann mehr von den Fliegern sicher gewesen." (V/10, 808;110)

Im Hinblick auf die Kirche gab es in der hiesigen ländlichen Bevölkerung einen starken Widerstand gegen die kirchenfeindlichen Bestrebungen der NSDAP. So erinnert sich eine 1934 geborene Frau an einen NS-Kreisleiter:

"der wollte da absolut haben, daß meine Eltern aus der Kirche austreten, derjenige, mein Vater wäre auch eventuell mitgegangen, aber die Mutter, nein, nein, du kannst tun was du magst, ich gehe nicht, also ich mach nicht mit, und das weiß ich noch, na ja, wie das dann genau gewesen ist, das weiß ich nicht mehr, auf jeden Fall, ich weiß noch, ich bin da umhergehüpft da so als Kind, dann hat er gesagt, ... (Spitzname der Mutter), hat er gesagt, du wirst einmal sehen, hat er gesagt, in drei, vier Jahren, da schaut kein Mensch mehr eure Kirche an. Und in drei, vier Jahren, da ist er wieder in die Kirche gekrochen." (M/12, 949;78)

Wachsen diese Eltern also einerseits in sehr unterschiedlichen politischen Verhältnissen auf, so sind diese Jahrzehnte doch gemeinsam geprägt durch einen tiefgehenden Umgestaltungsprozeß, wie er sich in Folge des "soziokulturellen Durchbruchs der Moderne"[37] nun auch auf dem Land zeigt. Das Verkehrssystem wird ausgebaut und damit das tägliche Pendeln zwischen der Arbeit in der Stadt und der Landwirtschaft, die nun öfters zum Nebenerwerb wird, erleichtert. Erinnert wird von den Eltern die erstmalige Versorgung mit Elektrizität, die teilweise sogar erst Mitte der sechziger Jahre erfolgte. Massenmedien, zunächst in Form des Radios, halten ihren Einzug auch auf den Höfen und verändern die Lebensgewohnheiten:

"'Sie wünschen' z.B., die Musiksendung, Mittwochabend um viertel neun, als wir dann das Radio gekriegt haben, das war ja ein Ereignis, da hat man dann die Schlager, gute Schlager. ... da hat er schon manchmal geschimpft, wenn man abends dauernd das Radio an hatte, der Vater, da ist es um den Strom gegangen, das ist ein Witz, da ist es schon um den Strom gegangen, daß der Radio Strom braucht, so ist da gespart worden."

Erstmals wurden auch Wasserleitungen gelegt, so daß fließendes Warmwasser zur Verfügung gestellt werden konnte. Unter den Eltern ist die Erinnerung noch wohl präsent, für ein Bad jeden Eimer Wasser extra ins Haus tragen zu müssen. Die Jahre nach dem Krieg brachten hier eine deutliche Verbesserung:

"wie alles aufgestiegen ist, ist das auch alles besser geworden" (M/12, 951;175)

Das Zusammenleben in den Familien blieb, wie schon in der vorherigen Generation, im wesentlichen dominiert von der gemeinsamen Arbeit. Hier war das Mithelfen für die Kinder eine Selbstverständlichkeit. Eigene Zimmer für die Kinder waren nicht vorhanden. Außerhalb der Arbeit war man im Haus entweder in der Wohnküche mit den anderen zusammen oder aber legte sich in die unbeheizbare Schlafkammer, die man meist mit Geschwistern oder den Großeltern teilte. Und auch hier galten, wie schon in der Generation davor, die Großeltern als vorrangige Bezugspersonen, da die Eltern ihre Hauptaufgabe eher in der Arbeit am Hof und weniger in der Erziehung der Kinder sahen:

"Die Großeltern sind da immer das Vorbild und in der Not ist man zu denen gegangen, weil die Eltern, die haben da viel Arbeit und Zeug gehabt, die haben da praktisch nicht so." (V/10, 812;274)

---

37 PEUKERT, DETLEV J.K.: Die Weimarer Republik, Frankfurt a.M.: 1987, S. 11.

Dabei waren die Machtverhältnisse in der Familie klar strukturiert: "Vater war der Boss" (V/9, 733;203). Entscheidungen trafen die Väter, gelegentlich gemeinsam mit den Müttern, in der Regel ohne Beteiligung der Kinder:

"wenn etwas wichtiges war, mhm, haben wir hinausgehen müssen" (M/9, 720;311)

Auffallend gegenüber der vorherigen Generation ist, daß hier bei den Eltern der Übergang von der Kindheit ins Erwachsenenalter nicht mehr so schroff bzw. so abrupt geschildert wird. War es bei den Großeltern noch der sich an die Konfirmation anschließende Gesindedienst außer Haus, der das Ende der Kindheit in der Regel markierte, so ist nun von solchen Erfahrungen kaum noch die Rede. Vielmehr verbrachten die Eltern ihre Jugendphase durchwegs in der Herkunftsfamilie, zusammen mit den jeweiligen Jugendlichen im Dorf. Das zumeist frühe Heiratsalter und die häufig frühe Elternschaft ließen diese Phase auf nur wenige Jahre zusammenschrumpfen:

"Ja, ich habe die Zeit, das war die schönste Zeit, die ich mir vorstellen kann. Von fünfzehn so bis zwanzig, so richtig schön, richtig schön." (M/3, 217;129)

Auch in dieser Generation ergibt sich bei den Befragen, daß der Besuch des Gottesdienstes in der Kindheit und Jugend weithin als selbstverständlich galt. Erstmals wird aber nun auch von gottesdienstlichen Veranstaltungen speziell für Kinder gesprochen, nämlich Kinderchor und Kindergottesdienst:

"Wir haben ja nichts anderes gehabt, und da war ja das unser ein und unser alles, muß ich schon sagen, ich bin da gern hin" (M/4, 316;52)

Das Weihnachtsfest ist für die bis 1941 Geborenen in der Erinnerung merklich überschattet von der damaligen Kriegssituation, die eine größere Ausgestaltung des Festes gar nicht zugelassen hätte.

"Wie ich schon gesagt habe, das ist, ja das Christkind gekommen, das hat dann, später hat man dann gesehen von den jüngeren Brüder, wie eine Magd, oder vom Nachbarn wer das Christkind gemacht hat, hat dann ein bißchen was gebracht, ein wenig Nüsse, ein wenig Plätzchen, aber da ist wieder der Krieg gewesen, da war das alles zusammen. Wir sind praktisch die Generation gewesen, wo unterm Krieg aufgewachsen ist, da hat es wenig Süßigkeiten und so was, hat es da praktisch gar nicht gegeben." (V/10, 811;232)

Dabei läßt sich auch hier die Inszenierung als Familienfest entdecken, bzw. die Verhinderung desselben aufgrund der Kriegssituation:

"Naja das war dann der Heilige Abend, da gingen wir dann in die Kirche mit der Mutter, der Vater war ja nicht da. ... Haben wir halt dann Weihnachtslieder gesungen, und halt an den Vater und die ganzen, die im Krieg waren, hat man halt auch." (M/4, 324;323)

Aber auch unabhängig davon wird hervorgehoben, daß die Gestaltung des Weihnachtsfestes damals "nicht so pompös wie heute" war. Das konnte dann aber auch bedeuten, daß das Weihnachtsfest überhaupt nicht so sehr im Mittelpunkt stand, sondern eher nebenbei gefeiert wurde:

"Eigentlich wenig, wenig, wenig Aufwand, wenig, wenig Streß, wenig, wenig, hm, (Pause) würde sagen, also wenig Pomp, ganz einfach und schlicht, das Christkind ist schon gekommen, aber es war eigentlich wenig, wenig Ruhe am Hof und so weiter" (V/12, 936;70)

Ein Hinweis auf die in der Großeltern-Generation aufgetauchte Ambivalenz des Weihnachtsfestes zwischen Freude und Furcht läßt sich bei den Befragten der Eltern-Generation nicht mehr auffinden.

Während das Weihnachtsfest also durchaus nicht in besinnlicher Ruhe vonstatten gehen mußte, war dies für Karfreitag dagegen obligatorisch. An diesem Tag wurde nicht gearbeitet, kein Fleisch gegessen und man ging zum Gottesdienst. So sind denn auch der Kirchgang sowie die Stille dieses Tages die wesentlichen Erinnerungen der Eltern an Karfreitag in ihrer Kindheit:

"vor allem haben wir da in die Kirche gehen müssen, da ist alles in die Kirche gegangen, die Mutter auch mit, also die Mutter, oder der Vater mit, und da, da, da hat man ruhig sein müssen, Sie werden das nicht glauben, da hat man nicht, nicht, ich weiß nicht, da war Stille, war es da." (M/10, 792;215)

Daß Karfreitag dabei als der klassische evangelische Feiertag galt, bewirkte gelegentlich, daß die Machtkämpfe zwischen den evangelischen und den katholischen Dorfbewohnern gerade an diesem Tag zu einem Höhepunkt kommen konnten:

"Und da ist zum Trotz, haben da die Katholiken, haben da, in [Name des Dorfes] war da der Machtkampf zwischen Evangelischen und Katholiken, und da ist das schlimm gewesen. Und die haben da praktisch, man ist da runter gegangen [auf dem Weg zum Gottesdienst, U.S.], auf die Straße, da hat man nicht fahren können mit dem Auto, hat man ja nicht gehabt und da haben die Jauche gefahren und Mist gefahren, naja, und da bist dann runter gekommen und dann hast gestunken auf Deutsch gesagt, das war so früher." (V/10, 812;250)

Im Bereich des Religions- und Konfirmandenunterrichts finden sich auf der einen Seite nach wie vor Erinnerungen an einen "streng" bis "brutal" geführten Unterricht, in dem "unwahrscheinlich viel" auswendig zu lernen war:

"Ja, das kann man mit der heutigen Zeit gar nicht mehr vergleichen, da bist du dringesessen wie ein Denkmal und hast Ruhe gegeben, weil wenn du, da hat's nichts anderes gegeben, auch ein sechsjähriger, und aufgepaßt und Obacht gegeben und gehorcht und die Liederverse gelernt, weil am nächsten Tag hast du die nämlich vorsagen müssen" (V/3, 243;284)

Und auch die hierzu gehörige Erinnerung an die Pfarrer, die einen derart straff geführten Unterricht hielten, ähnelt den Aussagen der Großeltern sehr:

"Das war ein, der Pfarrer (Name) war das, das war ein fester Lehrer, ein fester Mann, und dann, der war, streng war der, streng, der wenn, da hat man jetzt was sagen müssen, so haben wir jetzt die Gebote gesagt, da hat er dann so ein Stückchen sagen lassen, du, kommst du dran, kommst du dran, kommst du dran. Und dann hat er so einen langen Stecken gehabt, der war zwei Meter lang, das war so ein dünner langer Stecken, und dann, wer das nicht gekonnt hat, den hat er so über den Daumen drübergehauen, gell." (M/10, 793;277)

Daß es sich dabei auch in dieser Generation nicht um einen Extremfall handelte, sondern diese Vorgehensweise auch durchaus dem entsprach, was man von einem Pfarrer erwartet hatte, ergibt sich daraus, daß die befragte Frau, von der das obige Zitat stammt, ihre Erinnerung über den Pfarrer abschließt mit folgendem Resümee:

"also, es war ein richtiger Pfarrer war das, und das hat uns auch nichts geschadet." (M/10, 794;292)

Während die einen also, wie schon die befragten Großeltern, diese Vorgehensweise zumindest im nachhinein bejahen, findet sich bei anderen nun auch deutliche Kritik:

"Wie bist du zu deinem Nächsten und so, das ist einem eingebleut worden, das hat man vielleicht automatisch dann gehaßt, ich weiß nicht. Vielleicht ist einem das auf die Nerven gegangen." (M/3, 227;604)

Bei den Befragten der Großeltern-Generation blieb es bei diesem Typ des Religionsunterrichts nebst dazugehörigem Pfarrer. Bei den Befragten der Eltern-Generation sind nun aber auch andere Töne zu vernehmen. So wird von einem Teil der 1949-56 Geborenen ganz anders über Unterricht und Unterrichtende gesprochen:

"Ja, wir haben da so eine Lehrerin gehabt, die hat uns halt, die war für alles, die hat vier Klassen gehabt und die war da für alles zuständig und da haben wir eigentlich alles gerne gemacht bei ihr. ... Das haben wir schon gerne gemacht. Die hat dann Flöte gespielt und wir haben da Lieder gesungen und das, das hat uns, hat uns schon gefallen, und sie hat das auch so gut erklären können alles, daß man das so begriffen hat, das war alles schon." (M/11, 893;117)

Und gerade in dieser Elterngruppe wird dann neben den bisher üblichen Beschreibungen des Pfarrers als "streng", "hart" etc. zum ersten Mal auch davon gesprochen, die Klasse habe zum Pfarrer ein "gutes Verhältnis gehabt" (V/7, 564;132). Bemerkenswert ist dabei, daß hier von der Klasse die Rede ist, das gute Verhältnis also nicht nur im Hinblick auf eine persönliche Beziehung hin gemeint sein kann.

Die Konfirmation wird dann wieder bei beiden Eltern-Gruppen als wichtiges Erlebnis dargestellt:

"Das war das erste, (Pause) erste größere Ding gewesen im Leben, auf deutsch gesagt, mhm." (V/11, 880;14)

Dies gilt vor allem auch deshalb, weil ja ansonsten Geburtstagsfeiern auf dem Land weithin unüblich waren. Genau wie bei den befragten Großeltern wird auch hier die Konfirmation zur ersten großen Feier, in der die eigene Person im Mittelpunkt steht. Nicht ohne Stolz wird davon berichtet, wer alles zum Fest erschien:

"Und da erinnere ich mich an meine Konfirmation, das war 1955, und da ist man ja alles zu Fuß gelaufen, ... und da ist die Großmutter mit 83 von (Ortsname) nach (Ortsname) hinaufgelaufen, das war im April, am 3. April, und am 5. Juni ist sie dann gestorben, und das werde ich nie vergessen, die hat sich das nicht nehmen lassen, ja, ja." (M/3, 225;506)

Umso schlimmer haben es deshalb diejenigen erlebt, deren Konfirmation in die Kriegszeit fiel und von daher ein Fest im würdigen Rahmen nicht stattfand:

"meine Konfirmation, die sehr einfach und dürftig war im Jahre 1944, wo kaum, wo nicht einmal der Pate da war, weil es ihm zu beschwerlich war zu kommen, auf der anderen Seite ich mich an eine Frau erinnere, die schon lange gestorben ist, die mir da einen Kuchen und eine Torte geschenkt hat, etwas, was damals noch wenig der Fall war." (V/12, 936;56)

Insgesamt bleibt im Hinblick auf die eigene Biographie die Konfirmation zwar "irgendwie einschneidend", sie hat aber nicht mehr den Charakter einer markanten Zäsur, wie dies in der Großeltern-Generation bei den Befragten durch den Gesindedienst noch oft gegeben war.

Neben diesen typischen Kontaktstellen zur Kirche finden sich jetzt auch vermehrt Hinweise auf anderweitige Gemeinde-Veranstaltungen wie Jungschar oder Jugendgruppe, die die Verbindung zur Kirche jenseits von Gottesdienst und Katechese neu definieren helfen:

"Jugendgruppe sind wir schon gewesen, das war vor der Konfirmation schon. Ja, ja, und nach der Konfirmation auch eine Zeitlang, aber das hat sich dann irgendwie aufgelöst. Ja, das hat die Pfarrerstochter gehalten und ... so Spiele gemacht, so Lumpenball gespielt und halt alles so, ja. ... Das war eigentlich ganz nett, ja." (V/11, 883;122)

Alle befragten Eltern erlebten in ihrer Kindheit zu Hause eine Form des Gebets. Wie schon in der Großeltern-Generation, so zeigt sich auch hier, daß dabei zwar nicht überall das Tischgebet, wohl aber das Abendgebet in den Familien gepflegt wurde. Und auch hier sind es dann vorwiegend Mütter und Großmütter, die mit den Kindern beteten. Wo es der Dorftradition entsprach, wurde mit den Kindern das Beten beim Abendläuten fortgeführt.

Die verwendeten Gebetstexte sind die gleichen wie vordem. Mitunter findet sich auch die Predigtbuch-Tradition wieder. Ging die Familie an einem Sonntag nicht zum Gottesdienst, so wurde aus dem Predigtbuch vorgelesen. Wie sich herausstellt, eine für die Kinder wenig attraktive, dafür viel mit Disziplinierung verbundene Beschäftigung:

"da hat man ruhig sein müssen, Sie werden das nicht glauben, da hat man nicht, nicht, ich weiß nicht, da war Stille, war es da. Und wissen Sie, was noch, die Unseren haben da immer die, die Ding gelesen, wie hat denn die geheißen, die, das große Buch da, Sonntag früh, die Predigten, da hat man so ein Predigtbuch gehabt. ... Und da haben wir die größten Schellen gekriegt. Da sind wir herumgehockt um den Tisch, und da haben wir gelesen, und wir haben eine Dienstmagd gehabt, und die hat, die hat recht lesen können, und die hat auch immer die Predigten gelesen, immer, als wir daheim waren, und dann, wenn wir dann bloß, das wissen Sie schon, als Kinder hat man doch das auch, nicht, und dann, und wenn wir, je nachdem haben wir geschwätzt, haben wir Watschen gekriegt, und das ist da, also das ist da viel Wert gelegt worden auf das." (M/10, 792;220)

Die erinnerten Gottesvorstellungen differieren innerhalb der beiden Jahrgangsgruppen der Eltern nicht. Es zeigt sich hier vielmehr eine große Gemeinsamkeit unter den Befragten. Demnach wurde Gott zunächst einmal als eine "Furchtperson" vorgestellt, die vor allem bei schweren Unwettern auf sich aufmerksam machte:

"Naja, eine Furchtperson, wenn Gewitter kommen ist, dann hat es geheißen, da schimpft der Himmelvater, da war man ruhig und Ding" (V/10, 813;294)

Gleichzeitig galt Gott dabei aber auch als möglicher Beschützer in der Gefahr, die von ihm selbst ausging:

"Naja, wir haben da schon also gefühlt, also daß, wenn Gott dabei ist. Wir waren einmal, mit meiner Großmutter, da sind wir zu ihr gegangen, da war so ein schweres Gewitter, also das war so schwer, und da war im Wald eine Hütte gestanden, und da haben wir vorbei gemußt, und an diese Hütte haben wir uns hingehockt, und, mei, was man halt, die hat gebetet, und wir auch, und hat den Gott, also tu uns doch beschützen da, und ringsum waren Fichten gestanden, und der Blitz hat in die Fichte eingehauen, und wir sind da dort gehockt und haben alle gebetet dort, und uns ist nichts passiert, gell. Und dann haben wir gesagt, also das ist alles, der liebe Gott ist da, hat uns da beschützt, gell. Also, ja, und öfter war so irgendsowas, wo wir gesagt haben, ja, das ist der liebe Gott." (M/10, 794;311)

Daß Gott beides zugleich sein kann, Anlaß der Furcht sowie Bewahrer in der Furcht ergibt sich auch aus dem, in den genannten Gottesvorstellungen häufig zu findenden Prädikat "ehrfürchtig". Gott war mächtig und gewaltig, aber man konnte darauf hoffen, daß er diese Macht nicht gegen, sondern für einen einsetzen werde. Auf jeden Fall war er derjenige, "der wo einfach alles regiert, alles unter sich hat" (M/9, 719;251).

Betrachtet man all diese Aussagen im Zusammenhang, so ergibt sich hier das Bild einer allgewaltigen Führerperson, der man letztlich so oder so ausgeliefert war. Da legt sich natürlich ein Seitenblick auf die Führerideologie nahe, wie sie im Zusammenhang einer antidemokratischen Stimmung schon in den 20er und dann in den 30er Jahren formuliert wurde.[38] Jedenfalls findet sich diese auffällig einheitliche Profilierung der so zu umreißenden Gottesvorstellung in der Kinder-Generation so nicht mehr.

---

38 Vgl. hierzu GREBING, HELGA: Der Nationalsozialismus. Ursprung und Wesen. München, Wien: 1959, S. 26 ff. Für die theologische Theoriebildung zu dieser Frage vgl. schon WAGNER, FALK: Politische Theorie des Nationalsozialismus als politische Theologie. In: BAUMOTTE, MANFRED / HANS WALTER SCHÜTTE / DERS. / HORST RENZ: Kritik der politischen Theologie. [Theologische Existenz heute 175] München: 1973, S. 26-51.

Dagegen läßt sich ein auf die eigene Person bezogener ethischer Aspekt der Gottesvorstellung nicht durchgängig bei allen Befragten aufweisen. Dort, wo er sich zeigt, reicht er vom allgemein geforderten "Respekt, die Gebote zu halten", über das Bewußtsein, daß Gott alles sieht, was man "angestellt hat", bis hin zu strafenden Automatismen wie dem folgenden:

"Gott hat alles gesehen, was man macht. Und ich habe mich noch als Kind, wenn ich in der Früh einen Fehler gemacht habe, also dann habe ich schon gemerkt, daß der oben irgendwie merkt, daß ich einen Fehler mache, und dann sind, am Tage dann, habe ich dann schon voraussagen können, also da kommen jetzt noch mehr Fehler, oder es passiert ein Unglück oder irgendwas, das ist irgendwie, habe ich das schon gemerkt in mir, daß da irgendwas nicht stimmt." (V/8, 648;220)

Aber selbst hier wird die Hoffnung auf Gottes Güte letztlich nicht ganz fallengelassen. Das obige Zitat fährt fort:

"Und da habe ich dann gedacht, vielleicht, naja, hilft einer da oben und ist dann trotzdem wieder gut geworden." (V/8, 648;225)

Ein weiterer, erst noch abzusichernder Gesichtspunkt dieser Aussagen ist dabei, daß die hier aufgeführten ethischen Aspekte der Gottesvorstellungen bei den Befragen dieser Generation ausschließlich von den Männern angeführt wurden.

Betrachtet man die geschilderten Situationen, in denen diese Gottesvorstellungen eingebettet sind, so sind es eher alltägliche Szenen aus dem Bereich des Zusammenlebens in der Familie. Das gibt zu der Vermutung Anlaß, daß die Vermittlung dieser furchtbesetzten Gottesvorstellung eher Bestandteil häuslicher als institutionell-kirchlicher Erziehungskunst war. Darauf weist auch die Aussage einer Mutter hin:

"irgendwie ist das dann passiert, dann meint man, es ist eine Strafe Gottes, das wird einem ja auch manchmal gesagt, daß der Himmelvater schimpft oder sonst etwas, das habe ich meinem Buben erzählt und die haben es uns auch erzählt" (M/8, 631;178)

Und umgekehrt kann der Vorstellung, Gott sei nicht eine konkrete Person, sondern etwas "Unsichtbares" (M/3, 227;611), die erklärtermaßen Bestandteil des Religionsunterrichts war, gerade im Hinblick auf die emotionalen Bestandteile der Gottesvorstellungen der Kindheit aufgrund der vorliegenden Interviews keine prägende Kraft zugeschrieben werden.

b) Erwachsenenalter

Die insgesamt für die Bauernfamilien festzustellende Abnahme der Geburtenzahlen, vor allem nach 1945, zeigt sich auch in dieser Stichprobe. Bei den befragten Eltern ergibt sich für die Kinderzahl pro Familie ein durchschnittlicher Wert von 2,25. Für die Herkunftsfamilien der Großelterngeneration konnte noch etwa der doppelte Wert ermittelt werden. Die Kinder dieser Eltern werden zwischen 1956 und 1987 geboren, wobei die weit überwiegende Zahl aller Geburten (14 von 18) zwischen 1960 und 1976 anzusiedeln ist.

Diese Jahre sind in der Bundesrepublik Deutschland bestimmt durch im wesentlichen hohe Beschäftigungszahlen und ein kontinuierliches Wirtschaftswachstum, allerdings mit steigenden Inflationsraten.[39] In dieser Zeit bleiben nur noch drei der befragten Familien

---

39 BORCHARDT, KNUT: Nach dem "Wunder". Über die wirtschaftliche Entwicklung der Bundesrepublik, in: Merkur 39 (1985), 35-45.

voll in der Landwirtschaft tätig, während die anderen auf Nebenerwerbslandwirtschaft ausweichen oder ganz aus der Landwirtschaft aussteigen.

Der nun deutlich sichtbar werdende Umbruch auf dem Land äußert sich aber nicht nur im wirtschaftlichen Bereich. Das Zusammenleben zwischen den Familien verändert sich. Zufällige Kontakte werden seltener, die Mitgliedschaft in Vereinen wie Gesangs-, Sport-, Feuerwehrvereinen nimmt dagegen noch zu.

Die Erziehung der Kinder innerhalb der Familien bleibt weiterhin hauptsächlich den Frauen überlassen, wobei auch in dieser Generation den Großeltern noch besondere Bedeutung für die Kinderbetreuung zukommt. Eine Mutter berichtet im Rückblick und im Vergleich mit dem Erziehungsverhalten ihrer schon erwachsenen Söhne:

"Ja, ja, die haben mehr Zeit für ihre Kinder, die nehmen sich mehr Zeit für ihre Kinder, und das habe ich eigentlich nie gehabt, die sind gefüttert worden und gewickelt worden, in den Wagen hinein und wieder abgehauen, und die jetzt, die werden einfach besser bemuttert, die Kinder, die, die haben, die Kinder haben es jetzt, also haben die Eltern mehr von ihren Kindern jetzt. ... Ach, für uns ist bloß die Arbeit, so blöd ist man, das bloß der Arbeit Nachgehen, bloß der Arbeit Nachgehen und die Kinder, na ja, die sind so halb wild großgeworden, (Lachen)." (M/12, 954;291)

Deutlich wird dabei, wie immer noch die Produktionsfunktion der Familie die anderen Bereiche dominiert. Die Betonung des Individuums ist innerhalb der Familie einerseits wenig ausgeprägt. Demzufolge sind noch in dieser Generation Geburtstagsfeiern eher unüblich:

"hm, wichtig, also daß, hm, da wäre jetzt ein Geburtstag oder so irgendetwas, das ist, empfinde ich ganz einfach als normal, mhm, außer es ist einmal ein Mensch ein bißchen alt, mhm, wie jetzt der Opa, der, der, also meinem Mann sein Großvater da, mhm, der ist, wie alt ist denn der gewesen, 91, also das ist schon irgendwie jetzt, da kannst du schon einmal Geburtstag feiern, das schon irgendwie, oder halt die Oma, die ist 84 geworden, mhm, das ist schon irgendwie anders als wenn, wenn jetzt ein Kind Geburtstag hat, also das hört sich von mir blöd an, aber ich habe da noch nie etwas übrig gehabt, mhm, wir haben auch noch nie einen Geburtstag gefeiert, mhm, oder wie einen Hochzeitstag oder so irgendetwas" (M/9, 722;375)

Andererseits gehört aber auch hier die Pflege der Angehörigen zum selbstverständlichen Bestandteil dessen, was vorwiegend von den Frauen im Haus verlangt wurde. Hier sind es dann aber eher Dienstleistungen der einen an die andere Generation im Rahmen der Fürsorgegemeinschaft, als eine das Individuum betonende Hilfe:

"da war jetzt, hm, meinem Mann sein Großvater da, der mit 94 Jahren, der hat bloß einen einzigen Fuß gehabt, mhm, und das war, auf deutsch gesagt, eine ganz eine große Sau, mhm, ordinär bis zum Gehtnichtmehr, mhm, dann war die Oma da, also die ist auch, mit 84, mhm, und die war damals, die hat ihn damals schon noch gepflegt, aber dann hat sie einmal, mit, mit 80 Jahren hat sie einmal einen so einen Schlaganfall oder irgendetwas hat sie da einmal gehabt, mhm, da bin ich hinaufgekommen, da ist sie nicht aufgestanden gewesen, dann bin ich hinaufgekommen, dann war sie nicht im Bett drin, dann habe ich sie gesucht, dann habe ich sie nirgends gefunden, mhm, und dann bin ich noch mal rauf, und dann war sie vor dem Bett draußen gelegen, und da hat die, und seitdem, da habe ich sie dann immer zur Nacht ins Bett hinein und in der Früh' anziehen und waschen und Ding, mhm, das habe ich alles tun müssen dann, mhm, habe ich auch gemacht, hat mir nichts ausgemacht, weil sie hat ja meine Kinder auch, hat ja auch aufgepaßt auf die Kinder, mhm, als ich, wenn ich keine Zeit gehabt habe, und soviel Zeit hast du auch nicht, ich sage ja, wir haben immer gebaut, mhm, und dann war mein Schwager noch da und dann war, hm, meine Schwägerin, die, die war schon, war schon verheiratet, mhm, und hat ein Kind gehabt, aber die war regelmäßig am Wochenende da und das war also, hm, ich sage, gut, daß man so jung gewesen ist, tust du nicht soviel denken, aber ein zweites Mal würde ich das nicht machen." (M/9, 723;429)

Die Beziehungen zur Kirche sind im Erwachsenenalter der Elterngeneration bei den Befragten nicht mehr selbstverständlich in erster Linie auf den Gottesdienst bezogen.

Vielmehr zeigt sich ein facettenreiches Bild an Kontakten zur Kirchengemeinde neben dem Gottesdienstbesuch und darüber hinaus: Kirchenvorstand, Besuchsdienstkreis, Frauenkreis, Altennachmittage etc. Die Auflösung der traditionellen Gemeindearbeit in verschiedene Programmangebote macht es dabei erforderlich, daß jede/jeder selbst das Ausmaß der Teilnahme bestimmt. Umgekehrt ist die Entwicklung hin zu einem diversifizierten Gemeindeprogramm auch Reflex auf die Abschmelzung festverbrieften Teilnahmeverhaltens. Damit steht dann aber auch die Rolle der Kirche neu zur Disposition. Bei den Befragten kann nun auch die Kirche als eine Organisation unter anderen jenseits der traditionellen Vormachtstellung aufgefaßt werden:

"Kirchengemeinde, halt wie jeder andere Verein auch, da geht es mal auf, mal ab, wenn die Leute vorne dran sind, geben sie sich zwar christlicher, aber sind auch nicht christlicher, haben auch ihre Mucken und Macken. Ich bin nicht gegen Kirchengemeinde, aber es ist wie überall da, ob du da den Gartenbauverein hast, ich wüßte jetzt nicht, ist das zu vergleichen, aber da brauchst du halt ein paar, die vorangehen und etwas auf die Beine stellen" (V/12, 940;221)

Mit dieser Auffassung verbindet sich dann auch die Unterscheidung "christlich-kirchlich" und zwar so, daß "kirchlich" nun für eine Partikularität steht, während "christlich" offensichtlich einen weiter gespannten Rahmen des Religiösen meint:

"so perfekt bin ich nicht in, in, im christlichen Leben, also im kirchlichen Leben, sagen wir einmal so" (M/12, 950;139)

Wird in dieser Auffassung die Öffnung des Kirchlichen zum Christlichen eher vorangetrieben, so findet sich aber gleichzeitig auch die Gegenbewegung, die die entstandene Vielfalt durch eine erneute Pfarrerdominanz rückgängig zu machen wünscht. Das zeigt sich dann auch in innerkirchlichen Diskussionen. So heißt es etwa in einer Kritik an der Beteiligung von Laien am Gottesdienst:

"Ich bin der Meinung, daß eine Kirche, die Predigt ist für mich das Wichtigste vom Gottesdienst, und die sollte der Herr Pfarrer, unser Pfarrer z.B., der hat eine Aussprache, eine bombige Aussprache, kann ganz gut singen, der hat alle Voraussetzungen, das prima zu gestalten, und ich mag auch das Drum und Dran nicht, wenn so viele Leute mitwirken, da ist eine Frau, das war heute wieder, das hab ich gedacht, wenn er jetzt wirklich kommt, dann sag ich ihm das, will sie sich jetzt profilieren oder will sie sich aufdrängen, dann ist es auch nicht gut. Die spricht jedesmal den Predigttext, und auch wenn so, und der Herr Pfarrer steht nebendran und horcht zu. Für mich ist da die Andacht gestört, die verspricht sich jedesmal, heute hat sie wieder einen Satz wiederholt, dann plauderts zum Teil wie eine Frau, ich hab nichts gegen Frauen, gar nichts, wer das macht, aber warum macht er denn das nicht selber. Mich stört das einfach, mich stört das." (V/3, 247;453)

Während die einen also bestrebt sind, die Kirche als eine Organisation neben anderen zu begreifen und sie damit in ihre Schranken verweisen, beklagen die anderen genau dieses, vermissen sie doch damit die alte, ehedem Sicherheit vermittelnde Ordnung. Dabei gehen diese unterschiedlichen Ansätze übrigens quer durch die Jahrgangsgruppen, lassen sich hier also nicht auf die Geburtsjahrgänge aufteilen.

Im Hinblick auf die kirchlichen Feiertage ergibt sich demgegenüber ein mehr einheitliches Bild. Wiederum zeigt sich, daß Karfreitag weithin als "ruhiger Tag" mit Kirchgang begangen wird, während Weihnachten viel stärker auf die je individuelle Struktur des Zusammenlebens in den Familien bezogen ist und dies auch die festliche Gestaltung prägt. Der Bezug zur Kirche ist bei den Befragten für beide Feste in Form des Gottesdienstbesuches vorhanden.

In der Erziehung spielt die Kirchlichkeit, wie schon vordem in der Großelterngeneration, ebenso eine wichtige Rolle. Auch für die Kinder wird der Kontakt zur Kirche zunächst als Selbstverständlichkeit betrachtet. Vorbild ist dabei wohl weniger das eigene gegenwärtige Teilnahmeverhalten der Eltern, sondern vielmehr ihre Erinnerung an die eigenen Kindertage. Eine gewisse Lockerung ergibt sich jedoch an dem für die Großelterngeneration so prekären Punkt der konfessionsgemischten Ehe. Gegenüber der nach wie vor vehement vertretenen Abgrenzung zum Katholizismus finden sich nun erstmals auch einzelne Stimmen, die hier vorsichtiger argumentieren. Zum einen handelt es sich dabei um Eltern, deren Kinder einen katholischen Ehepartner gewählt haben oder bei denen eine solche Verbindung abzusehen ist, zum andern verbindet sich diese Auffassung eher mit der oben dargelegten Einschätzung der Kirche als einer Organisation unter anderen. Diese Lösung vom starren Gebot der einkonfessionellen Ehe bedeutet dabei zugleich, daß in der Erziehung der Zwang zur Übernahme einer Tradition ersetzt wird durch das Zugeständnis je eigener Entscheidungsfreiheit und Reflexion:

"Muß er selber wissen. ... Ich tät auch nicht sagen jetzt, äh, die müßte, äh, evangelisch werden oder du dürftest nicht katholisch werden, ich finde, das müßte er dann selber entscheiden. Das muß jeder selber verantworten, wie er da irgendwie das für richtig hält" (M/7, 553;202)

Im Bereich der Religiosität hat das Gebet außerhalb des Gottesdienstes bei den befragten Eltern nach wie vor einen hohen Stellenwert. Es wird als fester Ritus fast durchgängig erwähnt. Wichtig ist auch hier die stabilisierende Funktion des Gebetes, die sich gerne - wenn auch nicht ausschließlich - mit geprägten Gebetstexten verbindet. Daneben tritt aber auch eine reflektierende Funktion, die es dem einzelnen ermöglicht, im Alltag inne zu halten und einen Blick auf sich selbst zu werfen:

"Und da habe ich dann meine, meine Stunde, wo ich einfach einmal so richtig für mich allein bin." (328;487)

Schließlich findet sich noch eine dritte Funktion des Gebets. Demnach kann das Beten auch eine bewußte Gestaltung der eigenen Frömmigkeit im Alltag sein:

"Ich praktiziere halt meinen Glauben durch ein Abendgebet" (V/9, 735;275)

An religiösem Schrifttum finden sich bei den Befragten in zwei Fällen Losungen oder Abreißkalender. Dagegen sind Sprüche aus der Bibel, vor allem als Konfirmationssprüche, fast überall gegenwärtig. Gelegentlich wird dabei angedeutet, daß der Konfirmationsspruch erst Jahrzehnte nach der Konfirmation eine Bedeutung für die eigene Religiosität bekam:

"Ja, als Kind damals noch nicht, aber jetzt im Alter denkst du da schon, auch unsere jungen noch nicht so, aber jetzt, ich weiß auch nicht, jetzt kommt mir das immer, immer häufiger." (M/12, 953;272)

So wie der Konfirmationsspruch die Bibel im Hinblick auf die eigene Person konkretisiert, so lassen sich auch viele andere erinnerte Geschichten aus der Bibel in einen Zusammenhang zur jeweiligen Biographie stellen. So führt etwa die Ehefrau eines todkranken Mannes den "Kampf in Gethsemane" an und meint dazu:

"Naja er ist halt, man steht halt allein so da in der Todesstunde und kann einem ja keiner helfen, Fürbittegebet halt. Und ich denke, das war ja so schlimm für ihn, wie er so allein da dagestanden ist, also das war für mich eigentlich schon, das war mir ziemlich, ja, und dann auch, wie er mit seinen Jüngern dann das Abendmahl, das, das auch noch. Na es ist ja doch jede, auch die Auferstehung, alles eigentlich." (M/4, 330;592)

Auch wenn "alles" für sie wichtig ist, so verdichtet sich dieses doch in einer biblischen Geschichte, die sie mit ihrer gegenwärtigen Situation zu verbinden weiß. Daß dies überhaupt geschehen kann, setzt aber natürlich ein Wissen um die Geschichten der Bibel voraus. Dies ist bei den Befragten aber nicht durchgängig der Fall.

In der Gottesvorstellung zeigt sich ein Wandel weg von der Stereotype des mächtigen und Furcht einflößenden Führergottes aus der Kindheit:

"Naja, Gott, das ist heute schon anders als wie wir als Kinder gedacht haben. Früher hast du dich gefürchtet, aber heute, naja" (V/10, 815;391)

Gott ist nun Helfer, Begleiter, Beschützer, Hoffnungsgeber etc. All dies war er zwar in der Kindheit auch schon, so daß viele Befragte keinen Wandel in ihrer eigenen Gottesvorstellung feststellen konnten, gleichwohl besteht der Unterschied im Wegfall der Ambivalenz des kindlichen Gottesglaubens zwischen Schutz und Furcht:

"Gott ist für mich persönlich ein guter Mensch, möchte ich mal so sagen, dem wo man in die Augen schauen kann und auch dadurch, möchte ich mal sagen, irgendwas glauben kann durch den Mann, durch den Menschen, irgendwas, da kann ich sagen, jawohl, der ist ehrlich, dem vertraue ich und der geht nicht irgendwie hintenrum und dadurch sehe ich einen gewissen Punkt, da muß man also ein wenig ein Gefühl haben für einen Menschen, sonst ist nicht." (V/8, 650;337)

Für die Befragten der Elterngeneration, die nun selber schon an der Schwelle zum Alter stehen, ist dabei die Erfahrung wichtig, daß das Thema "Gott" mit zunehmendem Alter für sie an Bedeutung gewinnt:

"Na ja, vielleicht, wenn man älter wird, kann sich das schon ändern wahrscheinlich, mhm." (V/11, 885;172)

Berücksichtigt man, wie stark der Gottesglaube hier in seiner stabilisierenden Funktion angeführt wurde, dann läßt sich vermuten, daß der Wandel mit dem Verlust des Vertrauens in die eigene Stärke[40] korreliert:

"Na ja, da kommt man doch mal öfter in eine Situation, wo man einfach wieder dran, besser dran glaubt oder irgendetwas, wie als Kind." (V/11, 885;174)

Am deutlichsten wird diese Beschäftigung mit der eigenen Begrenztheit beim Thema Tod. So sagt ein 63jähriger Vater zu seiner Gottesvorstellung:

"Ja, das ist heute schon die Person, wo man im Alter rechnen muß." (V/10, 815;397)

Das "muß" steht hier für eine Unausweichlichkeit, die sich durch das fortgeschrittene Alter und damit durch das in den Blick kommende eigene Sterben ergibt.

Während die Aussagen zur Gottesvorstellung weithin von persönlicher Kreativität und Reflexion gekennzeichnet sind, zeigt sich in den Vorstellungen zu Jesus Christus ein deutlicher dogmatischer Einschlag und damit auch eine stärkere Abhängigkeit von der Tradition:

"na das ist, mei oh mei, das ist naja, so müßte man das formulieren, also er ist für uns, er hat für uns gelitten und ist gekreuzigt worden, so ist es uns gelehrt worden und so wird das auch gewesen sein, das ist ja schon 2000 Jahre her." (V/3, 250;603)

Genau dies führt dann aber auch an der Stelle gelegentlich zu Widerständen gegenüber der Tradition:

"Na ja, daß er halt, hm, für uns gestorben ist, mhm, für unsere Sünden da, hm, was würde ich denn jetzt da noch erzählt haben, daß er halt einfach, hm, irgendwie ist es ein Schmarrn, mhm,

---

40 Vgl. auch FRAAS, HANS-JÜRGEN: Die Religiosität des Menschen. Göttingen: 1990, S. 297.

also, hm, der soll, Gott soll wo sein und der Jesus soll der Vater, hm, der Sohn von Gott sein, mhm, und doch wieder eins" (M/9, 724;474)

Insgesamt läßt sich durchaus von einem Wandel der Gottesvorstellung in dieser Generation sprechen. Die Gottesvorstellungen im Erwachsenenalter sind mehr von der Idee der Güte Gottes geprägt und dienen weithin der eigenen Stabilisierung. Da ist es zunächst erstaunlich, daß die aus Kindertagen bekannte bedrohliche Seite Gottes innerhalb der Vorstellungen zur religiösen Erziehung wiederkehrt:

"Ja freilich hat man gesagt, das macht man nicht, da schaut der Herrgott zu! oder so, wenn es etwas Bösartiges war, also einer vielleicht ein Tier gequält hat oder irgend so etwas." (V/12, 939;206)

Es zeigt sich, daß diese Elemente der religiösen Erfahrung aus der Kindheit also durchaus bei den Erwachsenen noch vorhanden sind und gerade im Kontakt mit Kindern leicht reaktiviert werden. Der "Kinderglaube" ist nicht nur der Glaube der Kindheit, sondern zugleich der stets vorhandene Anteil religiöser Erfahrungen aus der Kindheit an der Religiosität des erwachsenen Menschen.[41]

4. Die Kinder

Aus den befragten acht Familien wurden zwölf Angehörige der Kindergeneration sowie zwei Schwiegertöchter interviewt. Von den beiden Schwiegertöchtern ist eine katholisch.

Wie nebenstehende Grafik zeigt, ergibt sich auch hier anhand der Geburtsjahrgänge eine Zweiteilung: die 1958-64 Geborenen sind alle verheiratet und haben schon selbst Kinder. Von den 1970-76 Geborenen ist zur Zeit der Befragung eine Person verheiratet und eine verlobt.

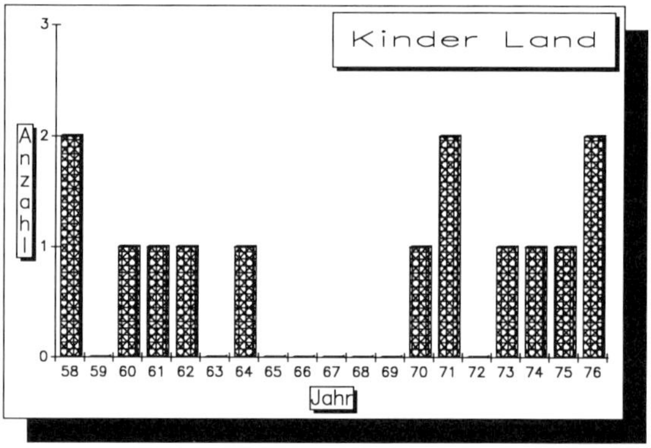

Nur zwei aus der Kindergeneration sind bzw. wollen selbst wieder als Voll-Landwirt arbeiten. Die anderen bewirtschaften den Hof zusätzlich zu einer weiteren Berufstätigkeit oder haben dies vor.

a) Kindheit

Für das Zusammenleben in der Familie waren auch für diese Generation die Großeltern von entscheidender Bedeutung. Während die Eltern außer Haus oder am Hof beschäftigt waren, kümmerten sich die in der Regel auch mit im Haus lebenden Großeltern um die Kinder:

41 Zum Verhältnis der Anteile von Kindlichkeit und Erwachsenheit vgl. BRÜCK, HORST: Die Angst des Lehrers vor seinem Schüler. Reinbek: 1978.

"Der Opa war praktisch Hauptperson, naja das ist. ... Naja, die Hauptperson war er. Ich war ja fast den ganzen Tag bei ihm" (1S/10, 821;53)

Die Mitarbeit der Kinder auf dem Hof galt auch in dieser Generation noch als selbstverständlich. Kartoffelernte, Feldarbeit und ähnliches werden hier angeführt. Relativ einheitlich sind auch die Aussagen zum Thema Sauberkeit und Ordnung. Die Einstellung der Eltern dazu wird öfters strenger angesehen als die eigene Einstellung. Eine extreme oder rigide Sauberkeitserziehung kommt in der Selbsteinschätzung nicht vor. Unterschiedlich wird dagegen das Thema Entscheidungen in der Familie betrachtet. Während die einen in ihrer Selbstwahrnehmung an Entscheidungen beteiligt wurden, können sich andere an dergleichen überhaupt nicht erinnern. Hier öffnet sich also das Erfahrungsfeld. Kontakte in der Kindheit waren - außerhalb der Familie - im wesentlichen auf die weitere Verwandtschaft oder unmittelbare Nachbarschaft bezogen. In einigen Fällen kam der Besuch des Kindergartens hinzu.

Die Teilnahme am Gottesdienst wurde in dieser Generation in der Kindheit sehr unterschiedlich wahrgenommen, je nachdem, wie es in der Familie üblich war. Selbstverständlich für alle war dabei der sonntägliche Gottesdienstbesuch keineswegs mehr. Eine wichtige Rolle spielten auch hier die Großeltern, die ihre Enkelkinder mit in den Gottesdienst nahmen:

"wir sind ja überhaupt nicht angehalten worden dazu, und es hätte auch keiner etwas gesagt, wenn nicht der Opa ab und zu uns mit in die Kirche genommen hätte" (2T/11, 924;140)

Gleichwohl hatte jeder der Befragten in der Kindheit Gottesdienste besucht. Auch der Kindergottesdienst wurde in dieser Generation eher als Selbstverständlichkeit betrachtet.

Die Gestaltung von Weihnachten und Karfreitag verblieb in den bereits aufgezeigten Formen. Karfreitag war nach wie vor der "ruhige Tag", an dem man nach Möglichkeit den Gottesdienst besuchte, nichts arbeitete und kein Fleisch aß. Das Familienleben selbst blieb darüber hinaus aber wenig berührt:

"Muß ich sagen, daß da keine außergewöhnliche besondere Stimmung gewesen ist, das war, gut, ich bin also schon da auch in die Kirche mitgenommen worden und auch später selber gegangen, na und, man hört das, daß da Christus ans Kreuz geschlagen worden ist, also an dem Tag, aber daß das jetzt einen sozusagen bleibenden Eindruck hinterlassen hätte für den Tag, daß man sozusagen, irgendwie eine niedergedrückte Stimmung gewesen wäre, das kann ich nicht behaupten, daß das der Fall gewesen wäre." (1S/3, 256;159)

Anders dagegen nach wie vor die Gestaltung des Weihnachtsfestes, zu der neben dem Besuch des Festgottesdienstes auch eine spezifische innerfamiliäre Inszenierung eine wichtige Rolle spielte:

"dann war es halt eigentlich mehr ein gemütlicher Abend, weil man sich dann unterhalten hat, ich finde, da hat einmal jeder für den anderen Zeit gehabt, was es sonst eigentlich ganz selten gibt. Also, da hat keiner irgendwann an die Arbeit gedacht oder so" (1T/11, 906;136)

Im Zusammenhang mit der Inszenierung des Weihnachtsfestes findet sich in dieser Generation wieder ein Hinweis auf die Funktionalisierung des "Christkinds" als bedrohliches Erziehungsmittel und der sich damit verbindenden Ambivalenz für das Kind:

"manchmal ist sogar das Christkind gekommen, verkleidet halt, das war schon wirklich schön, mit Glocke, da hat man richtig Angst gehabt, ein Gebet aufsagen müssen, und naja, ob ich brav war und solche, die Sachen halt gefragt, naja, dann war ich wieder froh, wie es fort war, (Lachen) das weiß ich noch, ja. War also doch immer echt schön." (S/8, 662;162)

Läßt sich im Teilnahmeverhalten am Gottesdienst sowie in der Gestaltung der Feiertage zwischen den Geburtsjahrgängen der Kinder-Generation keine Zuordnung vornehmen, so ist dies im Erfahrungsbereich des Religions- und Konfirmandenunterrichts deutlich wahrzunehmen. Bei den 1958-64 Geborenen wurde der Religionsunterricht vor allem in den Grundschuljahren noch als streng erlebt:

"Da weiß ich die ersten Klassen, da haben wir aus (Dorfname) einen Pfarrer gehabt, und das war schon ein älterer, und der war also recht streng, und da hat man sich nicht rühren dürfen, und immer die Hände nach hinten, also das war, da haben wir irgendwo jedes Mal Angst gehabt davor, wenn der gekommen ist, weil wir haben wirklich uns so hinsetzen müssen und warten müssen und uns nicht rühren dürfen, und ich weiß, wenn er oft so die Buben, die haben dann immer gleich eine auf die Hände gekriegt, wenn er, wenn sie nicht brav waren." (1T/4, 339;211)

Allerdings veränderte sich dies im Laufe der Schulkarriere, so daß die Erinnerungen an spätere Unterrichtsformen von einer deutlichen Veränderung berichten, die sich für die damaligen Kinder oft am Personenwechsel festmachte:

"gravierend, also war dann eigentlich mehr der Pfarrer [=Konfirmator], gell, der hat das irgendwie auf eine eher so einnehmenden Art gemacht, gell, aber so, die Pfarrer von zuerst, die waren immer so strenger und so, also bis zwölf Jahre" (Schwiegertochter/10, 837;241)

Diese Linie setzte sich bei den nach 1970 Geborenen fort. Zwar kann auch hier der Religionsunterricht als "nichts besonderes" eingestuft werden, daneben stehen jetzt aber auch Wertschätzungen des Religionsunterrichts wie "faszinierend" und "Lieblingsfach". Von einem "strengen" Religionsunterricht ist gar nicht mehr die Rede. Dort, wo einzelne Disziplinierungen dann doch vorkommen, werden sie als völlig aus dem Rahmen fallend betrachtet:

"Ähm, da haben wir so Abstempelkarten bekommen und immer, wenn wir in die Kirche gegangen sind, haben wir einen Stempel gekriegt und das fand ich so abartig. Naja." (2T/7, 593;253)

Solche Erlebnisse beeinträchtigen aber nicht die neue Färbung, die das Pfarrerbild in dieser Generation gewinnt, wenn etwa vom "ganz guten Verhältnis" zum Pfarrer oder von "netten Pfarrern" allgemein die Rede ist. Kritik an Pfarrern ist - wenn sie denn geübt wird - hier nicht mehr bezogen auf deren autoritärem Auftreten, sondern auf deren Einstellung zum Beruf, wobei hier eine Auffassung vom Beruf des Pfarrers als Berufung maßgebend ist:

"da haben wir also sehr beeindruckende Pfarrer gehabt ... solche Pfarrer habe ich seitdem nie mehr erlebt, ehrlich gesagt ... die haben einen irgendwie anziehen können, sodaß man so richtig fasziniert war ... Und das glaube ich, sind halt wirklich die Pfarrer gewesen, irgendwie aus Berufung und nicht Job." (3T/3, 277;450)

So findet sich also auch in dieser Generation, neben der Freude an den nicht-autoritären Pfarrern und ihrem partnerschaftlichen Auftreten, die Sehnsucht nach dem faszinierenden Pfarrer, der mit seiner ganzen Person für seinen Beruf einsteht und dem dann auch das autoritäre Auftreten als selbstverständlicher Bestandteil seines Pfarrer-Seins als "richtiger Pfarrer" zugestanden wird.

Die Konfirmation selbst wird als "schön" sowie als "wichtiger Augenblick" im Leben geschildert, wobei es durchaus genossen werden kann, daß die eigene Person im Mittelpunkt steht:

"Gott, das war halt alles so aufregend, wenn man reinkommt und alle stehen auf und man ist halt irgendwie Hauptperson auch mit, ist ein schönes Gefühl." (2T/7, 589;50)

Gleichzeitig wird aber auch die institutionelle Seite der Konfirmation mit betont, Person- und Institutionsorientierung schließen sich hier also durchaus nicht aus:

"dann merkt man irgendwie, daß man zur ganzen Gemeinde gehört." (2S/9, 756;38)

Als Formen der Gebetspraxis im Privatbereich bzw. in der Familie werden für die Kindheit Tischgebet, Abend- und Morgengebet genannt. Während das Tischgebet von den einen regelmäßig, von den anderen nur zu besonderen Anlässen gepflegt wurde, ist das Abendgebet bei allen Befragten in der Kindheit regelmäßige Praxis gewesen. Das Morgengebet dagegen wird hier nur vereinzelt genannt. Wiederum waren es die Großmütter und Mütter, die mit den Kindern abends ein Gebet sprachen. Und auch hier mischten sich geprägte Texte wie Kindergebete, Liedverse oder das Vaterunser mit freien Gebetsformulierungen. Gerade in den freien Formulierungen wird dabei deutlich, daß bei den Kindern neben der Stabilisierung auch der Wunsch nach Veränderung des status quo eine Rolle spielt. Somit tritt hier der Zukunftsaspekt des Gebets in den Vordergrund:

"Also, als Kind, entweder was ich mir gewünscht habe oder was mir auf dem Herzen gelegen ist, also irgendwie was einem halt jeden Tag so, was mir halt in den Sinn gekommen ist, was man halt da so als Kind für Gedanken hat. ... Was man auch für Ängste gehabt hat, vielleicht." (1T/11, 907;177)

Im Zusammenspiel von geprägten und frei formulierten Texten läßt sich entdecken, daß hier die Institution Kirche sowie der einzelne aufeinander treffen. Auch in dieser Generation ist also das Gebet nie bloß ein privat-religiöser Ritus. Im Gegenteil, es wird auch davon berichtet, daß die Gewöhnung an das Gebet eben nicht mehr vom Elternhaus, sondern durch Religionsunterricht und Jugendarbeit bewirkt wurde:

"also unsere Mutter hat eigentlich auch gar nicht die Zeit dazu gehabt, so daß sie mich da ins Bett gebracht hat und daß man da gebetet hat, aber irgendwie, ich bin da eigentlich ein bißchen selbst darauf gekommen. ... Durch den Religionsunterricht oder dann auch durch die Jungschar und so, da ist man dann schon ein bißchen so erzogen worden." (1T/11, 907;170)

Kann das Gebet also in dieser Generation sowohl durch die Familie als auch durch die Institution vermittelt werden, so ist für den Fortgang dieses Rituals letztlich doch entscheidend, wie der einzelne sich dazu stellt. Denn das Gebet als religiöses Brauchtum gerät hier zunehmend unter den Legitimationsdruck der Selbstreflexion:

"also es war sozusagen eine regelmäßige Übung, die ich als notwendig akzeptiert habe, und ich habe dann auch, ich meine, ich weiß nicht, viele Leute beten, glaube ich, ohne was zu denken dabei, die beten das Gebet und na gut, dann hat man gebetet, dann ist man irgendwie vielleicht beruhigt, aber ich habe versucht, dann an das zu denken, was überhaupt in dem Gebet drinsteht, und was das überhaupt soll, der Sinn des Gebetes, und bin dann, im Laufe der Zeit eigentlich davon abgekommen, ein so ein Gebet zu beten, das irgendwie auswendig aufgesagt wird, sondern bete für mich jeden Abend, und das habe ich dann auch schon noch als Kind, sagen wir mal so ab 12 oder 14 Jahren gemacht, für mich selber gebetet, keinen jetzt ausführlichen Text, sondern was ist denn da so gewesen, für was möchte ich danken, für was möchte ich bitten für den nächsten Tag. Weil mir das einfach effektiver erscheint, was heißt effektiver, ist ein schlechtes Wort, aber als Gebet besser, weil man eben genau dann denkt, was es soll." (1S/3, 256;178)

Da genügt es nicht mehr, das Gebet zu sprechen, sondern es rückt der "Sinn des Gebets" und damit die Stimmigkeit zwischen Gebetsinhalt und dem eigenen Subjekt-Sein ins Zentrum der Reflexion. Dies könnte unter gegenwärtigen Bedingungen eine wichtige Voraussetzung dafür sein, daß das Zusammenspiel von tradiertem Ritual und selbständiger Gestaltung gelingt.

Die aus der Kindheit erinnerten Gottesvorstellungen lassen sich wieder dreiteilig aufgliedern. Demnach gibt es hier erstens solche Gottesvorstellungen, die Gott unabhängig von seinem Handeln verstehen:

"Das war irgend so eine Person, an die man geglaubt hat" (3S/12, 961;137)

Aktuell von Bedeutung wird diese Person etwa durch den Gottesdienstbesuch, also durch die Institution.

Die zweite Vorstellung versteht Gott von seinem Helfer- und Beschützersein her und wird somit in angstbesetzten Situationen relevant:

"Es ist uns immer gesagt worden, er ist bei dir, du brauchst keine Angst nicht haben, er sieht dich, das ist immer gesagt worden. Aber so richtig vorstellen hab ich mir darunter auch nichts können." (1S/10, 824;208)

Zugleich wird hier noch einmal die Bedeutung der Reflexion angesichts der Traditionsübernahme in dieser Generation sichtbar: das, was "immer gesagt worden" ist, bleibt ungenügend, wenn sich daraus keine eigene Vorstellung konstruieren läßt.

Der dritte Typ an Gottesvorstellungen ist schließlich verbunden mit der Rolle Gottes als Hüter des Gesetzes. Gott wird dann in normverletzenden Situationen zur Bedrohung:

"Irgendwie, wenn ich was angestellt habe, dann habe ich schon immer mal gedacht, nicht, ob mich, äh, passiert mir jetzt da auch nichts oder so, weil jetzt da nichts passiert, nicht, habe ich schon irgendwie Angst gehabt vor Gott, als Kind also, jetzt ist das eigentlich nicht mehr ganz so schlimm, irgendwie." (S/8, 663;223)

Im konkreten Einzelfall werden sich natürlich Vermischungen dieser drei Typen ergeben. Ein Beispiel hierfür gibt folgendes Zitat, wo es offensichtlich gelungen ist, die Frage der Normverletzung so mit der Beschützerrolle Gottes zu verbinden, daß die Verantwortung für erstere an Gott selbst delegiert wird:

"Ein zweiter Vater für mich, mit dem ich meine Probleme bereden kann, so ungefähr. Der halt immer um mich ist, so und wo auf mich aufpaßt, daß ich nichts falsch mache." (2T/7, 591;133)

b) Jugend und frühes Erwachsenenalter

Unter den 14 Befragten befinden sich, wie oben bereits genannt, noch zwei Voll-Landwirte. Ansonsten wurden folgende Berufe gewählt: Schreiner, Krankenschwester, Beamtin, Bekleidungsfertigerin, Verwaltungsangestellter, Bankangestellter, Metzgereifachverkäuferin, Schneiderin, Arzthelferin, Kommunikationselektroniker. Alle Befragten wohnten zum Zeitpunkt des Interviews direkt bei den Eltern/Schwiegereltern oder in deren unmittelbarer Umgebung. Von den fünf Ehen, die es unter den Befragten bereits gibt, haben zwei Paare zwei und zwei weitere Paare drei Kinder. Beim fünften Paar war die Ehefrau gerade schwanger.

Das Zusammenleben in den Familien wird als sehr bedeutsam erachtet. Auch wenn aufgrund der nun vielfältigen Berufe außerhalb der Landwirtschaft von einer Produktionsgemeinschaft in der Familie nicht mehr die Rede sein kann, so gilt doch, daß der Zusammenhalt bzw. das "Zusammenhelfen" einen wichtigen Wert darstellen. Dies bezieht sich sowohl auf die Nebenerwerbslandwirtschaft als auch auf alle Aufgaben die sich in der Familie durch Haushalt oder Kindererziehung ergeben. Dazu gehört dann auch etwa die Bereitschaft der eingeheirateten jungen Frauen, die Alten in der Familie dereinst zu pflegen:

"die älteren Menschen, die bewegen mich eigentlich ein bißchen mehr für die Zukunft, ich meine, wir haben jetzt daheim drei ältere Leute, die wahrscheinlich einmal gepflegt werden müssen, also das sind jetzt eigentlich mehr Gedanken für die Zukunft" (1T/11, 906;119)

Während die Pflege damit durch alle drei Generationen als selbstverständlicher Teil des Zusammenlebens in den Familien genannt wird, rückt jetzt in der dritten Generation doch das Individuum in der Familie stärker ins Blickfeld. Das zeigt sich etwa an der neuen Bewertung der Geburtstagsfeiern. Ein Befragter der Kinder-Generation erinnert sich:

"Weil mir das früher schon eigentlich nie gefallen hat. Geburtstagsfeiern und so, das hätte ich schon immer gerne gemacht. Das ist von uns vielleicht immer unterdrückt worden. Das ist nicht am Tisch gesagt worden, jetzt hat der Geburtstag oder der. Da ist halt einfach so ein bißchen drüber geredet worden, so oberflächlich ein bißchen und das war dann schon alles." (3S/12, 963;215)

Mit seinen eigenen drei Kindern gestalten er und seine katholische Frau heute dagegen sehr bewußt die Geburtstage in der Familie und heben somit die Bedeutung des einzelnen im Familienverband hervor:

"Das gibt's auf alle Fälle. Wenn die Kinder Geburtstag haben, dann kommen die Freundinnen und Freunde von den Kindern, da gibt's schon einen richtigen Kindergeburtstag. Spiele oder so, so ein Zeug machen wir da schon. Die meisten sind im Sommer, die meisten Geburtstage, da machen wir immer draußen was, wenn das Wetter paßt. Meistens Grillen ein bißchen. Da kommen dann die Eltern auch wieder mit, also Geschwister von meiner Frau und so, meine Brüder wieder, das ist immer ganz gut." (3S/12, 963;223)

Außerhalb der Familie ergibt sich an Kontaktmöglichkeiten in dieser Generation wiederum vorwiegend der auf das Dorf und die nähere Umgebung bezogene Freundeskreis. Allerdings ist der Radius gemeinsamer Unternehmungen durch das Auto viel größer als früher:

"Oje, zwei Stunden auch mal. Wir fahren überall hin." (2T/7, 594;269)

Die Kontakte zu den Jugendlichen im Dorf sind sehr wichtig, so wichtig, daß andere Beziehungen deswegen zurückstecken müssen. So berichtet ein 21jähriger von einem ihn sehr belastenden Konflikt, der sich zwischen seiner Freundin und der Clique im Dorf ergab:

"Die war nicht von hier, die kam aus (Name eines Dorfes), das ist 10 km von hier weg, aber, die hat sich einfach nicht verstanden mit ihnen und ich habe mich damals eine Zeitlang abgesondert und ich hab dann gemerkt eben, von meinen Freunden schaut mich eigentlich keiner mehr an. Und darum habe ich eben die Entscheidung getroffen, der Freundeskreis ist mir in dem Fall wichtiger. Da habe ich dann die Beziehung zur Freundin beendet und seitdem muß ich sagen, komm ich eigentlich wieder ziemlich gut mit meinem Freundeskreis zurecht, und ich brauch einfach die Freunde." (1S/7, 580;238)

Von daher kommen diese Jugendlichen im Hinblick auf die Dorfgemeinschaft zu ganz anderen Werturteilen, als ihre Eltern oder Großeltern dies gegenwärtig einschätzen. Ein 18jähriger, zur Dorfgemeinschaft befragt:

"die ist eigentlich optimal, hm." (S/8, 663;240)

Aus der Dorfgemeinschaft von ehedem ist hier die Clique geworden, eine für Jugendliche in Stadt und Land hoch bedeutsame Bezugsgruppe.[42] Sie nimmt gegenwärtige Bedingungen des Aufwachsens so auf, daß sich das Freizeitverhalten der Jugendlichen auf dem Land im Vergleich mit den Jugendlichen in der Stadt nicht mehr grundsätzlich

42 Vgl. hierzu BÄUMLER, CHRISTOF / MECHTHILD BANGERT / ULRICH SCHWAB: Kirche, Clique, Religion. Fallstudien zur Kirchlichen Jugendarbeit in der Großstadt. Weinheim: 1994.

unterscheidet. Statt dessen entwickeln sich ähnliche Lebensformen, als deren gemeinsame Grundlage die verstädterte Gesellschaft[43] angesehen werden kann:

"das ist so Freizeit, so weggehen und so, das, das ist für mich richtiges Leben für mich, da kann ich dann so richtig, so richtig aus mir rausgehen und alles, aber das, da habe ich schon viel vom Leben davon, wenn ich so weggehe, Spaß haben." (2T/7, 596;343)

Wie läßt sich nun in die so skizzierte Lebenswelt der Bezug zur Kirchengemeinde eintragen? Betrachtet man zunächst die Beteiligung am Sonntagsgottesdienst, so zeigt sich, daß an die Stelle der nicht reflektierten Traditionsorientierung, etwa im Sinne von "das hat sich von selbst verstanden", nun Individuallösungen treten. Hierfür gibt es dann unterschiedliche Formen, je nachdem, ob die individuelle Handlungsweise sich auf eine Bezugsgruppe oder auf das Subjekt allein bezieht:

"Also, mein Mann und ich, wir sind, wie soll ich denn sagen, ja, also, wir glauben an Gott, meine Schwiegereltern genauso, bei uns wird Wert darauf gelegt, daß man jetzt auch in die Kirche geht." (1T/11, 909;256)

Daß diese Einstellung nicht mehr generelle Gültigkeit besitzt, weiß auch die Befragte und betont deshalb das "bei uns". Insofern handelt es sich hier keineswegs um bloße gesellschaftliche Konvention. Und doch ist es so, daß die Beteiligung am Gottesdienst aus einem familiären Grundkonsens heraus geschieht, eben: "bei uns". Das heißt, was vordem in Bezug auf die soziale Gemeinschaft selbstverständlich war, wird jetzt zu einem Familienmerkmal. Innerhalb der Familie muß damit nicht jedesmal neu reflektiert werden, ob der Kirchgang erfolgt oder nicht. Solange der Konsens hält, wird darauf "Wert gelegt", ist also Bestandteil der durch die Familie geleisteten Konstitution von sozialer Wirklichkeit.

Die Entscheidung für den Gottesdienst kann aber auch auf den Konsens einer Bezugsgruppe verzichten:

"ich habe eigentlich da wenig Kontakt zu der Kirchengemeinde als wie zur Kirche, das ist für mich irgendwie ein Unterschied, ich schaue das als Unterschied an, weil, wenn ich in die Kirche gehe, dann gehe ich für mich, und dann kümmere ich mich wenig um andere Leute, gell" (Schwiegertochter/10, 840;372)

Hier ist es also nicht der familiäre Grundkonsens, sondern eine am Subjekt selbst orientierte Entscheidung, die zum Gottesdienstbesuch führt. Das "für mich" wird hier sogar gegen einen Konsens ins Feld geführt, nämlich gegen den gesellschaftlichen Konsens der Zugehörigkeit zur Kirchengemeinde. Die "wenn-dann" Struktur im Zitat deutet schon an, daß der Kirchgang hier nicht jeden Sonntag stattfindet. Vielmehr bedeutet die Entscheidung "für mich" hier eine sachbezogene Interessensabwägung des einzelnen Subjekts, die im Grunde genommen wohl vor jedem Gottesdienstbesuch abzuklären sein wird. Wird also hier Konvention durch jeweils neu zu leistende Entscheidung ersetzt, so baut diese Position doch auf dem Konsens auf, daß solche Individuallösungen überhaupt statthaft sind. Das ist durchaus nicht selbstverständlich. Eine katholische junge Frau spürt dies deutlich bei ihren gelegentlichen Kirchgängen:

"Weil ich komm nicht oft in die Kirche, das sage ich ganz ehrlich, in die Katholische, und wenn du dann einmal gehst, allmächt, die muß sich doch verrennt haben, heißt es dann. Wissen's schon, entweder regelmäßig oder überhaupt nicht. Und dann kriegt man dann irgendwie ein bißchen, ich

43 Hierzu BÄUMLER, CHRISTOF: Menschlich leben in der verstädterten Gesellschaft. Gütersloh: 1993, S. 35 ff.

weiß auch nicht, wie ich das sagen soll, bin ich dann ein wenig gehemmt, wenn ich dann in die Kirche rein gehen soll, hab ich schon bald Angst." (ST/12, 979;191)

Hinter diesen wie auch immer gearteten Begründungsleistungen des Gottesdienstbesuches steht auch eine je spezifische Beziehung zur Kirchengemeinde. Im zweiten Fall wurde ja expressis verbis zwischen Gottesdienst und Kirchengemeinde unterschieden. Die Entscheidung galt dem Gottesdienst, nicht der Kirchengemeinde als ganzer, zu der die Befragte "wenig Kontakt" hat. Ganz ähnlich sind die Dinge auch im dritten Beispiel gelagert, da auch hier die junge Frau wenig Kontakt zur Kirchengemeinde gefunden hat. Beide sind übrigens erst durch die Heirat in diese Gemeinden gekommen und beide erlebten die Eingewöhnung auf dem neuen Hof, in der neuen Nachbarschaft sowie eben auch in der Kirchengemeinde als schwierig. Ganz anders dagegen im ersten Fall, wo der Kontakt zur Kirchengemeinde sehr wohl vorhanden ist und durch die Heirat auch nicht unterbrochen wurde.

Während der Bezug zur Kirchengemeinde vor allem in der Großeltern-Generation noch eine Selbstverständlichkeit war, wird dies jetzt eine Frage des personalen Bezugs. Man hat, oder hat nicht, "Kontakt" zur Kirchengemeinde und der geschieht über Personen. Ist der personale Bezug hergestellt, dann wird der Gottesdienst ebenso regelmäßig bis gelegentlich besucht, wie andere kirchengemeindliche Veranstaltungen auch. Man gehört eben dazu:

"Kirchengemeinde? Ja das ist halt, jetzt auf dem Land gesehen, das ist halt die die Gesellschaft schlechthin auf dem Land, wie soll ich sagen, da gehört alles dazu, Vereine, Krieger, Kameradschaften und was es alles gibt, Posaunenchor, naja, der Kirchenchor und dann, naja Ausflüge mit dem Posaunenchor, alles Drum und Dran halt, das ist, man weiß halt, man hat seinen Platz und da gehört man hin" (S/8, 664;294)

Kirchengemeinde stellt sich damit dar als ein Verbund personaler Bezugsgruppen. Die Zugehörigkeit zur Kirchengemeinde steht und fällt also mit dem Aufbau eines über Personen vermittelten Kontaktes. Der ehedem durch Tradition gewährleistete Bezug zur Kirchengemeinde muß individuell hergestellt werden, vor allem dann, wenn man nicht an Beziehungen der Familie zur Kirchengemeinde anknüpfen kann. Ansonsten hat man dort eben nicht "seinen Platz", sondern wählt, wenn überhaupt, einzelne Veranstaltungen "für sich" aus:

"der Frauenkreis, der ist da ein wenig dominierend, das ist so ein harter Kern auch, und sonst, ach ja, ... wenn es jetzt dann da, ich empfinde das einfach so, wenn es jetzt dann mit der Kirchengemeinde, da müßtest du dich ewig unterordnen und da ist der Kirchenchor, das ist so ein harter Kern, die lassen praktisch nicht viel dazu oder was, und auf der anderen Seite ist dann der Frauenkreis, ich weiß auch nicht, der Pfarrer, der hat auch seine eigenen Ansichten ... Aber sonst bei Kirchengemeinde, habe ich persönlich eigentlich wenig." (Schwiegertochter/10, 840;364)

Bei den kirchlichen Feiertagen bleibt die Familie an Weihnachten konkurrenzlos im Zentrum des Geschehens. Von den Befragten wollte keiner Weihnachten ganz ohne Familie verbringen, höchstens im Anschluß an das Familienfest noch mit Freunden zusammen sein:

"Weil man einfach Weihnachten vielleicht auch als Fest der Familie sehen kann. Und es ist bisher so gehandhabt worden, daß an Weihnachten also immer die ganze Familie zusammen war und ich glaub es wird auch in Zukunft so gehandhabt. Mein Vater hat da schon immer gesagt, Weihnachten bleiben wir abends zusammen, die ganze Familie, kommen die Großeltern dazu und Weihnachten wird auch zusammen gefeiert. Und ich würde auch persönlich nie was dran ändern wollen." (1S/7, 579;222)

Das "Fest der Familie" wird also auch hier, wie in den Generationen zuvor, zur Inszenierung der Idealvorstellung von Familie, soweit sie sich an diesem Abend in der

Realfamilie verwirklichen läßt. Der hohe Anspruch sorgt natürlich auch für Belastungen, die sich hieraus ergeben.

Karfreitag ist dagegen für die Familie "nicht unbedingt so wichtig" (1S/7, 579;219). Nach wie vor wird zwar an diesem Tag kein Fleisch gegessen, aber neben dem Kirchgang mit Abendmahl tritt jetzt auch der "Familienausflug", wie an einem beliebigen anderen Sonn- oder Feiertag auch. Galt Karfreitag zuvor als der höchste *kirchliche* Feiertag und war somit vorwiegend ein Feiertag der protestantischen Institution - an dem dann etwa nicht zufällig der Konflikt mit den Katholiken aufbrechen konnte - so hat Karfreitag innerhalb der jetzt maßgeblichen Bezugsgruppen offensichtlich seinen Platz nicht gefunden.

Auch in der Erziehung der eigenen Kinder wird die veränderte Einstellung zur Institution deutlich. War es in der Großeltern-Generation ein einheitliches Verdikt, einen katholischen Ehepartner zu wählen oder gar zum Katholizismus überzutreten, so bröckelt diese Front jetzt deutlich ab. Zwar ist die ablehnende Haltung nach wie vor vertreten, aber eben auch die Meinung, dies wäre die freie Entscheidung eines jeden einzelnen:

"Nein, also jeder muß seinen Glauben schön auch finden und wenn er meint, der katholische Glaube ist für ihn mehr als der evangelische Glaube, na ja, dann." (1T/9, 747;220)

Ganz ähnlich wie vordem in der Frage nach dem Kontakt zur Kirchengemeinde, finden sich auch jetzt der subjektbezogene sowie der gruppenbezogene Ansatz. Denn während im obigen Zitat auf die eigene Entscheidung des Subjekts Wert gelegt wird, stützt sich die gegenteilige Ansicht in ihrer Ablehnung eines katholischen Ehepartners bzw. einer Konversion wiederum auf eine Bezugsgruppe, in der Regel die eigene Familientradition:

"Wenn er eine katholische Frau heiratet, dann heiratet er eine katholische Frau. Da bin ich weniger dagegen, aber zumindest dann die Kinder müssen so sein, wie der Hof ist, das gehört sich schon, das gehört sich auch auf der anderen Seite. Ich bin auch der Meinung, wenn jetzt ein Evangelischer auf einen katholischen Hof heiratet, dann gehört sich auch, daß die Kinder katholisch werden, da sag ich nichts. Aber, wie das Anwesen ist, so gehört sich's halt" (1S/10, 825;248)

Hier wird kein inhaltliches Argument für oder gegen die Tradition einer Konfession vorgebracht. Handlungsleitendes Prinzip ist vielmehr die Zugehörigkeit zu einer Gruppe, die ihre Identität durch den angestammten Hof erhält. Es ist die alte "Besitzgemeinschaft"[44], die hier gegen die freie Entscheidung des Subjekts ins Feld geführt wird.

Faßt man den Bezugsrahmen aber weiter, und fragt nach einem Religionswechsel, etwa zum Islam, so zeigt sich, daß auch das subjektbezogene Entscheidungsprinzip vorwiegend partikular bestimmt ist, also keineswegs eine universale Gültigkeit besitzt. Denn jetzt beziehen sich, mit einer Ausnahme, auch diejenigen, die vorher für die freie Entscheidung in Sachen Konfession plädierten, auf die eigene Glaubensgemeinschaft in der Weise, daß sie einen solchen Religionswechsel ihrer Kinder zu verhindern suchten:

"Also ich finde schon, ich meine, da sind natürlich dann schon intensive Gespräche notwendig, nicht, aber ich weiß nicht, also, ich würde es wahrscheinlich verbieten, ja, muß ich sagen. Ich würde es wahrscheinlich verbieten. Solange ich die Macht dazu habe, würde ich es verbieten. Aber ob das was bringt, letztlich, das ist natürlich die andere Frage." (1S/3, 259;336)

Es gibt also in dieser Generation ganz unterschiedliche Bereiche eines Zugehörigkeitsgefühls zu Kirche und Religion. Dementsprechend findet auch das

44 PLANK, ULRICH: Der Bäuerliche Familienbetrieb zwischen Patriarchat und Partnerschaft. Stuttgart: 1964, S. 48 ff.

Subjektprinzip nur bereichsweise Anwendung. Ein Befragter, der sich zur Kirchengemeinde nicht weiter zugehörig fühlt, sondern "für sich" entscheidet, woran er teilnehmen möchte, würde seinen Kindern die eigene Entscheidungsfreiheit im Hinblick auf die Konfession nicht gestatten. Ein anderer, der dies zugesteht, würde keinen Religionswechsel der Kinder zulassen. Ein dritter, der sich zur Kirchengemeinde im Sinne eines Familienkonsens hält, würde den Kindern die freie Entscheidung eines Konfessionswechsels, nicht aber einen Religionswechsel zugestehen. Begründungszusammenhänge sind also spezifiziert nach Bereichen und Personen. Die durchgängige Konsistenz, etwa des Subjektprinzips, ist die Ausnahme.

Soweit die Stellung zur Kirche. Im Bereich der Religiosität soll nun zunächst das Gebet betrachtet werden. Keiner der Befragten gab an, nie zu beten. Es lassen sich aber deutlich zwei unterschiedliche Zugangsweisen feststellen. Während die einen angeben, täglich zu einem festen Zeitpunkt zu beten, vorwiegend abends vor dem Einschlafen, beten die anderen dann, wenn sie einen konkreten Anlaß dafür sehen. So antwortete ein 18jähriger auf die Frage, ob er heute manchmal noch betet:

Ja, eigentlich schon, nicht jeden Tag aber meistens dann, wenn ich irgendein Problem habe, oder nicht mehr weiter weiß" (S/8, 666;363)

Beide Zugangsweisen haben also einen festen Ort für das Gebet, ob dies nun die bestimmte Tageszeit oder der eingetretene Anlaß ist. Ein Unterschied liegt aber darin, daß die bestimmte Tageszeit von der jeweils neu zu treffenden Entscheidung entlastet, während es wohl nicht zufällig im obigen Zitat heißt, daß bei einem Problem "meistens" gebetet wird. Ob oder ob nicht ist also hier erst noch je für sich zu entscheiden.

Blickt man auf den Inhalt der Gebete, so findet sich das frei formulierte Gebet sowohl beim zeitlich gebundenen als auch beim situativen Gebet, während geprägte Texte wie etwa das Vaterunser aufgrund ihrer Allgemeinheit eher zur zeitlich gebundenen Form zu rechnen sind. Beim frei formulierten Gebet dagegen lassen sich die Inhalte bei den hier Befragten in zwei thematische Blöcke aufteilen. Da gibt es zum einen die Krisenartikulation. Hier ein Beispiel der 30jährigen katholischen Mutter dreier Kinder:

"manchmal, manchmal bet ich dann auch schon, bet ich dann schon zu ihm, wenn ich dann irgendwie, manchmal mit irgendwas nicht fertig werde. Aber so für mich daheim, im Stillen, also so ganz still und leise." (ST/12, 980;249)

In den Bereich Krisenartikulation fällt alles, was den einzelnen bedrückt, weil er sich entweder einem Problem nicht gewachsen sieht oder aber weiß, daß seine Handlungsmöglichkeiten hier nicht ausreichend sind. Es ist also die Hilfe auch jenseits der eigenen Grenzen, die hier erhofft wird:

"Wie ich das letzte Mal also so richtig gebetet habe, das war, also wie der Sohn einmal so krank war, mit Krupp-Husten und so, also da, naja, oder als ich so schwere Prüfungen gehabt habe, da habe ich schon mal, also schon." (3S/12, 965;312)

Der zweite thematische Block läßt sich als Situationsartikulation bezeichnen. Hier geht es nicht um die Überwindung einer konkreten Problemstellung, sondern darum, die momentane Situation, in der man steht, zu überdenken und im größeren Zusammenhang zu begreifen:

"Ja, also ich bete regelmäßig, täglich, vorm Schlafengehen. Das kommt also nicht auf die Stimmung an, sondern es ist irgendwie, wenn der Tag vorbei ist, dann versuche ich, nachzudenken, was war heute" (1S/3, 261;443)

Das kann zum Beispiel so geschehen, daß die Zufriedenheit mit einer Situation in eine Beziehung zu Gott gesetzt und als Dankbarkeit formuliert wird:

"ich bin jetzt 28 Jahre alt, und habe letztlich keinen so, äh, mich persönlich, wenn ich jetzt so darüber nachdenke, keinen Tag erlebt, der absolut schlimm gewesen wäre oder so ... Und das ist für mich ein Grund, Gott immer wieder zu danken ... und das versuche ich eigentlich jeden Tag zu machen." (1S/3, 261;445)

Auf diese Art und Weise steht das frei formulierte Gebet in den beiden aufgezeigten thematischen Blöcken im Dienste einer Reflexion auf das eigene Subjekt-Sein, welche allerdings im Kontext einer solchen Beziehung zu Gott erfolgt, die die eigene Begrenztheit immer schon transzendiert.

Die Bedeutung der Bibel bei den Befragten dieser Generation ist vielfältig. Die hier gemachten Aussagen reichen von "fällt mir überhaupt nichts ein" bis zur Gewohnheit, in schwierigen Situationen über eine Bibelstelle nachzudenken. Es lassen sich hier folgende Bedeutungsaspekte[45] verifizieren, die sich im jeweiligen konkreten Fall natürlich auch vermischen:

Die Geschichten der Bibel helfen, das eigene Leben besser zu verstehen, bzw. spezifische Situationen der eigenen Biographie zu artikulieren, etwa wenn eine 17jährige eine eigene Entwicklungsphase mit der Bekehrung des Paulus verknüpft:

"Vielleicht, wie der, wie der Saulus, wie der Saulus zum Paulus dann geworden ist. ... Ja, weil der hat ja erst auch nicht an Gott geglaubt und so und war halt gegen ihn, und dann ist er, ist er dann auch, hat er Gott dann, an Gott geglaubt und, daß es ihn gibt und so. ... Könnte ich fast sogar mit mir vergleichen irgendwie, ja." (2T/11, 925;211)

Die zweite Bedeutung bezieht sich auf die Bibel als Trostspenderin. Biblische Geschichten können eine Hoffnungsperspektive vermitteln, die in schweren Situationen Entlastung bewirkt. Eine 34jährige Frau, die mit sechs Jahren ihren Vater verloren hat, sagt zur Bedeutung der Bibel für sie:

"Also mir bedeutet da praktisch die Auferstehung, bedeutet mir am meisten. Weil ich das jedenfalls so in Erinnerung habe, das ist uns dann immer gesagt worden, also bei der Auferstehung oder einfach im Himmel oder so, da kommen wir, kommt man dann wieder zusammen, gell. Das habe ich also, das war irgendwie immer so ein Trost oder so" (Schwiegertochter/10, 842;473)

Und schließlich bedeutet die Bibel auch ethische Orientierung, indem sie mit ihren Geschichten Vorbilder für ein gutes und richtiges Leben gibt:

"Biblische Geschichte, die mit dem barmherzigen Samariter, die fällt mir jetzt spontan ein, die ist mir auch ziemlich wichtig. ... Und das kann man ja auch übertragen, man liest es oft, es passieren Unfälle, Menschen gehen vorbei und achten nicht einmal darauf. Da muß ich eben sagen, die Geschichte, daß vielleicht die Nächstenliebe hilft, daß man einem anderen Menschen hilft, auch wenn man persönlich keinen Vorteil draus ziehen kann, aber das ist halt wichtig. Besonders in der heutigen Zeit." (1S/7, 580;248)

Die Bedeutung der Bibel für den einzelnen ergibt sich hier also nicht etwa aus einer regelmäßigen Bibellese[46], sondern aus der je spezifischen Anwendung biblischer

45 Vgl. hierzu auch DAIBER, KARL-FRITZ / INGRID LUKATIS: Bibelfrömmigkeit als Gestalt gelebter Religion. Bielefeld: 1991, S. 193.

46 Daß dies immer schon eine Spezialform protestantischer Bibelfrömmigkeit war, zeigen DAIBER/LUKATIS, a.a.O.

Geschichten, deren Kenntnis sich beim einzelnen weniger der eigenen biblischen Lektüre als vielmehr der Vermittlung durch den Religions- und Konfirmandenunterricht, bzw. Kindergottesdienst verdankt:

"Aus dem Kindergottesdienst, glaube ich, ja, denke ja. Ich meine, die hört man ja auch in der Schule immer wieder und so, aber im Kindergottesdienst glaube ich hat es angefangen, so." (2T/7, 593;238)

In Anlehnung an biblische Vorbilder sind auch die hier angeführten Vorstellungen zu Jesus Christus formuliert. So wird er u.a. als "Gottes Sohn", als "außergewöhnlicher Mensch", als "Lehrer" und als "Abgesandter von Gott" bezeichnet, der für die Menschen in die Welt gekommen ist, um die "Sünden" von ihnen zu nehmen.

Es zeigt sich hier das gleiche Phänomen wie schon vorher in der Eltern-Generation. Die Vorstellungen zu Jesus Christus sind sehr nahe an kirchlicher Lehre formuliert, während die jeweils bedeutsamen Gottesbilder in weit größerer Eigenständigkeit entwickelt werden. Man kann deshalb fragen, ob nicht die gegenwärtige religiöse Auseinandersetzung der Menschen mehr dem Gottesbegriff als der Person Jesu Christi gilt.

Von den drei erinnerten Gottesvorstellungen aus der Kindheit wird von den Befragten für ihr gegenwärtiges Gottesverständnis die Rolle des Beobachters einmal mit erwähnt, während ansonsten durchgängig die Rolle Gottes als Helfer und Beschützer hervorgehoben wird:

"Heute? Mei, so eine Zuflucht, ich weiß auch nicht, gibt es Probleme oder wenn du Probleme hast, oder ich, (Pause) so eine Hilfe, so eine Hilfsstation oder einfach so ein, so eine Zuflucht oder so als Trost oder einfach als, als letzte, letzte Instanz." (Schwiegertochter/10, 842;486)

Als Adressat dieser unterstützenden und stabilisierenden Funktion Gottes läßt sich bei den Befragten sowohl der einzelne als auch die Welt einsetzen. Für den einzelnen kann das Verhältnis zu Gott dann als eine persönliche Beziehung gedacht werden, die auf äußere Einflüsse sehr sensibel reagiert:

"Ja gut, immer noch in gewissen Dingen eine Bezugsperson, die man halt anreden kann oder manchmal halt, ja dann auch wieder das Ding da, gibt es ihn, gibt es ihn nicht, ja, in manchen Dingen ist er, ist er bestimmt, hält er bestimmt die schützende Hand über mich, und dann wiederum, auch wenn jetzt wieder jemand stirbt und so und Verkehrsunfälle, dann gibt es also schon manchmal Fragen also, hm, wo war er da, und was halt da dann gewesen ist oder so." (1T/9, 748;285)

Das Verhältnis zu Gott als "Bezugsperson" steht hier also nicht *über*, sondern "in den Dingen". Und wenn er "in den Dingen" nicht zu finden ist, so ist es nicht einfach, die Beziehung zu Gott auch *jenseits* der Dinge aufrecht zu erhalten. Dies zeigt sich auch im vorgestellten Bezug Gottes auf die Welt:

"wenn es in der Welt dermaßen drunter und drüber geht wie bei uns jetzt heute, muß doch irgendwann, muß das ihm doch einmal zuviel sein, das anzuschauen, da muß man doch eingreifen. Das ist wieder diese Frage, diese Zweifelsfrage, die viele Leute dann schreien, ja, wenn es den wirklich gäbe, dann gäbe es das nicht, und dieses ganze Leid und dieses ganze Elend." (3T/3, 281;645)

Für dieses Problem lassen sich bei den Befragten zwei Lösungsansätze aufzeigen. Die einen übertragen die problematisierte Abwesenheit Gottes in mythologische Vorstellungen:

"Das ist schon in den Anfängen der Bibel geschildert, das ist irgendwie, wie eine Erbsünde ist das. Das fing bei Adam und Eva an, und damals war die Verführung, daß sie vom Baum gegessen haben, und dann hat er gesagt, na gut, ihr habt nicht auf mich gehört, jetzt habt ihr den, jetzt habt ihr die Erkenntnis, was gut und böse ist, und jetzt macht einmal schön mit eurer Erkenntnis. Naja, so war es eben ... und wir wissen jetzt, was gut und böse ist, also müssen wir da jetzt durch so quasi, so sehe ich das. Und müssen den ganzen Schrott hier mitmachen." (3T/3, 281;651)

Die anderen bieten keine solche Ätiologie des Leidens in der Welt, sondern insistieren auch im Leiden auf Gottes Nähe und entwickeln so eine neue Hoffnungsperspektive:

"Ich stelle mir das schon, naja, jetzt als Wesen jetzt konkret nicht, aber einfach daß was da ist, wo man sagen kann, das, da kann ich mich dran festhalten, oder jetzt auch, grade wenn jetzt so, Vater ist so arg krank, die Schwiegermutter ist so arg krank, ist einfach irgendwas, wenn ich Angst habe oder mich vor was, was jetzt kommen könnte oder vor einer Entscheidung oder, das muß ich schon irgendwie sagen, lege ich in Gottes Hand, ich denke mir dann einfach, es es wird schon recht werden, oder, ich werde schon einfach die Kraft haben, daß ich mit dem allem fertig werde." (1K/4, 343;385)

Beides hat dann auch Konsequenzen für die eigenen Vorstellungen zur religiösen Erziehung der Kinder. So verbindet sich mit dem "mythologischen" Ansatz etwa der Wunsch, daß die Kinder in der zwischen Zweifel und Nicht-Zweifel aufgesplitteten Welt auf der richtigen Seite stehen mögen:

"Aber ich möchte, wenn das möglich ist, auf jeden Fall meine Kinder gar nicht in die Situation bringen, daß die an der Existenz von Gott zweifeln. ... Also das, es muß, die müssen irgendwie begreifen, daß das, daß die Welt halt nicht einfach so besteht, es muß ja irgendwie einen Sinn haben, einen weiteren. Und, ähm, daß irgendwo trotz aller Probleme und trotz aller schlechten Zukunftsprognosen, die wir haben, irgendwie, daß es irgendwie eine geheime Macht gibt, wo man eben darauf bauen kann, äh, so quasi wie es auch in der Bibel steht, der wird es schon machen." (3T/3, 279;534)

Das Wirken der Menschen bleibt hier also begrenzt. Gott "wird es schon machen", der Mensch muß aber sehen, daß er auf Gottes Seite zu stehen kommt.

Auch der zweite Ansatz ist um Gottes Tun zentriert, allerdings ohne daß es dabei zu einer Zweiteilung der Welt kommt. Vielmehr wird von dieser Mutter versucht, auch schwierige Situationen in das Vertrauen auf Gott mit hineinzunehmen:

"Und ich ich meine, ich mache ihnen, ich, irgendwie stelle ich den Gott oder Jesus schon immer ein wenig so, versuche ich so hinzustellen äh, daß man ihn, daß er uns helfen kann und daß man Vertrauen haben kann und eben einfach, daß es nicht immer so geht, wie man sich das jetzt einbildet, sondern, und ich habe das auch halt bei mir oft erfahren, daß man sich das vielleicht oft anders gewünscht hat, wie es dann, wie es gekommen ist, aber im nachhinein habe ich dann schon immer einen Sinn da drin gesehen, daß das jetzt eben so war und nicht anders." (1K/4, 341;267)

In beiden Ansätzen ist der Glaube an Gott keine Selbstverständlichkeit mehr, sondern eine Perspektive, die in Auseinandersetzung mit gegenwärtigen Erfahrungen neu zu legitimieren ist, dies allerdings auf dem Hintergrund vorhandener christlich-religiöser Traditionen. Das tragfähigere Gottesverständnis findet sich wohl im zweiten Ansatz, da hier Gottes Gegenwart nicht auf einen Teilbereich von Welt reduziert wird. Gleichwohl gilt es zu beachten, daß die Theologie selbst immer wieder dualistische Gedankenmodelle entwickelt hat, deren Einfluß sich im ersten Ansatz deutlich widerspiegelt. Zudem gibt es Anzeichen dafür, daß das Denken in dualen Gegensätzen aufgrund der damit vollzogenen Reduzierung von Komplexität zukünftig eine starke Attraktivität gewinnt.[47]

---

47 SCHÖLL, ALBRECHT: Zwischen religiöser Revolte und frommer Anpassung. Gütersloh: 1992.

II. DIE FAMILIEN IN DER STADT

1. Abriß der sozialgeschichtlichen Entwicklung der Familien in der Stadt seit 1800.

Die Mitte des 19. Jahrhunderts auch in Deutschland einsetzende Industrialisierung erforderte eine in diesem Ausmaß bis dahin nicht gekannte Zahl an Beschäftigten an einem Produktionsort. Die Städte als Standort der Industrialisierung erlebten so eine rasante Zunahme ihrer Einwohnerschaft.

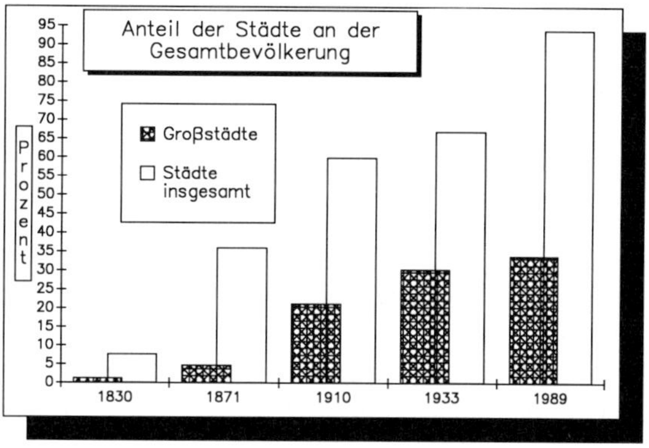

Die nebenstehende Grafik verdeutlicht diesen wachsenden Anteil der Städte (Klein-, Mittel- und Großstädte) an der Gesamtzahl der deutschen Bevölkerung. Der Anteil der Großstädte (über 100.000 Einwohner) daran ist jeweils besonders vermerkt. Demnach ist das stärkste Wachstum der Städte zwischen 1830 und 1871 festzustellen, während die Großstädte vor allem in der Hochindustrialisierung nach 1871 überproportional anwuchsen. Für München, das 1854 zur ersten bayerischen Großstadt[48] geworden war, bedeutete dies einen weiteren Zuwachs der Bevölkerung von 200.000 im Jahr 1876 auf 829.000 im Jahre 1939. Im Vergleich dazu hatte Leipzig eine ganz ähnliche Wachstumsperiode zu verzeichnen, nämlich von 130.000 im Jahr 1875 auf 707.000 im Jahr 1939.[49] Ersichtlich ist aber auch, daß der Anteil der Großstädte an der städtischen Bevölkerung insgesamt bis 1989 rückläufig ist, während die Entwicklung der Klein- und Mittelstädte weiter ansteigt.

Ein solcher Zuwachs verlangte natürlich nach begleitenden strukturellen Maßnahmen. Zwar verteidigte das traditionelle Stadtbürgertum[50] seine Rechte gegenüber den Neuzugezogenen vehement, es konnte aber nicht verhindern, daß - in Bayern sehr spät - sowohl die Eheschließung und Ansässigmachung in den Städten als auch die

48 FEHN, HANS: Das Land Bayern und seine Bevölkerung seit 1800. In: SPINDLER, MAX (HRSG.): Handbuch der bayerischen Geschichte, 4. Band. Das neue Bayern 1800-1970. München: 1974/75, S. 679 ff.

49 Die Zahlen nach: FISCHER, WOLFRAM / KRENGEL, JOCHEN / WIETOG, JUTTA: Sozialgeschichtliches Arbeitsbuch, Bd. I, München: 1982. HOHORST, GERD / KOCKA, JÜRGEN / RITTER, GERHARD A.: Sozialgeschichtliches Arbeitsbuch Bd. II, München: 1978. PETZINA, DIETMAR / ABELSHAUSER, WERNER / FAUST, ANSELM: Sozialgeschichtliches Arbeitsbuch, Bd. III, München: 1978. STATISTISCHES BUNDESAMT (HRSG.): Datenreport 1992. Bonn: 1992.

50 Vgl. zum folgenden: WEHLER, HANS-ULRICH: Deutsche Gesellschaftsgeschichte, Bd. II, München: ²1989, S. 174 ff.

Gewerbefreiheit 1862 bzw. 1868 liberalisiert wurden. Damit erhielt ab den sechziger Jahren des 19. Jahrhunderts in Bayern der Zuzug in die Städte einen nochmaligen Impuls, zumal auch die Möglichkeiten einer Auswanderung nach Übersee allmählich geringer wurden.

Die Einwohnerschaft in den Städten differenzierte sich durch das große Wachstum neu. Neben das alte Stadtbürgertum, also etwa die alteingesessene, teilweise noch in Zunftstrukturen organisierte Handwerkerschaft, trat die zahlenmäßig sehr geringe Unternehmerschicht, die in der Regel nur ca. 1-2% der Einwohnerschaft betrug. Dagegen expandierte das Bildungsbürgertum so sehr, daß allenthalben im Rahmen eines neuen Professionalisierungskonzeptes versucht wurde, diese Entwicklung auch wieder einzudämmen. Grund für diese Expansion war nicht zuletzt die materielle Sicherstellung der Beamten, die bereits Mitte des 19. Jahrhunderts gewährleistet war, sofern man eine der begehrten Planstellen erhielt.

Differenzierte sich also das Bürgertum in Stadtbürgertum, Unternehmerschicht und Bildungsbürger, so konstituierte sich auch die industrielle Arbeiterschaft in den Städten zunächst keineswegs als einheitliche Klasse. Vielmehr bedurfte es in der zweiten Hälfte des 19. Jahrhunderts eines langen Anlaufweges, bis Facharbeiter, Gesellen und Ungelernte ein gemeinsames Solidaritätsgefühl und damit das Bewußtsein einer eigenen Klasse entwickeln konnten.[51]

In Bürgertum und Arbeiterklasse entstanden durchaus eigenständige Formen des Zusammenlebens in der Familie. Bereits im 18. Jahrhundert hatte das Bürgertum, hier zunächst das Bildungsbürgertum, vor allem gegenüber dem Adel eine neue Leitidee der Familie geschaffen. Gegenüber der Vernunftehe wurde die Liebe als "Intensivierung und Intimisierung der Ehebeziehung"[52] betont, wobei Liebe hier im Sinne der Aufklärung nicht im erotisch-leidenschaftlichen Gefühl, sondern in der Tugendhaftigkeit und Zuneigung aus Freundschaft gründete. Diese Betonung des Individuums in der Ehebeziehung verband sich auch mit einer Neubewertung der Kindererziehung. Die Eltern sollten nun selbst für die Erziehung ihrer Kinder verantwortlich sein und dabei auf die je individuelle Persönlichkeit des Kindes Rücksicht nehmen.[53]

Dieses neue Familienleitbild mit der Betonung von Individualität und Kinderzentriertheit wäre nicht möglich gewesen ohne die Trennung von Arbeitsplatz und Wohnung. Vielmehr trug diese entscheidend dazu bei, daß die Familie als privater Ort gelten und so zur Individualisierung die Idee der Intimisierung der Familie treten konnte.[54]

War dieses Leitbild der bürgerlichen Familie von dem im ausgehenden 18. Jahrhundert zahlenmäßig sehr geringen Bildungsbürgertum entwickelt worden, so sollte die Weiterentwicklung im 19. Jahrhundert vorwiegend durch das Wirtschaftsbürgertum geschehen. Hier stand nun die "standesgemäße Lebensführung" statt der Konzentration auf Individualität und "innere Werte" im Vordergrund.[55] Nicht mehr die Abgrenzung, sondern

---

51 KOCKA, JÜRGEN: Lohnarbeit und Klassenbildung. Berlin, Bonn: 1973.

52 Vgl. ROSENBAUM, HEIDI: Formen der Familie. Frankfurt a.M.: 1982, S. 251 ff.

53 Zur Entstehung der Wahrnehmung der Kindheit als eigenständiger Lebensphase vgl. etwa RICHTER, DIETER: Das fremde Kind. Zur Entstehung der Kindheitsbilder des bürgerlichen Zeitalters. Frankfurt a.M.: 1987.

54 Vgl. hierzu ARIES, PHILIPPE: Geschichte der Kindheit. München: ^{4}1981, S. 469 ff.

55 ROSENBAUM, a.a.O., S. 311.

die Beerbung und Anpassung an Verhaltensweisen des Adels waren dabei richtungsweisend. Die bürgerliche Frau wurde zur "Repräsentantin der 'standesgemäßen' Lebensführung"[56]. Eine Berufstätigkeit der Frau hätte dieser Funktion massiv widersprochen, die statt dessen auf die Führung des Haushalts und Dienstpersonals bezogen war. Auch die Kindererziehung gehörte zu den Obliegenheiten der bürgerlichen Gattin, wobei die Aufmerksamkeit den Kindern gegenüber eher noch anstieg. Der Vater galt in der Erziehung als Repräsentant der bürgerlichen Berufswelt und oft als fordernde und strenge Autoritätsperson, bei der dann auch die letzte Entscheidungsinstanz in der Familie lag. Wichtig wurde im Erziehungsbereich vor allem bei den Söhnen deren Bildungsweg, garantierte er doch den Fortbestand der Zugehörigkeit zum Bürgertum bzw. den weiteren Aufstieg. Da die Frau in diesem Modell an das Haus gebunden war, sah man den Bildungsweg der Töchter als minder bedeutsam an.

Kontakte nach außen, über den engeren Familien- und Verwandtschaftskreis hinaus, waren innerhalb des nicht vermögenden Bürgertums eher selten. Man blieb unter sich, hatte weder zum Großbürgertum noch zum Proletariat näheren Kontakt. Die Familie wurde vielmehr als "Schutz- und Schonraum"[57] gegenüber der Gesellschaft verstanden, als Ort der Rekreation für den berufstätigen Mann. Einem solchen Anspruch gegenüber hat Heidi Rosenbaum zurecht festgestellt: "Gegenstruktur in dem beschriebenen Sinne konnte die Familie gar nicht sein. Als Teil des gesellschaftlichen Zusammenhangs war sie nicht völlig ausgenommen von den die gesamte Gesellschaft prägenden Zwängen und Strukturprinzipien. ... Aus dem Selbstbild der Familie wurde die in sie hineinreichenden und sie prägenden gesellschaftlichen Strukturprinzipien und Zwänge systematisch ausgeklammert."[58]

Entwickelte sich also die bürgerliche Familie in der Stadt als eher geschlossene Sozialform, so ging die Entfaltung der proletarischen Familie zunächst in eine ganz andere Richtung. Auch für die proletarische Familie war die Trennung von Erwerbsplatz und Wohnbereich grundlegend gewesen. Anders als die bürgerliche Familie verblieb die proletarische Familie aber durch ihre Außenkontakte mit dem soziokulturellen Arbeitermilieu eng verbunden. Das Zusammensein auf engem Raum, oft mit Mitbewohnern, die nicht zur Familie gehörten, führte dazu, daß ein Großteil des Lebensbereichs außerhalb der Wohnung angesiedelt wurde. Auf der Straße spielten die Kinder, und auch die Erwachsenen unterhielten hier ihre sozialen Beziehungen in den neu entstandenen Arbeiterquartieren der Städte im Sinne einer Siedlermentalität. Hier entstand auch die Arbeiterkultur. Sie entwickelte sich als Gemisch von politischen Organisationen und Arbeitervereinen, wie sie etwa für Gesang, Turnen, Kleintierhaltung etc. entstanden.[59]

Die Erwerbstätigkeit von Frauen war in diesen Familien oft existenznotwendig, wurde allerdings bei steigender Kinderzahl immer schwieriger. In der Familie selbst galt eine patriarchalische Vorherrschaft des Mannes, die allerdings durch die Erwerbsarbeit der

56 A.a.O., S. 342.
57 A.a.O., S. 373.
58 A.a.O., S. 377.
59 Sehr anschaulich hierzu der Katalogband der PROJEKTGRUPPE ARBEITERKULTUR HAMBURG: Vorwärts- und nicht vergessen. Arbeiterkultur in Hamburg um 1930. Berlin: 1982.

Frauen dann doch eingeschränkt werden konnte. Insofern ist es nur bedingt richtig, der Erwerbstätigkeit der Frau keinen "Eigenwert"[60] zuzuschreiben, da der Frau durch das Geldverdienen auch ein größeres Maß an Eigenständigkeit zugestanden werden mußte.

Die Einstellung zu den Kindern war im Proletariat notwendigerweise von unterschiedlichen Faktoren geprägt. Der Liebe und Fürsorge der Eltern, die es natürlich auch hier gab[61], stand stets die Sorge um die Existenzsicherung bei hoher Kinderzahl entgegen. Durch den Primat dieser permanenten Existenzsicherung konnte die Familie aber weder kind- noch gattenzentriert sein, sondern war bemüht, die Armutsschwelle hinter sich zu lassen. Das gelang allerdings vorwiegend nur der Facharbeiterelite.[62] Vielmehr mußten in der Regel auch die Kinder schon ab 6-8 Jahren mitverdienen, bzw. wurden nach der Schulentlassung mit 13 Jahren voll in den Arbeitsprozeß integriert. Arbeiteten Mann und Frau, so konnten die Großeltern nur dann zur Beaufsichtigung der kleinen Kinder beitragen, wenn sie ortsansässig waren. Gerade die verwandtschaftlichen Kontakte waren aber nach dem Zuzug in die Stadt oft verloren gegangen[63], so daß entweder niemand oder bezahlte Kindsfrauen für die Kinder sorgten. Nur allmählich entstanden hier zur Entlastung der Familien in den Städten Kleinkinderbewahranstalten.[64]

War somit das bürgerliche wie auch das proletarische Leitbild der Familie auf der Grundlage der jeweiligen Arbeitsverhältnisse entstanden, so prägten die damit verbundenen soziokulturellen Milieus die Gesellschaft in den folgenden Jahrzehnten. Innenpolitisch wurde dies in den Auseinandersetzungen zwischen der Sozialdemokratie, Bürgerlichen Parteien, Kommunistischer Partei und rechtsstehenden Parteien virulent. Eine dramatische Veränderung ergab sich aber bereits durch den Aufbau einer totalitären Gesellschaftsstruktur nach 1933. Die selbstbestimmten Arbeiterorganisationen wurden nun zerschlagen. Damit aber war der proletarischen Subkultur die organisatorische Basis entzogen. Hinzu kam, daß bereits in den dreißiger Jahren, und dann verstärkt im wirtschaftlichen Aufschwung der fünfziger und sechziger Jahre, ehemals exklusive Konsumchancen allen Bevölkerungsteilen eröffnet wurden.[65] Diese Anhebung des Lebensstandards, verbunden mit einer weitgehenden sozialpolitischen Absicherung gegen Konjunktur- und Marktrisiken auf der einen, sowie einer Entgrenzung marktabhängiger Lohnarbeit auf der anderen Seite, führte im Westen Deutschlands nach 1945 zur Auflösung des Proletariats, da die traditionellen Sinngehalte der Klassenbildung von ehedem damit hinfällig waren. Diese "Entproletarisierung" bedeutete aber mitnichten eine

---

60 SCHLÖSSER, MANFRED: Die Familiensituation der Arbeiter. Abgedruckt in: ROSENBAUM, HEIDI (Hrsg.): Seminar: Familie und Gesellschaftsstruktur. Materialien zu den sozioökonomischen Bedingungen von Familienformen. Frankfurt a.M.: [4]1988, S. 347-372, hier: 351.

61 SCHLÖSSER, a.a.O., S. 357.

62 WEHLER, a.a.O., S. 246.

63 SCHNEIDER, LOTHAR: Charakteristika des Haushalts der Fabrikarbeiter, in: ROSENBAUM, a.a.O., S. 334-341, hier: S.335.

64 Auf den Zusammenhang der Entstehung von Kleinkinderbewahranstalten mit der evangelischen Kirche habe ich an anderer Stelle hingewiesen, vgl. SCHWAB, ULRICH: Evangelische Jugendarbeit in Bayern 1800-1933. München: 1992, S. 127.

65 Hierzu MOOSER, JOSEF: Arbeiterleben in Deutschland 1900-1970. Frankfurt a.M.: 1984, S. 199 ff.

"Verbürgerlichung" der Arbeiterschaft.[66] Vielmehr unterlag die Gesellschaft als Ganzes einer strukturellen Individualisierung, die auf der Basis eines weithin gesicherten Wohlstands und sozialstaatlicher Absicherung bis in die achtziger Jahre hinein eine Ausweitung individueller Lebenschancen und zugleich -risiken bedeutete.[67] Somit gilt also beides: "Diese Enttraditionalisierung kollektivtypischer Lebensmuster enthält mehr Freiheit und zugleich mehr Abhängigkeit, weil sie im Kontext fortschreitender Vergesellschaftung des Einzelnen erfolgt. Die Entproletarisierung des Arbeiters war ein Teil dieses Individualisierungsschubs, der in anderer Hinsicht besonders die Lage der Frauen und Jugendlichen verändert hat."[68]

Im Hinblick auf die Familien bedeutete dies, daß sich die aufgrund der ökonomischen Lage jeweils herausgebildeten Familienformen in individuell geprägte Familienstile auflösten. Allerdings wurden dazu nach wie vor Elemente der alten Formen aufgenommen, die dann jedoch neu angeordnet wurden.[69] In den Städten führt dies in der Tat aufgrund der vielen neuen "Haushaltstypen" zu einem "Ineinander familialer Räume".[70]

In der DDR war nach 1945 ebenfalls eine - im Vergleich mit anderen Ostblockstaaten - deutliche Anhebung des Lebensstandards zu verzeichnen, die allerdings aufgrund der hohen Reparationsleistungen an die Sowjetunion sowie der nicht effizienten planwirtschaftlichen Struktur gegenüber dem Westen zurück blieb.[71] Damit verband sich eine weiter als im Westen reichende sozialpolitische Absicherung, da die Arbeitsplätze durch die Verstaatlichung weithin garantiert wurden. Diese Verstaatlichung der Wirtschaft war zugleich verbunden mit dem Versuch einer weitgehenden staatlichen Lenkung im gesamten gesellschaftlichen Bereich. Dies bedeutete für den einzelnen oft genug eine starke Fremdbestimmung der Planung seiner Biographie: "Das heißt, daß sich Biographie idealtypisch nicht im Wechselspiel von subjektivem Lebensentwurf und objektiven Möglichkeiten bzw. Hindernissen konstituierte, sondern daß die subjektive Seite in diesem Prozeß mehr oder weniger unterdrückt werden mußte."[72]

Während sich das Bürgertum im "Arbeiter- und Bauernstaat" auf private Diskurskulturen[73] beschränken mußte, forcierte die offizielle Staatsideologie die Arbeiterkultur, die damit aber mehr staatlich verordnet als eigenständig gewachsen war.

---

66 Mooser spricht hier von einer höchstens anzunehmenden Angleichung des Arbeiterlebens an "mittelständische Schwundformen bürgerlicher Lebenshaltung", wobei er zurecht den Begriff "Mittelschicht" aufgrund seiner ungenauen Abgrenzung kritisiert, vgl. a.a.O., S. 231.

67 BECK, ULRICH: Risikogesellschaft. Auf dem Weg in eine andere Moderne. Frankfurt a.M.: 1986.

68 MOOSER, a.a.O., S. 235.

69 Dies zeigt sich etwa an der veränderten Rolle der Frau, vgl. hierzu BECK-GERNSHEIM, ELISABETH: Vom 'Dasein für andere zum Anspruch auf ein Stück 'eigenes Leben': Individualisierungsprozesse im weiblichen Lebenszusammenhang. In: Soziale Welt 34 (1983), S. 307-340.

70 PFEIL, ELISABETH: Die Familie im Gefüge der Großstadt. Zur Sozialtopographie der Stadt. Hamburg: 1965, S. 9. Vgl. hierzu auch BÄUMLER, CHRISTOF: Menschlich leben in der verstädteren Gesellschaft. Gütersloh: 1993, S. 123.

71 HENNING, F.W.: Das industrialisierte Deutschland 1914-1972. Paderborn: ²1975.

72 GEULEN, DIETER: Typische Sozialisationsverläufe in der DDR. Einige qualitative Befunde über vier Generationen. In: Aus Politik und Zeitgeschichte, B 26-27/93, S. 37-44, hier: S. 39.

73 Ebd.

bedenken, daß der Arbeitsplatz in der DDR auch ein Ort war, wo über die reine Erwerbstätigkeit hinaus soziale Kontakte im "Kollektiv", sei es nun im Betrieb, in der Schule oder im Krankenhaus, gepflegt wurden.[74] So lassen sich zumindest Elemente des alten Arbeitermilieus bis 1989 in der DDR erhalten, zumal dort der Modernisierungsprozeß im Industriebereich nicht mit der Entwicklung im Westen Schritt halten konnte.

Das hervorstechendste Merkmal der gegenwärtigen Familien ist wohl im historischen Vergleich ihre "außerordentliche Stabilität an Personen"[75], die sich aus einer sehr geringen Kindersterblichkeit sowie einer langen Verweildauer der Kinder in der Familie ergibt. Ca. 80% aller Kinder im Westen wachsen bis zum 18. Lebensjahr bei ihren leiblichen Eltern auf, während ca. 10% bei einem Elternteil und 10% mit einem Eltern- und einem Stiefelternteil aufwachsen. Für die Familien in der Großstadt ergibt sich allerdings ein überproportional hoher Anteil der Kinder, die bei einem alleinerziehenden Elternteil wohnen.

Das Leben der Familien in heutigen Großstädten läßt sich nicht beschreiben, ohne dabei die Wohnlage in den urbanen Ballungszentren und die sich daraus ergebenden interaktiven und kommunikativen Möglichkeiten mit zu berücksichtigen.[76] Nach wie vor verändert sich der großstädtische Wohnraum ständig, so daß in der Tat im Hinblick auf die Großstädte nicht von einem Zustand, sondern von einem Prozeß zu reden sein wird.[77] Allerdings ist das rasante Wachstum der Städte inzwischen teilweise rückläufig, je nach ökonomischer Attraktivitätslage.[78] Auch die Städte partizipieren hier an einer wirtschaftlichen Entwicklung, die dazu führt, daß die einen in einer gesicherten Prosperität leben, während die anderen an den Rand gedrängt werden.

Nach Hans-Paul Bahrdt ist es schließlich die Dialektik von Öffentlichkeit und Privatheit, die das Leben in der Großstadt vorzüglich auszeichnet.[79] "Die Menge der täglichen Kontakte mit meist unbekannten Menschen stellen den Großstädter eine doppelte Aufgabe: er muß seine Person schützen und zugleich die notwendige Distanz zu unbekannten Menschen durch Formen nicht-intimer Kommunikation überwinden, wenn er sich nicht selbst aus der Öffentlichkeit ausschließen will."[80] Dies gelingt einerseits durch ein auf die Öffentlichkeit bezogenes repräsentatives Verhalten der eigenen Person, andererseits aber durch die Wahrung der Privatheit, die sich vorwiegend im "geschlossenen System eigener

---

74 HOFMANN, MICHAEL / RINK, DIETER: Die Auflösung der ostdeutschen Arbeitermilieus. Bewältigungsmuster und Handlungsspielräume ostdeutscher Industriearbeiter im Transformationsprozeß. In: Aus Politik und Zeitgeschichte, B 26-27/93, S. 29-36.

75 BUNDESMINISTERIUM FÜR JUGEND, FAMILIE, FRAUEN UND GESUNDHEIT: Bericht über Bestrebungen und Leistungen der Jugendhilfe - Achter Jugendbericht - Drucksache 177/90, Bonn: 1990, S. 37.

76 Im Hinblick auf Jugendliche vgl. hierzu BÄUMLER, CHRISTOF / BANGERT, MECHTHILD / SCHWAB, ULRICH: Kirche-Clique-Religion. Fallstudien zur kirchlichen Jugendarbeit in der Großstadt. Weinheim: 1994, S. 19 ff.

77 Hierzu BÄUMLER, CHRISTOF: Menschlich leben in der verstädterten Gesellschaft. Gütersloh: 1993, S. 35 ff.

78 HÄUßERMANN, HARTMUT / SIEBEL, WALTER: Neue Urbanität. Frankfurt a.M.: 1987.

79 BAHRDT, HANS-PAUL: Die moderne Großstadt. Soziologische Überlegungen zum Städtebau. Reinbek: 1969. Vgl. zum folgenden auch BÄUMLER, a.a.O., S. 44 ff.

80 BÄUMLER, a.a.O., S. 45.

Art"[81] der Familie konkretisiert. Dabei zeigt sich, daß gegenwärtig die Fähigkeit zum repräsentativen Verhalten in der Öffentlichkeit einer zunehmenden Privatisierung weicht, die auch durch den nachbarschaftlichen "Fetisch der Gemeinschaftlichkeit"[82] nicht aufgefangen werden kann. Auch wenn die Dialektik von Öffentlichkeit und Privatheit sich selber einer historischen Vorlage in Form der mittelalterlichen Bürgerstadt verdankt, so bleibt die Frage, wie sich die politische Dimension der Öffentlichkeit mit dem privaten Leben in der Familie verbindet, auch für die Gegenwart von grundlegender Bedeutung.[83] Es könnte sich daran klären lassen, wie in einer hochindividualisierten und differenzierten Gesellschaft der Mensch die Bezüge seines Personseins jenseits von einzelnen Rollenanforderungen zur Geltung bringen kann.[84] Am Zusammenhang von Öffentlichkeit und Privatheit wäre damit eine der entscheidenden Fragen für ein menschliches Leben in der verstädterten Gesellschaft[85] formuliert.

2. Die Großeltern

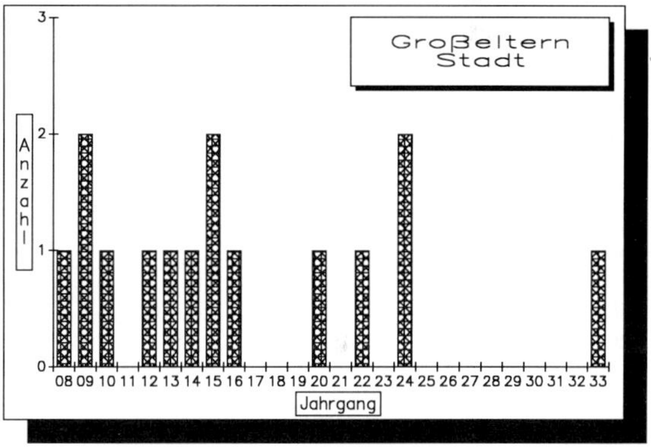

Aus der Generation der Großeltern konnten in den zwölf Stadtfamilien 15 Personen befragt werden. Diese drei Männer und zwölf Frauen kamen bis auf eine, die 1933 geboren wurde, zwischen 1908 und 1924 auf die Welt. Elf Personen leben heute in einer westlichen Großstadt, die vier anderen in einer Großstadt auf dem Gebiet der ehemaligen DDR. Zwei der hier befragten Personen sind katholisch, alle anderen sind evangelisch.

a) Kindheit und Jugend

Die hier befragten Personen erlebten ihre Kindheit und Jugend in der Zeit zwischen Kaiserreich, 1. Weltkrieg, Weimarer Republik und der beginnenden nationalsozialistischen Herrschaft, also in innenpolitisch und wirtschaftlich gesehen höchst unruhigen Jahren. Zwei von ihnen verloren ihre Väter im Kriegsgeschehen 1914-18. Das Expandieren der Städte geschieht nicht mehr so explosionsartig wie in den Jahren nach 1871 und ist jetzt vor allem

81 BAHRDT, a.a.O., S. 76.
82 BÄUMLER, a.a.O., S. 53.
83 BÄUMLER, a.a.O., S. 59.
84 KAUFMANN, FRANZ-XAVER: Religion und Modernität. Tübingen: 1989, S. 170.
85 So der Titel des oben mehrfach zitierten Buches von Christof Bäumler.

auf den zunehmenden Dienstleistungssektor zurückzuführen.[86] Bürgertum und Arbeiterklasse haben sich in ihrem jeweiligen Sozialmilieu gefestigt und stehen sich polar gegenüber, auch wenn die wirtschaftlichen Schwierigkeiten nach 1918 alle Bevölkerungsgruppen erfaßte.

Auch die 15 Familien, aus denen die Interviewpartnerinnen und -partner stammen, lassen sich hinsichtlich ihrer lebensweltlichen Strukturen in diese zwei großen Gruppen aufteilen. Neun von ihnen stammen aus bürgerlichen Familien, sechs aus Arbeiterfamilien, wobei hierzu auch Landarbeiter und nichtselbständige Handwerker oder Handwerker mit sehr kleinen Betrieben gerechnet werden.[87] Aufgrund der unterschiedlichen Soziallagen werden im folgenden die zwei Gruppen immer dann getrennt voneinander beschrieben, wenn sich die Ergebnisse der Auswertung deutlich voneinander unterscheiden.

Die Väter und Mütter der befragten Personen aus den bürgerlichen Familien[88] waren von Beruf Bahn-, Garnisons-, Verwaltungs- oder Polizeibeamte, Pfarrer, Inhaber kleiner Geschäfte und eine Direktrice. Eine Berufstätigkeit der Frauen war selten und ergab sich eigentlich nur bei wirtschaftlichen Schwierigkeiten oder als Mitarbeit im eigenen Geschäft. Die Ehefrauen sorgten sich dafür vorwiegend um die Kinder, von denen es in den Familien durchschnittlich 2-3 gab.

Das Zusammenleben in diesen Familien war stark patriarchalisch geprägt. Entscheidungen trafen die Väter, gelegentlich zusammen mit den Müttern. So beschreibt etwa der Sohn eines preussischen Polizeibeamten das Verhältnis der Familienmitglieder zueinander so:

"Nein, nein, nein, von wegen! Die Kinder gefragt! Nein, nein, das hat der Vater bestimmt, das, äh ganz abgesehen davon, daß mein Vater ein sehr äh, naja sehr sehr hierarchisch, also da. ... Ja ja, ja ja, also da gab es gar nichts. Auch, da hatte meine Mutter nichts zu sagen. Na trotzdem, daß meine Mutter einen, einen ziemlichen äh, schon einen Einfluß auf meinen Vater hatte, aber wenn irgendwelche Sachen bestimmt wurden na, also da hat meine Mutter nicht viel, und wir erst recht, also wir ganz und gar nicht." (GVm/14, 1108;614)

Da die berufliche Stellung des Vaters für die gesellschaftliche Wertschätzung der Familie entscheidend war, richteten sich auch die Leitvorstellungen innerhalb der Familie daran aus. Der Vater und sein Beruf, das konnte in der Familie zur Identifikationsfigur schlechthin werden. Eine 1914 geborene Beamtentochter beschreibt das so:

"das hat er mir so beigebracht und was recht und gut und böse und also mein Vater war schon, in der Beziehung schon vorbildlich, er war strebsam, er ist auch was geworden, er hat es geschafft, hat viel geschafft, viel erreicht, da das hätte ihm keiner zugetraut." (GMm/14, 1082;292)

So nimmt es nicht Wunder, daß auch das Freizeitverhalten geprägt war durch die berufliche Stellung des Mannes. Wenn man außer Haus ging, dann traf man sich mit den Berufskollegen und deren Frauen. Und desgleichen wurde bei den Kindern sehr darauf

86 HENNING, F.-W.: Die Industrialisierung in Deutschland 1800-1914. Paderborn, München, Wien, Zürich: [5]1979, S. 267 ff.

87 Der Begriff "Arbeiterfamilie" kann sich hier wie auch im folgenden nicht allein auf die Familien der klassischen Fabrikarbeiter beziehen. Vielmehr werden mit dieser Bezeichnung alle Familien umfaßt, die aufgrund der geschilderten Lebensumstände der Welt der bürgerlichen Familien vornehmlich aufgrund ihrer schlechteren ökonomischen Lage fernstehen.

88 Hierzu gehören die Familien 1, 2, 14, 17, 18, 19 und 20.

geachtet, daß deren Kontakte zu anderen Kindern der gesellschaftlichen Stellung der Familie angemessen waren:

"wir hatten einen äh Schrebergarten äh, hatte er ursprünglich für mich eigentlich äh gepachtet, denn Kinder sollten zu meiner Zeit ja nicht auf der Straße spielen, das waren ja Straßenkinder. Und äh ein Kollege von ihm äh, die Herrn die Gärten nebeneinander gehabt, da haben wir dann gespielt, der (Name) und ich und die Frauen haben sich da hingesetzt, mit einer Thermosflasche höchstwahrscheinlich" (GMv/1, 26;199)

Kontakte zu Verwandten waren dann gegeben, wenn die Laufbahn des Vaters nicht einen Umzug weit weg vom Heimatort erforderlich machte. Aber auch dort gab es ja dann wieder die "Kollegen".

Eine strenge Erziehung zu Sauberkeit und Ordnung galt als selbstverständlicher gesellschaftlicher Wert, dem die Kinder sowohl im Elternhaus als auch in der Schule begegneten:

"Au ja, au, meine Mutter war da sehr, muß ja jeden, auch an, an meinen Spielsachen, das mußte alles eingepackt werden abends, ja. ... Ja, durfte nichts rumliegen. Da hatte man schon drauf gehalten." (GVm/1, 10;99)

"Und in der Schule, bei uns in der frankischen Stiftung, hatten wir im Zeugnis das Wort Ordnungsliebe. ... Mhm, das wurde benotet." (GMm/14, 1084;405)

Umso mehr konnte es der oben zitierte Großvater damals genießen, die Ferien auf dem Bauernhof seiner Großeltern verbringen zu dürfen, weil er dort andere Normen und mehr ungeregelten Spielraum vorfand:

"Meine Mutter sagte mir, sie hat mal aufgeschnappt als ich in (Dorfname) war, also da zurück kam von einem Freund, sagte ich, wenn Großmutter nicht wäre, wäre das ganze Leben nicht so schön. Und da wird man, wird man nie ausgeschimpft (Lachen)." (GVm/1, 4;157)

Zu einem schwierigen Punkt in diesen Familien konnte auch die Berufswahl der Kinder werden. So mußten etwa die Frauen teilweise dafür kämpfen, überhaupt arbeiten zu dürfen. Und wenn es denn erlaubt war, so wurde seitens der Eltern dabei die Arbeit als Existenzsicherung betont:

"Ich wollte ja mal Sängerin werden, da hat mein Vater gesagt, nichts gibt es da, draußen ist das Kontor, da gibt es die Arbeit." (GMm/17, 1339;512)

Bei den Söhnen stand demgegenüber eher die Erhaltung bzw. der Ausbau der sozial erreichten Stellung der Familie im Vordergrund. Der Sohn eines Garnisonsbeamten sollte Jurist werden, der Sohn eines Polizeibeamten wurde Offizier.

In den Arbeiter- und Kleinhandwerkerfamilien war es selbstverständlich, daß sowohl der Mann als auch die Frau arbeiteten, schon allein deswegen, weil sonst meist das Geld nicht gereicht hätte. Die hier angegebenen Berufe sind: Facharbeiter, Fabrikarbeiterin, Knecht und Magd auf einem Gutshof, Tischler, Hutmacherin.[89] In vier der sechs Herkunftsfamilien der hier befragten Personen gab es jedoch 5-10 Kinder, so daß eine längere Berufstätigkeit der Frauen sehr eingeschränkt war. Nicht überall waren die Großeltern am Ort, um die Eltern bei der Kinderpflege zu entlasten, je nachdem, wo die Eltern eben Arbeit gefunden hatten. Umzüge im Zusammenhang mit Arbeitsuche waren keine Seltenheit:

"also wir sind ja Schlesier, bin ja mit zwei Jahren schon nach Bayern kommen, nach (Ortsname). Und von da ist unser Vater dann in den Krieg kommen und dann ist er entlassen worden, weil er das Auge verletzt hatte und dann waren wir drei Jahre in (Ortsname) bei (Ortsname) und von da aus

89 Hierzu gehören dann an dieser Stelle die Familien 5, 6, 13, 15 und 16.

hat er sich wieder in seinen Beruf gewöhnt, von da aus sind wir nach, 1919 nach (Ortsname) kommen, bis '61." (GMm/6, 463;44)

In fünf der sechs Familien wohnten die Eltern zunächst nicht in der Großstadt, sondern in kleinen Städten oder auf dem Land. Dort arbeiteten sie entweder in kleineren Betrieben oder in der Landwirtschaft.

Sobald die Kinder größer waren, d.h. sobald sie zur Schule gingen, mußten sie nachmittags mitarbeiten. Manche der befragten Personen erlebten die Armut in den Familien bis hin zum Hunger:

"wir waren sehr arm. Arm arm, und was Hunger ist, ... das liegt mir noch in Erinnerung" (GMm/16, 1268;284)

Auch in diesen Familien erinnern sich die befragten Personen an eine strenge und sehr auf Sauberkeit bedachte Erziehung. Allerdings fällt hier die Rolle der Mutter in der Familie nicht mehr so gegen die Bedeutung des Vaters ab. Dies hängt wohl auch damit zusammen, daß hier die Stellung des Vaters nicht durch die öffentliche Bedeutsamkeit seines Berufes geprägt sein konnte, wie dies vordem für die bürgerlichen Familien beschrieben wurde.

Neben der Betonung von Sauberkeit und Ordnung mußten die Kinder hier aber auch lernen, sich auf der in bürgerlichen Kreisen so sehr verpönten "Straße" zurechtzufinden:

"meine Mutter hat sich nie mit anderen Leuten angelegt, auch nicht wegen uns Kindern, die hat gesagt: Wehrt euch, ihr habt auch Hände, ich kann mich mit den Leuten wegen euch nicht zanken, ihr lauft nachher zusammen und ich bin verzankt. Und das ist eine wichtige Sache im Leben, auch in anderen Bereichen" (GMm/5, 364;798)

Die Kontakte, die sich hier für die Arbeiterfamilien ergaben, waren einesteils bezogen auf Vereine, etwa Turn- oder andere Arbeitervereine, andernteils aber auf die unmittelbare Nachbarschaft. Die Kontakte zur Verwandtschaft hingen wiederum an der Frage nach dem Wohnort, je nachdem, wie weit man voneinander entfernt wohnte.

Von einem besonderen Berufswunsch der Kinder ist hier nicht die Rede. Vielmehr galt auch hier, daß die Arbeit sehr frühzeitig aufgenommen wurde und weniger der Selbstverwirklichung als der unmittelbaren Existenzsicherung diente:

"ich muß sagen, eine schöne äh Kindheit habe ich eigentlich nicht gehabt, aber ... Ja wenn man so früh von daheim fort kommt und und Ding äh, das ist eigentlich, nein" (GMv/13, 993;218)

Die Unterschiede, die sich somit im lebensweltlichen Bereich zwischen den bürgerlichen und den Arbeiterfamilien zeigen, lassen sich teilweise auch fortführen, wenn man die verschiedenen Bezüge zur Kirche bei den beiden Gruppen betrachtet.

So ist das Spektrum des Teilnahmeverhaltens am Sonntagsgottesdienst bei den bürgerlichen Familien groß. Hier war für die einen der regelmäßige Kirchgang am Sonntag eine Selbstverständlichkeit, während andere sich daran erinnern, daß ihre Eltern - und damit auch sie selbst - nur ganz selten den Gottesdienst besuchten. Eine gruppenspezifische, fest verbindliche Tradition ist hier also nicht auszumachen. Bei den Arbeiterfamilien fällt dagegen auf, daß die am Land oder in der Kleinstadt lebenden Familien alle den Gottesdienst besuchten, teilweise sogar sehr darum bemüht waren, den lokalen Gepflogenheiten nach ihrem Zuzug zu entsprechen.

Kindergottesdienst wird übrigens innerhalb der Arbeiterfamilien kein einziges Mal erwähnt, während er einigen befragten Personen aus den bürgerlichen Familien durchaus vertraut und hier auch sehr geschätzt war:

"Aber dieser Kindergottesdienst eben in der Kreuzkirche in (Name des Ortes), der war eigentlich immer sehr beeindruckend. Wir haben dann immer ein Thema behandelt oder eine Geschichte, die uns vorgelesen war, haben wir dann in, äh in Gruppen bei einer, ja wie sagt man da, Lehrerin oder Helferin und äh, erst mal in Gruppen behandelt, ehe dann der allgemeine Gottesdienst - Kindergottesdienst - begann." (GMm/19, 1433;151)

An Weihnachten war der Kirchgang wiederum in beiden Gruppen gleich üblich. Im Vordergrund der Erinnerungen stehen jeweils die Attribute der Festlichkeit dieses Tages: das Schmücken des Baumes, das gemeinsame Essen, die Geschenke etc. In der Familie eines Facharbeiters sah das nach der Erinnerung der 1909 geborenen Tochter so aus:

"Also ganz groß, schön, schön. Ich mein, man hat ja nicht viel, jeder hat das bekommen, was er notwendig gebraucht hat. Ein bißchen ein kleines Spielzeug, das ist dann auch schon wieder mal aufpoliert worden, gell, oder der Papa hat irgendwas gebastelt für die Buben und so. Und bei mir wurde halt der Puppenwagen wieder frisch gemacht und frisch gestrichen und den hat halt dann das Christkind wieder geholt gehabt, der war verschwunden, habe wieder ein neues Bettchen gekriegt und so, und da hat man sich so über das gefreut, aber die Kinder, die freuen sich ja gar nicht mehr, wenn du heute was schenkst, kannst ja gar nicht mehr schenken. Und so, und dann abends, mittags gab es dann immer eine Schüll-, eine Schüllsuppe, hat es geheißen, das war Reis mit Leber und abends war dann immer Schweinebraten, Kartoffelbrei und Sauerkraut und das weiß ich so gut. Und dann später hat es dann einen Grog gegeben, gell, hat der Papa so gerne getrunken, Plätzchen hat man ja auch, nicht so viel, wie man es jetzt macht, aber immerhin hat man welche gehabt von Haferflocken und und so, Lebkuchenzeug, also wir waren, also wir haben eine herrliche Jugend gehabt, Kindheit." (GMm/6, 467;193)

Obwohl also auch hier die Familienfeier betont wird, ergibt sich doch im Vergleich mit den Bauernfamilien eine bedeutsame Verschiebung. War es dort die klar vom Alltag abgegrenzte Inszenierung eines Familienideals, die die Gestaltung des Weihnachtsfestes prägte, so fällt in den Erinnerungen der Stadt-Familien genau dieser Akzent weg, freilich ohne daß dabei auch die Bedeutung von Weihnachten als Familienfest aufgegeben wäre. Eher ergibt sich aus den Aussagen das Bild, daß die Bedeutung der Familie eben *nicht nur* an Weihnachten ins Licht trat. Vor allem in den bürgerlichen, aber auch in den hier besprochenen Arbeiterfamilien war "Familie" immer wichtig, trat von daher an einem solchen Tag auch nicht so in den Vordergrund, wie das bei den Bauernfamilien der Fall sein konnte.

An Karfreitag gehen die Gestaltungsformen zwischen beiden Familien-Gruppen dann noch deutlicher auseinander. In den bürgerlichen Großstadtfamilien zeigt sich auch hier keine alle verbindende Tradition. Karfreitag konnte im Familienleben überhaupt keine Rolle spielen oder aber ganz im Gegenteil "der große Tag mit Abendmahl" gewesen sein:

"Karfreitag, ah ja, früher, der große Tag mit Abendmahl. Mein Vater mit Zylinder, schwarzen Mantel, ja, ich, als ich noch Kind war, naja wir gingen schon mit, aber wir durften ja nicht zum Abendmahl, das war für uns damals ja alles noch so, äh im Gegenteil zu heute, nun schon was Außergewöhnliches, also es war was Außergewöhnliches. Ich meine, es hatte insofern möchte ich manchmal sagen was für sich, daß es eben äh naja großen, mit großem Respekt und Ernst nicht!" (GMm/14, 1080;232)

Wurde Karfreitag wie in diesem Zitat einer Beamtentochter geschildert begangen, so konnte der Kirchgang zum repräsentativen Auftritt der bürgerlichen Familie in der Öffentlichkeit werden: Vater, Zylinder, schwarzer Mantel, Außergewöhnliches, Respekt, Ernst - all diese Elemente verbanden sich zu einer Inszenierung, in der der Kirchgang an Karfreitag zur Bühne für die Darstellung der eigenen gesellschaftlichen Bedeutung genutzt werden konnte. Wie sehr dies alles auf den Kontext der bürgerlichen Familie bezogen war, zeigt sich, wenn man etwa folgende Erinnerung einer Arbeitertochter an Karfreitag, und an die Rolle ihres Vaters an diesem Tag, daneben hält:

"Ich ging mit meiner Mutter in die Kirche, mein Vater war ja nicht so, der hatte ja meistens im Bett gelegen, der hat dann immer gesagt: Betet für mich auch ein Vaterunser." (GMm/5, 358;485)

In den Arbeiterfamilien war der Kirchgang an Karfreitag so selbstverständlich wie an Weihnachten. Betont wird dabei stets das Einhalten des Fastengebotes zu Hause, der Auftritt in der Öffentlichkeit in dem o.g. Sinne spielt aber überhaupt keine Rolle. Eher könnte man vermuten, daß der Kirchgang ähnlich wie das Fastengebot als einzuhaltende Norm angesehen wurde, für die dann freilich Frauen und Kinder zuständig waren.

Unterschiede finden sich schließlich auch in den Erinnerungen an den Konfirmanden- und Religionsunterricht. Die Kinder der bürgerlichen Familien gingen in den Religionsunterricht, erlebten in der Stadt aber auch, daß es Kinder gab, deren Eltern nicht in der Kirche waren und die von daher vom Besuch des Religionsunterrichts befreit waren:

"Wir hatten ja in der Schule Religion. Ja also da gab's, das war aber kein Zwang. Es gab Schüler, die eben in den Religionsunterricht gingen, und da gab's die anderen, die eben nicht in den Religionsunterricht gingen. Das hieß dann Lebenskunde oder so ähnlich. Das war anders." (GMv/20, 1474;190)

Der Unterricht selbst verbindet sich bei den befragten Personen der bürgerlichen Familien mit keinen traumatischen Erlebnissen. Es wird im Gegenteil erzählt, daß man gerne hingegangen ist, gelegentlich auch etwas gelangweilt dabei war.

Dagegen klingen die Erinnerungen der Arbeiterfamilien hier wieder anders. Zunächst wird der enorme Lerndruck erwähnt, dem die damaligen Kinder sich ausgesetzt sahen und den sie auch heute noch vehement kritisieren - so sehr, daß man vermuten kann, ob mit dem Lerndruck nicht insgesamt eine repressive Stimmung im Religionsunterricht thematisiert wird:

"Mit Widerwillen! Ich weiß noch, wir haben den Pfarrer nicht so gemocht, er war immer ein bißchen, äh, äh, so von oben herab war er, er hat sich in die Kinder nicht so einfühlen können, wissen Sie. Dann hat er uns immer soviel aufgegeben und das war auch viel" (GMm/6, 470;290)

Davon, daß jemand nicht am Religionsunterricht teilgenommen hätte, wird nichts berichtet.

Interessant ist in beiden Fällen aber vor allem die unterschiedliche Erinnerung an die den Unterricht haltenden Pfarrer. Bei den bürgerlichen Familien sind die Aussagen hierzu insgesamt entweder überhaupt spärlich und blaß, oder aber getragen von Wohlwollen. Pfarrer sind in diesen Erinnerungen kein Gegenstand einer weitgehenden Auseinandersetzung. Ganz anders verhält es sich demgegenüber bei den Kindern aus Arbeiterfamilien. Hier wird dann sehr genau von zwiespältigen Erfahrungen mit Pfarrern berichtet. Es finden sich Aussagen, daß Pfarrer arg streng waren und auch die Kinder schlugen, und das obige Zitat zeigt auch, daß die Kinder sehr sensibel dafür sein konnten, ob jemand mit ihrem Alter und wohl auch mit ihrer sozialen Stellung als Arbeiterkind zurecht kam. Daneben kommen aber auch gute Erfahrungen mit den geistlichen Amtsträgern zur Sprache. Wenn folgende Schilderung eines Pfarrers mit dem Halbsatz "Da habe ich auch Glück gehabt" eingeleitet wird, dann weist das darauf hin, daß ein solcher Pfarrer auch für die hier berichtende Frau nicht als selbstverständlich galt:

"Da habe ich auch Glück gehabt, da habe ich einen guten Pfarrer gehabt, das war der Pfarrer (Name des Pfarrers) in (Ortsname), der hatte selbst zwei Kinder und dann, der war sehr, wenn einer etwas nicht gewußt hat, dann hat er immer gesagt: Die sollen nicht, die sollen sich bloß so melden, der war sehr rücksichtsvoll, ich habe den mögen und das war auch ein menschlicher Pfarrer." (GMm/5, 360;586)

Die Konfirmation als Feier wird wiederum von beiden Gruppen nicht besonders hervorgehoben. Auch hier vermitteln die Erinnerungen den Eindruck, daß die Konfirmation in den Stadt-Familien insgesamt nicht so hoch bewertet wurde wie bei den Bauern-Familien. Das hängt vielleicht auch damit zusammen, daß bei den hier befragten Personen das Subjekt-Sein auch der Kinder schon in einer ganz anderen Weise wahrgenommen wurde. Kindergeburtstage waren durchaus schon üblich. Von daher war die Konfirmation hier also nicht das erste größere Fest im Leben der Kinder, wie das etwa von den Bauern-Familien immer wieder betont worden war.

Die Erinnerungen an Gebete unterscheiden sich in den beiden Gruppen nur wenig. Zumeist wird angegeben, daß die Mutter mit den Kindern am Abend gebetet hat, vereinzelt werden auch Väter, Großmütter oder ältere Schwestern genannt. Das Tischgebet war nicht überall üblich, wurde gelegentlich auch nur zu besonderen Anlässen gesprochen. Wurde das Tischgebet in der Regel von Kindern gesprochen, so konnte es in den bürgerlichen Familien vorkommen, daß die Würde eines besonderen Anlasses dadurch unterstrichen wurde, daß nun der Vater das Tischgebet sprach:

"mittags, wir Kinder sprachen immer mittags ein Tischgebet, aber am ersten Feiertag und an Neujahr hat mein Vater das Tischgebet gesprochen (Lachen)." (GMm/14, 1080;228)

Neben geprägten Tischgebeten wurden auch abends vorformulierte Kindergebete oder das Vaterunser gesprochen. Frei formuliertes Beten trat dann in einigen Fällen hinzu.

Die erinnerten Gottesvorstellungen gehen dagegen zwischen bürgerlichen und Arbeiterfamilien wieder stärker auseinander. Im Bereich der bürgerlichen Familien sind sie einerseits um Gott als Vertrauten und Helfer in der Not gruppiert. Daneben kann Gott aber auch als der "große Unbekannte" gelten, oder er kann in eigenständiger Weise von der Kirche und ihren Vorstellungen bewußt abgesetzt werden:

"also so ungefähr vor der Konfirmation, daß ich da doch sehr skeptisch geworden bin und mir gesagt hatte, es kann keine Sünde sein, an etwas nicht zu glauben, was einem so andere Leute erzählen und was eben vor ein paar tausend Jahren aufgeschrieben ist und wenn das den Gott so gibt, wie wir ihn uns als so, als Übernatürlichen, als Allmächtigen vorstellen, dann kann mir der das in keiner Weise übelnehmen, wenn ich nicht an diese, das glaube, was mir irgendwelche anderen sagen." (GVm/1, 9;382)

Mit diesen Gottesvorstellungen verbinden sich starke ethische Akzente. So führt etwa der oben zitierte Beamtensohn sein Gotteskonzept dahin fort, daß das entscheidende an der Religion das Handeln sei:

"bin ich eigentlich zu der Überzeugung gekommen, daß es nicht darauf ankommt an, an etwas zu glauben und daß der liebe Gott einem nicht übel nehmen würde, oder auch nicht von einem erwartet, daß man ihn lobpreist oder so, sondern, daß es also darauf ankommt, sich doch richtig zu verhalten" (GVm/1, 3;83)

Das enge Geflecht zwischen Gott und dem richtigem Verhalten wurde seitens der Eltern auch gerne als drohendes Erziehungsmittel gebraucht:

"Ja meine, wenn meine Mutter drohte, dann sagte sie, Gott wird dich strafen. Also für mich war es eigentlich, wie soll ich sagen - haben das viele Mütter gemacht?" (GMv/1, 26;178)

Eine besondere Rolle für diese Gottesvorstellungen zwischen Anspruch und Bewahrung, Bedrohung und Hilfe spielte in den bürgerlichen Familien die Vaterfigur, wobei gelegentlich zwischen Gott und Vater nicht ganz deutlich wird, wer hier an wessen Autorität partizipiert:

"wenn wir da spazieren gegangen, da weiß ich noch eine Stelle, wo ich ganz lange mit ihm auch grade über den Glauben und äh, das hat er mir so beigebracht und was recht und gut und böse und also mein Vater war schon, in der Beziehung schon vorbildlich" (GMm/14, 1082;290)

Dabei scheint die starke Stellung, die der Vater in der protestantischen bürgerlichen Familie hatte, vergleichbar zu sein mit der Stellung der Institution Kirche im Katholizismus. So wie im obigen Zitat der protestantischen Beamtentochter die Autorität des Vaters in Glaubensfragen unterstrichen wird, setzt die katholische Tochter an dieser Stelle die Kirche ein, die "uns sagt" wie Gott das Leben der Menschen will:

"Das Gefühl, man muß so leben, wie man uns sagt, daß er's will. Nach den Geboten, das war schon für mich eine, eine wunderbare Gestalt, auch heute noch. ... Man hat viel Dinge nicht getan aus Angst vor der Sünde. Man ist in die Kirche, weil es eine Sünde ist, nicht zu gehen, und weil man das beichten muß." (GMv/2, 89;155)

In den Arbeiterfamilien ergibt sich hier ein anderes Bild. Während die Gottesvorstellungen aus der Zeit der Kindheit in den bürgerlichen Familien stets präsent waren, ist das bei den befragten Personen aus den Arbeiterfamilien nicht immer der Fall gewesen. Vielmehr sind die Erinnerungen hier insgesamt blasser, fragmentarischer:

"Ja darüber kann ich Ihnen gar keine Auskunft geben. Gar keine Auskunft geben, ja. Schauen Sie, Herr Schwab, das ist folgendes, wir äh, wie gesagt, kam heim von der Schule und Nachmittags hatten wir von zwei bis vier und dann komm, komm, hat mich meine Mutter schon genommen und gingen wir zum Bauern. Ja, da hatte ich weiter keine, wie Sie eben dachten, nicht wahr!" (GMm/16, 1267;242)

Wenn es, wie in dieser Familie, täglich darum ging, das Existenzminimum zu sichern, blieb für religiöse Überlegungen offensichtlich wenig Raum. Es kommt aber noch etwas anderes hinzu. Während in den bürgerlichen Familien der Vater als starkes Identifikationsobjekt gelten konnte, an dem sich die Gottesvorstellungen von Bedrohung und Hilfe auch greifbar konkretisieren ließen, war dies offensichtlich in den hier befragten Arbeiterfamilien anders. Hier stand ja nun die öffentliche Stellung des Vater nicht so sehr im Vordergrund der Familie. Die erinnerten Gottesvorstellungen der Kinder sind jedenfalls viel zurückhaltender formuliert und stehen auch nicht im Zwiespalt von Bedrohung und Hilfe.

"Ich glaube, da habe ich mir gar keinen vorgestellt. Ja, so ein Mensch, dem man alles sagen kann, gell, dem man alles anvertrauen kann, als, als Mann, als Mann, gell." (GMm/6, 470;303)

Das "schlechte Gewissen", das diese Frau für den Fall erinnert, als Kind mal nicht gebetet zu haben, rührt denn auch weniger von der Gottesvorstellung, als vielmehr vom Wunsch nach Einhaltung fester Riten[90] her.

Ethische Aspekte, die sich in den Arbeiterfamilien zusammen mit dem Gottesbild ergeben, handeln hier nicht abstrakt von der Frage nach Gut und Böse, sondern sind bezogen auf konkrete Situationen solidarischen Handelns, für das man sich zumindest "später einmal" einen Ausgleich erhoffte:

90 Vgl. hierzu oben die Fallanalyse II.

"Und da sollte meine Großmutter kommen aus (Ortsname), ja, und mit der, meiner Mutter die Schwester, die kam und kam und kam nicht. Jetzt sitzt ein armer Bettler im Straßengraben, bitte, liebe Frau, ich habe so Hunger! Sie kommen mir gerade recht, sagt meine Mutter, kommen Sie rein. Nein, nein, ich will draußen bleiben. Sie kommen zu uns mit an den Tisch und essen. Da hatten wir ganz einfachen Kartoffelsalat, auf schlesische Art und Knoblauchwurst. Ja, darf ich denn? Ja, wir haben ihn aufgemuntert, essen Sie, sagt meine Mutter, essen Sie soviel, wie Sie können. Dem sind die Tränen gekommen, der hatte Hunger gehabt. Und was war dann, und man dachte, er wird gehen, jetzt gehen wir hinaus, da liegt er im Straßengraben und schläft. Dadurch, daß er sich satt gegessen hat, wissen Sie. Das hat uns so leid getan und da haben wir gedacht, das wird uns ja auch einmal helfen. Da haben wir an den Herrgott gedacht, jawohl" (GMm/16, 1273;520)

Man könnte dies als "Alltags-Ethik" bezeichnen, da hier nicht die - im übrigen sehr wohl vorhandenen - ethischen Prinzipien, sondern Beispiele konkreten Verhaltens angeführt werden, die als selbstverständlich galten. In einem ähnlichen Sinne ließe sich für die Arbeiterfamilien auch von einer "Alltags-Religiosität" sprechen, die in diesen Aussagen sichtbar wird. Es ist nicht die große religiöse Geste bedeutender Personen, die die befragten Personen hier aus ihrer Kindheit erinnern, sondern die durchaus auch in Bezug auf Religion geleistete Strukturierung alltäglicher Situationen:

"Mein Vater ging nicht in die Kirche und der war auch nicht fromm, aber er hat auch nicht geduldet, daß sie vielleicht am Sonntag irgendetwas gemacht hätten, was eigentlich nicht gemacht werden unbedingt braucht, meinetwegen einen Knopf annähen oder so, was man so immer hat, das hat es nicht gegeben." (GMm/5, 359;558)

b) Erwachsenenalter

Aus den 15 Herkunftsfamilien entstehen in den Jahren nach 1930 durch Verheiratung unter den befragten Personen zwölf neue Familien. Diese Familien bekamen zwischen 1930 und 1958 durchschnittlich 2-3 Kinder.

Teilt man die zwölf Familien wiederum von der Berufstätigkeit her ein, so ergeben sich sieben bürgerliche und fünf Arbeiterfamilien. Aufgrund der geänderten politischen Lage müssen jetzt aber auch die BRD- und DDR-Familien auf Unterschiede hin befragt werden. Es ergibt sich dann folgende Aufteilung der Familien:

* 3 bürgerliche Familien/BRD mit 5 befragten Personen
* 4 bürgerliche Familien/DDR mit 4 befragten Personen
* 5 Arbeiterfamilien/BRD mit 6 befragten Personen

In den bürgerlichen Familien sind es jetzt fast durchwegs Tätigkeiten aus dem Angestelltenbereich. Im einzelnen werden hier genannt: kaufmännische Angestellte, Mathematiker, Offizier, Hausfrau (Ehemann Jurist), Kontoristin, Sekretärin, Stenotypistin und Gärtnerin. In den Arbeiterfamilien sind es die Berufe Köchin, Magd, Arbeiterin, Elektriker.

Der geschichtliche Kontext dieser Zeit ist geprägt durch das Dritte Reich, den Zweiten Weltkrieg, die Nachkriegszeit mit der Trennung in BRD und DDR, und schließlich die durch die Regierung Brandt/Scheel eingeleitete Phase des Versuchs einer Koexistenz zweier deutscher Staaten bis hin zu den jüngsten Ereignissen der Wiedervereinigung in den Jahren seit 1989. In den biographischen Interviews dieser Großeltern-Generation haben diese Zeiträume im lebensweltlichen Bereich ein sehr unterschiedliches Gewicht. Eine große Rolle spielen die Nachkriegszeit, als Umbruch und Neuorientierung, sowie Aussagen zur

Gegenwart. Für die biographischen Zyklen bedeutet dies die Lebensphase des jungen Erwachsenenseins, der Familiengründung mit Geburt der Kinder sowie das Leben im Alter.

Die Zeit des Dritten Reiches kommt in den Interviews meist nur am Rande und dann anhand der Themen Konzentrationslager, Krieg und Flucht vor. Während es oft pauschal heißt, man konnte das Ausmaß der Vernichtungslager nicht einschätzen, präzisiert ein ehemaliger Wehrmachtsoffizier seine damalige Ansicht:

"Meine Einstellung heute dazu ist selbstverständlich eine ganz andere wie damals. Ich meine, wenn ich auch damals nicht die Einstellung äh so hatte, daß das, wie gesagt, wie soll ich sagen, meine Einstellung damals war, daß die Leute, die da in diese Konzentrationslager kamen, zu Recht reinkamen, weil ich die Meinung vertrat, daß das Kriminelle waren, in erster Linie." (GVm/14, 1100;213)

Er und seine Frau sind auch die einzigen aus dem Kreis der befragten Personen, die sich offen zu ihrer damaligen Sympathie für die NSDAP bekennen:

"ich war bereits äh in der Hitlerjugend, äh sehr zeitig. Ich bin 1931, bin ich dazu gegangen, ohne Wissen meiner Eltern." (GVm/14, 1098;122)

Das Thema Flucht bleibt für die betroffenen Familien in schwerer Erinnerung. Eine Landarbeiterin, die nach dem Tode ihres Mannes mit fünf Kindern nach Bayern gekommen war, sagt über die Zeit damals:

"Ach ich könnte ja, ich könnte ja einen Roman erzählen und einen Roman niederschreiben, was ich alles, das kann man, das kann man gar nicht, das kann man gar nicht, damals wie ich mich durchgeschlagen habe. Und ich habe aber viel, ach da habe ich auch einen Schneider gehabt, da habe ich einen Schuster gehabt, die mir gestundet haben gell, jetzt wenn das Monat gekommen ist, nachher habe ich halt wieder hingetragen, halt wieder warten müssen, bis es wieder so weit ist. ... Ja das war wohl schwer ja. Das war wohl schwer. Das können die Kinder heute gar nicht verstehen, was ich gearbeitet und was ich -." (GMv/13, 994;311)

Auch nachdem die materiellen Verhältnisse sich gebessert hatten, blieb es für manche schwer, sich an das neue Zuhause zu gewöhnen:

Und dann überlege ich oft, wo bin ich eigentlich zu Hause. ... Ich weiß nicht recht, ist die Wohnung hier mein Zuhause, aber. (Pause)" (GMv/1, 26;211)

Von drei Familien wird auch über die Schwierigkeiten berichtet, die die Frauen hatten, als sie ihre Kinder in der DDR alleine versorgen mußten, nachdem die Ehemänner Ende der vierziger, Anfang der fünfziger Jahre sich in den Westen abgesetzt hatten. In zwei Fällen war dies mit einer Scheidung verbunden.

Ein letztes, öfters wiederkehrendes Thema in den Interviews ist das soziale Kontaktfeld im Alter. Die meisten der hier befragten Personen leben zwar nicht unmittelbar mit ihren Kindern zusammen, aber doch in erreichbarer Nähe innerhalb der gleichen Stadt. Es wird davon berichtet, daß sich im Alter die Kontakte zu Bekannten sehr reduzieren, so daß für viele alte Menschen die eigenen Kindern wieder mehr ins Zentrum rücken:

"Also, ich habe ganz wenig, ganz wenig Bekannte und Freunde. Ich habe eigentlich bloß meine Kinder und die eine Dame, wo ich Ihnen schon erzählt, die da so schwerstbeschädigt ist und eben meinen, meinen Gesprächskreis von der Kirche. Weiter habe ich niemanden." (GMv/20, 1477;331)

Das Verhältnis zur Kirche im Erwachsenenalter sowie die hier auffindbaren Formen an Religiosität werden nun im einzelnen anhand der drei Familiengruppen untersucht.

1. Für die bürgerlichen Familien in der BRD zeigt sich eine hohe Relevanz auch der konfessionellen Bindung. Eine Konvertierung der Kinder oder aber auch die Verheiratung mit einem Angehörigen einer anderen Glaubensgemeinschaft galt als nicht akzeptabel.

Folgendes Beispiel aus einer katholischen Familie zeigt den Zwist zwischen evangelischem und katholischem Anspruch, der hier wie dort massiv vorgetragen wurde:

"Ich muß Ihnen sagen, das war bei meiner Tochter [Name], das war die erste, die war eigentlich immer ein frommes Kind, und da hatten mein Mann und ich immer das Gefühl, also, einen andersgläubigen Mann, das wäre schrecklich, das wäre schrecklich, ja. Und dann hat sie diesen [Name des Schwiegersohnes] kennengelernt, und der war evangelisch, und da ging das schon los, ja ... und da hieß es: 'ja, der ist evangelisch, ja, um Gottes willen', das war natürlich ein Schlag für uns [Pause]. Also, er wäre nicht bereit, katholisch zu heiraten, und wir wollten es, wir wollten es erzwingen, daß die katholisch heiraten ... und dann war natürlich ein großes Problem, die [Name der Tochter] wollte unbedingt katholisch heiraten, und dann hat sie eines Tages gesagt: 'Papa, also das geht nicht.' Denn diese, denn diese Großmutter, glaub ich, nein Großtante, die Schwester, die Schwester seiner Großmutter war's, die hat gesagt: 'Was anderes kommt nicht in's Haus.' Ja. Und dann hat mein Mann noch sich dazu herabgelassen, und hat einmal einen Bittgang gemacht, das heißt, wir fuhren nach [Ortsname] zu der Familie seiner leiblichen Mutter, die mit dem [Name] verheiratet war, das war also der Stiefvater vom Schwiegersohn, und da hat mein Mann, ich war dabei, und hat gesagt: '[Name des Stiefvaters], ich komme also deswegen, ich möchte zur Frau [Name] hinauf nachher gehen, und möchte mit ihr sprechen, wegen des katholischen Heiratens.' Hat er gesagt: 'Sie werden auf Granit stoßen, da ist nichts zu machen.' Und sie muß dann zu meinem Schwiegersohn [Name] gesagt haben: 'Katholische Enkelkinder kommen mir nicht über die Schwelle.' Dabei war sie gar nicht so religiös gebunden, gell. Und als sie uns kennenlernte, und wir also genehm waren, sie waren ja alle sehr vornehm, da hat sie sich dann entschlossen, sie hatte keine Kinder, meinen Schwiegersohn [Name] zu adoptieren wegen des Vermögens, und da hat die [Name der Tochter] gesagt: 'Das alles wird nicht geschehen. Der wird nie ein Erbe kriegen von da oben, es wird alles vorbei sein, der darf nicht mehr ins Haus, wenn er mich katholisch heiratet.' Und dann haben wir nachgegeben." GMv/2, 92;266)

Glaubensfragen inhaltlicher Art spielen in einer solchen Argumentation keine Rolle. Vielmehr ist es die soziale Bindung an eine Gruppe, die hier handlungsleitend wird. Es zeigt sich ein sehr geschlossenes Bindungsverhalten, welches unter dem Etikett der konfessionellen Kirchenzugehörigkeit zutage tritt.

Während sich in der evangelisch-katholischen Auseinandersetzung noch zwei gleichrangige Konfliktpartner gegenüberstehen, kann sich dieses geschlossene Bindungsverhalten im Falle anderer Religionsgemeinschaften auch mit anderen Sozialklischees verbinden und zu drastischen sozialen Ausgrenzungen führen:

"Das kann ich Ihnen, nein also erstens mal (Lachen), sie wäre damals wahrscheinlich äh, nehme ich an, also, ich glaube es auch nicht äh, daß sie auf den Gedanken gekommen wäre einen Muslim zu heiraten oder einen, oder einen Juden, oder einen einen äh, aber also ich äh könnte mir schon vorstellen, wenn, also das ist nicht der Fall gewesen! ... Aber ich könnte mir vorstellen, daß ich damals ihr zumindest ganz massiv ins Gewissen geredet hätte und hätte gesagt: 'also du höre einmal zu, muß es denn unbedingt ein Jud sein', jetzt spreche ich ganz ganz primitiv, ja, 'muß es unbedingt ein Jud sein?'" (GVm/14, 1109;652)

Keineswegs wird sich die Abneigung gegen Muslime oder Juden als potentielle Ehepartner der eigenen Tochter hier allein auf die Konfessionszugehörigkeit stützen. Denn auch hier werden ja keine Glaubensgründe oder kirchliche Lehrmeinungen gegeneinander abgewogen. Aussagen wie "muß es denn unbedingt ein Jud sein" zeigen aber, wie leicht ein geschlossenes Bindungsverhalten im Bereich der Konfession sich verbinden kann mit ganz anderen gesellschaftspolitischen Ausgrenzungskonzepten. Im vorliegenden Fall kann sich die konfessionelle Zugehörigkeit zur Kirche mit dem Antisemitismus deshalb verbinden, weil beide in Verabsolutierung ihrer eigenen Position das andere ihrer selbst radikal ausschließen.[91] Somit konnten die festgefügten konfessionellen Milieus, wie sie hier an der Frage des Umgangs mit den eigenen Kindern deutlich werden, auch Bestandteil jener Entwicklung sein, die die Verbindung von Deutsch-Sein, Arisch-Sein, Protestantisch-Sein etc. so selbstverständlich erscheinen ließ. Dann kommen eben weder katholische Kinder über die Schwelle noch darf die Tochter von einem Juden über dieselbe getragen werden.

Diese Bindung zur konfessionellen Religionsgemeinschaft konnte, mußte aber nicht bedeuten, daß auch der Kontakt zur Ortsgemeinde intensiv war bzw. blieb. Hier wird die Spannbreite wieder groß und geht von intensiver Mitarbeit bis hin zu sporadischen Kontakten, etwa an Festtagen. Gelegentlich kann dann auch eine evangelische Bruderschaft den festen Rahmen ersetzen, den manche in heutigen Kirchengemeinden vermissen:

"in meiner Regel der Bruderschaft steht äh, an der Kirche bauen kann ich nur, wenn ich Kirche bin, ja das steht in unsrer Regel ... Und zu meiner Kirchengemeinde stehe ich recht und schlecht, ich muß irgendwo mitarbeiten, ich kann nicht irgendwie im luftleeren Raum, beziehungsweise im, wie soll ich sagen, im gemeindeleeren Raum hängen, ich muß äh mich einer Gemeinde anschließen, wenn ich auch teilweise unwahrscheinliche Schwierigkeiten habe. Aber wie gesagt, ich muß rückgreifend auf den, auf meinen, meine Regel, und da heißt es, ich kann nur an der Kirche mitbauen, wenn ich selber Kirche bin." (GVm/14, 1109;671)

In ähnlicher Vielfalt zeigt sich hier dann auch der Gottesdienst-Besuch. Die Gestaltung der kirchlichen Feiertage Weihnachten und Karfreitag ist, wie schon in der Kindheit, zumindest an Weihnachten mit einem Kirchgang verbunden, und sei es auch nur, um dort die eigenen Töchter im Kirchenchor singen zu hören:

"Wir machen das jetzt meistens also (Name der 1. Tochter), die haben eine schöne, große Wohnung, ja, daß wir da alle zusammenkommen, also mit, mit Töchtern und Enkelkindern, wir, und allgemein vorher auch zu dem Christfest da gehen, wo meine Töchter singen und dann unter dem Weihnachtsbaum in der Wohnung, sind Weihnachten." (GVm/1, 11;471)

Schließlich wird auch davon berichtet, daß im Alter die ehemalige Fixierung auf die eigene Konfession deutlich nachgelassen hat. Konfrontiert mit der Vorstellung, ihre Tochter würde den Wunsch äußern, katholisch zu werden, antwortet eine 78jährige, die auch in der ökumenischen Bewegung aktiv war:

"Damals wäre es schwer gewesen. Heute nicht mehr. Wir hatten damals eine ganz andere Einstellung, also damals wäre mir es schwer gefallen." (GMm/14, 1085;463)

Ist damit insgesamt der Bezug zur Kirche offener geworden, so kehrt diese Öffnung auch in den Gottesvorstellungen wieder, die sich hier nicht auf eine Linie bringen lassen. Allerdings erwähnen alle befragten Personen den aus der Kindheit erinnerten bedrohlichen Anteil ihrer Gottesvorstellung an dieser Stelle nicht mehr, bzw. setzen sich jetzt bewußt davon ab:

"ich denke schon viel an Gott. Aber gütiger, nicht als Strafender" (GMv/1, 26;184)

In dieser Form besitzt die Vorstellung Gottes sowohl Anteile einer vertrauten, hilfreichen Person, als auch Anteile von Macht und Größe. Dies zeigt sich auch im Beten, das - mit einer Ausnahme, über die gleich zu reden sein wird - für alle befragten Personen regelmäßige Praxis ist.

Ganz davon abgesetzt ist eine Ansicht, die Gott bewußt nicht mehr mit Elementen klassisch kirchlicher Lehrtradition in Verbindung bringen will, sondern ihn als mögliches

---

91 Diese Struktur der positionellen Ausgrenzung hat Falk Wagner immer wieder durchdacht, vgl. FALK WAGNER: Was ist Theologie. Gütersloh: 1989, S. 73 ff. und 394 ff.

Meta-Phänomen jenseits des Erklärungsbereiches der Naturwissenschaft verortet. Das Interesse der hier von einem Mathematiker vorgetragenen Ansicht liegt darin, angesichts des Glaubens die eigene Rationalität nicht ausschalten zu müssen. Auf der anderen Seite soll die Gottesvorstellung aber auch nicht ganz ausgeschlossen bleiben, erhält aber zunächst wenig greifbare Konturen:

"Aber das sind Dinge, über die ich, die uns völlig verschlossen bleiben, die also der Wissenschaft nicht zugänglich sind. Und da da sollten wir auch etwas bescheiden sein. Auf der anderen Seite eben halte ich das nicht für eine Lösung, das, was im, von Kirche her jetzt als, als absolute Wahrheit da heraus gestellt wird, die Dinge sind da viel zu sehr, ja unzugänglich." (GVm/1, 12;498)

Statt dessen sieht er aber eine große Bedeutung des Christentums für die Kultur, nicht zuletzt aufgrund ethischer Prämissen. Hier betont der Mathematiker die Bergpredigt und führt dazu aus:

"Wissen Sie, es ist das, was ja auch, was auf der anderen Seite zum Beispiel Kant sehr gut gesagt hat, in seiner Kritik der praktischen Vernunft, das sind zwei Dinge, die mich immer sehr mit Bewunderung erfüllen, der Sternenhimmel über mir und das moralische Gesetz in mir." (GVm/1, 11;478)

Darin erfüllt sich für ihn denn auch die Synthese zwischen naturwissenschaftlicher Rationalität und Religion. Eine religiöse Handlung wie das Gebet hat allerdings in einer solchen Anschauung dann keinen Platz mehr.

Die ethische Seite der Religion spielt aber auch bei den anderen befragten Personen noch eine Rolle. Denn im Bereich der religiösen Erziehung kehren zusammen mit der Gottesvorstellung Verhaltensaspekte wieder, die dann durchaus auch bedrohliche Anklänge an sich haben. So erklärte etwa eine Großmutter ihrem Enkelkind die Vorstellung vom Paradies so:

"da habe ich ihm versucht das zu erklären, dieser Frieden da, diese Tiere nebeneinander, daran am besten eben, der Löwe mit dem Spatz oder so, daß eben da alle friedlich zusammenleben können, und daß das für uns eben das große Ziel ist und alles. Und da war er ganz erstaunt, sowas sagt er, und da sehen wir uns alle wieder, na sage ich, wir hoffen es, wenn wir eben hier in der Welt so leben, wie es dem lieben Gott gefällt, also da mußt du dich schon ein bißchen zusammennehmen und versuchen, das zu erreichen." (GMm/14, 1079;146)

Im Zuge einer Werkgerechtigkeit wird hier die Gnade der Erlösung nicht zugesprochen, sondern vom richtigen Verhalten abhängig gemacht. Hier wird ein religiöses Ziel gesteckt, welches es durch Leistung zu erreichen gilt - ein klassisches bürgerliches Theorieelement.

Die Vorstellungen von Jesus Christus sind in den befragten bürgerlichen Familien wiederum stärker an der dogmatischen Tradition orientiert, wobei dann gelegentlich das Problem entsteht, wie man mit der Kritik zeitgenössischer Theologie umgehen soll. Eine Katholikin kam im Interview auf Eugen Drewermann zu sprechen:

"Jetzt kommt die Geschichte mit dem Drewermann, mit der unbefleckten Empfängnis, das macht einen alles verrückt, gell. Jetzt sagt man natürlich, ja, ja, es kann ja eigentlich biologisch gar nicht sein, früher war das einfach so. Maria war die Jungfrau Maria, und jetzt kommt man da an, daß es biologisch nicht ging. Warum, warum zerstört man das alles, warum wird da so gebohrt in diesen Dingen?" (GMv/2, 94;400)

Das, was "früher einfach so war", ist jetzt als Gegenstand der Reflexion entdeckt worden. Erst dadurch wurde es für diese Frau bewußt zu einem Problem. Sie ist nun irritiert von dieser Kritik, sie übergeht diese Position aber auch nicht einfach, sondern läßt sich mit ihren Glaubenssätzen in Frage stellen. Es gelingt ihr allerdings noch nicht, die

Kritik konstruktiv in ihre eigene Religiosität einzubauen: es bleibt bei der ärgerlichen Zerstörung des Jungfrauenmythos.

2. Die befragten Arbeiterfamilien hatten alle zu den Ortsgemeinden keinen engeren Kontakt aufgebaut. Zwar wurde an Weihnachten der Gottesdienst besucht - zumindest von "der Frau und den Kindern" - und Karfreitag galt zu Hause als "ruhiger Tag". Darüber hinaus finden sich Bezüge zur Kirche aber vorwiegend im Zusammenhang mit der Erziehung der Kinder. Ein Übertritt des Kindes zum Katholizismus oder ein Austritt aus der Kirche wäre seitens der Eltern nicht akzeptiert worden. Bis zu ihrer Volljährigkeit sollten die Kinder vielmehr das kirchliche Normalprogramm durchlaufen, das dann schon auch mit Zwang durchgesetzt wurde:

"Nein, also nichts, die konnten tun oder selber entscheiden, der jüngste Sohn, der wollte ja auch nicht konfirmiert werden. ... Da habe ich aber nachher gesagt: Du wirst konfirmiert, genau wie die anderen. (klopft mit dem Finger auf den Tisch) ... Ja, der hatte kein Interesse, keine Lust und kein Interesse. ... Aber da habe ich gesagt: Die anderen waren in der Konfirmation, du wirst auch konfirmiert, was du später machst, interessiert mich nicht." (GVm/5, 376;221)

"Genau wie die anderen" sollte es auch diesmal sein, d.h. es ist die Konvention, mit der hier argumentiert wird. Die vorher genannte Regel, daß die Kinder selbst entscheiden könnten, wird somit im Konfliktfall also außer Kraft gesetzt. Das ist aber nicht alles. Im vorliegenden Fall hatte der Sohn zuerst mit der Mutter gesprochen:

"Und einmal kommt er und sagt er: 'Mami, ich möchte nicht konfirmiert werden, weißt du, der Pfarrer meint, wir müssen nicht konfirmiert werden' und so. Ich sage: 'Weißt du was, (Name des Sohnes), ich bin ja der Meinung, du sollst konfirmiert werden, weil deine Geschwister auch konfirmiert sind, was du später machst, ist mir egal.' Aber ich sage: 'Weißt du was, ich will das nicht selbst entscheiden, dein Vater ist nicht so für die Kirche, frage den, ob du konfirmiert werden wirst oder nicht.' Sitzen wir dann abends, (Name des Sohnes) sagt: 'Papa, ich möchte nicht konfirmiert werden' - jetzt bin ich aber gespannt - 'Warum willst du nicht konfirmiert werden?' 'Ja, der Pfarrer meint, wir sollen uns so frei entscheiden und so und das brauchten wir nicht, wenn wir nicht wollen und so.' Mein Mann guckt: 'die Großen sind konfirmiert, da wirst du auch konfirmiert.' (Lachen) Da war ich platt, da war es entschieden." (GMm/5, 362;694)

Die Mutter rechnet nicht unbedingt damit, daß ihr Mann genauso wie sie entscheiden wird. In beiden Fällen wird die Entscheidung dann aber in gleicher Weise begründet. Es werden keine Argumente abgewägt, das mangelnde Interesse des Sohnes fällt auch nicht ins Gewicht, entscheidend ist allein das Festhalten an der bisherigen Handhabung: genau wie die andern. Dabei gilt dies sowohl beim Vater wie auch bei der Mutter bis zur Volljährigkeit. Darüber hinaus wird seitens der Eltern nicht weiter entschieden. Diese klare Abgrenzung des elterlichen Machtbereichs dient natürlich auch als Legitimierung dafür, daß die Eltern jetzt die Kompetenz haben, dies an Stelle des Sohnes zu entscheiden.

Der Wunsch des Sohnes zeigt, daß der Bezug zur Kirche, wie er sich ja besonders in der Konfirmation als Bestätigung der Zugehörigkeit äußert, keine Selbstverständlichkeit mehr ist, vielmehr zum Gegenstand individueller Entscheidung gemacht werden kann. Genau da spielen Vater und Mutter aber nicht mit. Für sie ist dies eben nicht eine Frage der individuellen Entscheidung, sondern der Konvention. Beide Eltern betrachten sich vielmehr bis zur Volljährigkeit der Kinder als verantwortlich für die damit aufrecht erhaltene Ordnung. Dem fühlen sie sich verpflichtet und sind von daher nicht bereit, die herkömmlichen Bahnen zu verlassen, auch wenn diese Bahnen für sie selbst - wie im Falle des Vaters - inhaltlich keine sichtbare Relevanz haben.

Der Kontakt von Frau (GMm/5) zur Kirche ist übrigens unter den befragten Personen aus den Arbeiterfamilien singulär. Sie besucht in der Kirchengemeinde regelmäßig einen Frauenkreis, rühmt den guten "Zusammenhalt" darin und hat Spaß daran, in der Runde als "ungläubiger Thomas" zu gelten:

"Und zwar ist es da gegangen, da haben Sie buchstäblich das Gefühl, daß einer frommer ist wie der andere und das finde ich irgendwie, es geht mir nicht darum, mit dem Beten und mit dieser ganzen Frömmigkeit, und ich habe schon viel in meinem Leben durchgemacht und damals wie mein Mann von drüben weg ist, war ich vollkommen mittellos, da war ich noch nicht berufstätig, also ich habe über Nacht anfangen müssen zu arbeiten, mußte mir erst eine Arbeit suchen, ich wurde nicht überall genommen, weil es war Republikflucht, also, bloß weil die Leute mich damals so gut gekannt haben, weil ich in dem Ort die Post ausgetragen habe, haben die Leute mich genommen. Und dann habe ich schwer arbeiten müssen, und nur so geht das. Sie können Gott danken, wenn sie gesund sind und die Arbeit machen können, das ist eine andere Sache, aber ich sage Ihnen etwas, hier und hier (spuckt in die Hände), dann wird Ihnen auch geholfen, weil da gibt es einen schönen Witz, weil man kann nicht dem lieben Gott alles überlassen, man muß auch irgendwie mithelfen, man muß auch, man kann nicht sitzen und beten und es kommt nichts, glauben Sie es mir. Das ist nun einmal so und da in diesem Frauenkreis, da haben sie manches Mal buchstäblich, da habe ich auch gesagt: Also, beten hin, beten her, ist ja alles schön und gut, aber erst muß man arbeiten und dann kann man beten." (GMm/5, 363;713)

Die Frau setzt kurzgerafft große Teile ihrer Biographie ein, um ihre Einstellung im Frauenkreis zu legitimieren. Dabei läßt sich der Konflikt nicht nur auf schichtspezifische Erfahrungen unter den Frauen reduzieren, denn:

"das sind auch Frauen, die hier mit nichts gekommen sind, und mußten arbeiten und haben nebenbei Häuser gebaut. Und die stellen sich dann hin, das kapiere ich irgendwie nicht, ich bin nicht so fromm." (GMm/5, 363;731)

Vielmehr entzündet sich der Streit hier an der Verknüpfung von Religiosität und Biographie, an der Frage der individuellen Konstruktion einer Frömmigkeit, die mit den eigenen Lebenserfahrungen stimmig sein kann. Davon weiter unten mehr. Daß diese Frau aber in einem kirchlichen Kreis über ein solches Thema diskutieren kann, ist ein wesentlicher Bestandteil für ihre wiedergewonnene Nähe zur Kirche.

Das Gebet ist - wiederum mit einer Ausnahme - allen befragten Personen aus den Arbeiterfamilien wichtig. Zumeist wird abends ein Vaterunser oder ein anderes geprägtes Gebet gesprochen. Damit verbindet sich eine Gottesvorstellung, die bei einer ehemaligen Köchin so umschrieben wird:

"Ist immer noch der Mann, dem ich alles sagen kann." (GMm/6, 473;412)

Das Vertrauen gegenüber Gott ist groß und wird von den befragten Personen auch immer wieder mit konkreten Situationen in ihrem Leben in Verbindung gebracht, gleichsam als Aufweis der Wirksamkeit Gottes:

"Also diese Beziehung, die ich da habe, hat sich überhaupt nicht geändert, das ist, ganz im Gegenteil, hat sich noch gebessert, weil ich habe wirklich inzwischen so viel erlebt, daß ich immer Glück gehabt habe. ... Eine Vorstellung von einem Menschen oder so habe ich nicht." (GMm/5, 364;804)

"Immer Glück gehabt zu haben" wird hier zu einer Chiffre für Gottes Nähe und Schutz, eine sprachliche Formulierung, die einen religiösen Gehalt in eine alltägliche Redewendung einpackt. Diese Wendung hat den Vorteil, daß mit ihr jeweils konkrete Erlebnisse gedeutet und diese so in den Kontext eines gelungenen Lebens gestellt werden können.[92] "Ich habe Glück gehabt" bedeutet für diese Frau soviel wie "Der Herr ist mein Hirte" in biblisch geprägter Sprache. Innerhalb des ca. 1stündigen Interviews gebraucht sie diese Wendung im Zusammenhang mit 15 Erlebnissen.

Konkret wird Gott auch in einem anderen Fall aufgefaßt. Hier steht allerdings nicht die erlebte, sondern die zukünftig noch erhoffte Wirksamkeit Gottes im Vordergrund:

"ich sage immer, lieber Gott mach mich fromm, daß ich zu dir komm in Himmel, ja. Ich möchte lieber jetzt, als wie nachher noch, zu meiner Mutter. Ja und zu meinem Mann, zu meiner Schwester, mmh also." (GMm/16, 1272;456)

Anhand des geprägten Kindergebetes macht diese Frau deutlich, was sie sich am Ende wünscht, nämlich daß Gott all das wieder zusammenbringen möge, was im Lauf ihres Lebens zerbrochen ist. Die Schwester starb schon mit acht Jahren an TBC, der Mann fiel im Zweiten Weltkrieg, die Mutter war 20 Jahre bettlägerig und wurde von dieser Frau gepflegt. Hier steht Gott für die Hoffnung, daß all dies im Letzten dann doch wieder aufgehoben sein wird.

Jesus Christus kann in dieser Vorstellungswelt als "Märchen" (GVm/5, 377;267) gelten, er kann aber auch ein "ganz gläubiger Mann" (GMm/16, 1272;482) sein. Auch hier fällt auf, daß die Aufnahme kirchlicher Lehrtradition offensichtlich große Schwierigkeiten bereitet:

"Na ein einfacher Mann, genau wie wir (Pause), denn etwas anderes weiß ich ja nicht, weil, weil jeder hat so seine Vorstellungen darüber, aber wie das nun richtig ist, das weiß ja kein Mensch." (GMm/5, 365;822)

Die Märchen-Ansicht verabschiedet Jesus Christus in das Reich der Fabeln, der "ganz gläubige Mann" und der "einfache Mann" könnten auf die klassischen Elemente der Christologie verweisen. Gleichwohl ist zu sehen, daß sie hier nur getrennt voneinander genannt werden. Die in Jesus Christus zur Sprache kommende Vermittlung zwischen Gott und Mensch ist somit weder hier noch dort zu Ende gedacht.

3. Die Interviewpartnerinnen aus der ehemaligen DDR, die alle aus bürgerlichen Familien stammen, haben durchgängig an ihrer Kirchenmitgliedschaft festgehalten und auch ihre Kinder bewußt in christliche Kindergärten oder später in die Christenlehre geschickt.

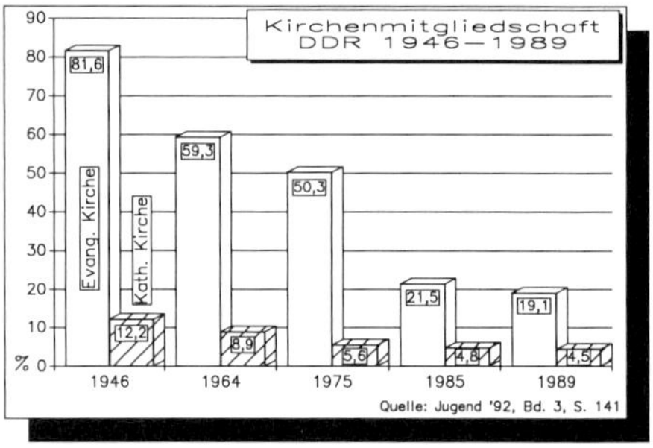

Nebenstehende Grafik zeigt, daß dies damals in der DDR durchaus nicht selbstverständlich war, gab es doch zwischen 1946 und 1964 eine erste große Austrittswelle.

Demgegenüber verweisen die hier befragten Frauen darauf, daß die Kirchenmitgliedschaft für sie ein selbstverständlicher Bestandteil ihrer Lebenswelt war, den sie an ihre Kinder

92 Auf die religiöse Bedeutung von "Glück" hat Christof Bäumler hingewiesen, vgl. BÄUMLER, CHRISTOF / MECHTHILD BANGERT / ULRICH SCHWAB: Kirche-Clique-Religion. Weinheim: 1994, S. 105 f.

weitergeben wollten:

"Ich bin bisher äh so erzogen worden, und so habe ich auch meine Tochter erzogen und das ist -." (GMm/17, 1339;528)

So gehörte denn der Kirchgang nicht nur an Weihnachten und Karfreitag auch weiterhin zur gewohnten Lebensweise. Als einer der Ehemänner Bedenken äußerte wegen des Besuchs seiner Tochter in der Christenlehre, setzte sich seine Frau doch darüber hinweg. Über tatsächliche Schwierigkeiten durch staatliche Behörden wegen der Kirchenzugehörigkeit können diese Frauen nichts erzählen:

"Nein, gar nicht, überhaupt nicht. Nein, nein. Naja, ich hatte nicht so einen großen Posten. Darum. Ich glaube, daß das entscheidend war." (GMv/20, 1475;242)

Im Hinblick auf ihre gegenwärtige Situation finden sich unter den vier Frauen wiederum unterschiedliche Einstellungen zur Kirchengemeinde. Da ist einerseits nach wie vor das "Zusammengehörigkeitsgefühl von Gleichgesinnten" (GMm/19, 1435;207), wie es hier durch personale Kontakte im Kirchenchor entstanden ist. Nicht im offenen Gegensatz zum sozialistischen Staat hat sich dieses Zusammengehörigkeitsgefühl entwickelt, sondern durch die "vielen gemeinsamen Erlebnisse", wie sie wohl jeder Kirchenchor hat.

In eine ähnliche Richtung geht auch der nächste Fall. Nachdem sie Patentante ihrer Enkelin wurde, war diese Frau der Meinung, nun müsse sie, wenn sie diesem Amt gerecht werden wolle, auch wieder mehr Kontakt zur Kirche haben. Sie stieß dabei auf einen Gesprächskreis, der heute zu den ganz wenigen Außenkontakten gehört, die sie noch hat:

"Das, der, das ist ein sogenannter Gesprächskreis, das sind ungefähr so in meinem Alter 10 bis 12 Frauen und eine Leiterin, und das ist im Monat einmal, und da werden, wird ein bestimmtes Gesprächsthema dann, also das muß, sind nicht immer nur religiöse Themen, das ist auch mal ein anderes Thema, oder auch mal gar kein Thema. Einfach, daß wir zusammensitzen und uns unterhalten. Also das ist sehr schön, das, das ist wunderbar für mich, das gefällt mir sehr gut." (GMv/20, 1476;263)

Während ihre Eltern kaum etwas mit Ortsgemeindearbeit zu tun hatten und auch sie lange Zeit keinen Zugang hierzu hatte, ist es nun wiederum der persönliche Kontakt zu einer Gruppe, der ihre Nähe zur Kirche prägt.

Schließlich gibt es über die Entwicklung nach der Wende auch Enttäuschungen. Da wird moniert, daß nun auch bei den kirchlichen Hauptberuflichen mehr denn je Engagement durch Bezahlung ersetzt wird. Aus der ehedem erlebten christlichen Gemeinschaft, die zur Bescheidenheit geradezu gezwungen war, wird nun in den Augen dieser Frau eine zuwenig auf die normativen Grundlagen achtende Institution:

"es ist ja nicht nur Kirche, wie es manchmal so jetzt zugeht, auch bei uns in den Kirchen, daß das mit Evangelium bald wirklich nichts mehr zu tun hat. ... Ja, daß manche so, und auch kirchliche Angestellte gar nicht so christlich sind, oder wir haben ja bislang Pfarrer gehabt, also, wo man sagen kann die da wirklich für ihre Gemeinde da gewesen sind, und die sich dann nicht so unbedingt alles bezahlen lassen wollten, also jeden Handgriff" (GMm/18, 1377;410)

Unabhängig vom Bezug zur Kirche ist auch hier für alle befragten Personen das Gebet eine regelmäßige und wichtige Gewohnheit:

"Also erstens tue ich das jeden Abend. Wie ich das so gelernt habe. Bedanke mich für den Tag und hoffe, daß ich eben gesund, noch gesund bleiben darf." (GMm/17, 1342;644)

"also ich könnte nicht einschlafen, ohne daß ich gebetet habe" (GMm/19, 1433;130)

Die sich damit verbindende Gottesvorstellung begreift Gott als jemanden, der "das Leben in der Hand" hat und zu dem man deshalb "mit allen Nöten" kommen kann. Erwähnt wird hier noch einmal die Vorstellung des Vaters, die ja in den Erinnerungen aus der Kindheit in den bürgerlichen Familien eine gewichtige Rolle spielte. Daß in der Tat die Gottesvorstellungen in vielem mit den Prägungen aus der Kindheit konform gehen, wird auch von den befragten Personen selbst betont:

"Der ist für mich immer noch derselbe" (GMm/17, 1341;595)

"Ich denke schon, daß es immer noch derjenige ist, der das Leben geben kann, und das Leben in der Hand hat, und auch das naja, ja." (GMm/18, 1378;466)

Freilich bezieht sich das nicht auf gegenständliche Vorstellungen aus der Kindheit, wohl aber auf das Vertrauensverhältnis zu Gott, das auch hier im Erwachsenenalter ohne Elemente der Angst formuliert werden kann. Dabei verknüpft sich dieses Gefühl durchaus auch mit Fragen der Lebensführung:

"Und wenn auch soviel Unrecht in der Welt geschieht, wenn er auch sagt, ihr habt die Freiheit alles zu tun, aber doch, daß man dann doch irgendwie an Grenzen stößt und denkt, wie kannst du bloß so in den Tag manchmal reinleben und, und gar nicht mehr so denken, daß es doch dir dann auch einmal so schlecht gehen kann, und dann denke ich mir, er macht es doch immer wieder gut, und es ist doch irgendwie eine, eine Macht, die da ist" (GMm/18, 1378;467)

Hier ist also mit dem Gottesverhältnis ein Impuls für das eigene Verhalten in der Welt gesetzt. Glauben beinhaltet für diese Frau auch den Anspruch, eben nicht "bloß so in den Tag reinzuleben", sondern ein besonderes Engagement zu zeigen. Damit sind bei ihr ethische Akzente gesetzt, ohne daß das Heil der Welt vom eigenen Tun abhängig gemacht würde.

Die Person Jesu Christi partizipiert einerseits an dieser Gottesvorstellung, gilt andererseits aber auch als "ein Mensch wie wir". Durchaus im Sinne der kirchlichen Lehrtradition ist Jesus Christus somit hier der Mittler zwischen Gott und Mensch:

"Ja, Jesus Christus der Sohn Gottes ist der Vermittler zwischen den Menschen und Gott. Ich nehme an, daß damit schon viel gesagt ist." (GMm/19, 1436;272)

Im Rahmen einer Religiosität, wie sie in bürgerlichen Familien begegnet, ist damit allerdings "viel gesagt", werden doch entscheidende Momente der christologischen Theoriebildung hier angeführt. Die Relevanz eines solchen Konstrukts für ein gelungenes Leben anhand konkreter Erlebnisse ist hier demgegenüber weniger bedeutsam.

3. Die Eltern

Aus der Eltern-Generation der 12 Stadtfamilien konnten insgesamt 22 Personen befragt werden, 10 Männer und 12 Frauen. Zu diesen 22 Vätern und Müttern kommen noch die in die Großstadt gezogene Schwester der Mutter aus Familie 3 sowie der Schwiegersohn der Familie 13 hinzu, der hier aufgrund seines Alters sowie seiner vorherigen Ehe mit in diese Gruppe eingeordnet wurde. Von diesen dann insgesamt 24 Personen sind vier katholisch und zwei ohne Bekenntnis.

Wie nebenstehende Grafik zeigt, läßt sich die Gruppe der befragten Eltern in einen größeren Teil der 1933-43 geborenen und einen kleineren Teil der 1946-54 geborenen aufspalten. Je nachdem gehören also zur Kindheit dieser befragten Personen Erfahrungen aus dem Dritten Reich bzw. aus dem Zweiten Weltkrieg mit dazu oder nicht.

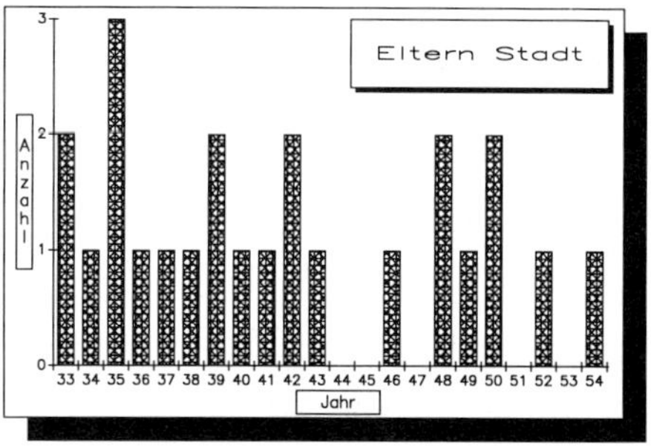

a) Kindheit und Jugend

Von den 24 Herkunftsfamilien der befragten Personen lebten sechs bis 1989 in der DDR. Für sie wurden folgende Berufsgruppen genannt: Kaufmännische Angestellte, Kontoristin, Sachbearbeiterin, Studienrat, Lehrerin, Fotolithograf, Blumenbinderin, Sekretärin, Stenotypistin, Bauarbeiter. Von der Familie des Bauarbeiters abgesehen gehören diese Familien alle zum bürgerlichen Milieu.

Bei den 18 Herkunftsfamilien in der BRD ergibt sich eine Aufteilung von 12:6 zwischen Arbeiter- und bürgerlichen Familien. Die für die Herkunftsfamilien genannten Berufsgruppen im Bereich der Arbeiterfamilien sind: Schuhmachermeister, Gastwirt, Steinmetz, Köchin, Hilfsarbeiter, Arbeiter, Elektriker, Schlosser, Molkereimeister, Stahlarbeiter und Dreher. Hinzu kommen dann noch sechs bürgerliche Familien mit folgenden Berufsangaben: Volksschullehrer, Technischer Beamter, Mathematiker, Offizier, kaufmännischer Angestellter und Jurist.

1. Die befragten Personen aus den bürgerlichen Familien[93] - drei Männer und drei Frauen - sind alle zwischen 1935 und 1943 geboren, also noch in der Zeit des Dritten Reiches. Je nach Alter berichten sie davon, was sie als Kinder von dieser Zeit wahrnehmen konnten:

"das war also, na war da mein Vater und mein Großvater da, die waren sich also da nicht sehr einig, weil mein Großvater immer prinzipiell gegen alles war, was mit dem Dritten Reich zusammengehangen ist oder, und mein Vater hat gesagt, wir müssen mitmachen, da mit, das geht nicht und wir können nicht also und so weiter, da, es ist unsere Pflicht unsere, halt mehr so soldatische Einstellung, so ungefähr, ob es uns paßt oder nicht." (V/14, 1142;170)

Im Krieg, und teilweise bis Jahre nach dem Krieg durch Gefangenschaft, waren fast alle Väter in den Familien nicht anwesend. Das Kriegsgeschehen selbst hat die damaligen Kinder nicht unbedingt heftig berührt. So berichtet etwa ein 1938 geborener Mann über seine Erinnerungen bis 1945:

"Eigentlich, daß wir vom Krieg wenig berührt gewesen sind, nicht also insofern war bis '45 die Welt eine heile Welt gewesen mit mit äh, ja schönen guten Kindheitserinnerungen. Nicht, man hat dann zwar äh Anfang '45 als die äh Fliegeralarme häufiger kamen und auch äh grade in den umliegenden Städten auch Berlin äh, viel passiert ist äh hat man natürlich da auch Flugzeuge gesehen und und Geschosse gesehen. Aber man hat in dem Sinn keine äh Vorstellung des

93 Hierzu gehören die Familien 1, 2 und 14.

Schrecklichen des Krieges als Kind damit verbinden können, weil weil einem dieser Begriff Krieg und auch der Begriff Frieden eigentlich überhaupt nichts gesagt hat." (V/1, 57;64)

Eher waren es dann die Erfahrungen einer Flucht, die für die Kinder damals von großer Bedeutung wurden. Eine 1942 geborene Frau erinnert sich an die Zeit nach 1945, als die Familie in einem oberbayerischen Dorf einquartiert und der Vater in Kriegsgefangenschaft war:

"Nein, war keine schöne Zeit, mm, weil wir als Flüchtlingskinder abgelehnt worden sind im Dorf, alle Flüchtlingskinder sind sehr abgelehnt worden. Und wir waren eben, bis mein Vater heimgekommen ist, wirklich so arm, daß wir ganz wenig zu essen gehabt haben, meine Brüder haben sich sogar um das Brot geprügelt, womit sie fischen konnten, und meine Schwester mußte das immer einteilen, und meine Mutter hat sich mehr distanziert, sie war so geschockt, sie hatte immer ihre Pistole und hat gesagt, sie erschießt sich, so daß ich jeden Morgen Angst gehabt habe, sie liegt wirklich tot da, immer" (M/2, 114;99)

Neben den materiellen Sorgen erlebten diese Kinder also unter Umständen auch die Verstörtheit der Eltern in jener unruhigen Zeit als sehr schwere Belastung. Im vorliegenden Fall läßt dies heute noch Ärger in der Interviewpartnerin aufkommen:

"das war furchtbar, eine Unerhörtheit von jetzt gesehen." (M/2, 114;113)

Im Erziehungsverhalten der Eltern blieben Sauberkeit und Ordnung wichtige Größen. Die Rolle des Vaters wird in den Interviews nicht mehr so außergewöhnlich betont wie in der vorherigen Generation, auch wenn es nach wie vor extreme Beispiele väterlicher Autorität gibt. So erzählt eine Offizierstochter von der Beziehung zum Vater:

"mein Vater war wahnsinnig äh, mh ja, nicht selbstherrisch, aber ja, schon, das mache ich ihm auch heute zum Vorwurf, mache ich ihm heute zum Vorwurf, und es sind auch äh viele Situationen, also jetzt habe ich, na, zu ihm glaube ich, habe ich es noch nicht gesagt, zu meiner Mutter, weil die ist ja mehr und mehr so Kontroversen dann einfach auch, in Folge dann einfach ergeben äh, daß ich sage ich kann, so kraß wie es sich anhört, aber ich kann zu meinem Vater, kann ich nicht sagen, wie viele von ihrem Vater, als 'mein Vater', das kann ich nicht. Nein, das gebe ich ganz ehrlich zu, das ist für mich also nicht drin. Und äh er war also streng bis dahinaus, also ich wußte genau, also sagen wir mal, ich ich, nur als Beispiel ja, ich habe von dem wirklich einmal mit der Reitpeitsche ein paar über den Hintern gezogen gekriegt gell, also daß ich die Striemen gehabt habe, da war meine Mutter dann fuchsteufelswild, aber, gut das sind, aber das äh, gut. Aber das hätte sein Groß- äh, sein Vater aber auch gekonnt, also sagen wir mal, das ist also dann schon nicht nur äh, das ist dann, der Großvater war also mit seinen Jungens auch nicht besser, aber in Bezug auf Sauberkeit und und, hm, Mensch, jetzt siehst du denn nicht, daß das, was war, was war denn jetzt für ein Beispiel, wie ich in, wie ich dann in das Gymnasium ging, ja, ich durfte doch meine Tasche nicht auf den Boden stellen." (M/14, 1127;416)

Auch hier zeigt sich wie tief solche Verletzungen bis in die Gegenwart hinein gehen konnten. Die "Macht" dieses Vaters war zwar in der Außenwelt gebrochen, weil er seinen geliebten Offiziersberuf nicht mehr ausüben konnte. Innerhalb der Familie stand der väterlichen Macht allerdings unter Umständen nach wie vor wenig entgegen, auch wenn sie im Grunde genommen anachronistisch war.

Die Kontakte der Familien nach außen waren relativ gering. Durch den oft mehrmaligen Wohnortwechsel nach dem Krieg waren die Freunde und Verwandten weit zerstreut. Neue Kontakte wurden nur langsam und eher spärlich geknüpft:

"Das hat sich also alles noch um die Kriegszeit und die Zeit davor gehandelt, wir haben gar keine neuen Bekannten gehabt zu Hause. Das waren Ostpreußen und Ostpreußentreffen, und unsere Verwandte aus dem Norden" (M/2, 123;539)

Es entstanden aber auch Kontakte zu Nachbarn oder Berufskollegen der Männer. Die Frauen waren, nachdem die Männer aus dem Krieg bzw. der Gefangenschaft wieder heimgekehrt waren, in der Regel in diesen Familien nicht berufstätig.

Da alle der hier befragten Personen eine höhere Schule besuchten und mit einer Ausnahme auch ein Studium absolvierten, schob sich der Berufseinstieg lange hinaus. Zumindest bis zum Abitur blieben alle noch zu Hause bei der Familie wohnen.

Die Verbindungen zur Kirche waren in der Kindheit vielfältig gegeben. Wenn auch in unterschiedlicher Häufigkeit, so haben doch alle auch den Gottesdienst am Sonntag besucht. Aus der katholischen Familie wird vom allsonntäglichen Zwang zum Kirchgang berichtet, der noch durch Gottesdienste unter der Woche ergänzt wurde. Im evangelischen Bereich waren es zum einen die Eltern, die ihre Kinder zum gemeinsamen Kirchgang bewegen wollten, zum andern wurde der Besuch aber auch durch kirchliche Jugendgruppen und ähnliche Kreise angeregt.

An Weihnachten war der Kirchgang wiederum in allen Familien Tradition. Im Zentrum stand die Familienfeier, die entweder im engsten Kreis oder als große Einladung gestaltet wurde. Auch Karfreitag ist als kirchlicher Feiertag in den Familien präsent, der Kirchgang ist hier aber nicht mehr selbstverständlich. Dafür gibt es Anzeichen, daß jetzt die Bedeutung dieses Feiertages für die eigene Person stärker problematisiert wird:

"Da haben meine Eltern immer gesagt, Karfreitag ist der größte Feiertag. Karfreitag war ich in der Kirche, Karfreitag war schrecklich, immer, hab ich als schrecklich empfunden, weil ich das als Kind überhaupt nicht einordnen konnte, daß da einer stirbt für mich, wo ich das gar nicht wollte, da war eigentlich, da ist gar nicht viel dazu zu sagen, ich hab's über mich ergehen lassen, und Ostern hat mir auch nicht so viel gesagt. An Ostern war man wieder entlastet davon, von diesen traurigen Tagen." (M/2, 121;442)

Das, was die Eltern "immer gesagt" haben, hat dann keinen Bestand, wenn es nicht gelingt, dies mit eigenen Vorstellungen plausibel zu verknüpfen. Zum hier vorliegenden Zitat ist vielleicht auch zu sehen, daß diese 1942 geborene Tochter eines Polizeioffiziers, der zugleich Adjutant eines NS-Innenministers war, mit ihrem Argument noch ein ganz anderes Thema am Karfreitag der Nachkriegszeit bedenkt: im Krieg starben ja auch die Soldaten "für" das Vaterland, "für" die Verteidigung der Lieben zu Hause, "für" sie als Tochter, obwohl sie das gar nicht wollte. Das, was die Kinder im Krieg erlebten, noch mehr wohl das, was sie hinterher darüber in der Schule oder zufällig erfuhren, war für sie schwer einzuordnen. Dies gilt umso mehr, als die Eltern an der Stelle nur selten hilfreich zur Seite standen, nicht zuletzt weil sie selbst große Probleme im Umgang mit Schuld und Trauer hatten.[94] So berichtet dazu die gleiche Offizierstochter:

"Wir haben schon in der Volksschule vom Dritten Reich, von der Judenverfolgung gehört, und - wir hatten auch Lehrerinnen, die ganz und gar für Hitler waren -, und die haben uns schon früh das Gefühl gegeben, daß wir uns unheimlich schämen müssen für unsere Eltern. Und unsere Eltern haben das immer abgewehrt, also mein Vater zumindest, der hat das immer abgewehrt." (M/2, 113;59)

Könnte es sein, daß die Kinder an Karfreitag, dem Todestag des Juden Jesus von Nazareth, etwas von dieser elterlichen Verdrängung artikuliert haben? Das "Schreckliche" dieses Tages wäre dann auch auf die tabuisierte Schuldfrage bezogen gewesen, für die es

---

94 MITSCHERLICH, ALEXANDER UND MARGARETE: Die Unfähigkeit zu trauern. München, Zürich: 1967, [18]1986.

eben nur an diesem Tag Raum zur Artikulation gab, freilich ohne daß dieses Thema dabei je bewußt angesprochen worden ist.

Die Einschätzung des Religions- und Konfirmandenunterrichts spiegelt die zu erwartende Vielfalt. Von "hohl" bis "sehr wichtige Zeit" reichen hier die Wertungen. Dabei fällt auf, daß der Unterricht dann als gut eingeschätzt wird, wenn darin auch persönliche Lebensfragen einen Platz hatten:

"später in der anderen Schule, da hatten wir immer gute Religionslehrer, die viel erklärt haben, die viel auf unsere Fragen eingegangen sind, wir haben die ganze Pubertät mit denen erörtert" (M/2, 122;484)

Neben dem guten Votum für den Religionsunterricht werden auch immer wieder Pfarrer genannt, die eine wichtige Rolle im Leben der befragten Personen spielten. Die vielen guten Erfahrungen mit Geistlichen können allerdings vom einzigen Katholiken in dieser Gruppe auf keinen Fall bestätigt werden:

"am Gymnasium war ein miserabler Unterricht, unheimlich verlogen, unheimlich verlogen von den Leuten, und also die ganzen Sexualgeschichten, und so, das war alles so verdruckt, und schmierig" (V/2, 103;150)

Eine wichtige Rolle spielen hier auch die Jugendgruppen. Mehrmals wird deren beträchtlicher Einfluß betont. Auch wenn die Veranstaltungen damals nicht nur mit religiös-kirchlichen Themen zu tun hatten, so zeigt sich auf lange Sicht doch auch eine durch die Jugendarbeit gefestigte Beziehung zur Kirche:

"In meiner Jugendarbeit, äh daß ich also, ich war einmal, eine Zeitlang war ich mit im Kindergottesdiensthelferteam. Und dann war damals noch sehr aktuell, das hat sich der Ostkreis genannt und zwar war das also ganz speziell äh Kontakt zu suchen zu DDR und also, das war, da waren wir aber dann schon größer, das war dann also schon wie wir, das war dann also schon mehr ... das ah war dann teilweise schon so, daß es also sehr, ja, vom Marxismus also, war dann schon äh, von der Thematik her sehr hoch und da muß ich dann ehrlich sagen, da bin ich dann auch irgendwo ausgestiegen, das ging mir dann also irgendwo dann zu weit dann, das muß ich ganz ehrlich sagen. Ansonsten ist für mich Jugendarbeit eigentlich, in Erinnerung tolle Freizeiten, ja, also das muß ich sagen, schöne Freizeiten äh, Besuche dann im Altenheim, von der Gruppe aus, irgendwie solche Sachen haben wir gemacht." (M/14, 1128;506)

Das Gebet war allen befragten Personen dieser Gruppe in der Kindheit vertraut. Von einigen wird das Tischgebet, von allen jedoch das Nachtgebet erwähnt, das stets mit der Mutter in Verbindung gebracht wird. Daß dabei auch ein Kindergebet geprägt ist von der politischen Situation, zeigt der Bericht einer 1939 geborenen Frau über das gemeinsam mit der Mutter gesprochene Nachtgebet:

"das war ein Mann, der hieß "Fitler - Adolfitler" und da weiß ich, daß wir eben abends, äh,äh, das Gebet - also genau wörtlich weiß ich's nicht mehr - aber den Inhalt, daß wir eben uns alles wünschen, was man halt so in Gebeten, und daß "Adolfitler" - ja nun weiß ich nicht mehr genau, wie sie das formuliert hat, Krieg gewinnen so wird sie es nicht formuliert haben, aber daß er Erfolg hat, denn mein Vater war ja im Krieg. Und mir ist das damals auch nicht so erklärt worden, wer der "Adolfitler" eigentlich ist, das war also mehr wahrscheinlich das Gebet meiner Mutter im Grunde." (M/1, 33;34)

Die Bitte, Gott möge den eingezogenen Vater behüten, füllt die sehr viel weiterreichende Wendung, Gott möge Adolf Hitler zum Erfolg führen, inhaltlich indes nicht aus. Eine Klärung dieses Sachverhalts war aber auch hier - wie in vielen Familien - nicht möglich, denn zu einem Gespräch mit der Mutter über das "Adolfitler-Gebet" ist es nie gekommen:

"ich hab da nie mit ihr drüber sprechen mögen, weil es ihr sicher im nachhinein sehr peinlich war" (M/1, 11;42)

Die erinnerten Gottesvorstellungen kreisen einerseits um die Macht Gottes als desjenigen, der die Welt erschaffen hat, andererseits aber auch um das Vertrauen, das man ihm gegenüber haben kann. Hier ist Gott dann einer, zu dem man mit seinen Sorgen kommen kann. Interessant ist, daß an dieser Stelle zweimal davon gesprochen wird, daß das Wissen über Gott nicht durch die Eltern vermittelt wurde. Vielmehr waren es hier ältere Geschwister bzw. sogar erst die Schule, durch die das Thema Gott aktuell wurde. In folgenden ersten Fall schildert ein Mann, wer ihm das abendliche Beten beigebracht hat:

"Also jedenfalls nicht seitens seitens meiner Eltern, daß daß die uns irgendetwas gesagt hatten. ... Nein, das das kam eigentlich durch meinen älteren Bruder. Nicht der der hat eigentlich den Begriff Gott, Religion, äh, wo er es her hatte, weiß ich nicht. Irgendwie mitgebracht und weiß ich nicht, ob durch den Kindergarten oder sonst irgendwie. Dann hat man das als kleinerer Bruder dann sozusagen nachgemacht. Auch wenn man sich nicht konkret was vorstellen konnte, aber das das war so durch meinen Bruder initiiert eigentlich, ja." (V/1, 60;189)

Und auch im nächsten Zitat sind es zunächst nicht die Eltern, die hier primär Einfluß nehmen:

"Keiner. Zu Hause hat mir keiner erzählt. Nur von dem Religionsunterricht ab sechs Jahren, in der Volksschule" (M/2, 122;516)

Religiöse Sozialisation ist in diesen Fällen also nichts, was direkt mit Eltern oder Großeltern zu tun hätte, wie das bisher stets der Fall war. Hier wird sie nun durch andere Vermittler bewirkt, teils in, teils außerhalb der Familie. Die bisherige enge Verknüpfung von Religion und Familie im Sinne einer Vermittlung religiöser Inhalte durch das bürgerliche Elternhaus lockert sich hier also auf.

In anderen Familien erscheint Gott dagegen gelegentlich wiederum als bedrohliches Erziehungsmittel, das eingesetzt wurde zur Disziplinierung der Kinder:

"was halt zum Anstellen war, das habe ich angestellt da, sagen wir mal so und da äh habe ich von meiner, vor allem von meiner Mutter immer, warte nur, der liebe Gott straft dich schon. Und das habe ich also auch von meiner, von meiner Großmutter da, da hat es also scheinbar meine Mutter also auch her gehabt, von daher kommt das." (V/14, 1148;421)

Im vorliegenden Fall hatte dies starken Einfluß auf die Gottesvorstellung des damaligen Kindes. Gott war für ihn die "oberste Instanz" und als solche sowohl "letzter Halt" als auch Quelle eigener Schuldgefühle:

"Ja, das war immer äh, sagen wir mal, etwas zwiespältig, das war immer stark von äh Schuldgefühlen irgendwie belastet, ja." (V/14, 1148;415)

Gott wurde durchaus nicht überall in dieser zwiespältigen Weise in der Kindheit erlebt. Aber er wurde *auch* so erlebt und zwar vorzüglich dann, wenn die Macht Gottes denkbar war ohne seine Gnade. Der den Menschen haltende und der mächtige Gott standen dann vielleicht nebeneinander, waren aber nicht mehr aufeinander bezogen.

2. Von den zwölf Personen der Arbeiterfamilien werden im folgenden an dieser Stelle zehn besprochen.[95] Die Erfahrungen der beiden siebenbürger Aussiedler sind für diese Zeit derart anders gelagert, daß sie hier ausgeklammert werden müssen.[96]

---

95 Dies sind die Familien 3 (Schwester der Mutter), 5, 6, 13, 16.
96 Vgl. hierzu aber oben die Fallstudie der siebenbürger Familie.

Es ergeben sich dann für diesen Teil der Analyse fünf Männer und fünf Frauen, die sich auf die Geburtsjahrgänge wie nebenstehend dargestellt verteilen.

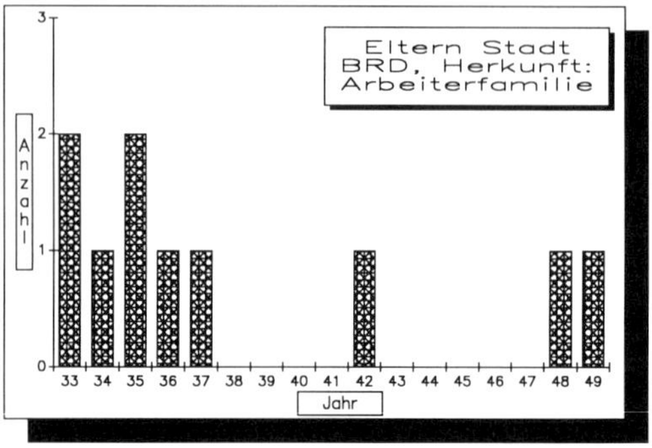

Von diesen zehn Personen sind sieben zunächst auf dem Land bzw. in kleinen Städten aufgewachsen, und dann im Zuge der Nachkriegswirren in die Großstadt gezogen. Einerseits wird dabei die Kindheit auf dem Land gegenüber der Großstadt in der Rückerinnerung gelegentlich sehr verklärt:

"Man ist da wirklich frei aufgewachsen, uns hat nicht bloß die Ortschaft gehört, uns hat die ganze Umgebung bis zur nächsten Ortschaft dann weiter hat uns, also da ist man weit herumgekommen." (V/6, 494;12)

Andererseits bedeutete die Kindheit auf dem Land für die Kinder armer Eltern aber auch, daß sie schon sehr früh zur Mitarbeit herangezogen wurden:

"Ja, ich habe halt immer schon schwer schuften müssen, ich bin mit zehn Jahren zu den Bauern gekommen. Habe da vier Ochs-, also Ochsen ah betreuen müssen. In die Schule gegangen, von der Schule nach Hause, gleich aufs Feld." (V/16, 1296;26)

Auch hier waren für die vor 1945 geborenen Personen - hier sind es acht von zehn - im Hinblick auf den Krieg die beiden entscheidenden Ereignisse der Tod des Vaters sowie die Flucht bzw. die Zwangsaussiedelung. Den Tod des Vaters im Krieg haben vier, die Flucht fünf der hier befragten Personen erlebt:

"und wie mein Vater vermisst worden ist, dann war ich vier, '41, also ich kann mich noch an den Tag erinnern an dem sie die Nachricht bekommen hatten. Da standen dann auch Bilder so da, und dann waren sie im Photoalbum und das ist oft angesehen worden" (M/16, 1276;81)

"also wo der Russe dann zuerst war, äh, dann sind wir transportiert worden von den Bauern, und äh, wie wir drei, vier Ortschaften weiter, und jedesmal wenn wir in eine Ortschaft gekommen sind, sind dann wir Kinder, die Mutter hat halt da laufen müssen mit den größeren und wir Kinder, wir haben da auf den Leiterwagen da drauf, da waren die Gepäckstücke drauf. Dann haben sie uns da wieder zurück in die Ortschaft, also, und äh, dann jedesmal haben wir in der Ortschaft, also, jedesmal, das waren dann schon schlimme Erinnerungen, die hat man da, wenn man da die, die wo sie aufgehängt haben, die, also, was die Bürgermeister waren, also die wirklich, Nationalsozialismus da, und das waren bestimmt so acht bis zehn Ortschaften, hat ganz schön lange gedauert bis wir da, haben es immer wieder gesehen, da haben sie die Hakenkreuzfahne, sehe ich heute noch" (V/6, 501;366)

Bis in die fragmentierte sprachliche Struktur der gegenwärtigen Erzählung hinein spürt man hier die Verwirrung, die bei dem damals zehnjährigen Jungen durch solche Erlebnisse ausgelöst worden ist. Gesprochen wurde in den Familien über derlei übrigens nach den Erzählungen kaum.

Dort, wo der Vater gefallen bzw. nie vorhanden war, halfen oft die Großmütter entscheidend in der Erziehung der Kinder mit. Sauberkeit war dabei auch in den Jahren nach dem Krieg oberstes Gebot:

"Ja, Sauberkeit ist bei uns, also Wahnsinn, das war das erste Gebot. Ehrlichkeit und Sauberkeit" (M/6, 485;147)

Entscheidungen trafen in der Regel die Eltern bzw. die Mütter mit den Großmüttern. Die Erziehung konnte insgesamt durchaus auch ohne Väter autoritäre Züge an sich haben:

"die Oma, die war Vaterersatz. Meine Mutti war äh die Sanftere. Und meine Oma, die äh, es heißt immer die Omas verziehen, also bei uns war es nicht so, die war sehr streng. Meine Mutti hat mir auch erzählt, sie war auch zu ihr als Kind, wie sie Kind war, sehr streng. Sie war einfach so ein Typ. Sie war selber furchtbar streng erzogen worden von, ich glaube, das waren sieben Kinder zu Hause und schon ganz früh arbeiten müssen, und sie hat das so weitergegeben. Sie war gut und alles und man hätte von ihr alles haben können, aber sie hat halt, sie hat auf Zucht und Ordnung geachtet." (M/16, 1280;249)

Weitere Verwandte waren oft nicht am Ort. Und auch mit den neuen Nachbarn war der Kontakt nicht immer leicht herzustellen, sodaß viele Familien auf die Arbeit und das engere Familiengeschehen mit den Kindern bezogen blieben. Eine damals aus Schlesien zwangsausgesiedelte Frau erinnert sich an die Kontakte in ihrem neuen Wohnort so:

"Verwandte waren hier gar keine. ... Wir hier, bei uns hier war gar niemand. Der Zug ist damals einfach geteilt worden, so. So geht das, ja. ... Nein, die Nachbarn, die da oben neben uns gewohnt haben, aber so befreundet mit irgend jemand, das war da sehr schwer. Das waren größtenteils grad in der (Name einer Region) alles Leute mit Besitztum. Da, das ist eine, ist heute noch so, das ist eine äh Gemeinde für sich. Die lassen so schnell niemand an sich ran. Wir haben das äh festgestellt meine Schwester und ich, meine Schwester hatte vor fünf Jahren Klassentreffen. Und da bin ich halt mitgefahren ... Da war das, war ganz nett und lustig da, war hinterher Tanz, immer noch die selbe Hierarchie haben wir festgestellt, erst kamen die Einheimischen, die von dem Bauern und die aus dem Geschäft und die aus der Brauerei und die, und dann so, fünf vor zwölf, wenn noch irgendwo was übrig war, dann ist unsereiner dran gekommen. Das war schon als Kind so, nicht." (M/16, 1283;381)

Nur zwei der zehn befragten Personen besuchten hier eine höhere Schule, die anderen begannen mit ca. 16 Jahren zu arbeiten. Ein Studium absolvierte in dieser Gruppe ein einziger.

Während die Eltern der hier befragten Personen selber nur losen Kontakt zur Ortsgemeinde hatten, war der Gottesdienstbesuch im Vergleich dazu erstaunlich hoch. Für die drei Katholiken aus dieser Gruppe war er selbstverständliche Pflicht, aber auch für die Evangelischen stand dabei elterlicher Zwang oft im Hintergrund. Eine Frau erinnert sich an den Kindergottesdienst in folgender Weise:

"Nein, wie man als Kind halt, man geht, weil man muß, manchmal ist es auch lustig. Und da hat man ja den Pfarrer nicht, der hat ja die große Kirche, also die Kirche gehalten für die Erwachsenen, entweder war eine Frau oder irgend jemand anderes da." (M/6, 485;120)

Daß der Pfarrer nicht dabei war, wurde hier durchaus als Vorteil angesehen. Anders als in den bürgerlichen Familien gibt es hier jedenfalls noch Voten, die den Pfarrer als streng, arrogant oder zumindest um die Kinder im Unterricht nicht sehr bemüht einstufen:

"unser Pfarrer hat sich überhaupt nicht bemüht. Wir sind zu ihm in die Wohnung gekommen, hatten Konfirmandenunterricht, das hielt er einfach ab, hat uns irgendetwas vorgelesen aus einem Buch, und man mußte viel auswendig lernen, natürlich, und als die Stunde herum war, war der heilfroh und wir auch (lacht)." (M/5, 388;117)

Daneben treten dann gleichermaßen Aussagen von guten und ansprechenden Unterrichtsbeispielen, so daß von einer einheitlichen Einschätzung der Pfarrer im obigen Sinne nicht gesprochen werden kann.

Von Jugendarbeit ist in dieser Gruppe so gut wie gar nicht die Rede. War dieser Bereich in der Gruppe der bürgerlichen Familien sehr betont, so ist hier Fehlanzeige anzumelden.

Traditionell verankert war der Kirchgang an Weihnachten dagegen auch in diesen Familien. Das Familienfest selbst war durch und durch geprägt von den jeweiligen Lebensumständen. Eine mit der Mutter und Großmutter aus Schlesien geflohene Frau beschreibt ihr Weihnachtsfest in der Kindheit so:

"Äh recht bescheiden, von der Zeit her einfach schon, ja. Wie gesagt, wir sind ja geflüchtet, und waren halt hier die ersten Jahre doch immer sehr geduldet, kein Mann in der Familie, ist dann schon immer besonders schwierig. Aber meine Mutti und meine Oma, die hat immer versucht, die haben versucht, das so schön wie möglich zu machen. Mit Christbaum, mit Kirche gehen, mit Bescherung, vorher Weihnachtslieder singen, wenn es gar nicht mehr anders ging, also zumindest "Stille Nacht", das war halt das Lied, ist es ja eigentlich immer noch, nicht! ... (Lachen) Und dann also, wie gesagt, sehr bescheiden, sicher hat jeder was bekommen, meist noch, was er gebraucht hat. Ich habe mich mal ganz toll über einen schönen Füllfederhalter gefreut mit Goldfeder vorn drinnen, Christbaum war klein, stand am Tisch, so mit höchstens sieben, acht, neun Kerzchen drauf. Das war immer, also das war für mich immer die schönste Zeit, doch. Ist es heute noch, bloß der Christbaum ist ein Stückchen größer, stand hier so bis, also den brauche ich jetzt." (M/16, 1279;202)

Karfreitag war ebenfalls in allen Familien ein besonderer Tag. Vorrangig wird dabei in diesen Interviews das fleischlose Essen betont:

"Karfreitag, ja Karfreitag war naja eigentlich äh war jedem bewußt, Karfreitag ist einer der größten Feiertage in der, in der kirchlichen, kirchlichen Leben. Und der wurde wurde eigentlich schon sehr festlich bei uns begangen, also mit Kirche und in die Kirche zu gehen war, das war ganz üblich und kein Fleisch zu essen, das war sowieso, das war eigentlich der einzige Tag wo, an den ich mich erinnern konnte, wo man wirklich absolut kein Fleisch gegessen hat in der Familie, obwohl es ja auch nicht bei uns jeden Tag Fleisch gab, nicht. Das war in der Woche sowieso vielleicht nur ein- oder zweimal aber am Karfreitag, obwohl das ein Feiertag war, nämlich normal gab es an Feiertagen immer Fleisch, aber dann da eben nicht. Also aber Fisch gab es dann. Und ja, nachdem man in die Kirche gegangen war, es wurde halt an Karfreitag auch nicht nicht gearbeitet so, das muß mal jetzt überlegen. Sonst war es ja so, daß mein Vater auch an Sonntagen oft zu Leuten gerufen wurde, wenn irgendwo was kaputt war oder so, aber an Karfreitag hat er sogar da abgelehnt, da wurde nicht gearbeitet. Das war also schon für uns als Kind dann mehr oder weniger schon so ein, so ein Bewußtsein, an dem Tag muß was besonderes sein, nicht, das ist, naja so in etwa halt." (V/5, 405;124)

Neben dem Fasten ist es hier das strenge Einhalten der Feiertagsruhe, das den Tag besonders hervorhebt. Das Einhalten dieser beiden Gebote wird in den Arbeiterfamilien oft als etwas sehr wesentliches geschildert, das man nie durchbrechen würde. Es ist wie eine Art Ehrenkodex, eine institutionell-kirchlich geprägte, jedoch in wesentlichen Teilen privat in der Familie gelebte Artikulationsform einer Bindung an das Christentum, die als solche jedoch nicht mehr notwendig auf Kirche bezogen sein muß.

Auch das Gebet war in den Familien dieser Gruppe durchaus üblich, vor allem am Abend vor dem Schlafengehen. Stets waren es die Mütter oder Großmütter, die mit den Kindern beteten. Tischgebete waren in diesen Familien dagegen sehr selten, werden gelegentlich in den Interviews im Zusammenhang mit Besuchen bei den Großeltern erwähnt.

Die Gottesvorstellungen dieser Gruppe sind von großer Homogenität bis in die sprachliche Formulierung hinein und über Konfessionsgrenzen hinweg. Im folgenden zum Vergleich drei Zitate, wobei das erste von einer katholischen Person stammt:

"Eigentlich hat man mit jeder Sorge und mit jedem Ding zu Gott gehen können" (V/13, 1011;246)

"daß ich zu dem kommen kann und alles erzählen" (M/6, 484;115)

"eine Vaterfigur mit der, zu der mmh, zu dem man mit allem kommen konnte" (M/16, 1282;359)

Auch in diesen Gottesvorstellungen werden Bezüge zur Frage nach dem rechten Handeln hergestellt, dies geschieht aber keineswegs in einer bedrohlichen Form. Die einzige Ausnahme bildet hier ein Katholik, für den Gott sehr stark mit einem schlechten Gewissen verbunden ist. Ansonsten klingen in den Gottesvorstellungen in dieser Gruppe geradezu kollegiale Töne an:

"Ich habe ihn geduzt, nicht. Und mit Respekt allerdings, ja und aber sonst eigentlich ein gutes, weil ich hatte immer ein gutes Gefühl dabei." (V/5, 407;237)

3. Von den sechs Herkunfts-Familien[97] in der ehemaligen DDR sind zwei zwischen 1939 und 1941 und vier Personen zwischen 1946 und 1950 geboren. Es handelt sich hier um drei Männer und drei Frauen. In nur zwei Familien wuchsen die Kinder mit ihrem Vater auf, ansonsten sind die Väter entweder im Krieg gefallen, kurz nach dem Krieg gestorben oder aber ohne Familie in den Westen gegangen.

In der politisch angespannten Lage schon vor dem Aufstand vom 17. Juni 1953 und dann danach bedeutete ein in den Westen geflohener Vater gleichsam automatisch staatliche Restriktionen für die zurückgebliebene Familie:

"Ich bin '55 aus der Schule gekommen, mein Vater war '49 nach dem Westen gegangen, das hieß also für mich keine Oberschule, keine Lehrstelle, also Lehrstelle schon, also eine Ausbildung hätte man auch kriegen können. Mein Berufstraum, äh, Bibliothekarin war das übrigens, konnte ich nicht angehen, weil durch die Belastung, durch den Vater das nicht möglich war." (M/19, 1442;72)

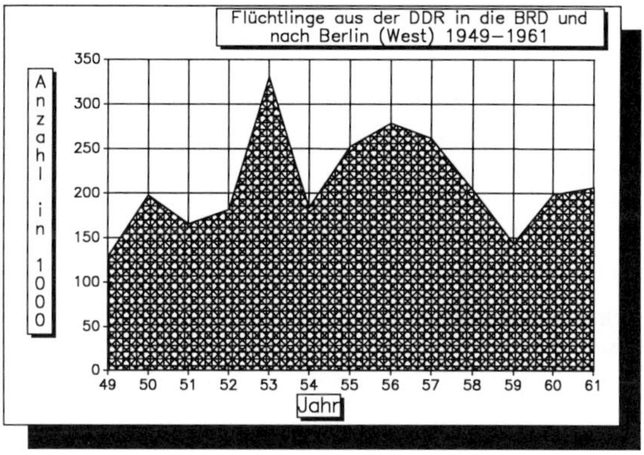

Wie diese Grafik zeigt, wuchs das Problem der Flüchtlinge aus der DDR in die BRD bzw. nach Berlin (West) bis zum Mauerbau 1961 enorm an. Zwischen 1949 und 1961 verließen ca. 2,8 Millionen Menschen die DDR.[98] Für die zurückgebliebenen Familien konnte dies bedeuten, daß nahezu der gesamte Bekanntenkreis innerhalb weniger Jahre nicht mehr zur Verfügung stand bzw. neu aufgebaut werden mußte:

"Ja, das, Freunde, aber es wurden dann immer weniger. Es gingen so viele nach dem Westen damals. Das war und ringsum dünnte das so aus. Weil nun grade mein Vater gestorben war, sonst wären wir wohl auch nicht dageblieben. Aber nun war gerade mein Vater gestorben und meine Mutter war praktisch am Ende ihrer Leistungsfähigkeit und ihrer Kraft, da da blieben wir halt da und wir blieben praktisch irgendwie übrig, nicht. Die intellektuelle Schicht triftete ab und da war erst mal so ein bißchen Niemandsland." (V/18, 1405;211)

Auch aus diesen Familien wird berichtet, daß Entscheidungen in der Regel von den Eltern allein getroffen wurden. Es konnte aber auch sein, daß durch den Verlust des Vaters

97 Hierzu gehören die Familien 17, 18, 19 und 20.
98 RYTLEWSKI, RALF / OPP DE HIPT, MANFRED: Die Deutsche Demokratische Republik in Zahlen 1945/49 - 1980. [Sozialgeschichtliches Arbeitsbuch, Bd. V] München: 1987, S. 28.

die Kinder für Entscheidungen mit herangezogen wurden, die sie weit überforderten. Ein Mann, der mit elf Jahren seinen Vater verloren hatte, schildert seine damalige Situation so:

"Weil meine Mutter nun auch relativ hilflos war, da mußten wir eben auch schon oft zu Behördengängen mit, weil sie das eben dann nicht verstanden hat. Und nun will ich mal sagen, nun war ich der ältere, das hat mich dann natürlich auch irgendwie überfordert dann an einer gewissen Stelle, weil ich da immer mitgehen mußte, ungern, nicht. Aber es mußte halt sein." (V/18, 1405;238)

In der Erziehung waren Sauberkeit und Ordnung auch in diesen Familien wichtige Erziehungsmaximen, die sich nicht nur um die bloße Beseitigung von Schmutz und Chaos drehten:

"mein Vater der war eigentlich sehr auf Sauberkeit bedacht. Ich kann mich erinnern, daß ich da mal kehren mußte und er genau zuguckte, dort ist noch was und da ist noch was und so" (M/18, 1392;206)

Vielmehr war das Drängen auf Sauberkeit und Ordnung im Kleinen nicht zuletzt auch der Versuch, die erlebte Unsicherheit dort in den Griff zu kriegen, wo man glaubte, ihrer habhaft werden zu können. Obiger Vater wurde von seiner Frau so beschrieben:

"Also er hatte immer ein bißchen Angst vor irgend nun was, aber er war bißchen, hat er immer gedacht, er macht nicht alles gut genug, also er wollte immer hundertprozentig sein, auch so bei seiner Arbeit" (GM/18, 1377;388)

Alle sechs der befragten Personen erlernten schließlich einen Beruf und arbeiten bis heute. Ein Studium absolvierten hier zwei Personen.

Die Beziehungen zur Kirche werden in dieser Zeit in einem zweifachen Sinne geschildert. Da gab es einerseits die Institution Kirche mit ihrem Sonntagsgottesdienst, die damals als sehr festgefügt, gelegentlich auch schon als festgefahren erscheinen konnte:

"als ich Kind war, da waren viele ältere Leute im Gottesdienst und eigentlich, naja, es wurden auch mal Spiele gemacht oder schon auch neuere Lieder gesungen, aber oftmals ging es eben ruhig und gleichmäßig alles seinen Gang." (M/18, 1398;437)

Andererseits gab es da in der Kirchengemeinde auch noch die "Junge Gemeinde", die als Gemeinschaft im engeren Sinne ganz andere Erfahrungen vermitteln konnte:

"ich bin in die Kurrende gegangen, dann noch in die Junge Gemeinde. Also ich war so viel da vorne, das war also mein zweites Zuhause die (Stadtteil)er Gemeinde" (M/17, 1350;327)

Der Jugendarbeit kommt hier also ein bedeutsames Gewicht zu. Die Kirche bot hier ja nicht nur ein Feld zur religiös-kirchlichen Sozialisation, sondern vor allem auch die Chance, mit Hilfe einer sowohl vom Elternhaus als auch vom Staat weitgehend unabhängigen Gruppe Ablösungsprozesse durchleben zu können. Die Jugendarbeit war so zumindest auf Zeit das neue, das "zweite Zuhause".

An Weihnachten gingen alle Familien in die Kirche. Der Kirchgang gehörte zum selbstverständlichen Szenarium einer Festivität, die sich im wesentlichen innerhalb der Familie abspielte und sich darin von westdeutschen Gepflogenheiten nicht unterschied:

"Ja, das fing mit den üblichen Vorbereitungen an, Aufregungen und Hektik und Heimlichkeiten und so an, also schon die Vorweihnachtszeit war ganz toll, also schon Advent, war auch immer groß geschrieben, das war also mit Adventskranz und Lichtlein, immer eins mehr und backen und singen und so, schon eigentlich ganz toll. Und das schönste fand ich immer, daß meine Mutter in der Weihnachtszeit sich sehr sehr viel Zeit genommen hat und sich oft an das Klavier gesetzt hat und Weihnachtslieder gespielt hat, selber gesungen hat, wir haben ein bißchen musiziert, haben Klavierunterricht gehabt und Flöte gespielt und so, und das war eigentlich im Jahr die Hochzeit des Musizierens. Und das war eigentlich schon sehr sehr schön, das fand ich, habe ich nachher oder jetzt noch so in Erinnerung. Und selbst Heilig Abend oder Weihnachten äh, verlief wie in meisten deutschen Familien, gemeinsamer Kirchgang, zur Christvesper zu gehen, und dann fieberte man schon der Bescherung entgegen, und dann war es aber nochmal sehr spannend und und meine Großmutter, die erzählte uns dann irgendwelche Geschichten und Weihnachtsgeschichten, und dann wurde aber erstmal gemeinsam gesungen, Weihnachtslied, "Stille Nacht", was wir jetzt alle gar nicht mehr leiden können, aber das halt in einem deutschen Haushalt das Weihnachtslied war, wir haben uns dann später auf "O du fröhliche" verlegt. So, und nach dem gemeinsamen Lied war Bescherung, große Aufregung und dann irgendwann wurde noch von einem, von einem Kind, meine Schwester oder mir, die Weihnachtsgeschichte vorgelesen, oder dann später haben wir auch aus Weltliteratur Weihnachtsgeschichten gelesen oder so, und dann kam irgendwann so ein bißchen der besinnliche Teil, wo jeder sich in seine Ecke verzog, seine neuen Bücher angeguckt hat, also Weihnachten mußte natürlich auch ein Buch dabei sein und dann wurden die Sachen ausgetauscht und absolut heile Welt." (M/19, 1147;301)

Anders dagegen die Erinnerungen an die Christenlehre, die in der DDR nach der vom Staat durchgeführten Abschaffung des allgemeinverpflichtenden Religionsunterrichts in den Kirchengemeinden abgehalten wurde:

"Naja, das war, zum Anfang war es Gaudi, da war das ja schulisch verordnet noch zu DDR-Zeiten, da mußten ja alle, die ersten zwei Jahre kannte ich noch, bis das dann aufge, und da kamen eben alle dazu eben noch, viele die davon überhaupt noch nichts gehört hatten, die machten da ihren Fez und so und die anderen mit rein. Bis sich dann praktisch die Streu vom Weizen sich da getrennt hatte, und dann wurde das ernsthafter. Aber es war eben doch oft, naja langweilig kann ich, na sagen wir mal, es war ohne, naja." (V/18, 1404;193)

Da die Entscheidung zum Besuch der Christenlehre aber oft auch von den Eltern getroffen wurde, blieb es für viele bei dem Zwangs-Charakter:

"Das muß ich ehrlich sagen, die habe ich also nicht besonders geliebt, das war also damals noch, naja, Ende der fünfziger Jahre, Anfang der sechziger Jahre, das war eben ein Muß." (V/20, 1490;181)

Aber es stellten sich auch Bedenken seitens der Eltern ein, ob der Besuch der Christenlehre nicht dem Ausbildungsweg ihrer Kinder schaden könnte:

"Aber ich bin gern zum Religionsunterricht gegangen, und dann kam irgendwann der Zeitpunkt, wo mein Vater mir das verboten hat hinzugehen, weil er meinte, das könnte schädlich sein für mich. Das war zu DDR-Zeiten eben nicht gewünscht, daß man da hinging. Er hat es vielleicht auch gut gemeint, aber meine Mutter hat mir immer zugeredet, heimlich doch hinzugehen und das habe ich auch gemacht." (M/18, 1391;169)

Konnte also der Besuch der Christenlehre schon in dieser frühen Zeit der DDR zum Bekenntnisakt werden, so galt dies umso mehr für die Frage nach Konfirmation und/oder Jugendweihe:

"Naja, mein Sohn hat dann Jugendweihe gehabt, wie das damals hier war, und das nächste Jahr hat er dann Konfirmation, wurde dann, ist dann konfirmiert worden." (GMv/20, 1475;237)

Man akzeptierte einerseits den Wunsch des Staates nach einer staatlichen Jugendfeier, ohne dabei schon von den herkömmlichen volkskirchlichen Traditionen zu lassen.

Aus all dem geht hervor, daß durch die politische Entwicklung in der DDR der Abschied von der Volkskirche zwar vom Staat bald gewünscht, aber nicht so schnell zu bewerkstelligen war. Neben die traditionelle Selbstverständlichkeit, mit der Kontakte zur Kirche gepflegt wurden, trat nun die Entdeckung der staatlich definierten und auch geduldeten "Sonder-Existenz", in der man sich durch die weitere Entwicklung befand. Von daher kommt hier beides zusammen, sowohl eine traditionell geleitete Volkskirchlichkeit, für die die Konfirmation so selbstverständlich war wie der Besuch des kirchlichen Unterrichts durch die Kinder, als auch eine Teilnahme am kirchlichen Geschehen aufgrund einer bewußten Entscheidung. Der Jugendarbeit kam darin insofern besondere Bedeutung zu, als dies traditionellerweise das kirchliche Arbeitsfeld war, in dem die Freiwilligkeit der Teilnahme schon lange zum Prinzip erklärt worden war.

Auch an der Gebetspraxis in den Familien zeigt sich, daß die volkskirchliche Tradition zunächst durchaus fortgesetzt wurde. Vier der sechs befragten Personen erzählen, daß in ihrer Herkunftsfamilie mittags gebetet wurde. Beim Nachtgebet sind es sogar alle, die mit ihrer Mutter abends beteten:

"man fand das sehr schön oder man fühlte sich sehr geborgen, wenn sie da abends mit einem gebetet hat." (M/19, 1441;17)

Im Bereich der Gottesvorstellungen wird Gott erstens als moralische Autorität, zweitens als Helfer in der Not sowie drittens als Gutes bewirkender Mensch charakterisiert.

Als moralische Autorität ist er derjenige, der einen beobachtet und vor dem man für sein Tun geradestehen muß:

"Eigentlich so das Gewissen, darfst du das, kannst du das machen, kannst du da bestehen. Vielleicht nicht unbedingt in der Weise, daß man jetzt zu ihm kommt und, und sich geborgen fühlen will. Als Kind vielleicht gar nicht unbedingt, aber jetzt so in der Weise, kannst du das machen, oder darfst du das überhaupt, oder kannst du das dich in der Weise bewegen oder äußern, nicht wahr." (M/17, 1347;196)

Dabei wird in diesem Zitat ausdrücklich die Geborgenheit ausgeklammert und Gott auf das "Gewissen" beschränkt. Genau diese Geborgenheit steht dann aber im Zentrum, wenn Gott als Helfer in der Not verstanden wird:

"Tja, für mich in der Kindheit? Vielleicht doch irgendwie, wenn schwierige Situationen sind, daß er doch alles zum Guten wenden kann. Aber nur mit eigenem Zutun höchstwahrscheinlich. Aber, als Kind, ich glaube doch, ein Schutz irgendwie. Vielleicht." (M/20, 1505;197)

Während sich in diesen beiden Positionen deutlich die auch in den anderen Gruppen beschriebenen Gottesvorstellungen wiederfinden lassen, gibt es hier einen dritten Ansatz, der Gott überdies noch einmal ganz anders versteht:

"Da wurde mir beizeiten schon beigebracht, daß er also nicht im Himmel irgendwo schläft, da herumschwebt, sondern, das ist also ein Mensch gewesen, der früher mal gelebt hat und unheimlich viel Gutes für die Leute getan hat." (V/20, 1490;204)

Dieses, wenn man so will, entidealisierte Gottesverständnis versucht also, die Transzendenz Gottes einzuziehen. Gott wird so als vorbildlicher Mensch verstanden, vielleicht noch im Sinne der Vorbildfunktion der Heiligenverehrung. Läßt man einmal die theologischen Probleme eines solchen Gottesverständnisses beiseite, so ist gut vorstellbar, daß dieser Ansatz sich im gesellschaftspolitischen Kontext der DDR gegenüber einer materialistischen Religionskritik leicht behaupten konnte. Darin verbindet sich dieses Verständnis dann auch mit der ersten, der ethischen Position, insofern in beiden Fällen eine Theorie geboten wird, die nicht unbedingt des Glaubens bedarf. Beide Ansätze sind also stark einer derartigen Rationalität verpflichtet, die Gott eben nicht "herumschweben" läßt, sondern ihn auf den Boden der für jedermann nachvollziehbaren Tatsachen stellen möchte. Dies ist auch für die mittlere Position nicht ohne Bedeutung, wenn hier ausdrücklich das "eigene Zutun" zu Gottes Wirken herausgestellt wird. Freilich hat diese Gottesvorstellung aber dort einen vertrauensspendenden "Schutz" zu bieten, wo die andern beiden sich mit dem moralischen Appell begnügen müssen.

Das jeweils erste Kind in den 13 Familien dieser Eltern-Generation wurde zwischen 1954 und 1973 geboren.

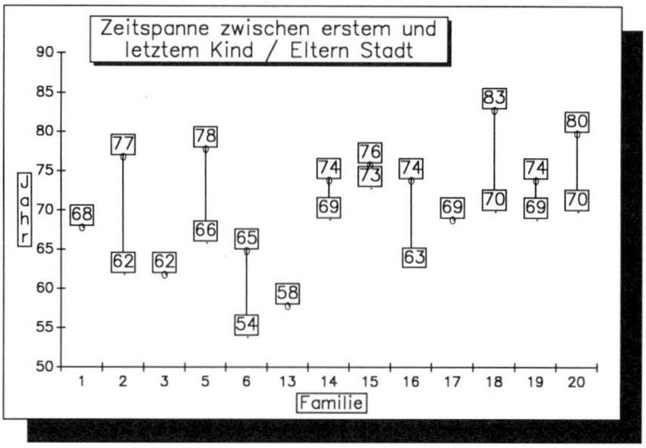

Die Zeitspanne zwischen dem ersten und dem letzten Kind ist für jede Familie auf der Grafik angegeben. Daraus ergibt sich zunächst einmal, daß die weit überwiegende Mehrzahl der ersten Kinder dieser Gruppe zwischen 1962 und 1970 geboren wurden.

Auffallend ist nun aber hier die mehrfach vorkommende große Zeitspanne zwischen dem ersten und dem letzten Kind - bis zu 15 Jahren.

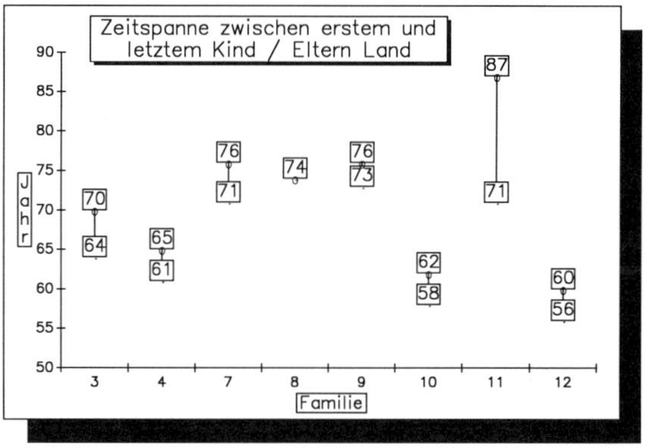

Vergleicht man dies mit den Eltern/Land, so zeigt sich, daß dort bei einer insgesamt höheren Kinderzahl die Geschwisterfolge, mit einer Ausnahme, sehr viel enger beieinander liegt. Dies hängt bei den Eltern/Stadt mit zwei Ursachen zusammen. Zum einen kommt hier ein längerer Ausbildungsweg der Frauen, auch nach Geburt des ersten Kindes hinzu. So wurden zwar auch bei den Eltern/Stadt die ersten Kinder teilweise sehr früh geboren, dadurch wurde aber die Ausbildung nur unterbrochen, nicht abgebrochen. Zum andern weist die große Zeitspanne auch auf ein verändertes Beziehungsverhalten hin. Eine Scheidung rückt in den Bereich des Alltäglichen, die Ehe ist nicht mehr nur die lebenslange Verbindung, sondern daneben auch eine Beziehung auf Zeit. Einer frühen Heirat mit Kindern folgt dann etwa die Scheidung, und nach einer gewissen Zeit eine neue Heirat und weitere Kinder.

Die mit der verlängerter Ausbildung und dem Beziehungsverhalten angesprochenen Veränderungen kommen nicht von ungefähr, sondern sind Bestandteil eines gesellschaftlichen Entwicklungsprozesses, den Ulrich Beck als "kulturelle Evolution der Lebensformen"[99] beschrieben hat. Demnach hat die wohlfahrtsstaatliche

---

99 BECK, ULRICH: Risikogesellschaft. Auf dem Weg in eine andere Moderne. Frankfurt a.M.: 1986, S. 122 ff. Das folgende bezieht sich weitgehend auf Ulrich Beck.

Nachkriegsentwicklung dazu geführt, daß sich zwar die *Relationen* sozialer Ungleichheit kaum verändert haben, jedoch dabei deutlich insgesamt auf ein höheres Niveau gestiegen sind. Dies führte dazu, daß der Verteilungskampf zwischen den sozialen Klassen entschärft wurde und somit - zumindest vorübergehend - die Funktion der Klassenbildung selbst hinfällig war. Statt dessen wurden die sozialen Klassen enttraditionalisiert zugunsten einer Individualisierung der Lebenslagen. Das bedeutet, daß nicht mehr die Zugehörigkeit zu einer sozialen Klasse identitätsstiftend sein kann, sondern der einzelne nun zunehmend gezwungen wird, sich das soziale Koordinatennetz seines Lebens selbst zu erstellen. An die Stelle der geprägten Klassenwelten treten nunmehr "ungleiche Konsumstile (in Einrichtung, Kleidung, Massenmedien, persönlicher Inszenierung usw.), die aber - bei aller demonstrativen Unterschiedlichkeit - die klassenkulturellen Attribute abgelegt haben."[100] Damit verbindet sich eine soziale Mobilität, die den einzelnen aus festgefügten Bindungen herauslöst und ihn dadurch zugleich zwingt, seine Lebenswege immer wieder neu zu definieren. Die durch die gesellschaftliche Entwicklung erforderlich gewordene Individualisierung führt zu einer biographischen Vielfalt, deren Besonderheit nun darin liegt, daß sie zum Normalfall wird. Die klassenbezogene Standardbiographie löst sich also auf in eine Vielzahl von individuell inszenierten Lebensläufen. Das läßt sich auch an einigen Lebensläufen der Interviewpartnerinnen und -partner dieser Untersuchung zeigen:

- Aufgewachsen auf einem fränkischen Dorf verläßt ein junges Mädchen ihren Heimatort und zieht in die nächste Großstadt, um sich dort verschiedene Arbeiten zu suchen. Sie wechselt in eine andere Stadt, heiratet dort einen türkischen Arbeiter und hat mit ihm zusammen ein Kind. Nach dem Tod des Ehemannes heiratet sie erneut, läßt sich aber einige Zeit später wieder scheiden. Ihren Arbeitsplatz in der Großstadt wechselt sie häufig. Der Sohn lebt heute in Italien, die Mutter allein in der Stadt.

- Aufgewachsen als Arbeiterkind in einer Kleinstadt, wandert ein junger Mann nach Australien aus. Dort heiratet er, läßt sich aber schon nach wenigen Jahren wieder scheiden. Er kehrt zurück nach Deutschland, wohnt und arbeitet hier einige Jahre allein und lebt nun mit einer Frau und deren Kindern aus zwei früheren Ehen zusammen.

- Aufgewachsen in der Großstadt flieht eine Frau in der Kindheit mit den Eltern nach Süddeutschland, lebt dort einige Jahre auf dem Land, später wieder in einer Großstadt. Mit 20 Jahren hat sie ihr erstes Kind, heiratet schließlich den Vater ihres Kindes, hat mit ihm zusammen noch ein Kind, studiert Medizin und noch während des Studiums folgt die Scheidung. Einige Jahre später heiratet sie zum zweiten Mal und bekommt nun noch einmal zwei Kinder.

- Aufgewachsen auf dem Land, durch den Krieg mit der Mutter und Großmutter zur Flucht gezwungen, landet eine Frau wieder in einer Landgemeinde. Es folgt der Umzug in die Großstadt, die Verheiratung und das erste Kind. Hier läßt sie sich wieder scheiden, heiratet zum zweiten Mal und hat mit ihrem Mann ein zweites Kind. Dieser Mann stirbt aber bald darauf und seitdem lebt die Frau mit ihren beiden Kindern und einem dritten Lebenspartner zusammen.

---

100 A.a.O., S. 125.

Entscheidend für das Verständnis solcher Lebensläufe ist, daß es sich hier nicht um Extreme handelt, mit denen die konventionellen Muster verlassen werden. Vielmehr werden hier solche individualisierten Lebensentwürfe thematisiert, die nicht mehr auf Herkunftsschichten und Herkunftsräume fixiert sind. Darin werden dann Sozialbeziehungen hergestellt, verworfen, erhalten, neu aufgebaut, ohne daß der einzelne dabei in jedem Fall auf gewachsene Bindungen zurückgreifen könnte. Im Gegenteil, mit dem Verlassen der sozialen Herkunftsräume geht oft die Lösung der Bindung an die eigene Verwandtschaft einher:

"Hmm, meine ganze Verwandtschaft, ich will heute nichts mehr wissen von meiner ganzen Verwandtschaft. Mir geht es heute gut. Damals als es uns schlecht ging, haben die uns auch nichts gegeben. Jeder hat einen Drum Bauernhof gehabt." (V/16, 1305;372)

"Ja Verwandte eher weniger. ... Meine Eltern kommen zweimal im Jahr, meinen Bruder besuche ich vielleicht alle zwei Jahre mal, wenn wir allerdings mal irgendwo rauf Richtung Norden fahren, wir waren jetzt im letzten Jahr, wenn ich mich entsinne, zweimal in Hamburg hatten wir geschäftlich was zu tun, das war dann so eingerichtet, daß wir beide hinfahren konnten ... Dann habe ich natürlich auch meinen Bruder besucht und einmal auch meine Schwester, die wohnt in (Stadtname)." (Schwiegersohn/13, 1067;524)

Entscheidende Bedeutung kommt dabei auch der Bildungsexpansion der sechziger Jahre zu, die auf breiter Basis zum "Abschied von den klassenkulturellen Bindungen und Vorgaben des Herkunftsmilieus"[101] beitrug.

Für den einzelnen bedeutet diese gesellschaftliche Individualisierung aber nicht nur die Lösung vom Herkunftsmilieu, sondern zugleich auch eine erhöhte Verwertbarkeit im gesellschaftlichen Produktionsprozeß. Man kann prinzipiell überall arbeiten und dort eine Funktion erfüllen. Somit sind es die Gesetze des Marktes, die die Bedingungen für die Individualisierung nicht nur fördern, sondern auch formulieren. Fremdbestimmung ist darin zunächst nicht mehr als Kollektivschicksal, sondern nur noch als Einzelschicksal wahrnehmbar: "Das Kollektivschicksal ist in den klassenzusammenhanglosen, individualisierten Lebenslagen zunächst zum *persönlichen* Schicksal, zum *Einzel*schicksal mit nur noch statistisch vernommener, aber nicht mehr (er)lebbarer Sozietät geworden und müßte aus dieser Zerschlagung ins Persönliche erst wieder zum Kollektivschicksal zusammengesetzt werden. Die Bezugseinheit, in die der Blitz (der Arbeitslosigkeit und Armut) einschlägt, ist nicht mehr die Gruppe, die Klasse, die Schicht, sondern das *Markt-Individuum* in seinen besonderen Umständen."[102]

Damit hängt es auch zusammen, daß diese Entwicklung in der beschriebenen Form bis 1989 in der damaligen DDR nicht in gleicher Weise Geltung beanspruchen kann. Die Modernisierung des Marktes war dort nicht in dem Maße wie im Westen vorangeschritten. Die maßgebliche Kraft war hier ja nicht das Diktat des Marktes, sondern das Diktat der zentralen Planwirtschaft. Die "Fremdbestimmung" war dabei keineswegs geringer, wohl aber ganz anders gelagert:

"Das erinnert mich selbstverständlich an die Mauerzeit, die ich also noch vor der Wende erlebt habe, in Westberlin habe ich also eine Reise unternommen mit meiner Frau, die uns die Kommunisten genehmigt hatten, Kinder mußten wir hier lassen, und dort habe ich das also ganz stark empfunden, das Eingesperrtsein." (V/20, 1487;89)

---

101 A.a.O., S. 128.
102 A.a.O., S. 144.

"Äh, und eigentlich in Berlin, man hat die Mauer gesehen, aber was dann so dahinter war, konnte man ja gar nicht, man ist ja nie bis heran gekommen, nicht? Oder, äh, die S-Bahn halt, fuhr dann auch mal teilweise so durch, also das war dann schon immer, war immer ein bißchen deprimierend." (M/20, 1502;105)

Gegenüber der allgewaltigen Staatsbürokratie war es hier unerläßlich, im eigenen Umfeld, etwa unter Kolleginnen und Kollegen, ein soziales Netz aufzubauen. Damit konnten dann nicht nur manche Gebrauchsgegenstände leichter organisiert werden, sondern es war dies - trotz aller Verstrickungen mit dem Staatssicherheitsdienst - auch ein lebensnotwendiges Element an Vertrauenskultur angesichts eines totalitären staatlichen Gesellschaftsprogramms:

"ich muß sagen, das war ja bei uns in der DDR, in der ehemaligen, eigentlich ganz groß geschrieben, daß die Leute zusammengehalten haben und sich gegenseitig geholfen haben, das ist das, was jetzt oft zitiert wird, aber was wirklich so ist, daß die Leute besser zusammengehalten haben. Manchmal zuviel, das ging dann so, artete dann so aus, daß sich jeder gleich verkumpeln mußte, um irgendwas zu erreichen, immer gleich mit "Du", machst du mir das und kannst du nicht mal, aber der Zusammenhalt war besser. Und auch die Hilfe, so uneigennützige Hilfe war das." (M/19, 1452;524)

In den nachfolgenden Analysen der kirchlichen und religiösen Ausdrucksformen dieser Generation im Erwachsenenalter wird die bisherige Aufteilung in bürgerliche und Arbeiterfamilien noch beibehalten, nicht zuletzt deshalb, um die traditionalen Milieulinien in ihren Veränderungen gegenüber der Kindheit deutlich herausarbeiten zu können.

1. Die sechs Personen aus den bürgerlichen Familien 1, 2 und 14 haben selbst wieder bürgerliche Berufe gewählt: Ärztin, Arzt, Gymnasiallehrerin, -lehrer, Vermessungsingenieur. Sie leben entweder im Innenstadtrandbereich oder aber an der Peripherie der Großstadt, hier in einem Stadtviertel mit Vorstadtcharakter.

Alle drei Familien haben Kontakt zu ihrer Kirchengemeinde, dies jedoch auch innerhalb der Familien in unterschiedlicher Intensität.

Der Vater der Familie 1 hatte seine guten Kontakte über die Jugendarbeit zur Kirchengemeinde nach dem Umzug in Zusammenhang mit dem Studium nicht fortsetzen können. Die intensive Beziehung zur damaligen Gruppe konnte er an neuer Stelle nicht durch anderes ersetzen. Die Mutter der Familie 1 hatte sich in der Kindheit der Kirche durch den Großvater und über die Musik - sie singt seit langem in Kirchenchören mit - genähert. Auch heute konstituiert sich ihr Kontakt zur Kirchengemeinde vornehmlich durch ihre Mitgliedschaft im Kirchenchor.

Der katholische Vater der Familie 2 ist über vieles in seiner Kirche sehr verärgert und hat sich weit von ihr entfernt, nicht zuletzt durch die Verweigerung einer katholischen Trauung mit einer geschiedenen Frau. Er singt ebenfalls seit vielen Jahren in einem hochklassigen evangelischen Kirchenchor mit und hat dort viele Freunde, würde aber nie aus der katholischen Kirche austreten wollen. Die Mutter der Familie 2 bekam zwar durch den Vater einen Kontakt zur Kirche vermittelt, der ihr aber in Jugend und frühem Erwachsenenalter nichts besonderes bedeutete. Näher zur Kirche kam sie erst wieder durch eine Kommunität, zu deren Tagungen sie gerne fährt und wo sie sich sehr akzeptiert fühlt. Das Erlebnis der Gemeinschaft dort ließ sie auch wieder Kontakt zur Ortsgemeinde knüpfen, in der sie zukünftig auch mehr mitarbeiten möchte.

Die Mutter der Familie 14 hatte schon in der Herkunftsfamilie enge Kontakte zur Kirche aufgebaut, die sie nach der Heirat fortführte. Heute ist sie Kirchenvorsteherin, arbeitet aktiv in der Gemeinde mit und nimmt derzeit an einer Ausbildung für kirchlichen Besuchsdienst im Krankenhaus teil. Der Vater der Familie 14 steht der Kirchengemeinde und hier vor allem der Mitarbeit seiner Frau aufgeschlossen gegenüber, ist aber selbst lange nicht so involviert darin. Er betrachtet das Gemeindeleben eher von außen, ohne also direkt daran beteiligt zu sein.

In all diesen Fällen ergeben sich die Kontakte zur Kirche keineswegs aus einer traditionellen Selbstverständlichkeit heraus, sondern stehen in Abhängigkeit zu biographischen Ereignissen und individuellen Entscheidungen. Der Kontakt zur Kirche kann hier, wie etwa bei Familie 14, durchgängig gegeben sein, er kann aber genausogut sich erst ergeben haben, wieder gelöst worden sein oder erst noch verstärkt aufgebaut werden. So wie Brüche auch sonst zum Normalfall der Biographie geworden sind, gibt es also auch hier keine statische Bindung. Die Dinge sind im Fluß.

Auffallend ist die hohe Bedeutung der Verbindung von Kirche und Kultur, hier vor allem in der Form von Musik. So ist nicht nur die Identifikation mit Kirche über den Kirchenchor, sondern auch die musikalische Gestaltung kirchlicher Feiertage wie Weihnachten und Ostern von eminenter Bedeutung. Karfreitag wird etwa mit Richard Wagners "Parsifal" oder der Aufführung einer Bach-Passion in Verbindung gebracht und auch die weihnachtliche Familienfeier wird unter Umständen durch die Musik geradezu getragen:

"und wieder wird sehr viel Wert auf Musik gelegt, am Heiligabend haben wir meistens die Mutter da, hier bei uns, ... und vorher geht diese ganze Familie hier in die [Name-]kirche und hört da beim [Name-]chor-Singen zu, die singen ja immer das gleich jedes Jahr, da kriegt man meine Mutter auch in die Kirche, das einzige mal im Jahr, während ich dann schon das ganze Essen mache, in Ruhe, weil sie alle dann wahnsinnig viel essen wollen, und ein ganzes Zimmer mit Essen und ein Zimmer mit Geschenken ausstatte, und dann kommen alle Nachbarn am Abend, wir singen nochmal mit den Nachbarn, spielen oben Geige und der (Name) spielt Klavier, und dann hab ich einen Neffen, der spielt Saxophon, und wir haben alles, meine Tochter spielt Querflöte" (M/2, 126;696)

Im Hinblick auf die eigenen Kinder kann die Frage nach der Zugehörigkeit zur Kirche einerseits sehr liberal formuliert werden:

"wir hatten eigentlich die Meinung, daß sie sich äh zunächst mal selbst informieren sollte. So daß ich also in der Beziehung, also nicht gesagt habe so jetzt jetzt gehen wir mal in die Kirche oder so und und schauen uns das mal an" (V/1, 62;308)

Andererseits bedeutet diese Toleranz keineswegs, daß nicht auch hier Grenzen gegeben wären. Der oben zitierte Vater sagt zur Frage, ob er einen Übertritt seiner Tochter zur Katholischen Kirche akzeptieren würde:

"Gut, ich meine da hätte ich mit Sicherheit mit ihr darüber diskutiert und gefragt äh, was was da eigentlich der Anlaß ist und äh ich meine, was was mich an der Kirche heute oder Religiosität, sagen wir mal so, stört, äh daß daß äh, daß ich eben diesen Widerspruch zwischen Kirche und Religiosität irgendwo sehe. Und äh für mich ist die katholische Kirche da noch mehr Kirche, noch mehr Amtskirche als die evangelische. ... so daß ich von der Seite her mit Sicherheit probiert hätte sie abzubringen aus diesem. Wenn sie mir allerdings irgendwie plausibel gemacht hätte, daß sie das trotz allem, daß sie das gut findet. Aber ich kann mir nicht vorstellen, daß sie als Elfjährige argumentativ mir das hätte beibringen können." (V/1, 63;332)

Die Vorgabe heißt also doch "Evangelische Kirche", wobei dieser Vater auch in seinem Vorbehalt noch so liberal ist, die Entscheidungskompetenz der Tochter nicht ganz durchzustreichen. Er will es nicht völlig ausschließen, daß sie ihn überzeugen könnte.

Deutlich wird hier aber schon, daß die Einstellung einer kirchlicherseits möglichst unvoreingenommenen religiösen Erziehung keineswegs bedeuten kann, daß nicht auch hier seitens der Eltern Vorgaben existieren, die - mal enger, mal weiter gefaßt - in der religiösen Erziehung eine wichtige Rolle spielen. Zur Vorstellung, ihre Tochter könnte zum Islam übertreten, sagte eine Frau:

"Hm, das wär mir schon furchtbar, das wär mir furchtbar ja, aber ich würd's ihr nicht verbieten, ich würd's ihr nicht verbieten, weil ich, wie gesagt, das würde ich wirklich dann abgeben an Gott, ich würde ihm das abgeben, ich würde mich nicht zerfressen, deswegen." (M/2, 125;639)

Und eine andere Frau zur Frage eines möglichen Kirchenaustritts ihrer Kinder:

"Hm ja, zumindest hätte ich also äh das nicht äh ohne jegliche äh, irgendwelche, es hätte bestimmt sehr heftige Debatten gegeben. Von mir sowohl auch wie von meinem Mann, das werden Sie nachher hören, ganz sicher, also das wäre bestimmt nicht so äh ohne gegangen." (M/14, 1128;474)

Auch wenn also die Eltern die Selbstverständlichkeit einer traditionellen Kirchenzugehörigkeit nicht mehr vermitteln können und wollen, so bedeutet dies keineswegs, daß sie hier überhaupt nicht strukturierend tätig werden. Die Kinder sollen sich selbst entscheiden, aber deren Entscheidung läßt die Eltern nicht unberührt.

Beobachtet man die Gewohnheiten zum Gebet in dieser Gruppe, so ergeben sich zwei unterschiedliche Zugangsweisen. Die einen beten täglich und für sich, die anderen sporadisch bei Gelegenheit. In dieser Gruppe war überdies niemand, der angab, nie zu beten.

Das tägliche Gebet kann sich an einem Buch wie den Losungen orientieren, es kann aber auch völlig frei gestaltet sein und als "ein Gespräch eigentlich mit Gott für mich" (M/2, 129;877) verstanden werden. Daneben treten dann die Gebete bei Gelegenheit, worunter nicht nur der Besuch eines Gottesdienstes, sondern auch ein Hochsitz auf der Jagd gemeint sein können. Und es ist schließlich wieder die Musik eine solche Gelegenheit, deren Erlebnis dann allerdings an die Stelle des Gebets tritt:

"vor zwei Jahren, als meine Mutter starb und ich mit ihr das Mozart Requiem hörte, ich selbst hab nicht mit einem Wort äh auszudrücken, Wünsche oder auch ein gewisser Zustand von Andacht, den man wohl mit, nicht anders als mit Musik in dieser Form, das ist jetzt also nicht jetzt der Genuß von irgendwelchen schönen Tönen, sondern äh die die Momente sind nicht oft, daß man das so hat. Daß man halt das Gefühl hat, das ist intensiver eigentlich als ein Wortgebet, was der Pfarrer vorspricht. Es ist speziell bei den Aufführungen selber. Äh bei den, bei den großen Aufführungen selbst. Es ist nie in den Proben." (M/1, 47;701)

Es ist also nicht nur die Musik an sich, sondern die Haltung, die man dabei einnimmt, die den andächtigen Zustand eines Gebetes herbeiführen kann; hier etwa das Sich-Hineingeben in die Dramaturgie eines Chorwerks, wie es nicht bei den einzelnen Elementen des Werkes in der Probe, wohl aber in der Aufführung selbst möglich ist.

Die Art und Weise des Umgangs mit dem Gebet weist hinüber zu den jeweiligen Gottesvorstellungen. Dort, wo Gott im täglichen Gebet persönlicher Ansprechpartner ist, wird das Vertrauen zu Gott besonders betont:

"ich sehe eigentlich immer in ihm den gnädigen Gott. Nicht einer, der äh, den ich mir durch irgendwelche Dienste, nur dann bekomme ich also Hilfe da, weil ich jetzt das getan habe, und ich muß jetzt das tun äh, nur dann, sondern für mich ist also Gott einfach schon, ich sehe darin, sicher, ich muß meine Gebot äh, die die Gebote, das ist klar, wenn irgendwo da, die sind wichtig, die, aber letztendlich nicht so" (M/14, 1131;621)

Es sind sehr persönliche, ja fast schon intime Bilder, die hier zur Beschreibung der eigenen Beziehung zu Gott gebraucht werden:

"Das ist eigentlich mein Lebensinhalt, das ist das, um das ich mich herumlebe, oder mit dem ich lebe, das ist mein Kern, das ist meine Zukunft, nach dem ich auch alles ausrichte." (M/2, 128;822)

Ist das Gebet dagegen Bestandteil einer spezifischen Situation, so ist die Gottesvorstellung bei den hier befragten Personen distanzierter und auch abstrakter:

"Also von diesem persönlichen Gott bin ich ja ganz ab, also das. Bildlich kann ich das immer noch, als Bild, nicht. Und ich denke, wenn ich das Vaterunser bete, dann ist das auch kein Widerspruch wenn man sich trotzdem eine väterliche Figur vorstellt. Aber ich glaube nicht an einen einen persönlichen Gott, der ein Geschlecht hat, also, äh, das ist natürlich ein sehr langer Prozeß. Und und das kommt so langsam. Ich mein für mich ist das ganze ein großes Mysterium." (M/1, 42;485)

War es vorher das Gefühl des Vertrauen, so ist es hier der Verstand, der im Hinblick auf die Gottesbeziehung im Vordergrund steht. Hier wird dann etwa darauf reflektiert, ob und wie sich der Gottesgedanke mit naturwissenschaftlicher Rationalität verbinden läßt, oder darüber nachgedacht, wie sich die "Schwierigkeiten mit der Dreieinigkeit" (V/14) lösen lassen. Gleichzeitig spielen hier ethische Fragen eine wichtige Rolle:

"Das ist also heute meine, sagen wir mal, meine höchste Instanz, wie man es in der Beamtenhierarchie (Lachen) äh das so ausdrücken kann, oder darf. Äh ich frage mich immer bei, bei äh größeren Entscheidungen, oder bei allen Entscheidungen eigentlich, wo ich, sagen wir mal, Zeit und Muße dazu habe da das zu machen, da frage ich mich immer, ist es richtig oder ist es nicht richtig?" (V/14, 1153;698)

Die Gottesvorstellung wird hier zu einer Frage nach dem richtigen Verhalten. So ist es dann auch konsequent, daß in den Vorstellungen über religiöse Erziehung die Ethik eine vornehmliche Rolle spielt:

"Ich meine eben, daß gerade Kinder, das, merke ich eben auch in der Schule äh eben gar nicht früh genug zu diesem Bewußtsein, daß daß man eben seinen Nächsten lieben soll, was ja für mich der Inhalt eigentlich des christlichen Glaubens ist. Das das versteh ich eigentlich darunter, daß ich das früh mit ihr, mein Mann eben auch, sehr gemacht habe. Ohne jetzt immer gleich zu sagen, Jesus hat das so gesagt." (M/1, 45;607)

"Der Inhalt des christlichen Glaubens" wird hier von der Nächstenliebe als dem Umgang der Menschen miteinander her bestimmt. Die Abwehr des Verweises auf Jesus soll dabei bewirken, daß das Handeln nicht bloß aus Tradition, sondern aus eigener Entscheidung heraus begründet wird. Die diesem Umgang aber vorausliegende Beziehung Gott-Mensch wird dabei nicht mehr thematisiert.

Ethische Fragen kommen durchaus auch in den persönlich gehaltenen Gottesvorstellungen zur Sprache. Hier wird allerdings zwischen Gottesvorstellung und Ethik die Annahme des Menschen durch Gott geschoben. Ethisches Verhalten wird damit als Konsequenz aus Gottes Tun konstruiert:

"Jetzt fällt mir so ein, jetzt fällt mir halt der verlorene Sohn und der Weinberg und so was ein, wo Gott sich um den Einzelnen so kümmert, das hat mich immer so gerührt, daß er sich um den Einzelnen, um den Verlorenen so kümmert, und daß es für niemanden da zu spät ist, und diese Gerechtigkeit Gottes, die hat mich am meisten gerührt, daß das überhaupt nichts gemein hat mit der Gerechtigkeit der Menschen, weil die Gerechtigkeit der Menschen, die hasse ich, die ist mir einfach so borniert, erscheint mir die. Und die Gottesgerechtigkeit, die geht mir viel mehr ein, diese Langmut, die Chance bis zum letzten Augenblick, die kommt mir viel mehr entgegen als die Abrechnung und das Urteil, und all diese Dinge, die ich so, davon erzählen, daß es nie zu spät ist, und daß man so sein kann, wie man eben gewesen ist, nicht wie man will, sondern wie man gewesen ist, und sich alles zu Schulden kommen lassen kann, und nicht verloren ist, diese Gleichnisse gefallen mir gut." (M/2, 128;792)

Aus der Gerechtigkeit Gottes, die der Annahme des Menschen gilt, ergeben sich dann die Maßstäbe für das eigene Leben im Ungang mit anderen Menschen. Gegen die "Abrechnung" und das "Urteil" gewährt sie die "Chance bis zum letzten Augenblick", die jedem Menschen gilt.

Und auch hier passen sich dann die Überlegungen zur religiösen Erziehung diesem Bild ein:

"Ich hab nicht 'Lieber Gott, mache mich fromm' mit ihnen gebetet, sondern formlos, ich hab mich so bezogen - das weiß ich noch - auf den Tag, auf den Tag, was so ist, was so gewesen ist, was sie interessieren könnte, aber es war kein großes Interesse von den Kindern da. ... Sie haben lieber eine Gute-Nacht-Geschichte gehört, oder was vorgelesen bekommen, und ich hab gedacht, ich mache auch bloß ganz wenig, damit sie - ich hab ihnen auch mal etwas aus einer Kinderbibel vorgelesen, so eine Geschichte, das war schon mal besser - damit sie keine Aversion bekommen. Ich wollte ihnen nichts aufdringen, ich hab mir so gedacht, wird schon der Weg gefunden, wenn's so sein soll." (M/2, 124;623)

Die religiösen Elemente werden hier bezogen auf das, "was so gewesen ist", also auf alltägliche Lebensvollzüge. Bemerkenswert daran ist vor allem, daß bei der Frage nach dem Erfolg dieser Bemühungen wiederum das Vertrauen in Gott anklingt, das damit selber ein Bestandteil jener religiösen Erziehung geworden ist.

2. Die 12 Personen aus den Arbeiterfamilien geben als Beruf an: Schreiner, Schneider, Arbeiterin, Montageschlosser, Hausmeister, Maler, Detailkonstrukteurin, Ingenieur, kaufmännischer Angestellter. Keineswegs bleibt diese Personengruppe damit im Erwachsenenalter auf ein gemeinsames Arbeiter-Milieu bezogen. Trotzdem zeigen sich im Verhalten gegenüber der Kirche auch hier auffällige Parallelen.

Im Erwachsenenalter weist dieser Personenkreis - mit einer Ausnahme - eine große Distanz zur Kirchengemeinde auf. Zwei der befragten Personen sind inzwischen aus der Kirche ausgetreten und auch die drei Katholiken in dieser Gruppe stehen in großer Distanz zur Kirche.

Der Gottesdienst wird hier selten bis gar nicht besucht, wobei mehrfach gesagt wird, daß der Sonntagsgottesdienst für die eigene Religiosität nicht von Nöten ist:

"Weil das mit Kirche gehen, ich sag' Ihnen bloß ein Beispiel von meiner Tante, der ihre Mutter, gut, die war katholisch, die ist jeden Tag in die Kirche, wenn's pressiert hat, zweimal. Aber sowas von einer bösen Frau wird es nicht noch einmal geben, wie die gewesen ist. Das harmoniert doch nicht zusammen, oder? Also, und deswegen sag ich, beten muß ich nicht in der Kirche. Und auf das, also, kann ich ehrlich verzichten." (M/6, 492;297)

Hier wird also betont, daß die moralische Integrität nicht automatisch auf Seiten der Kirchgänger zu finden sein kann und andererseits eben die Notwendigkeit des Gottesdienstes für die eigene religiöse Beziehung zu Gott in Frage gestellt. Das gleiche Bild zeigt sich auch im Hinblick auf Weihnachtsgottesdienste, wo wiederum anhand der Argumentation deutlich wird, daß die Kirchgänger die "anderen" sind und man selbst dessen auch nicht bedarf:

"Wir sind zwar einige Male zur Kirche gegangen mit den Kindern. Aber die Kirche ist am Heiligabend derartig voll, daß ich mir dann gedacht habe, Mensch, überlaß die Kirche am Heiligen Abend den Leuten, die sowieso immer zur Kirche gehen, weil ich es dann irgendwo nicht richtig find, wenn man einmal im Jahr dann zur Kirche geht. Ich weiß nicht, ob Sie das verstehen, aber das ist wirklich so." (M/5, 396;482)

Der Nicht-Kirchgang an Weihnachten kann geradezu zur Ausdrucksform der Distanz zur Kirchengemeinde werden. Deutlich wird die symbolträchtige Bedeutung dieses Nicht-Gehens an einem Aussiedler-Ehepaar, für das in Siebenbürgen das Weihnachtsfest ohne Kirchgang nicht denkbar gewesen wäre. Da sie sich in der Kirchengemeinde am neuen Wohnort in Deutschland nicht recht einleben können, haben sie den Kirchgang an Weihnachten durch ein intimes Familienszenarium ersetzt: sie besuchen die Gräber der hier verstorbenen Großeltern und vom Vater des Ehemannes:

"Nein, genau so. Genauso das Essen, das wir immer gegessen haben und das wir immer gemacht haben, so machen wir es auch jetzt, nicht, und äh die, alles alles genau so, nur ist es also, ist es jetzt bißchen anders hier, wir gehen da, da sind wir ja in die Kirche immer gegangen, und hier gehen wir nicht in die Kirche. Also wir waren aber heuer, waren wir am Grab von meinem Schwiegervater und Großeltern zuerst. Also die ganze Familie, unsere Familie, meine Schwiegermutter und sind dann zu uns gekommen." (M/15, 1239;281)

Auch an Karfreitag wird von den Familien dieser Gruppe nicht berichtet, daß sie in den Gottesdienst gingen, wohl aber wird wiederum der protestantische "Ehrenkodex" betont: sie arbeiten nicht und essen an diesem Tag auch kein Fleisch:

"Nein also ich plädiere immer dazu, am Karfreitag kein Fleisch zu essen, das machen wir auch, das machen wir auch. Karfreitag gibt es bei uns nur Fisch. Es ist zwar, ich glaube es ist einmal passiert, daß aus Versehen, weil wir da nicht drüber gesprochen haben, auch da was vorgesehen war, aber ich habe da nicht gegessen. Das ist, das ist drin." (V/5, 410;396)

Sieht man auf die angegebenen Gründe für die Distanz zur Kirche, so fällt bei den drei Katholiken aus dieser Gruppe zunächst auf, daß hier immer von Konflikten im Lebenslauf mit der Institution Kirche erzählt wird: Schwierigkeiten bei der Heirat mit einer evangelischen Frau, Schwierigkeiten wegen einer Scheidung, Schwierigkeiten mit einem bestimmten Pfarrer etc. Die Kritik an der Kirche ist scharf, führt aber auch hier nicht zum Austritt:

"Im Katholischen da ist halt, mei, man weiß ja selber, was oft im Vatikan unten früher passiert ist, was heute passiert noch, und und das sind unsere äh Vorgesetzten dann in der katholischen Kirche, das der Papst äh mei, es gibt schlechte und gute Päpste und auch gute Pfarrer und und schlechte. Aber was die uns da unten in Rom, das akzeptiere ich heute noch nicht. Ich, ich sage, ich kann ein guter Christ sein, ohne daß ich in die Kirche gehe" (V/16, 1306;407)

Die Macht der Kirche kommt hier ins Spiel, der gegenüber die Autonomie des religiösen Subjekts geltend gemacht wird.

Im evangelischen Bereich ist es vorwiegend das Argument der mangelnden Zeit, das hier als Grund für den geringen Kontakt zur Kirchengemeinde angegeben wird. Eine Arbeiterin hierzu:

"Sie, ich komme abends von der Arbeit heim, und der Haushalt und alles Drum und Dran, also da bin ich ehrlich ausgelastet genug. Weil ich gehe um viertel nach sechs aus dem Haus und komme, viertel nach vier komme ich dann heim, also bis ich gewaschen und gebügelt und das ganze Zeug, was dazukommt, und ich sage beten kann ich daheim auch, da muß ich nicht in die Kirche gehen." (M/6, 486;180)

Das bedeutet, daß der eigene Lebensentwurf eben mit anderen Dingen angefüllt ist, die eher mit dieser Alltagsstruktur konform gehen. Hinzu kommt, daß der in Kirchengemeinden wahrgenommene Lebensstil nicht als zum eigenen passend wahrgenommen wird:

"Schau, was der heute an hat, ui, der hat schon wieder was anders an, so ist es doch heutzutage, Modenschau in der Kirche, und beten kann ich daheim genauso." (M/6, 485;160)

Auch hier ändert sich das Bild wieder, wenn die eigenen Kinder in den Blick geraten. So legt die eben zitierte Mutter großen Wert darauf, daß alle ihre Kinder nebst Enkelkind getauft und konfirmiert worden sind. Ein Austritt aus der evangelischen Kirche wird in der Regel ebenso abgelehnt wie ein Übertritt zur katholischen Kirche. Dabei betonen die Eltern mehrmals, daß sie letztlich einen Austritt der Kinder wohl akzeptieren müßten. Ein Vater, dessen Tochter diesen Schritt tatsächlich getan hat, hierzu:

"Ja, nicht gut. Ich habe da eigentlich, puh ich habe da eigentlich irgendwo einen äh, einen sehr großen äh eine sehr irgendwo eine Niederlage äh bei mir festgestellt, nicht. Aber darüber bin ich auch drüber hinweggekommen. Nur mei, das ist halt so, das ganze Leben lang ist das ja wie ein roter Faden, hat sich das durchgezogen. Und die (Name) war ja auch am Anfang wirklich mei, ich möchte nicht sagen direkt fromm, aber die ist gerne in die Kirche gegangen, die war auch so mal auch mit äh in dem Kreis da in der Kirche, später noch mit Behinderten zusammen und die ist weit über die Konfirmation raus, ist die da in die Gruppen gegangen, nicht. Und dann auf einmal dieser abrupte Wechsel. Aber das war auch bedingt durch den Freundeskreis in dem sie war. Und dann hat man kaum noch irgendwo einen Einfluß, da ran zu kommen." (V/5, 409;311)

Letztlich mußte also auch hier der Vater die Entscheidung seiner Tochter akzeptieren. Deutlich wird an dieser Frage nach dem hypothetischen oder tatsächlichen Kirchenaustritt der Kinder, daß hier insgesamt das Zugehörigkeitsgefühl zur Kirche weit größer ist, als es das Teilnahmeverhalten in der Kirchengemeinde erwarten ließe.

Dies gilt zumindest auch für einen der beiden Fälle der Ausgetretenen in dieser Gruppe. Diese Frau hatte in der Großstadt nie einen näheren Kontakt zur Kirchengemeinde, bis auf das eine Mal, als ein evangelischer Pfarrer ihren muslimischen Mann beerdigte, was sie diesem Pfarrer hoch anrechnete. Ihr Kirchenaustritt war ein Wunsch ihres zweiten Mannes, der selber ohne Bekenntnis war. Mit ihrem Glauben hatte der Austritt nichts zu tun:

"Nein, das wollte einfach mein Mann so haben, der zweite, der war, glaub ich, gar nicht getauft, oder was, was weiß ich. Ich mein, ich geh in meine Kirche, gell, ich wenn daheim bin, geh ich schon manchmal mit in die Kirche, warum soll ich nicht in die Kirche gehen?" (Schwester der Mutter/3, 200;339)

Nicht zufällig spricht sie hier von der Kirche in ihrem Heimatort. Denn die Kirchengemeinde in der Großstadt war für sie auch kein Hinderungsgrund für den Austritt. "Kirche", das blieb die Kirche ihrer Kindheit zu Hause und diese hat sie im Grunde genommen nie verlassen.

Anders dagegen der zweite Ausgetretene, der dies sehr bewußt aus steuerlichen Gründen tat. Aber auch hier sind durchaus religiöse Elemente in seinem Denken und Handeln vorhanden:

"Aber ich denke schon auch, daß es da eine Institution gibt und daß es da einen gibt, wie den lieben Gott, wir haben ihn damals immer so bezeichnet als ich noch kleiner war und äh hin und wieder rede ich halt mit ihm. Ich scheue mich auch nicht in irgendeine katholische Kirche zu gehen und da mal eine Kerze anzuzünden, nun für den (Name des Sohnes) oder für uns drei." (Schwiegersohn/13, 1068;590)

Insofern hatte er auch keine Probleme, der Taufe seines Sohnes zuzustimmen. Das, worauf in anderen Interviews an dieser Stelle immer wieder hingewiesen wird, bestätigt sich auch hier. Kirche und Religiosität sind keineswegs immer schon verknüpft, sondern deren Verhältnis bestimmt sich nun individuell aus der jeweiligen Lebenslage heraus, ohne daß dabei ein für allemal entschieden werden könnte.

Das gilt in ganz ähnlicher Weise auch für das Gebet. Während ein Teil der Gruppe angibt, gelegentlich zu beten, berichtet ein anderer Teil vom täglichen Gebet. Schließlich kommen hier noch Aussagen dazu, daß man "eigentlich nie" betet.

Wer aus dieser Gruppe täglich betet, hat dies seit den Kindertagen beibehalten. Das kann sich dann darstellen als eine selbstverständliche Gewohnheit, die von Zeit zu Zeit mit besonderen Inhalten gefüllt wird, das kann aber auch Ausdruck für die zentrale Stellung sein, die das Gebet in der jeweiligen Religiosität hat:

"Ob die (Tochter) vor dem Abitur war, ob sie vor einer Schulaufgabe war sonst was, ich bin immer in die Kirche rein und habe intensiv gebetet. Und ich habe, ich habe dran geglaubt. Also ich glaube an das Gebet. Und ich glaube auch, daß er mir bisher viel geholfen hat." (M/13, 1027;177)

Für das Gebet bei Gelegenheit wird an erster Stelle wiederum der Gottesdienst in der Kirche genannt, dann aber auch die verschiedenen Situationen, in denen sich der einzelne vornehmlich Beistand erhofft, bzw. für erlebten Beistand dankt:

"Auch in der Arbeit, wenn ich halt oft sehe, daß die anderen sind, dann gehe ich also, jetzt bist du aber knapp an einem Sturz vorbeigegangen, dann danke ich schon. Da, ich habe schon einen Schutzengel gehabt, auch damals wie ich mit, mit elf, zwölf Jahren als ich bei den Bauern war. Da gibt es doch die schweren äh Walzen. Ich habe meine Ochsen gespannt gehabt, ich sitze hinten drauf, falle ich runter, rutsche aus, komme unter die Walze, Kartoffel- Kartoffelbeete Furchen, alles ein bißchen glatt gewalzt. Und die, die Ochsen haben mir nie gehorcht. Ich habe geschrieen "ho" waren sie sofort gestanden. Und das denke ich heute noch dran, an dies, an dieser Arbeit am Feld, bin ich heute noch, hast doch einen Schutzengel gehabt. Ja da wäre ich tot, da wäre ich, die Walze über mich drüber, dann wäre ich, wäre ich weg gewesen. (Pause) Da denke ich heute noch dran, das vergesse ich nie, das ist wie also, wenn es gestern gewesen wäre." (V/16, 1309;536)

Die Gewißheit, einen "Schutzengel" zu haben, führt der Mann noch heute auf dieses Erlebnis zurück. Dies ist ein wichtiger Bestandteil seiner Religiosität. Denn das gelegentliche Dankgebet rührt von dieser Erinnerung her und verbindet neue Situationen mit diesem, für ihn paradigmatischen Erlebnis.

Freilich kann solches Beten nicht für die Gruppe als ganzes gelten. Auch hier gibt es Aussagen, wonach die Distanz zum Gebet sehr groß ist, nicht zuletzt deshalb, weil die Existenz Gottes überhaupt in Zweifel gezogen wird:

"Heute? Heute stell ich das manchmal sehr in Zweifel, ob es überhaupt Gott gibt, ehrlich gesagt, bei einer Geburt von einem kleinen Kind oder einem kleinen Tier oder sonst was, da denk ich mir, es muß eigentlich etwas Höheres geben, aber wie ich manchmal seh, wie Menschen geplagt sind, was die durchhalten müssen, wie die, kleine Kinder, wenn die z.B. schwer krank sind, dann denk ich mir, gibt's sowas überhaupt? Kann man das überhaupt zulassen? Wenn's Gott wirklich gibt, kann er das denn zulassen, daß so ein unschuldiges Wesen, das Krebs hat meinetwegen oder sonst irgendwas, ich weiß es nicht. Ich stell das schon sehr in Zweifel." (M/5, 397;530)

In ihrer Kindheit hatte sie noch geglaubt, daß Gott auf das Handeln der Menschen sieht:

"Na, ich hatte immer das Gefühl, daß, wenn man etwas Schlechtes tut, daß er das genau sieht, das, was man halt als Kind immer eingetrichtert kriegt. Ich hatte immer das Gefühl, man muß einfach so leben, wie er es eben vorgeschrieben hat, wie man es halt immer gesagt gekriegt hat, nicht." (M/5, 393;365)

In der Gegenwart schwingt da nun Enttäuschung mit. Gott mag das Schlechte sehen, aber was nützt das, wenn er nichts dagegen tut? Angesichts ihrer Solidarität mit dem Leiden in der Welt ist es ihr später nicht geglückt, eine solche Gottesvorstellung zu modifizieren. Gleichzeitig kann sie aber an der alten Gottesvorstellung nicht mehr festhalten. Zu wem könnte sie da beten?

Gebet und Gottesvorstellung hängen also auch hier eng zusammen. Von den anderen befragten Personen in dieser Gruppe wird Gott entweder als Helfer oder als Mächtiger schlechthin vorgestellt. Gottes Macht kann dabei bedrohlich wirken, etwa wenn ein geschiedener Katholik noch nach Jahrzehnten mit der Frage hadert, was passiert, wenn er dereinst wegen seiner Scheidung vor dem Richterstuhl Gottes steht. Aber Gottes Macht kann auch der Grund dafür sein, schwere Lebenssituationen ertragen zu lernen. Eine Frau, die den Tod ihrer erwachsenen Tochter zu verarbeiten hat, bringt dabei Gott wie folgt ins Spiel:

"Na, manchmal habe ich schon gefragt, warum. Habe ich schon manchmal gefragt, aber er wird schon wissen warum." (M/6, 487;212)

Sie hat diese Frage, wie sie den Tod ihrer Tochter sinnvoll in ihr Lebenskonzept einordnen könnte, nicht verdrängt. Die Antwort, die sie darauf gefunden hat, ist, daß sie es in Gott zurücklegen kann. Daß sie sich damit begnügt, ist eine große Vertrauensvorgabe in die Macht Gottes, die für sie also auch da noch hineinreichen kann, wo Menschen dies nicht mehr zu erkennen vermögen: "er wird schon wissen warum". Auf diese Art und Weise verbindet sich also hier die Macht Gottes mit seiner Hilfe für die Menschen.

Das Bemerkenswerteste an diesen Geschichten ist aber vielleicht, daß all dies bei einer grundsätzlichen Zugehörigkeit zur Kirche weithin abseits von den Kirchengemeinden gelebt und gedacht wird. Eine Aussiedlerin formuliert dies so:

"ich gehe halt nicht so in die Kirche, aber ich äh glaube sehr an Gott das." (M/15, 1237;186)

Auch wenn die spezifische Form ihrer Religiosität mit der der anderen aus dieser Gruppe nur wenig vergleichbar ist, so steht ihre Aussage doch für viele. Es ist dies eine Religiosität, in der biographische Stationen und die damit verbundenen Erfahrungen einen hohen Stellenwert haben. Offensichtlich können sie diese Religiosität außerhalb herkömmlicher Gemeindestrukturen besser entfalten als innerhalb. Daß sie dabei in der Verbindung von Leben und biblischer Botschaft ein gehöriges Maß an Kompetenz entwickeln können, zeigt die Antwort einer Arbeiterin auf die Frage nach einer biblischen Geschichte, die ihr etwas bedeutet:

"Mhm, David und Goliath. Daß sich der Kleine nicht unterkriegen läßt vom Großen." (M/6, 486;203)

3. In der Eltern-Generation der Familien aus der ehemaligen DDR finden sich folgende Berufe: Lehrerin, Krankenschwester, Maschinenbau-Ingenieur, Heimleiter, Chemiker, Medizinisch-Technische Assistentin, Kinderdiakonin. Die Stellung der Kirche läßt sich in diesem Personenkreis in dreifacher Weise beschreiben. Da gibt es erstens eine deutliche Distanz zur Kirche, zweitens eine Nähe zu frommen Gemeinschaften und drittens eine Nähe zur Volkskirche.

Frau M/17 gehört heute zur Gruppe der kirchlich Distanzierten. Sie hatte in der Jugendzeit sehr bereichernde Erfahrungen in der "Jungen Gemeinde" gemacht, die sich jedoch durch Studium und berufsbedingtem Ortswechsel nicht fortsetzen ließen. Als sie Jahre später wieder in ihre alte Gemeinde zurückkam, fand sie den Anschluß nicht mehr:

"das ging eigentlich dann schon los, daß wir uns bißchen von der Gemeinde gelöst haben, als meine Großmutter alt wurde. Da sagte sie manchmal, da geht hier unten der Herr Pfarrer vorbei, da geht die Frau so und so vorbei, die vom Frauendienst ist. Die wissen alle, daß ich nicht mehr kommen kann, aber es kommt keiner. Ja, da wurde das alles hier in der (Stadtteil)er Gemeinde bißchen anders. Und man fühlte sich nicht mehr so zugehörig. Von mir aus dann, daß ich jetzt nun erst mal durch das Studium, und dann in meinen ersten Dienstjahren dann hier nicht mehr da war. Und ich habe dann von mir aus auch nicht so mehr die Kurve gekriegt, jetzt wieder richtig dabei sein zu wollen." (M/17, 1350;330)

"Nicht mehr zugehörig fühlen" bedeutet hier wohl beides: einerseits die Erfahrung, daß man aus der Struktur der Gemeindepraxis vor Ort herausgefallen ist und nun "keiner mehr kommt". Andererseits bedeutet dies aber auch die Orientierung an neuen Lebenskreisen, etwa dem Beruf, was schließlich dazu führt, daß man auch selbst nicht mehr "die Kurve gekriegt" hat. Die Kirchengemeinde verliert hier also ihre Bedeutung als sozialer Ort. Gegenüber dem ebenso intensiven wie intimen Gemeinschaftserlebnis von früher wird jetzt konstatiert:

"Und es ist wohl auch nicht mehr so, es ist, es läuft vieles so aneinander vorbei. Sicherlich ist das in einer Großstadt hier jetzt anders, weiß nicht, ob es überall so ist und, ja, lassen wir es dabei (Lachen)." (M/17, 1350;338)

Auch wenn Frau M/17 nun nur noch sporadisch, etwa an einem kirchlichen Feiertag zum Gottesdienst geht und fast im Sinne eines Geständnisses bekennt, zusammen mit ihrem Sohn viele Jahre Weihnachten gefeiert zu haben "wie eben eine Familie, die nicht zur Kirche gehört" (M/17, 1350;358), so bedeutet dies keineswegs, daß sie ihren Glauben nun nur noch in der privaten Vereinzelung lebt. Vielmehr schafft sie sich selbst in ihrem Umkreis neue Gemeinschaftsformen, die einerseits sehr intim, andererseits aber auch sehr fragil sind:

"Wir saßen mal zusammen, äh drei Kollegen mit ihren Ehepartnern, wir hatten uns immer so reihum getroffen, und hatten die Bibel auf dem Tisch liegen, da klingelt es, kam der stellvertretende Direktor, wollte zufällig bei der Kollegin äh irgendwas nachfragen, war irgendwas wichtiges. Und "setz dich nur mit hierher" und bums bums bums, und das lag das nun alles da, wir haben, hatten uns halt das angekuckt (Lachen). Bißchen eine eigenartige Situation." (M/17, 1349;296)

Das Typische an dieser, ja doch als bedrohlich empfundenen Situation war wohl, daß hier zwar keine massive Verfolgung zu befürchten war, aber gleichzeitig niemand wußte, ob es nicht doch für den einzelnen Folgen haben könnte:

"Sie haben es, ja, ich, ich weiß es manchmal nicht. Sie haben zumindestens nicht gefragt, man mußte es dann nicht noch mal, wie heute das also jetzt dann gleich auf, auf der Lohnbescheinigung steht, eben welche Konfession und so weiter, das war dann, war nicht, natürlich, die, die werden es schon gewußt haben und haben dann vielleicht auch ein bißchen stillschweigend drüber weggesehen. Sie wußten es dann schon." ((M/17, 1349;292)

Die Eltern der Familie 18 gehören zur zweiten Gruppe, die sich durch eine Nähe zu frommen Gemeinschaften auszeichnet. Hier ist es die Heilsarmee, die von beiden inzwischen der Kirche vorgezogen wird. Für Herrn V/18 als ehemaligen Bausoldat wie auch Frau M/18 als Kinderdiakonin war schon in früheren Jahren eine distanzierte Einstellung gegenüber dem Staat aus einer christlichen Einstellung heraus charakteristisch. Kirche war für die beiden eine Art Insel, die ein freieres Zusammensein ermöglichte:

"Als, nein, zu DDR-Zeiten war die Kirchengemeinde so ein Ort, wo sich Jugendliche sammeln konnten, die die, also wo sie sprechen konnten, so wie sie wollten, wo sie mal das sagen konnten, so wie sie es dachten. Und da war die Kirche für mich auch was, wo ich mich wohl gefühlt habe." (M/18, 1392;240)

Nach 1989, als der Zusammenbruch des Staates auch die Rolle der Kirchen in der DDR notwendigerweise veränderte, entwickelte sich ihrer Meinung nach eine Art "Staatskirche", die den bisherigen Gemeinschaftscharakter zunichte machte. Die gegenwärtige Situation in der Ortsgemeinde ist für beide zuwenig von Engagement und zu sehr von einer Versorgungsmentalität der Hauptberuflichen gekennzeichnet. Sie wünschten sich eine Kirche der Entschiedenen, die sich dann auch deutlich vom Weltengetriebe unterscheidet, wie es etwa Frau M/18 voll Begeisterung von der Heilsarmee berichtet:

"das entspricht eher meiner Vorstellung von Gemeinde, weil man dort das Gefühl hat, es ist jeder willkommen und es wird jeder angenommen, so wie er ist und die Mitarbeiter dort bringen sich sehr ein, kümmern sich um die Kinder, um die alten Leute, gehen den sogenannten Asozialen nach und man hat das Gefühl, daß dort lebendiger Glaube gelebt wird und wenn die vorn stehen und predigen, dann kommt was rüber, die bringen die Botschaft so strahlend rüber, also so richtig, man merkt, daß ihnen das was bedeutet, und daß sie nicht bloß jetzt ihre Zeit da abarbeiten oder absitzen." (M/18, 1393;258)

Dort finden sie nun wieder den kleinen Kreis der Gemeinschaft, den sie vorher so an der Insel-Situation der Kirche schätzten.

Der dritte Typ von Kirchenzugehörigkeit wird schließlich durch Familie 20 repräsentiert. Herr V/20 war Mitglied im Kirchenvorstand seiner Kirchengemeinde, konnte diese Arbeit aber durch die berufliche Belastung nicht mehr fortführen. Sowohl er wie auch seine Frau haben eine hohe Meinung von ihren beiden Ortspfarrern:

"Er ist also fußballinteressiert, ich treffe ihn auf dem Fußballplatz, er spielt dort selber mit, er ist für mich vor der Wende immer eine Persönlichkeit gewesen, die also, äh, Musikgruppen, jetzt kommt das wieder, die Gelegenheit gegeben hat, andere Texte zu singen, anderes zu üben und aufzutreten. Er hat sich also damit auch immer einer Gefahr ausgesetzt, umgeben von der Stasi, er hat ja auch Briefe gekriegt und Vorladungen, das weiß ich, und er hat das immer alles abgeblockt und das selber abgefangen." (V/20, 1491;262)

"es ist gut, daß sie da sind, sagen wir mal so." (M/20, 1506;279)

Die Eheleute sind im Moment nicht aktiv an der Gemeindearbeit beteiligt, haben aber aus ihrer eigenen Reserviertheit gegenüber dem Staat ein Zugehörigkeitsgefühl zur Gemeinde entwickelt, welches nicht so sehr auf der Gemeinschaft einer intimen Gruppe als vielmehr auf der guten Beziehung zu den Pfarrern beruht:

"Pfarrer (Name) ist für mich eine ganz starke Persönlichkeit, was soll ich sagen, so eine Persönlichkeit habe ich eigentlich in meinem Leben selten kennengelernt." (V/20, 1491;260)

Beide respektieren die Arbeit der Pfarrer und identifizieren sich dadurch auch mit der Gemeinde. Soziale Erwartungen im Sinne der Gemeinschaft einer intimen Gruppe haben sie nicht. Gemeinde, das ist für sie ein Ort, den man gerne aufsucht, ohne daß sich dort der eigene Freundeskreis focusiert hätte:

"daß man eben dort halt immer Leute getroffen hat, die, wo man wußte, mit denen stimmt man überein und die waren eigentlich immer sehr nett" (M/20, 1506;275)

Davon mag es dann in der Großstadt mehrere solcher sozialen Bezugspunkte für das Ehepaar geben. Das spezifische Profil des Ortes Kirchengemeinde jedoch steht und fällt für diese beiden mit der Person des Pfarrers.

Diese drei Typen der Kirchenzugehörigkeit setzen sich im Hinblick auf die Erziehung der Kinder nahtlos fort.

In Familie 17 und 19 wurden die Kinder zunächst nicht getauft. Hier wollten die Eltern dies bis zu einer Entscheidung der Kinder offen lassen, die sich dann später auch alle taufen ließen:

"Und die sind auch beide als kleine Kinder nicht getauft, das haben sie später nachgeholt, beide, dann haben wir gesagt, entscheidet euch wenn ihr selber soweit seid, und ob ihr es so machen wollt, was ihr davon haltet oder ob ihr es nicht machen wollt." (M/19, 1442;46)

In Familie 18 sind alle Kinder nach der Geburt getauft worden. Einem Austritt ihrer Kinder aus der Kirche würden jedoch beide Eltern heute sofort akzeptieren:

"Da hätte ich nichts dagegen. So wie die Kirche sich jetzt darstellt." (M/18, 1392;236)

In Familie 20 wurden die Kinder ebenso getauft, einem möglichen Austritt der Kinder steht hier die Mutter zögerlich gegenüber und verweist auf die guten Erfahrungen mit der Kirche:

"Ach so, ja, hm, könnte ich jetzt gar nicht sagen, ja, hm, ja vielleicht ist es so, die Beziehung zur Kirche war ja auch immer so, daß gerade mit Herrn (Name) halt, daß (Name der 1. Tochter) da eigentlich, äh, dort in der Jungen Gemeinde und so viel, viel, äh, Bewegungsfreiheit gehabt hat, was sie eben dort aussprechen konnte und jetzt ist die Situation natürlich vielleicht ein bißchen anders, ich weiß nicht, ob sie das jetzt vielleicht mal sagen würde oder so. Die Kirche hatte ja für uns ein bißchen, also so, wie ich immer Kirche empfinde, daß sie eben eine gewisse Schutzfunktion für jemanden hat, äh, der, ja der eben in dem Staat nicht so zurechtkommt und das ging hier, nicht. Und dadurch ist vielleicht das Verhältnis, ich weiß nicht, denn, denn mit dem richtigen Glauben ist es ja eben schwierig, wie ich vorhin schon sagte. Nicht? Daß man dann eben daran eben zweifelt. Nicht? ... Ich weiß nicht, ob ich (Name der 1. Tochter) dann sagen würde, ja, es ist eben so, es ist eben doch eine gewisse Tradition drin, ich weiß gar nicht, ob, bei meinen Eltern, wir wurden getauft, wir sind in den Religionsunterricht gegangen, also, in den Konfirmandenunterricht war das ja bei uns, wir haben kirchlich geheiratet und da würde man gar nicht auf die Idee kommen." (M/20, 1506;252)

Das Merkmal Kirchenzugehörigkeit wird also im Hinblick auf die Kinder in keinem der Fälle der Beliebigkeit preisgegeben, sondern - wie auch nicht anders zu erwarten - entsprechend der eigenen Position bedacht. Darin kann man nun durchaus auch den Versuch der Vermittlung von Traditionen sehen.

Auch im Bereich der Religiosität läßt sich diese Gruppe nach der bisherigen Aufteilung beschreiben. Frau M/17 und Frau M/19 geben beide an, manchmal zu beten. Ihre Gottesvorstellung hat sich nach eigenen Angaben gegenüber der Kindheit nicht verändert. Für Frau M/17 ist Gott immer noch der ethische Maßstab, an dem sie ihr eigenes Verhalten prüft:

"Eigentlich dann doch noch der Maßstab. Kannst du, kannst du bestehen? Was ich da so mache." (M/17, 1351;391)

Sie empfindet Gott gegenüber sowohl Dankbarkeit dafür, daß bisher alles "so gut gelaufen" ist, als auch "eine gewisse Ehrfurcht" (M/17, 1351;396). Darin zeigt sich aber, daß Gott hier nicht nur der ethische Maßstab sein kann, sondern auch derjenige, der seinen Beistand gewährt.

Auch Frau M/19 hält an der Formulierung fest, die sie schon für die Gottesvorstellung in der Kindheit gebraucht hat:

"Eigentlich noch das gleiche, was ich vorhin gesagt habe, das absolut übergeordnete Wesen." (M/19, 1452;532)

Für die Kindheit gab sie an, gegenüber diesem mächtigen Gott auch Ohnmachtsgefühle zu besitzen. Jetzt formuliert sie, daß Jesus Christus der "Vermittler ist zu Gott für uns" (M/19, 1452;539), angesichts obiger Formulierung wohl eine unerläßliche Funktion, wenn Gott den Menschen auch nahe sein soll. Dieser Glaube ist ihr sehr wichtig, und sie hat auch versucht, ihn an ihre Kinder weiterzugeben. Der Kirchengemeinde ist sie durch diese Glaubensvorstellungen aber nicht näher gekommen:

"Ich finde Christsein schön, aber Kirche schrecklich. Finde ich absolut furchtbar, muß ich sagen. Und da bin ich bis heute in einem Zwiespalt, ich lehne zwar das Christsein nicht ab, finde aber, daß man im täglichen Leben auch ohne Kirche sehr viel tun kann. Das ist natürlich ein blöder Standpunkt, sagen die Kirchenleute, aber." (M/19, 1451;473)

Für ihre Vorstellungen vom Christsein erscheint die Kirche hier nicht nur bloß unnötig, sondern geradezu hinderlich zu sein.

Für das Ehepaar der Familie 18 ist Gott der "Lebensanker, wo man sich dran festmachen kann" (V/18, 1406;304) bzw. derjenige, der das "Leben in der Hand hat" (M/18, 1394;328) und es zu einem guten Ende führen wird. Das drückt sich auch im Gebet aus, das beide regelmäßig, auch miteinander, pflegen. Für schwere Situationen erbitten sie Hilfe durch das Gebet:

"Voriges Jahr ging es meinem Mann sehr schlecht. Er hatte seine Arbeit verloren und neue Arbeit begonnen und das war nicht das, was er dachte, er hat wieder aufgehört, noch was anderes begonnen und war in ärztlicher Behandlung und total mit den Nerven runter und wir haben viel gebetet zusammen." (M/18, 1389;87)

Hier dominiert also - wie im Ideal der Gemeinschaften - das Moment des Vertrauens in der Gottesvorstellung. In diesem Sinne versteht Herr V/18 dann auch die Funktion von Jesus Christus:

"Die Menschen hatten sich abgewandt von Gott und Gott wollte praktisch mit Jesus ein Zeichen setzen, daß Gott eben noch da ist, daß Gott weiterhin für die Menschen da ist, daß die Menschen auf Gott vertrauen können." (V/18, 1407;322)

Wenn Herr V/18 dann betont, daß dies in besonderer Weise für die Außenseiter der Gesellschaft gilt, dann mag da auch die eine oder andere Erfahrung im DDR-Staat mitschwingen. Die intime Zugehörigkeit zu einer kirchlichen Gemeinschaft konnte hier ja leicht eine Außenseiter-Rolle nach sich ziehen.

In der volkskirchlich geprägten Familie 20 gibt es hinsichtlich des Gebets unterschiedliche Sichtweisen. Für Herrn V/20 gibt es im beruflichen und privaten Bereich durchaus Situationen, in denen er ein Gebet spricht. Frau M/20 gibt dagegen an, wenn, dann in der Kirche zu beten:

"Da müßte schon, wenn ich in die Kirche gehe, ja. Aber jetzt für mich alleine, da müßten schon absolute Schwierigkeiten sein, vielleicht, aber ansonsten, wenn alles normal läuft, nicht." (M/20, 1508;355)

Für die Zeit ihrer Kindheit hatte Frau M/20 angeführt, daß Gott "ein Schutz irgendwie" (M/20, 1505;199) sei, der dann doch alles zum Guten wenden könne. Demgegenüber sieht sie nun als Erwachsene das Leid und die Ungerechtigkeit in der Welt und überlegt, wie sie dies mit ihrer Gottesvorstellung in Verbindung bringen könne:

"Ich sage, ich bin da immer sehr im Zweifel. Ich habe da immer viel Probleme jetzt, weil eben so viel Unrecht überall geschieht, und, und manche eben das als, als, ja gerade eben hohe Kirchenleute das als normal empfinden oder so, und da ärgere ich mich immer drüber, obwohl ich eben, eben auch weiß, daß das an jedem oder jetzt hier, hier in, in unseren Gebieten halt, äh, an jedem selbst liegt, wie viel Hilfe er leistet, aber wer jetzt dort irgendwo in so einem Hungergebiet geboren ist, der kann sich eigentlich nicht wehren, der kann nichts machen und das ist eigentlich eine gewisse Ungerechtigkeit und da weiß ich immer nicht, ob da nun wirklich jemand ist, der dürfte es eigentlich nicht zulassen." (M/20, 1507;311)

Konnte sie früher noch den "Schutz" mit dem "eigenen Zutun" absichern, so reflektiert sie jetzt Formen der Gewalt, denen gegenüber der einzelne ohnmächtig ausgeliefert ist. Weder will sie das einfach so akzeptieren, noch sieht sie eine Möglichkeit, angesichts dieser Ungerechtigkeit den "Schutz Gottes" plausibel zu denken.

Die Lösung ihres Mannes sieht an der Stelle so aus, daß er auf das eigene Handeln baut, für welches er sich das Handeln Jesu Christi zum Maßstab gesetzt hat:

"eine Person, die mal gelebt hat, die unheimlich gute Sachen gemacht hat, die also selbst auf Vorteile verzichtet hat, die anderen Leuten geholfen hat, natürlich nicht mit irgendwelchen Zauberkräften, wie das immer so, aber das ist vielleicht eine Darstellungsweise, also die sich so überliefert hat, von Zeit zu Zeit ist alles ein bißchen übertrieben worden. Gott ist über das Wasser gelaufen, hat das Meer geteilt und so, also das ist sicher nur im übertragenen Sinne zu sehen. Das ist also nach wie vor eine Persönlichkeit, die mal da war und immer noch, als Vorstellungskraft immer noch vorhanden ist, für niemanden sichtbar, aber immer noch in Gedanken da." (V/20, 1492;309)

Jesus Christus wird so durch die Authentizität seiner Lebensführung zum ethischen Vorbild. Eine über diese weltimmanente Deutung hinausgehende Vorstellung hat Herr V/20 nicht. Gott und Jesus Christus sind ihm vielmehr eine Einheit in der beschriebenen Weise. Im Vordergrund steht die Persönlichkeit mit einer sich aus der Lebensführung ergebenden Glaubwürdigkeit. Diese Kategorien Persönlichkeit und Glaubwürdigkeit benutzte Herr V/20 vordem bereits zur Beschreibung seines Ortspfarrers. Christsein hat für Herrn V/20 wesentlich damit zu tun, ein Leben im Sinne der angesprochenen Glaubwürdigkeit Jesu Christi zu führen.

Führt Herr V/20 also insofern einerseits die rational konstruierte Theorie seines Glaubens fort, so zeigt sich jedoch, daß diese Theorie nicht das ganze Spektrum seiner religiösen Praxis abzudecken imstande ist. Da gibt es auch noch ganz andere Aspekte. Er erzählt von einem für ihn sehr einschneidenden Erlebnis, das er mit 20 Jahren hatte:

"Also ich hatte mal ein Motorrad und habe mich schon im Grab gesehen, muß ich sagen, und seitdem habe ich also noch viel stärkere Beziehungen zu Jesus Christus und danke ihm heute noch, daß er mir damals - ich bin zwischen zwei Bussen gerade noch in der Mitte durchgekommen, hätte nicht bremsen können, habe das Motorrad in die Ecke geschmissen hinterher und im Straßengraben, habe mich eine halbe Stunde hingesetzt und habe praktisch eine halbe Stunde lang gebetet. Und habe also bis heute immer noch, selbstverständlich in meiner beruflichen Tätigkeit, und auch, wenn es einmal Probleme in der Familie gibt, dann gehört eigentlich immer ein Gebet dazu." (V/20, 1493;347)

Das hier angesprochene Thema Bewahrung läßt sich mit der oben entwickelten ethischen Gottesvorstellung alleine nicht aufgreifen. Das, wofür Herr V/20 "heute noch" dankt, geht über die ethische Theorie einer authentischen Persönlichkeit weit hinaus. Trotzdem ist dies gleichermaßen ein wichtiges Moment seiner Religiosität. Die Vermittlung von Bewahrung und ethischem Vorbild ist somit auch hier, wie vordem schon bei Frau M/17, eine erst noch zu leistende Aufgabe.

4. Die Kinder

Aus der Kindergeneration der 12 Stadtfamilien konnten insgesamt 17 Personen befragt werden, darunter 9 Frauen und 8 Männer.

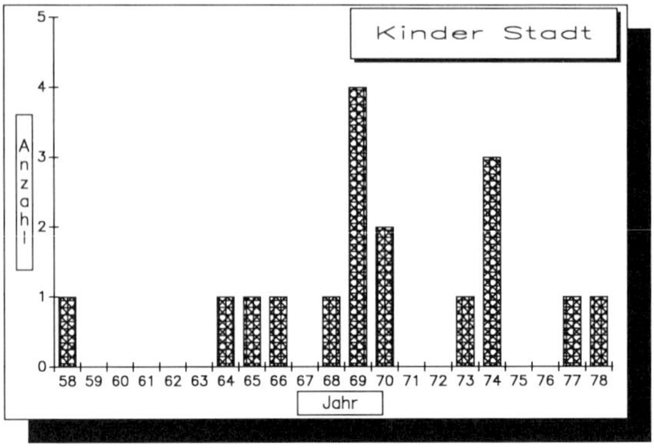

Die Grafik zeigt deutlich, daß das Gros der befragten Personen hier zwischen 1964 und 1974 geboren wurde. Dies wird von einer 1958 geborenen und zwei 1977 und 1978 geborenen Personen umrahmt. In der ehemaligen DDR aufgewachsen sind 4 der 17 Personen, drei Männer und eine Frau. Alle 17 Personen sind evangelisch getauft, ausgetreten ist in dieser Gruppe eine Person. Als Einzelkinder aufgewachsen sind 3 Personen.

Die Zuordnung der Familien nach schicht- oder klassenspezifischen Berufsmerkmalen wird für diese Kindergeneration nicht weiter verfolgt. Wie die Interviews zeigen, verlieren die traditionalen Milieus hier deutlich ihre prägende Kraft.[103] Differenzen zeigen sich in dieser Gruppe eher aufgrund individueller Familienstile denn aufgrund einer solchen Milieuzugehörigkeit. Hierzu gehört dann auch die Beobachtung, daß von den 17 befragten Personen 15 aufs Gymnasium bzw. auf die Erweitere Oberschule (EOS) gingen oder noch gehen.

a) Kindheit

Die innerfamiliären Konstellationen sind in West und Ost nicht unterschiedlich. Sie werden darum im folgenden gemeinsam besprochen.

Für die Kindheit wird in den Interviews immer wieder auf die Bedeutung der Großeltern hingewiesen. Da in der Regel beide Eltern berufstätig waren, halfen bei der Beaufsichtigung der Kinder oft die Großeltern mit, die jetzt in allen Familien am gleichen Ort wohnten. Das konnte dann bedeuten, daß zu den Großeltern eine besonders intensive Beziehung aufgebaut wurde:

"Naja, also ich habe als Kind drei Jahre lang bei meiner Oma auch gelebt eigentlich und war am Wochenende dann immer zu Hause, weil meiner Mutter mich sehr früh bekommen hat und die, also meine Eltern waren halt arme Schlucker und die mußten dann arbeiten, und dann war ich unter der Woche bei meiner Oma, und daher habe ich halt einen ziemlich starken Bezug zu ihr. Ich kann mich da zwar nicht mehr so dran erinnern eigentlich, aber ich hatte dann später immer eine sehr starke Beziehung zu meinen Großeltern und war auch im Urlaub meistens mit meiner Schwester bei denen." (1T/5, 431;344)

103 Vgl. hierzu BECK, ULRICH: Risikogesellschaft. Auf dem Weg in eine andere Moderne. Frankfurt a.M.: 1986, sowie oben die Seiten 234 ff.

Räumlich gesehen wachsen diese Kinder in einer großen Stabilität auf. Umzüge in andere Städte sind selten, der Wohlstandszuwachs läßt sich aber an Umzügen in neue, größere Wohnungen ablesen.

Stabil sind in dieser Gruppe im wesentlichen auch die sozialen Beziehungen. Eine Scheidung bzw. Neuverheiratung der Eltern haben 2 der 17 befragten Personen erlebt. Dies entspricht in etwa auch repräsentativen Untersuchungen, wonach zwar derzeit ca. 30% aller Eheschließungen wieder durch Scheidung aufgelöst werden, darunter aber nur wenig Ehen sind, die bereits oder noch Kinder unter 15 Jahren haben.[104] Den Verlust einer Beziehungsperson beschreiben die hier befragten Personen dagegen häufig anhand des Todes eines Großelternteils. Diese oft erste Begegnung mit dem Sterben löst nicht selten heftige Gefühle aus, die in ihrer Intensität auch mit dem oben beschriebenen engen Kontakt zu den Großeltern zusammenhängen:

"das hat mich erst einmal betroffen als von meine, mein Uropa und dann meine Uroma äh gestorben sind und jetzt also letztes Jahr ist jetzt mein Opa, also das hat mich schon also ziemlich mitgenommen und so, weil es war doch äh irgendwo Vertrauensbasis oder also, also doch alte Leute aber trotzdem auf die du hören kannst oder hast jemand für dich gehabt, waren immer hilfsbereit." (1S/15, 1249;83)

An Entscheidungen in der Familie beteiligt gewesen zu sein, erinnert etwa jede zweite Person aus dieser Gruppe. Deutlich sind dabei die jüngeren Geschwister stärker vertreten. Nachfolgend die Antworten dreier Schwestern, geboren 1966, 1969 und 1978 zu dieser Frage:

"Also eigentlich eher erst später. ... So mit 15, 16. Vielleicht täusche ich mich auch, aber ." (1T/5, 427;182)

"Also ich weiß, daß ich ab da wo ich so elf, zwölf war, selber entscheiden durfte" (2T/5, 443;293)

"Also, so große Entscheidungen und so gabs eigentlich bei uns in der Familie nicht. Aber wenn, dann wurden sie schon halt ausdiskutiert" (3T/5, 454;137)

Die Altersgrenze der Selbsteinschätzung einer Beteiligung an Entscheidungen sinkt von der ersten auf die zweite Tochter, während die 14jährige dritte Schwester bereits vom "Ausdiskutieren" als dem Regelfall spricht.

Auch beim Thema Sauberkeit und Ordnung teilt sich die Gruppe in zwei Hälften. Während die einen hier von "lockeren" Verhältnissen sprechen, erinnern die anderen ihre Eltern bzw. Großeltern eher als "streng". Hinsichtlich eines strengen Erziehungsstiles gibt es dann unter den befragten Personen sowohl Zustimmung als auch Kritik:

"Ich bin also, ich muß sagen, streng erzogen, ich bin ordentlich erzogen und ich verlang das auch heut nach wie vor von meiner Tochter" (2T/6, 518;359)

"Also mein Vater ist ein ziemlicher Fanatiker da, aber nur bei uns, also hier sieht's auch aus, an seinem Schreibtisch kann er nicht mal dran schreiben, da muß er immer an den Schreibtisch von meiner Mutter, weil seiner voll liegt, also jetzt ist's besser, also mein Bruder ist ziemlich sowieso von Natur aus ordentlich, und bei mir, also früher war's immer mein großer Bruder, den er wahnsinnig die ganze Zeit wirklich genervt und angeschrien hat, und jetzt hab ich halt das Gefühl, daß ich's jetzt bin" (3T/2, 167;215)

Wenig beteiligt an Entscheidungen in der Familie sowie viel Wert auf Sauberkeit und Ordnung erinnern hier die Personen aus den Familien 6, 14 und 15, während wenig Wert

---

104 BUNDESMINISTERIUM FÜR JUGEND, FAMILIE, FRAUEN UND GESUNDHEIT: Bericht über Bestrebungen und Leistungen der Jugendhilfe - Achter Jugendbericht - Drucksache 177/90, Bonn: 1990, S. 37.

auf Sauberkeit und Ordnung und hohe Beteiligung an Entscheidungen aus den Familien 1, 5, 17, 18 und 20 erinnert wird. In der Familie 13 kann sich die Tochter weder an eine Beteiligung an Entscheidungen noch an besondere Wertschätzung für Ordnung und Sauberkeit erinnern, derweil in den Familien 2, 16 und 19 zwar Sauberkeit und Ordnung wichtig waren, zugleich aber auch die Beteiligung der Kinder an Entscheidungen üblich war.

Blickt man schließlich noch auf den außerfamiliären Bereich, so ist bei den befragten Personen in der Kindheit der Besuch eines Kindergartens die Regel gewesen.

1. Für die 13 befragten Personen der 8 Familien aus dem Westen ist der sonntägliche Gottesdienst insgesamt eine wenig attraktive Veranstaltung. Er wird von ihnen eher mit alten Menschen in Verbindung gebracht und hatte für sie etwas beklemmendes:

"Daß man still sein mußte und still sitzen mußte. Das ist mir immer ziemlich schwer gefallen früher." (2T/5, 450;566)

Vor allem wer die Kirche insgesamt wenig erlebt hat, kann den gelegentlichen Gottesdienst-Besuchen nur wenig abgewinnen. Wo der Kontakt dagegen in ein Netz von Kinderarbeit eingebettet war, kommen die befragten Personen dann auch zu anderen Ergebnissen:

"irgendwo war es immer eine sehr fröhliche Sache, also grade so, so Kindergottesdienst war immer sehr schön und fröhlich" (1T/14, 1181;989)

Häufig besucht wurde der Gottesdienst mit der Familie an Weihnachten. Aber auch hier stand natürlich für die Kinder die sich anschließende Familienfeier im Mittelpunkt. Neben den Geschenken kann dann Weihnachten im Zeitalter der Massenmedien auch einen ganz neuen Akzent erhalten:

"Ähm dann hat man halt den Abend zusammen verbracht in erster Linie. Was mich am meisten daran gefreut hat war, daß das einer der wenigen fernsehfreien Abende bei uns war. Das hat mich also da immer, da habe ich mich immer sehr sehr drauf gefreut." (2S/16, 1314;64)

Während sich zu Weihnachten viele Aussagen sehr ähneln, gehen die Erfahrungen und Ansichten an Karfreitag umso mehr auseinander - bis auf einen Punkt: alle berichten wieder davon, daß an diesem Tag kein Fleisch gegessen wird. Gelegentlich kann sich diese Tradition dann auch verselbständigen, so daß das Fasten nicht mehr an Karfreitag, sondern Karfreitag an das fleischlose Essen angebunden wird:

"Und Karfreitag? (Pause) Karfreitag eigentlich gar nicht. Oder was ist denn das? Ist das das, wo man Fisch ißt? Ja, da gibts eine Fischsuppe. Und was sonst?" (3T/5, 452;47)

Berücksichtigt man, wie sehr schon in den beiden Generationen davor der "protestantische Ehrenkodex" des Fastens und Nicht-Arbeitens im Mittelpunkt stand, so erscheint diese Aussage eines 14jährigen Mädchens als konsequente Fortführung eines offensichtlich breiten protestantischen Brauchtums. Sie artikuliert also, was schon seit langem für das Erleben von Karfreitag von Bedeutung war. Aber auch da, wo der dogmatisch mit Karfreitag verbundene Glaubensinhalt ins Spiel kommt, zeigen sich vehemente Akzeptanzprobleme:

"Ja, also Karfreitag da hab ich nur die Erinnerung, daß ich nie traurig bin, auch früher nie, das hat mich einfach nicht berührt, daß es der Tag sein soll, und ich war auch nie traurig, daß Christus da gestorben ist z.B., und das seh ich auch jetzt noch nicht ein, warum da Leute traurig sind, wenn sie wissen, wozu das war, wenn sie wissen, wie's ausgeht, dann, sicher, es ist eine Ungerechtigkeit, und alles, und manchen Karfreitag, wenn schon so schönes Wetter war, bin ich raus, und hab gesehen, daß wirklich keiner traurig ist, und ich hab dann nicht verstanden, wenn meine Mutter irgendwie in die Kirche gegangen ist, und immer ah der größte Feiertag, das hab ich sowieso nicht verstanden, weil Weihnachten ja viel mehr Feiertag ist, und Ostersonntag als Karfreitag, also der stand da nie im Mittelpunkt." (3T/2, 165;114)

Diese 15jährige setzt zunächst einmal bei ihrer Hermeneutik ein: sie weiß, "wie's ausgeht" und kann von daher die angesagte Trauer dieses Tages nicht nachvollziehen. Sie denkt vom Ende, wenn man so will: vom Ganzen her und sieht darum in Weihnachten oder Ostersonntag die größere Bedeutung. Dann ist es aber auch ihre Umgebung, die es ihr schwer macht, in Karfreitag *den* Tag zu sehen. Sie hört von der Mutter, dies sei der größte Feiertag, kann dies aber am Verhalten der Erwachsenen an diesem Tag nicht nachvollziehen. Sie ist "raus" gegangen und hat gesehen, "daß wirklich keiner traurig ist". Es ist ihr also bewußt geworden, daß das Leiden und Sterben Christi als Thema dieses Feiertages keine universelle Geltung in der Gesellschaft mehr beanspruchen kann. Das, was für die Mutter in diesem Fall noch gelten mag, läßt sich im erweiterten Blickfeld von "draußen" nicht ohne weiteres auffinden. Für jemanden, der gerade dabei ist, seine Identität außerhalb der Familie zu konstituieren, ist dies ein starkes Argument.

In der Einschätzung des Religionsunterrichts setzt sich fort, was schon in der Eltern-Generation zu beobachten war. Der Religionsunterricht wird von vielen gelobt und verbindet sich mit eher angenehmen Erinnerungen:

"Ach ja, das war immer eine Stunde, wo man sich irgendwie drauf gefreut hat, weil die halt anders war als die anderen Stunden." (1S/2, 139;165)

"Anders wie die anderen" wird dabei inhaltlich mehrfach ausgedeutet. Zum einen wurde der Leistungsdruck im Religionsunterricht als minimal eingeschätzt, was ihm angesichts sonstiger Fächer das Prädikat "locker" eintrug. Das konnte allerdings auch soweit gehen, daß der Unterschied insgesamt nicht mehr ernstgenommen wurde. Andererseits war der Religionsunterricht nicht zuletzt aufgrund seiner Methodenvielfalt und der vielen kreativen Elemente darin sehr geschätzt. Auch dies wiederum etwas, was viele anderen Fächer so nicht zu bieten hatten. Dann aber gibt es hier auch Aussagen, die den Religionsunterricht als "langweilig" empfunden haben:

"Also ich hatte zum Beispiel am Gymnasium einen Lehrer, der, der hat immer so ziemlich langweiligen Unterricht gemacht, der, da waren dann so ein paar Marktschreier, die haben den Unterricht mit ihm zusammen so im Dialog gehalten, und die, die anderen haben sich eigentlich gar nicht beteiligt, so wie ich. Ich habe mir nur meine Anwesenheit geben lassen, und bin dann gleich wieder geflüchtet. So war das meistens, der hat das nicht einmal bemerkt." (1T/5, 426;139)

Die "paar Marktschreier" mögen aus der Perspektive des Lehrers den Eindruck eines lebendigen Unterrichts mit reger Beteiligung hervorgerufen haben. Für diese Frau jedoch hatte er nichts zu bieten. Bemerkenswert ist der letzte Halbsatz des Zitats. Der Lehrer hat demnach in ihren Augen "nicht einmal bemerkt", daß sie nicht da war. Bedeutet dies zum einen, daß er damit seinem, von den Schülerinnen und Schülern erwarteten Rollenverhalten als Lehrkraft nicht gerecht wird - worauf sie sehr genau sehen[105] - so liegt darin aber noch ein anderer Kritikpunkt. Der Lehrer reagierte weder auf ihre Anwesenheit noch Abwesenheit in einer für sie sichtbaren Weise. Damit war sie als Subjekt hier irrelevant und

105 Vgl. hierzu PETILLON, HANNS: Der Schüler. Rekonstruktion der Schule aus der Perspektive von Kindern und Jugendlichen. Darmstadt: 1987, S. 69 ff.

trat demzufolge bald darauf aus dem Religionsunterricht aus. Dies war sicher nicht die einzige, aber doch eine der Stationen auf dem Weg ihres später vollzogenen Kirchenaustritts.

Was es andererseits bedeuten kann, im Konfirmandenunterricht zu erleben, wie die eigene Person am Geschehen mit beteiligt wird, zeigt die Erinnerung einer Frau, die damals die Hauptschule besucht hatte:

"Was mir halt, was ich halt von meiner Seite auch gern gemacht hab, ist basteln und so. Wir haben viel in der Kirche auch so geschmückt und, da hatten wir mal so einen riesengroßen, hinter dem Altar, so einen riesengroßen Lebensbaum gemacht, der war also, glaub ich, ach der war bestimmt drei oder vier Meter hoch, und das war halt, wenn man dann in die Kirche gegangen ist und hat den gesehen, Mensch, da hast du ja auch deinen Teil irgendwo dazu beigetragen, das war also schon irgendwo toll, das war schon schön und so." (2T/6, 513;87)

Die Frau hatte die Möglichkeit, sich in den Unterricht mit ihren Vorlieben und ihrer Kompetenz im Bereich des Werkens einzubringen. Sicher hatte sich auch hier nicht der ganze Unterricht darauf abstimmen lassen. Aber sie war zumindest an einer Stelle wesentlich beteiligt und konnte dies auch öffentlich sichtbar machen. Auf *diese* Erfahrung damals basiert bis heute für die 27jährige Frau ihre Hochachtung für *diesen* Pfarrer, die sich allerdings auch nicht so leicht auf andere übertragen ließ.[106] Es sind hingegen nicht viele Pfarrer, die von den 13 befragten Personen hier in diesem Lebensabschnitt bis zur Konfirmation erwähnt werden. Um die Pfarrer ist es hier merkwürdig still. Meistens ist in den Interviews weder Lob noch Kritik zu finden, so als wären sie in den Erinnerungen kaum präsent.

Dagegen kennen alle der hier befragten Personen das Gebet aus ihrer Kindheit, freilich dabei aus sehr unterschiedlichen Zusammenhängen. Das Tischgebet in der Familie wird jetzt häufig nur mit den Großeltern in Verbindung gebracht, oder aber auf Freizeiten kirchlicher Jugendgruppen erstmalig wahrgenommen. Darüber hinaus berichtet jeder davon, wenigstens eine Zeitlang in irgendeiner Form abends vor der Schlafengehen ein Gebet gesprochen zu haben. Während dies einerseits zusammen mit der Mutter geschah, erzählen andererseits viele davon, allein gebetet zu haben:

"Also ich habe mal eine Zeitlang gebetet, aber nur wenn ich alleine, also alleine für mich." (1T/5, 426;116)

Dieses Moment des Alleinseins kehrt dann auch in einer Reihe der geschilderten Gottesvorstellungen wieder:

"einer, mit dem ich mich alleine auseinandersetze. Also nicht in der Gemeinschaft, sondern ganz allein und im Stillen." (T/13, 1043;352)

Mit Gott allein werden dann Wünsche und Sorgen besprochen. Er wird zum intimen "Ansprechpartner" für das, was man anderen nicht erzählen will. Er soll einen selbst und die Familie beschützen. Erfüllt er dann diese Funktion nicht, so kann die ganze Beziehung zu ihm in Frage gestellt werden:

"Hm. Ich hab ihn eigentlich manchmal (Pause), wenn, wenn irgendwas Schönes war, passiert ist, oder so, dann, dann hab ich (Pause) hab ich eigentlich so, ich mein, ich weiß jetzt gar nicht, was das sein soll. Hm, dann hab ich halt schon so an Gott geglaubt oder so, und wenn dann irgendwer gestorben ist oder so, dann dacht ich mir halt, vielleicht gibt's gar keinen Gott oder." (3T/5, 454;108)

---

106 Vgl. hierzu die Fallstudie II: Die Arbeiterfamilie

Es ist also eine sehr individualisierte Beziehung von der hier erzählt wird. Nicht nur, daß in vielen Fällen der Kontakt zur Institution nicht gegeben war, sondern auch innerhalb der Familie wird Religion noch einmal privatisiert. Eine Mutter berichtete dies so:

"da hat er einmal gesagt: 'Mama, ich tue jeden Abend beten', sag ich: 'Kannst Du beten überhaupt', sagt er: 'Freilich, warum soll ich nicht beten können?' Das hat mich eigentlich gewundert, gell." (Schwester der Mutter/3, 202;438)

Hier wird allerdings eine Situation geschildert, in der in der Familie über Religiosität gesprochen werden konnte. Der Junge war stolz, seiner Mutter von seinem Beten erzählen zu können - sie übrigens auch. Andere Reaktionen auf wahrgenommene Formen von Religiosität zeigen aber, daß hier auch emotionale Widerstände ausgelöst werden können:

"Als ich auf das Gymnasium kam, habe ich eine Banknachbarin gehabt deren Eltern evangelisch waren und sehr religiös, meiner Ansicht nach, weil ich das von mir aus eben nicht kannte, und als ich da hinkam und bei denen einmal mittags gegessen habe, dann hat man sich an den Händen gefaßt und hat ein Tischgebet gesprochen und eben sich eine gesegnete Mahlzeit gewünscht, also ich war da von den Socken. ... Ja, ich habe es peinlich empfunden, absolut peinlich und wie halt ein Kind das peinlich empfindet" (T/13, 1042;284)

Peinlich waren solche Situationen für diese Frau deshalb, weil sie sie als "so gezwungen" erlebte. Hierzu gehörte dann für sie gleichermaßen das standardisierte Abendgebet mit der Mutter in der Familie. Religiosität sollte dagegen ihrer Vorstellung nach etwas sein, das sie eben "ganz allein und im Stillen" gestalten wollte. Gemeinschaftliche Formen haben demgegenüber hier keinen Platz mehr.

Nun ist in den Interviews nicht ausschließlich von diesen individualisierten Beziehungen zu Gott die Rede. Nach wie vor wird daneben auch berichtet, wie Mütter oder Großmütter mit den Kindern gemeinsam beteten und daß die Kinder dies auch gerne mochten:

"Mmh ja als Kind, Beten im Bett, das war eigentlich auch, das gehörte einfach dazu und fand jeden Abend statt, und irgendwo hat man das auch ganz gern gemacht." (1T/14, 1160;33)

Diese Frau erinnert sich noch daran, daß ihre Mutter ein Gebet für die Kinder "konstruiert" hatte, in dem sämtliche Familienangehörigen aufgezählt wurden. Bis heute wirkt das auf die 23jährige prägend:

"weil das ja dann doch wirklich einfach dieses, ja dieser festgefahrene Spruch ist und dann irgendwann, also mir, wie gesagt, wenn ich, wenn ich dann heute irgendwie so was, weil was anderes fällt mir meistens oder oft dann ja auch nichts anders ein. Dann geht es mir immer so, hoppla, nein, die lebt nicht mehr, also im Prinzip, also im Prinzip, die mußt du auf der Erde nicht mehr behüten, ja also, da ist jetzt eine Lücke und dann, dann kommt man immer nicht mehr weiter, weil (Lachen)." (1T/14, 1167;438)

Wenn sie betet, fällt ihr also dieses Gebet aus der Kindheit wieder ein und sie verwendet es nach wie vor. Gleichzeitig kommt sie dabei aber ins Stocken, weil sie wahrnimmt, daß das Gebet nicht mehr ohne weiteres für die Gegenwart gültig sein kann. Manche der darin vorkommenden Personen sind inzwischen bereits verstorben. Aber die Prägung durch die Mutter in der Kindheit war doch so stark, daß sie immer wieder darauf zurückkommt und es anscheinend auch nicht verändert.

Schließlich finden sich gelegentlich auch hier Belege dafür, daß Gott in der Kindheit als bedrohlich erlebt wurde:

"Das war halt so eine, irgend so eine oberste Macht irgendwie. Aber - obwohl schon. Doch doch schon so, daß daß er schon alles sieht und so und daß man da schon nichts verheimlichen kann und bißchen dann so, so ein ängstlich so naja, kann jetzt auch nicht." (T/1, 76;244)

Hier kehrt das Thema *Privatheit* mit umgekehrtem Vorzeichen noch einmal wieder. Denn Gott ist hier nicht in die Privatheit hineingenommen, sondern steht vielmehr gegen sie. Wenn man Gott gegenüber nichts verheimlichen kann, dann bedroht er gerade die eigene Selbständigkeit. Dabei mag dann auch ein schlechtes Gewissen eine Rolle spielen. Bemerkenswert ist aber, daß davon hier gar nicht die Rede ist. Es ist nicht die erlebte Schuld, die hier Probleme schafft, sondern die Allgegenwart Gottes, der "alles sieht". Hier geschieht dann auch das Gebet nicht in einer intimen Vertrautheit, sondern ist eher eine Art Verpflichtung:

"Also ich hatte mal so eine Phase, wo ich dann geglaubt hab, ich muß das machen. Aber das war eigentlich nicht so. Nein, selber war es kaum." (T/1, 75;178)

Dies alles kommt zusammen, so daß in einer Generation hier sehr unterschiedliche Erfahrungen wirksam sind. Da sind nach wie vor die traditionalen Elemente religiöser Erziehung in der Familie. Da sind dann aber auch hoch individualisierte Formen, die zwar in der Regel noch traditionale Sprachformeln der Religiosität kennen, diese allerdings dann in einer auf das Individuum konzentrierten Weise neu interpretieren.

2. Die vier befragten Personen, die in der DDR aufgewachsen waren, erlebten ihre Kindheit in der Zeit der zweiten großen Austrittswelle aus den Kirchen in der DDR.[107] Zwischen 1975 und 1985 sank der Anteil von evangelischen Kirchenmitgliedern an der Bevölkerung der DDR von 50,3% auf 21,5%! Eine Zugehörigkeit zur Kirche stellte in diesem Zeitraum also keineswegs mehr eine Selbstverständlichkeit dar. Wer sich trotzdem noch zur Kirche hielt, mußte vielmehr damit rechnen, dies gegenüber staatlichen Institutionen wie auch im sozialen Umfeld auf die eine oder andere Weise legitimieren zu müssen. Alle vier Personen aus dieser Gruppe sind zum Zeitpunkt des Interviews in der Kirche. Der Weg dorthin ist aber deutlich geprägt von der Stellung der jeweiligen Herkunftsfamilie zur Kirche, sodaß hier die schon im Eltern-Kapitel angewandte Aufteilung fortgesetzt werden kann.

Die beiden Söhne der Familien 17 und 19 wachsen in Familien auf, die sich zur Kirchengemeinde distanziert verhalten. Beide werden nach ihrer Geburt 1969 nicht getauft. Für Herrn S/17 wird dies in den folgenden Jahren bedeuten, daß er zur Kirche praktisch überhaupt keinen Kontakt aufbaut:

"Kirche habe ich eigentlich, da ich eigentlich nicht sehr viel mit der Kirche in meiner Kindheit zu tun gehabt habe, eigentlich doch die Kirche als etwas abseits von meinem Leben erfahren habe, daß sie eben damals in meinem Leben keinen Platz hatte und da doch wahrscheinlich mit etwas Abneigung." (S/17, 1368;416)

Er besuchte als Kind keine Gottesdienste, feierte Weihnachten mit der Familie zu Hause und hatte auch zu Karfreitag keine Beziehung. Die freiwillige Christenlehre wurde von ihm ebenfalls nicht besucht. Was in dieser Zeit sein Leben dagegen sehr prägte, war der Leistungssport. Er nahm an vielen Wettkämpfen teil und hatte einen Trainer, der ihn sehr förderte und von dem er sehr beeindruckt war. Kirche und Religion aber spielen hier keine Rolle:

---

107 Vgl. hierzu die Grafik oben auf Seite 268.

"In der Kindheit gab es eigentlich nicht für mich Gott, muß ich sagen, ich bin mit so was eigentlich nicht konfrontiert worden, bin ich eben durch den Sport in eine andere Richtung gedrängt worden, eigentlich ab von der Kirche, ging es eher so um das FDJ-Bild, da gab es eigentlich Gott für mich noch nicht." (S/17, 1361;163)

Dies gilt auch für zu Hause, wo Herr S/17 weder ein Tisch- noch ein Nachtgebet oder ähnliches erlebt hat. Seine Mutter setzte sich zwar abends zu ihm ans Bett, um mit ihm über das am Tag Erlebte zu sprechen, an religiöse Themen kann er sich aber hier nicht erinnern: Gott kam nicht vor.

Der Kontakt zur Kirche stellte sich erst allmählich über Freundschaften her. Herr S/17 befreundete sich in der Schule mit den Söhnen des Pfarrers und wuchs über sie mit 13, 14 Jahren in einen Bekanntenkreis hinein, der aktiv an der Jungen Gemeinde beteiligt war. Von dem dort erlebten Zusammenhalt der Jugendlichen war Herr S/17 fasziniert:

"Ja, es war eigentlich dann in der Jungen Gemeinde eine Gemeinschaft, wo alle zusammenhielten, das hat mich dann doch beeindruckt. Wo nicht jeder seines macht, sondern alle gemeinsam." (S/17, 1362;178)

Hier sollte dann auch der Ort sein, wo Herr S/17 später Taufe und Konfirmation erlebte.

Auch Herr 1S/19 war nach seiner Geburt nicht getauft worden, wurde aber in der Familie sehr wohl mit christlichen Elementen konfrontiert. Vor allem die Großmutter betete mit ihm sowohl abends wie auch bei Tisch. Aber auch außerhalb der Familie ergaben sich für ihn, trotz der distanzierten Haltung seiner Eltern zur Ortsgemeinde, Kontakte zu Kirche und Religion nicht bloß zufällig. Herr 1S/19 besuchte zunächst einen katholischen Kindergarten und ab der 4. Klasse ein christliches Internat mit Chorschule:

"auf dem Chor, da war ja eigentlich alles geregelt, so, nach, ja, zwar nicht streng kirchlichen Normen, aber doch sehr, äh, geistlich geprägt, die ganze Sache. Durch die Tradition auch, des Chores und so. Und da hat mich das schon, möchte mal sagen, das war schon eine gewisse, ein gewisser, ja nicht Zwang da, aber doch das Interesse, sich auch mal taufen lassen zu müssen" (1S/19, 1459;102)

Trotzdem hat sich Herr 1S/19 erst nach Beendigung der Schulzeit mit 18 Jahren taufen lassen, weil er mit dem Lehrer der Christenlehre in seiner Schule nicht zurecht kam. Für Herrn 1S/19 gibt es zwar in der Kindheit wenig Kontakt zur Kirchengemeinde, der Festgottesdienst an Weihnachten gehörte zu diesen wenigen Kontaktstellen, trotzdem ist aber durch den Chor seine Beziehung zu Kirche und Religion auch institutionell strukturiert. Hier erlebte er auch täglich ein Tischgebet, während zu Hause nur die Großmutter mit ihm im Vorschulalter gebetet hatte. In der Internatsschule des Chores erlebte er eine Atmosphäre, die er als "stark festgelegt alles" (1S/19, 1458;39) erinnert. Die Konfrontation mit religiösen Themen war in dieser Institution schon allein durch das geistliche Liedgut sehr ausgeprägt. Ob seine Gottesvorstellung vorwiegend aus diesen Einflüssen beschaffen ist, kann das Interview nicht klären. Es paßt aber sehr gut zur erwähnten Struktur dieser Institution, wenn Gott für ihn in seiner Kindheit ein "Übergeordneter" war, demgegenüber er ein "respektvolles Gefühl" (1S/19, 1461;203) empfand.

Die religiöse Institution in seiner Kindheit war auf jeden Fall eher der Chor als eine Kirchengemeinde. Sein Verhältnis zur Kirche beschreibt er so:

"Weil von meiner persönlichen Beziehung in der Familie war eigentlich die Kirche immer nicht so sehr als, als unbedingter äh Ort jetzt, wo man kommuniziert, sondern es war eher, eher immer eine, ein ruhiger Aspekt ... Das war immer ein Ort, wo man sich sammeln konnte oder wo man, wo man auch mal in Ruhe gelassen wurde, auf deutsch gesagt." (1S/19, 1467;452)

Dies ist die Situation des einzelnen, der in die leere Kirche geht, um sich dort zu sammeln, zu beten. Dies ist nicht die Vorstellung von jemanden, der in eine lebendige Gemeinde eingebunden ist. Dazu bleibt auch Herr 1S/19 auf Distanz.

Herr 1S/18 ist in einer Familie aufgewachsen, die Kirche im Ideal vom Gemeinschaftsgedanken her als Insel der Gläubigen versteht. Er und seine Geschwister wurden nach der Geburt getauft und wuchsen in dieser bewußt gestalteten Nähe zur Kirchengemeinde auf, indem sie etwa den evangelischen Kindergarten besuchten. Tisch- und Abendgebet waren in der Familie regelmäßig üblich:

"es ist also grade bei uns in der Familie äh eigentlich ein tägliches Ritual gewesen, daß also, äh, vorm Einschlafen wird ein Gebet gesprochen und vorm Gebet ein Lied gesungen und danach, und das war jeden Tag und das hat, das war, im Prinzip gehörte das dazu, zum Einschlafen." (1S/18, 1412;15)

Herr 1S/18 empfand das als schön, auch wenn er dabei natürlich einen "Gewöhnungseffekt" feststellen konnte. Durch diese religiösen Formen in der Familie war ihm auf jeden Fall Gott bald schon recht vertraut:

"das war jemand, dem, der eigentlich, der gehörte, dieser Begriff Gott oder was hat einen immer begleitet, äh, die ganze Kindheit durch und durch die Gebete, und es gab eigentlich nie Zweifel, daß es einen Gott nicht gibt." (1S/18, 1420;410)

Gott hatte dabei hier die Funktion des Helfers, und Herr 1S/18 war davon überzeugt, daß Gott ihm stets zur Seite steht:

"ich hab eigentlich schon als ziemlich kleines Kind gemerkt, das ist nichts Faßbares, aber es war, mir sind da nie irgendwelche Zweifel gekommen, daß er nicht auf mich hören würde, oder daß der nicht wüßte, daß ich da bin." (1S/18, 1420;415)

Mit Schulbeginn sorgte schließlich die Mutter dafür, daß ihre Kinder nicht - wie allgemein üblich - zu den Pionieren der FDJ gingen und schickte die Kinder statt dessen wie selbstverständlich in die Christenlehre. Von daher erlebte sich Herr 1S/18 in der Schule schon als "anders". Er war deswegen kein Außenseiter, sondern hatte durchaus seinen Freundeskreis. Aber spätestens als die Frage anstand, ob er an der Jugendweihe teilnehmen wird, verstärkte sich auch der Druck der Institution:

"das war dort auch so, daß eben, äh, mir von meinem Klassenleiter gesagt wurde, also nicht direkt, aber er sagte zu mir, äh, er würde es begrüßen, wenn ich Mitglied der FDJ, das fällt auch in dieses Alter, äh, und die Jugendweihe machen würde, weil, äh, er nicht wollte, daß ich mir die Zukunft verbaue. Und - denn es war ja praktisch eine Grundvoraussetzung für den späteren Bildungsweg, sprich EOS und Abitur. Und ich habe das eigentlich damals nicht gemacht, muß sagen, auch weil ich mir über die Folgen nicht im Klaren war, also im Prinzip hatte ich damals noch keinen konkreten Wunsch, was ich später mal machen wollte und deshalb war das für mich auch nicht so schwer, mich da für die Konfirmation zu entscheiden" (1S/18, 1415;157)

Diese Entscheidung stellte natürlich sein "Anderssein" sehr heraus, was für die Identitätsentwicklung eines 13/14jährigen, in der der Konsens mit Gleichaltrigen von hoher Bedeutung ist, nicht unproblematisch war. Umso mehr erlebte er deshalb den Kirchentag 1983 in Dresden als für ihn "ganz großes Ereignis":

"es war ja so, man, man war in der Schule und überhaupt irgendwo sonst ja doch irgendwie isoliert. Also es war, naja, isoliert ist, aber, man war eben nicht wie die anderen. Dadurch, daß ich eben weder in den Pionieren war, noch Jugendweihe hatte noch in der FDJ war, äh, und dort in Dresden, das war so ein, so ein Gefühl, also ein überwältigendes, diese Menschenmassen, da waren ja bis, über hunderttausend Menschen, und alles nur Christen, und ansonsten war, war es genau umgekehrt also, konnte man die Christen praktisch suchen, und das, das war wirklich, also das möchte ich nicht missen." (1S/18, 1415;121)

Auch hier kehrt das Gefühl der Insel-Existenz im Hinblick auf Kirche wie vordem bei den Eltern wieder. Dresden war für ihn dazu der Kontrapunkt: "alles nur Christen". Hier erlebte er sich endlich einmal als Teil der Mehrheit, etwas was für ihn damals "sehr wichtig" war.

Die Kirchenzugehörigkeit von Herrn 1S/18 ist also geprägt von der Trennung zwischen Kirche und Gesellschaft/Staat. Der Pfarrer ist ihm in der Kindheit eine "moralische Instanz" (1S/18, 1422;495) und auch die Christenlehre vermittelte ihm das Gefühl, auf der einen und nicht auf beiden Seiten zu stehen. An einen seiner Religionslehrer erinnert er sich wie folgt:

"Der hat also, hatte so eine Art Strenge, das war auch, der hatte auch, der war auch freundlich und nett, aber er hatte so eine Art Strenge drinnen, äh, und der fragte eben zum Beispiel auch, wenn man mal nicht zur Christenlehre war, dann fragte der nach, warum nicht und so weiter, und der hat also auch mal den Satz geprägt, der mir auch immer hängengeblieben ist, wir als Christen, wir müssen, wir müssen gut sein, wir, wir müssen so gut wie möglich sein, wir müssen möglichst besser sein als die anderen." (1S/18, 1420;394)

Besser sein als die andern, das hieß im Grunde genommen, daß der Kompromiß zwischen Christentum und Gesellschaft hier nicht möglich war. In diesem Konflikt war dies eine Strategie, die darauf aus war, sich unverzichtbar zu machen, um so trotz Beibehaltung der eigenen Sonder-Existenz die notwendige Partizipation abzusichern.

Ganz anders dagegen ist der Weg von Frau 1T/20 in ihrer volkskirchlich geprägten Familie verlaufen. Trotz ihrer Taufe nach der Geburt war für sie die Zugehörigkeit zur Kirche in der Kindheit kein Grund, die Normalbiographie nicht zu durchlaufen. Hatte sie zu Hause eigentlich nur bei der Großmutter gelegentlich ein Gebet am Abend gesprochen, was sie "eigentlich immer ganz schön fand" (1T/20, 1517;166), so erlebte sie gemeinschaftliche Formen der Religiosität ansonsten erst später auf Rüstzeiten der Christenlehre.

Obwohl sie betont, nicht behaupten zu können, "daß ich jemals richtig an Gott geglaubt hätte", hält sie Gott für "das Gute auf der Welt" (1T/20, 1518;217) und kommt damit Gottesvorstellungen ihrer Großmutter und ihres Vaters sehr nahe. Nachfolgend alle drei im Vergleich:

"Wenn ich irgendwas besonders Schönes erlebe, oder ich bin draußen in der Natur, und sehe, wie die Blumen blühen, oder sowas, dann muß ich immer an Gott denken. Das ist, das ist wie ein Geschenk Gottes eben. Ich habe aber keine, keine Vorstellung als, als bärtigen Mann. Der kann, Gott kann in der Natur sein, Gott kann in mir sein." (GM/20, 1477;352)

"das ist also ein Mensch gewesen, der früher mal gelebt hat und unheimlich viel Gutes für die Leute getan hat. Und so, das ist er auch heute noch." (V/20, 1490;205)

"Also, ich habe Gott jetzt eigentlich nie irgendwie mit irgendeiner Person oder irgendwie, äh, mit dem Schöpfer oder so in Verbindung gebracht." (1T/20, 1518;216)

Die Schönheit der Natur und das gute, vorbildliche Handeln kehren also beide bei der Tochter wieder. Und wie schon vordem, so ist es zunächst keine Vorstellung, zu der man eine intime, vertrauensvolle Beziehung aufbaut, dafür aber eine, die auch außerhalb kirchlich-religiöser Binnengrenzen leicht vermittelbar war. Und darauf kam es in dieser Familie zunächst an.

Frau 1T/20 trat zunächst für sie ganz selbstverständlich den Pionieren der FDJ bei, während sie den Besuch der Christenlehre erstmal nicht wollte:

"weil das eben so war, daß, äh, na ja, daß halt zwar meine Eltern gefragt haben, wolltest du, würdest du, möchtest du da hingehen, dann kannst du gerne. Und, äh, das war, wie das halt so ist, als Kind orientiert man sich ja immer an Freunden und Freundinnen, die man so hat, nicht, und von denen hat das eben keiner gemacht, weil das ja, die waren halt in der Pionierorganisation, was ich ja auch war, was ja fast jeder war, da hat das keiner gemacht irgendwie, ich weiß nicht, da habe ich dann einfach gesagt, nein, mache ich auch nicht." (1T/20, 1517;197)

Sie machte vorerst das, was alle machen und sah keinen Grund, nicht der Pionierorganisation beizutreten. Einen Zugang zur Christenlehre fand sie erst, als zwei ihrer Freundinnen sie dorthin mitnahmen. Sie war vom ungezwungenen Stil dieses Unterrichts begeistert:

"Man mußte nichts sagen, man konnte etwas sagen, wenn man wollte und wenn man wollte, dann konnte man eben auch alles sagen und es wurde gesungen und wurde irgendetwas Kreatives gemacht, was eben ich in der Schule sehr vermißt hatte und das war eigentlich das, äh, na ja, was mir eigentlich daran immer am besten gefallen hat." (1T/20, 1518;209)

Hier fühlte sie sich weder hinsichtlich ihrer Leistung noch ihrer Meinung unter Druck gesetzt, man mußte nichts sagen, konnte aber auch "alles" sagen, d.h. mußte nicht dauernd darauf reflektieren, ob man mit dem Gesagten den Bereich der staatlich vorgegebenen Konformität verläßt.

Von dort führte der Weg für sie zur Konfirmation, die sie mit 15 Jahren feierte, und danach zur Jungen Gemeinde. Kirche war also hier etwas, das Frau 1T/20 in ihrer Kindheit vom Elternhaus durchaus angeboten worden war, dies jedoch in einer offenen Weise. Daß sie dann tatsächlich der Kirche verbunden blieb, hängt einerseits mit den guten Erfahrungen in der Christenlehre, dann aber auch damit zusammen, daß die Angebote der Kirche für sie eine große Attraktivität besaßen, die sie dann auch aus eigener Entscheidung heraus wahrnehmen wollte:

"Ja, weil, äh, eigentlich Kirche, in meiner Kindheit nie so eine todernste Sache war, sondern daß es da eigentlich immer sehr fröhlich und ausgelassen und lustig zuging, was ich als sehr angenehm empfand." (1T/20, 1524;442)

b) Jugend und junges Erwachsenenalter

Die Jahre nach der Konfirmation sind bei allen befragten Personen aus dieser Gruppe geprägt durch die Ablösung vom Elternhaus. Von daher dominiert in den Aussagen nun stärker der außerfamiliäre, gesellschaftliche Bereich. Damit allerdings müssen in diesem Teil die befragten Personen West von den befragten Personen Ost von Anfang an getrennt betrachtet werden.

1. Für die 13 aus dem Westen stammenden Personen ergibt sich, daß davon 6 schon berufstätig sind, 2 studieren und 5 sind noch auf dem Gymnasium. Unter den Berufstätigen finden sich folgende Berufe: kaufmännische Angestellte (2x), Fremdsprachensekretärin, Servicetechnikerin, Krankenschwester, Kfz-Mechaniker. Verheiratet sind 2 Personen, Kinder haben bereits 3 Personen, 1 Person ist verlobt.

Auch diejenigen, die inzwischen von zu Hause ausgezogen sind, wohnen noch im näheren Umkreis der elterlichen Wohnung. Die Kontakte zur Herkunftsfamilie sind überall gegeben. In einigen Fällen wird besonders der gute Kontakt zu den Großeltern betont, während andere sich doch stärker von der Familie distanzieren.

Wichtig ist immer der Freundeskreis, der das Freizeitverhalten entscheidend prägt:

"weil mir Freunde ziemlich wichtig sind, sehr gute Freunde. Wenig, aber sehr gute Freunde. Gut, mir ist es auch wichtig, daß ich viele Leute kenne und nette Leute kenne, aber mir ist es wichtig, daß ich ein paar Freunde hab, wo ich genau weiß, mit denen kann ich über alles reden." (2T/5, 440;138)

Bedeutsam ist hier vor allem die Vertrautheit mit einigen wenigen Freunden, mit denen dann auch die meiste Zeit außerhalb der Arbeit bzw. Schule verbracht wird.

Neben Berufswelt und Schule findet diese Gruppe ihren Freundeskreis auch in Initiativ-Gruppen. Dabei stellen die ökologisch orientierten Gruppen bei weitem die Mehrheit unter den befragten Personen. Ökologie ist hier überhaupt das gesellschaftspolitische Thema, welches nahezu in allen Interviews zur Sprache kommt:

"ähm mit dieser Zerstörung der Umwelt oder von der Optik her, dieser negativen Umwelt ist eigentlich das, was mir für die Zukunft am wichtigsten ist. Weil wir haben eigentlich doch bloß diese eine Erde und im Moment schaut es halt wirklich so aus, daß es man fast nicht mehr verantworten kann, Kinder in die Welt zu setzen, einfach das, was hier." (2S/16, 1323;468)

Daran wird auch deutlich, daß mit dem Thema Ökologie die Frage nach der eigenen Zukunft, bzw. die Frage nach der Zukunftsfähigkeit unserer Welt gestellt ist. Nicht ganz so häufig wie das Thema Ökologie wird als zweites vorwiegend die Ausländerfeindlichkeit thematisiert:

"da hätte ich nichts dagegen, weil ich akzeptiere die Leute, die sind so deprimiert, so einsam wie sie da sind, mit ihren Sorgen da, daß man da den Lebensmut wahrscheinlich verloren hat." (1S/15, 1259;507)

Zur Kirche verhält sich diese Gruppe gespalten. 7 Personen haben noch oder hatten zumindest längere Zeit nach der Konfirmation Kontakt, für 6 Personen gilt dies nicht.

Wer noch Kontakt zur Kirchengemeinde hat, hat dies durch die Jugendarbeit:

"Ja, ich meine, was ich halt so erlebt habe, die Jugend, Kindergruppen, Jugendgruppen, Kirchenchor, Musikkreise und Freizeiten (Lachen), ja, viel Singen, Gaudi." (1T/14, 1173;707)

Interessant ist, daß diejenigen, die altersmäßig der Jugendarbeit inzwischen entwachsen sind, durchaus ihre Zeit in einer Jugendgruppe oder ähnlichem als Erfahrungen mit Kirche bezeichnen. Wer dagegen noch an der Jugendarbeit selbst beteiligt ist, neigt hier eher zu Abgrenzungen. So differenziert etwa eine 14jährige wie folgt:

"Das ist donnerstags immer am Abend, das ist ganz lustig. Das hat eigentlich gar nichts mit der Kirche zu tun. Das ist, da trifft man sich, da treffen sich halt dann Konfirmanden oder die, die es schon waren, also die schon Konfirmation hatten, und, man trinkt Tee und unterhält sich. Macht, macht halt, was man grad Lust hat. (Pause) Das ist gut. Besser als Konfirmandenunterricht." (3T/5, 455;183)

Daß die Jugendgruppe für sie nichts mit Kirche zu tun hat, hängt natürlich mit ihrem Bild von einer Kirchengemeinde zusammen:

"das sind halt die Leute, die irgendeinen Glauben haben und, oder öfters in die Kirche gehen und sich da sehen, oder an Gott glauben. Und, ab und zu wenn so Sachen, die werden ja von der Kirche veranstaltet, und so, da so hingehen" (3T/5, 455;169)

"Die Leute", die da glauben oder in die Kirche gehen, sind für sie Erwachsene, sind eine Gruppe von Menschen, zu denen sie sich nicht selbst rechnet. Als Konfirmandin, die sie zum Zeitpunkt des Interviews gerade war, konnte sie an einem Praktikum in der Gemeinde teilnehmen, was sie "ganz lustig" (455;176) fand. Trotzdem setzt sie ihren Jugend-Treff von der Kirchengemeinde ab, obwohl das, was sie hier beschreibt, ja für den

Alltag von Kirchengemeinde so ungewöhnlich nicht ist. "Man trinkt Tee und unterhält sich" könnte gut auch für einen Senioren-Nachmittag in der Kirchengemeinde stehen. Der entscheidende Unterschied besteht für sie darin, daß die Jugendarbeit ein von Jugendlichen selbst strukturiertes soziales Umfeld darstellt, während Kirchengemeinde ansonsten in ihren Augen von Erwachsenen strukturiert wird. Dies ist *ihr* Treffpunkt, der für sie mit der Kirchengemeinde der Erwachsenen nichts zu tun hat.

Genau an der Stelle kommt es dann auch immer wieder zu Konflikten, etwa wenn Hauptberufliche der Kirchengemeinde Veranstaltungen der Jugendlichen im Alleingang und ohne Absprachen umstrukturieren:

"also ich kann mich erinnern, es gab einmal so diese Riesendiskussion da, da gab es noch so Jugendparties bei uns, und da wurden, na gut, da wurden, ist ja immer riesen viel Planung und bis sie dann die ganzen Diskobeleuchtungen aufgebaut haben und wollen dann natürlich dann auch was tolles draus machen und irgendwie am Schluß hat der äh Pfarrer (Name) dann irgendwo das dann nicht so machen lassen, also es war halt am Schluß so, daß dann er und seine Töchter dann irgendwie einen angeschleppt haben, der dann halt, dann wurde die Musik abgeschaltet und dann hat der also irgendwie erzählt, wie er zu Gott gefunden hat oder sowas, ja, und mei, da waren halt die Leute, die aus sämtlichen Schulen, und wollten sich halt am Abend hier amüsieren und dann stellt sich da einer hin und erzählt so was, "ich hatte die Erleuchtung" äh (Lachen)." (1T/14, 1173;725)

Unabhängig davon, wie man zu missionarischen Einsätzen dieser Art steht, entscheidend ist, daß hier ein Erwachsener im Umfeld Jugendarbeit an Stelle der Jugendlichen agiert. Das hat dann plötzlich - in den Augen der Jugendlichen - mit "Kirche" zu tun und zwar in einer ebenso autoritären wie brüskierenden Weise. So nimmt es nicht Wunder, wenn die gleiche Frau heute über diesen Pfarrer und das Erlebnis damals sagt:

"Vielleicht war das, war er eher unbewußt derjenige, der mich eigentlich im Endeffekt von der Kirche ein bißchen weg gebracht hat." (1S/14, 1173;712)

Außerhalb der Ortsgemeinde ist in dieser Gruppe der Kirchentag eine weitere Kontaktstelle zur Kirche, deren Vorteil etwa auch in der zeitlichen Begrenzung liegt. Im Westen bedeutet der Kirchentag dabei natürlich eine ganz andere Erfahrung, als dies in der DDR der Fall war:

"Das hier erinnert mich irgendwo total an Kirchentag, also, ich weiß auch nicht (Lachen), das sieht so aus wie Podium und man sonnt sich da drin, und bestimmt auch schönes Wetter und hhm die einen hören interessiert zu, die andern gehen nur vorbei, haben gar keine Ahnung, um was es geht. Das war ja in Berlin ganz auffallend, also ging mir jedenfalls so (Lachen), doch, also das, Kirchentage sind, da muß man schon gehen (Lachen)." (1T/14, 1161;103)

Der Kirchentag wird hier nicht als Veranstaltung für sich verstanden, sondern ist eingebettet in das Leben der Großstadt, ist Teil dieser Gesellschaft: "die einen hören interessiert zu, die anderen gehen vorbei". Darin ist diese Erfahrung sehr volkskirchlich geprägt, weil Kirche hier unter den Bedingungen der Gesellschaft antritt und sich nicht außerhalb stellen will.

Dies ist ein Punkt, der andererseits von denen, die der Kirche nur noch wenig oder nichts mehr abgewinnen können, in den Interviews immer wieder kritisiert wird. Sie mißbilligen, daß der hohe Anspruch des Evangeliums zuwenig Konsequenzen bei den Kirchenmitgliedern zeitigt:

"Ja, also wir haben meistens so über die Kirchen geredet, was uns da mißfällt oder an den Leuten, die da ständig reingehen und dann eigentlich so ganz anders sind, als wie sie immer tun." (1T/5, 432;376)

Weil dies so ist, stellen sie die Glaubwürdigkeit der Kirche in Frage. Den christlichen Inhalten gegenüber wären sie nicht abgeneigt, aber einen Zugang zur real existierenden Kirchengemeinde können sie für sich nicht finden. Kirchengemeinde, das schreckt sie eher ab.

Daß sich ein solcher Zugang durch einen ebenso zufälligen wie erfreulichen Kontakt mit dem Pfarrer anbahnen läßt, zeigt das Beispiel von Frau T/13. Sie hatte zunächst im obigen Sinne argumentiert und hatte schon viele Jahre mit Kirche keinen Kontakt mehr. Anläßlich der Taufe ihres ersten Kindes ergab sich dann der erste Kontakt mit ihrem Ortspfarrer:

"also ich bin jahrelang nicht in die Kirche gegangen, bei der Taufe war ich dann in der Kirche und seitdem war ich schon zweimal noch mal hintereinander. Ich bin ganz erstaunt." (T/13, 1045;427)

Der Pfarrer erschien ihr in hohem Maße glaubwürdig, was es ihr ermöglichte, den Kontakt zur Kirchengemeinde wieder aufzunehmen. Dies ist sicherlich nicht der Regelfall, zeigt aber, welch zentrale Stellung auch hier Pfarrerinnen und Pfarrer einnehmen können. Im Bereich der Volkskirche ist die Definition der eigenen Stellung zur Kirchengemeinde weithin bestimmt durch die Stellung zu den Pfarrerinnen und Pfarrern.

Jedoch darf dabei nicht übersehen werden, daß viele der hier befragten Jugendlichen und jungen Erwachsenen für die Gestaltung ihrer eigenen Religiosität weithin auf die Einbindung in eine Kirchengemeinde verzichten können. Es ist ihnen im Gegenteil besonders wichtig, daß die von ihnen akzeptierten Ausdrucksformen ihrer Religiosität auf ihre Individualität abgestimmt sind:

"ich hab das mitgekriegt im Konfirmationsunterricht, was die einem dann vorschreiben wollen, wie man zu beten hat, was man zu beten hat, wie man sich hinzusetzen hat wenn man betet, also, das sollte doch jedem selber überlassen sein, das muß ich mir doch von keinem vorschreiben lassen, dazu brauch ich keinen." (2T/6, 518;342)

Hinsichtlich des Gebetes möchten sie sich schon gar nichts vorschreiben lassen, sondern legen Wert darauf, "nicht so standardisierte Gebete" (T/13, 1047;513) zu benutzen. Es sind in dieser Gruppe nur sehr wenige, die dann auch geprägte Texte im Gebet sprechen, die meisten formulieren frei - wenn sie beten. Denn einige geben auch an, dies nie zu tun. Bei den anderen wird neben so klassischen Gebetsformen wie dem Bitt- und Dankgebet auch ganz neues ausprobiert, freilich mit unterschiedlichem Erfolg:

"Ja, mmh vielleicht mehr so in meditierender Form. Also ich ich habe jedenfalls kein Gebet, wo ich irgendwie direkt jemanden anspreche oder so. ... ja eigentlich, daß dieses Bewußtsein von mir selber, daß also das Bewußtsein meiner eigenen Unwissenheit, und das sind halt die Momente, wo man dann irgendwie versucht, ja wo man so merkt, wie man an seine eigenen Grenzen stößt gedanklich." (T/1, 80;420)

"Das habe ich mal versucht, aber das klappt bei mir sowieso nicht. ... Ich kann mich da nicht so, ich kann da nicht abschalten, ich bin da viel zu hektisch irgendwie innerlich, zu unkonzentriert. Meistens muß ich dann lachen, und dann ist es eh' aus." (1T/5, 432;368)

Der Abschied von dem, "was man so Gebet nennt" (T/1, 80;415) ergibt sich, weil man spürt, daß dies für einen selbst nicht mehr paßt, nicht mehr stimmig ist. Es ist aber auch nicht einfach, etwas neues zu finden, das man dann an die Stelle des herkömmlichen Betens setzen könnte. Noch schwieriger ist es, jemand anderen von diesen Versuchen zu erzählen. Im vorliegenden ersten Fall ist es wiederum das Individuum, das hier im Vordergrund steht, hier mit der Erfahrung des eigenen Begrenztseins. Was sich allerdings dann jenseits des Begrenztseins abspielt, bleibt auch für Frau T/1 selbst undeutlich:

"jetzt ist es halt, habe ich halt von Gott eine ganz ganz bestimmte, also es hat sich irgendwo gefestigt, was ich, wie ich mir das vorstelle. Wobei ich halt mit dem Wort Gott nicht so viel anfangen kann, weil das bei mir immer schon gleich so im Hintergrund dann die Kirche und alles dazugehört. Ich mein, das ist jetzt rein von mir persönlich, daß ich halt das damit verbinde. Und ich eben mehr so allgemein eine Instanz oder wie soll man sagen, große Macht oder so etwas. Das halt alles umfaßt, irgendwie. ... ja weil ich halt, vielleicht ein sehr unwissendes Gefühl. Weil ich die Macht irgendwo mit dem Wissen auch identifiziere." (T/1, 80;391)

Diese Gottesvorstellung ist in aller Unbestimmtheit wesentlich geprägt vom Versuch einer Eigendefinition Gottes. Darin ähnelt sie vielen anderen Gottesvorstellungen aus dieser Gruppe. Nun hat Frau T/1 einen distanzierten Kontakt zur Kirchengemeinde und wuchs auch in einem kirchlich-distanzierten Elternhaus auf. Es zeigt sich aber, daß der Inhalt der Gottesvorstellungen auch bei einer erlebten großen Nähe zur Kirche ähnlich klingen kann. Frau 1T/14 etwa wurde ja sowohl durch die Großeltern als auch insbesondere durch ihre Mutter an die Kirche herangeführt. Ihre Gottesvorstellung ist deswegen der von Frau T/1 nicht unähnlich:

"Ist irgendein unbekanntes Wesen, also so irgend, irgendein, ja gut es ist nicht mehr der weise Mann mit dem weißen Rauschebart, das ist halt irgend, irgendeine Macht oder ich weiß auch nicht, also es ist halt irgendwas, wo hm, man versucht ja heute irgendwie alles zu erklären, und das ist halt irgendwas, was man irgendwo nicht erklären kann" (1T/14, 1175;814)

Auch hier ist es also eine unbekannte Macht, die da ist, die aber nicht näher erklärt werden kann. Das Bedürfnis, die Gottesvorstellung nicht vermittels traditionaler Sprachformeln zu artikulieren, sondern sich um individuelle Denkfiguren zu bemühen, ist also sowohl innerhalb als außerhalb des kirchlichen Milieus festzustellen.

Ist Gott also die nicht zu erklärende Macht und damit deutlich außerhalb des menschlichen Zugriffs gestellt, so kann demgegenüber Jesus Christus in die Rolle des anschaulichen, des greifbaren Vorbilds rücken. In einigen Interviews wird Jesus Christus somit zum guten, zum besonderen Menschen, wenn man so will zum verkörperten Ideal von Humanität:

"würde ich vielleicht als erstes spontan einfach sagen, daß das ein guter Mensch war, der in Gottes Sinn gehandelt hat" (T/1, 80;410)

Dies wird dann auch hinsichtlich biblischer Geschichten besonders hervorgehoben. Es sind Geschichten vom guten, menschlichen Umgang miteinander, die den Jugendlichen und jungen Erwachsenen in Erinnerung bleiben:

"Also die biblische Geschichte, die mir am meisten irgendwie bedeutet, ist irgendwie die Bergpredigt. ... Weil ich finde, daß also Jesus da die die äh Sachen, die im Neuen Testament eigentlich erzählt werden, so auf den Punkt bringt. Also er predigt da, also es ist einfach Liebe was er da predigt, ganz ähm ziemlich bedingungslos. Also zum Beispiel liebe deinen Nächsten egal was er was er mit dir macht. Wenn er dich haut, dann liebe ihn trotzdem. Und das finde ich einfach also sehr sehr fortschrittlich und so was. Nur es wird zu wenig umgesetzt. (1S/2, 143;359)

"Ja das ist ähm, äh wer noch keine Schuld auf sich geladen hat der werfe den ersten Stein auf sie. Finde ich schon sehr wichtig, daß man erst mal sich selbst anschaut, bevor man sich über andere aufregt." (2S/2, 156;195)

All dies bekommt noch einmal schärfere Konturen, wenn Überlegungen dazu angestellt werden, wie die eigenen Kinder - größtenteils im Hinblick auf spätere Jahre - mit Religion konfrontiert werden sollen. Allenthalben wird zunächst wieder der Unterschied Kirche - Religion thematisiert, wobei die Taufe an sich noch eher akzeptiert wird als der selbstverständliche Kontakt zu einer Kirchengemeinde. Wer allerdings selber viele

Erfahrungen in der Jugendarbeit gesammelt hat, kann sich vorstellen, dies auch seinen Kindern anzubieten:

"Also, denke mal, so so Sachen, so Kindergottesdienst oder, ich habe ja selber Kinderbibelwochen also dann als Leiter mitgemacht, da würde ich sie sicherlich auch hinschicken wollen, weil es ist halt einfach auch an sich einfach schön, also in einer, so einer Gruppe" (1T/14, 1171;645)

Daß die Taufe hier auch unabhängig von der Kirchenzugehörigkeit eine Bedeutung hat, ergibt sich, wenn man die Vorstellungen hinsichtlich der Religiosität der eigenen Kinder betrachtet. Hier zeigt sich nämlich, daß die Zugehörigkeit zum Christentum, für die dann die Taufe steht, deutlich höher bewertet wird als die Zugehörigkeit zu einer Kirche:

"Also ich würde vielleicht ähm, ich würde wahrscheinlich meine eigene Vorstellung von Glauben dann äh versuchen weiterzugeben, und jetzt also nicht in erster Linie, daß ich jetzt sage, das ist jetzt die Lehre der evangelischen Kirche, oder das ist die Lehre der katholischen Kirche, das glaube ich weniger." (2S/16, 1317;193)

Der Horizont ist für diese Jugendlichen also weder evangelische noch katholische Kirche, sondern ihr Verständnis von Christentum. Sekten stehen sie alle ablehnend gegenüber, nicht zuletzt, weil sie hier die Entscheidungsfreiheit eines Menschen massiv gefährdet sehen. Aber auch andere Religionsgemeinschaften werden im Vergleich mit dem Christentum eher vorsichtig beurteilt:

"Ja, dann müßte ich mich erstmal genauer über den islamischen Glauben erkundigen, und dann würde ich halt, mei, ich würde halt das schon ausdiskutieren, irgendwie Vorteile und Nachteile. Und dann sollen sie sichs selber überlegen. Ich weiß es nicht, was ist am islamischen Glauben? Morden die aus Glauben oder was? Nee, oder? Nicht. Also, ich weiß nicht, ich müßte halt dann mich erstmal da genau informieren, und dann würde ich das aber nicht von vornherein verbieten, weil gut, das hat bestimmt auch seine positiven Gründe und ich würde halt dann gerne hören wollen, warum." (2T/5, 444;336)

Mit Verboten wären die meisten sehr zögerlich. Eher wollen sie eigene Vorstellungen diskutieren. Läßt man einmal beiseite, daß es sich hier allermeist um hypothetische Überlegungen handelt, über deren Umsetzung in erzieherische Praxis damit noch gar nichts ausgesagt ist, so fällt doch auf, wie sehr sie versuchen, in ihre Vorstellungen das Prinzip der Autonomie auch für ihre Kinder einzubauen. Ein 18jähriger hierzu:

"Also ich weiß nicht, ich glaube äh, erstes Ziel der Erziehung von meinen Kindern wäre, daß sie sich in solchen Fragen selber ein Urteil bilden können. Das heißt, daß sie äh nicht in erster Linie, jetzt Papi was ist das denn, also oder vielleicht schon, Papi was ist das denn, aber nicht äh Papi was muß ich denn jetzt tun, sondern ähm vielleicht dann schon mit mir eine Entscheidung treffen, aber halt nicht in erster Linie meine Entscheidung dann übernehmen." (2S/16, 1318;210)

Letztlich ist es das, was sie auch selbst zu praktizieren versuchen. Dies bedeutet nur insofern eine Vor-Entscheidung gegen Kirche, wenn diese auf eine selbstverständliche Bindung setzt. Bindung ist hier aber - auch im Rahmen einer betont kirchlichen Erziehung - nicht selbstverständlich, sondern selbst entschieden.

2. Unter den vier Personen, die in der DDR aufgewachsen sind, finden sich ein Musiker, zwei Zivildienstleistende sowie eine Pharmazeutisch-Technische Assistentin. Alle vier wohnen zum Zeitpunkt des Interviews noch zu Hause bei den Eltern und sind unverheiratet. Das Verhältnis untereinander in den Familien wird als vertraut geschildert und ist allen wichtig:

"große Vertrautheit und persönliche Beziehungen in der Familie, die eigentlich absolut intakt sind zwischen allen, zwischen allen Familienangehörigen bei uns, würde ich sagen." (1S/19, 1466;386)

Und auch hier nehmen die Großeltern eine besondere Stellung ein, die noch vom regen Kontakt in der Kindheit herrührt. Herr 1S/18 zur Frage nach seinem Verhältnis zur Großmutter:

"Gut. Sehr gut, ja eben auch durch, das ist, wie gesagt, in der Kindheit begründet, dadurch, daß wir immer draußen waren." (1S/18, 1423;561)

Außerhalb der Familie spielen in diesen Interviews nicht nur die politischen Ereignisse der Wende im Jahre 1989 eine große Rolle. Auch die Zeit davor war für einige aus dieser Gruppe durch gesellschaftspolitisches Engagement geprägt. Herr S/17 etwa machte seinen Protest gegen den DDR-Staat seit Jahren durch ein Punk-Outfit sichtbar, was ihm nicht nur in der Schule Schwierigkeiten einbrachte, sondern gelegentlich wurde gegen ihn auch ein Innenstadt-Verbot verhängt:

"ich habe mir schon relativ zeitig irgendwelche Punkmusik angehört, und fand, war beeindruckt wie eben Leute mit grünen Haaren und so, das gab es ja in der DDR damals noch nicht so ausgefallen, und bin dann aber schon relativ zeitig mit solchen Leuten in (Name der Stadt) in Verbindung getreten, mit denen rumgelaufen und das war eigentlich auch die Opposition, das wurde dann auch immer ärger, Staatsgewalt." (S/17, 1362;185)

Zum Zeitpunkt des Interviews ist er in einer antifaschistischen Initiativ-Gruppe gegen Rechtsradikalismus tätig. Mit den Exekutiv-Kräften des Staates kam er vor der Wende und kommt er nach der Wende nur schlecht zurecht:

"Ja doch, eigentlich gegen Polizei und die Staatsgewalt, bin ich eigentlich doch dagegen, jetzt gerade auf Demonstrationen habe ich eigentlich schon öfters mit der Polizei zu tun gehabt, und auch jetzt früher in der DDR. Bei uns war es zum Beispiel, als wir uns immer getroffen haben, jeden Tag, kamen die mit Hunden an, konnten uns nicht in Ruhe auf der Straße treffen mit Freunden, beschwerte sich jemand." (S/17, 1367;391)

Wenn auch nicht in diesem Ausmaß, so zeigen sich doch bei allen vier befragten Personen solche gesellschaftspolitischen Akzente. Eines davon ist wieder das Thema Ökologie, ein anderes die Ausländerfeindlichkeit.

"Na, weil man einfach jeden Menschen, egal, was er für eine Hautfarbe oder Mentalität hat, akzeptieren oder achten sollte." (1T/20, 1524;434)

Genauso wichtig wie bei den befragten Personen aus dem Westen ist der Freundeskreis:

"Also viele, äh, stammen aus meiner Abiturzeit, die ich von der Schule her kenne, was heißt viele, also da sind vielleicht so drei, vier Leute übrig geblieben, mit denen man wirklich noch, auch noch lange Kontakt haben wird, nehme ich an. Na ja dann mein Freund, mit dem ich jetzt ein halbes Jahr zusammen bin, zusammen bin." (1T/20, 1520;298)

Die Vertrautheit mit einigen wenigen Freundinnen und Freunden wird der großen Zahl an Bekannten vorgezogen. Entscheidend ist für den engen Freundeskreis die Verläßlichkeit der Beziehungen.

Für alle vier dieser Gruppe ist die gesellschaftspolitische Situation dann auch in besonderer Weise relevant für ihr gegenwärtiges Verhältnis zur Kirche.

Herr S/17 ließ sich in der Jungen Gemeinde taufen und konfirmieren:

"Ja, dieses Bild erinnert mich an meine Taufe und an meine Konfirmation, die ich mit vielen Freunden gemeinsam gemacht habe. Ja, das war ein feierlicher Augenblick in meinem Leben, den ich eigentlich nicht so leicht vergessen werde, ja." (S/17, 1359;49)

In der Kirche zu sein, getauft zu sein war für ihn ein Akt politischer Opposition. Sein Freundeskreis in der Jungen Gemeinde wird für ihn zur wichtigsten Gemeinschaft, die er scharf vom "Mob" trennt, der demgegenüber zu DDR-Zeiten dem Staat willfährig ergeben war und dies auch jetzt wieder ist. Kirchengemeinde, das ist für Herrn S/17 die Junge Gemeinde, in der sich die "Ausnahmen" der Opposition leistenden Jugendlichen zusammenfinden. Mit den "anderen Gemeindegliedern" (S/17, 1363;256) hat er kaum etwas zu tun, sie gehören auch nicht zu seinem Interessenskreis. Wichtig ist ihm die Gemeinschaft seiner Freunde.

Der Gemeinschaftsgedanke überlagert dann auch seine Gebetspraxis wie seine Gottesvorstellung. Herr S/17 betet am Morgen in der gemeinsamen Andacht vor Arbeitsbeginn, die von der kirchlichen Institution angeboten wird, in der er seinen Zivildienst ableistet. Alleine für sich betet er nicht, schon allein deshalb, weil ihm noch viel zu unklar ist, was er mit "Gott" verbinden sollte:

"Tja, ich habe eigentlich Gott für mich noch nicht so richtig gefunden, also daß ich jetzt an jemanden glauben könnte, daß ich mir das richtig vorstellen könnte, habe ich eigentlich, gibt es für mich noch nicht so. Aber, ja, durch die Arbeit in der Behindertenwerkstatt und in der kirchlichen Einrichtung, ich seh die Leute da, die an Gott glauben, die früh in der Andacht beten, die haben jemanden, der den Menschen Halt gibt, sie beschützt, zum Teil glücklich macht. Aber für mich muß ich sagen, ich habe Gott noch nicht so gefunden." (S/17, 1364;285)

Er sieht die Kolleginnen und Kollegen, hat auch konkrete Vorstellungen von den Auswirkungen des Glaubens bei ihnen, kann dies aber nicht auf sich selbst beziehen. Dafür fehlen ihm vergleichbare Erfahrungen. Die Beispiele, die er erwähnt, haben viel mit einem kindlichen Vertrauen zu tun: Halt geben, beschützen. Aus dem Glauben heraus politisches Handeln zu motivieren, was ihm vielleicht näher läge, erwähnt er hier nicht. Das bezieht er dann eher auf Jesus Christus, der als Mensch "eben den Menschen geholfen hat" (1364;299).

Herr 1S/19 ließ sich mit 18 Jahren konfirmieren, wie er betont, noch vor dem Umbruch:

"Das war auch eine, das hatte auch noch einen politischen Bezug damals, daß man auf die Weise irgendwie eine Gemeinschaft gefunden hatte, die sich, die doch bißchen einen quasi in ihre Mitte nahm und, das hatte so einige Gründe, nicht." (1S/19, 1459;93)

Seine heutigen Kontakte zur Kirchengemeinde sind keine "festgelegten", sondern ergeben sich vorrangig durch den Pfarrer, der mit der Familie von Herrn 1S/19 "ganz gut persönlich" bekannt ist (1S/19, 1463;267). Die Zugehörigkeit zur Kirchengemeinde ergibt sich wiederum im wesentlichen durch die Person des Pfarrers.

Gottesdienste besucht er an den Festtagen wie "Ostern, Weihnachten, Pfingsten". Ein Gebet spricht Herr 1S/19 für sich nur in bestimmten Situationen, etwa in einer "dankbaren Stimmung", oder wenn er etwas "Bewegendes" (1464;350) vor sich hat. Gott ist ihm nicht mehr die "übergeordnete Autorität" aus seiner Kindheit, sondern jetzt das schöpferische Prinzip der Natur, dem er als einzelner gegenüber steht.

Herr 1S/18 leistet derzeit seinen Zivildienst in einer kirchlichen Einrichtung ab. Die Erkenntnisse, die er hier gewinnt, haben bei ihm eine große Distanz zur Kirchengemeinde entstehen lassen. Die kirchliche Arbeitswelt hat wenig zu tun mit seinen Vorstellungen von einer vertrauten Gemeinschaft. Erneut ist es als erstes der Pfarrer, an dem sich die Kritik und damit auch die Stellung zur Kirchengemeinde entzündet. Herr 1S/18 erlebt einen Gemeindepfarrer, der in seinen Augen sich zuwenig Zeit für die einzelnen Belange der Kirchengemeinde nimmt. Weitere Auseinandersetzungen mit anderen Hauptberuflichen im

Gemeindebereich kommen hinzu. Das alles läßt in Herrn 1S/18 derzeit "Austrittsgedanken" (1S/18, 1422;498) aufkommen.

Seine Gottesvorstellung bezeichnet er als "noch mehr abstrahiert" (1423;540). Demnach ist Gott für ihn zwar immer "noch wichtig" (1423;543), aber nicht mehr permanenter Ansprechpartner:

"wenn eben mal eine Woche ohne Gott war, da ist eben, da wird weder ein Gebet gesprochen noch wird da ein Gedanke an Gott verschwendet, oder, verschwendet in Anführungszeichen, äh, das ist, das ist so." (1S/18, 1423;544)

Das bedeutet aber keineswegs, daß er damit insgesamt Abschied vom Glauben nähme. Er betet auch heute noch gelegentlich und beschreibt die hierfür typische Situation als "Bedrängnis" (1424;574). Aber die feste Struktur, in die Religiosität durch das Elternhaus bei ihm eingebettet war, hat sich bei dem jungen Erwachsenen nun also auch deutlich gelockert.

Frau 1T/20 war nach der Konfirmation lange Jahre in der Jungen Gemeinde, die auch für sie eine Art Oppositions-Gemeinschaft wurde:

"wir haben wirklich viel miteinander gemacht und unwahrscheinlich viel geredet, diskutiert, das fällt mir eigentlich dabei ein, also, ich bin auch sehr, sehr froh, daß ich das damals hatte, also damals, dadurch wurde vieles leichter. ... Weil, äh, man konnte dann eben, man hatte einen Tag in der Woche, Freitags war das immer, konnte man eben wirklich da hingehen und da konnte man das alles loswerden und wußte genau, äh, dir passiert nichts, wenn du das hier sagst." (1T/20, 1519;269)

Hier konnte man also seine Sorgen loswerden und fand auch Menschen, die ähnlich dachten, wie man selbst. Zum Zeitpunkt des Interviews hatte die 23jährige Frau 1T/20 sich aber von der Jungen Gemeinde gelöst, "weil irgendwann wächst man ja aus dem Alter heraus". Jetzt besucht sie noch ab und zu die Gottesdienste und findet sie "auch meistens sehr schön" (1T/20, 1519;263).

Für sich zu Hause betet Frau 1T/20 nicht mehr. Nach wie vor ist Gott für sie keine konkrete Person, sondern "das Gute in der Welt" (1520;323). Dabei vertraut sie darauf, daß dieses Gute "eben doch mehr Bestand hat als alles andere" (1520;325). Sie ist sich bei all dem auch unsicher, ob sie "jemals richtig an Gott geglaubt hätte" (1518;225), läßt aber offen, wie dieses "richtig" zu füllen wäre. Konkret wird das Gute für sie schließlich an der Person Jesu Christi:

"Ich würde sagen, daß Jesus Christus, äh, ein Mensch war, der sicherlich keine Wunder vollbringen konnte, wie das ja zwar geschrieben steht, aber das ist ja doch nicht so wörtlich zu nehmen, aber der auf jeden Fall versucht hat, mit allem, was er hatte, mit allen Mitteln und Möglichkeiten, äh, Menschen, die es eben schwer hatten im Leben, die eben halt arm waren und krank waren, die irgendwelche anderen Probleme hatten, denen irgendwie zu helfen." (1T/20, 1520;331

Hier kehrt also das gute, vorbildliche Handeln bei ihr noch einmal wieder.

Deutlich wird an diesen vier Beispielen, daß die spezifische gesellschaftspolitische Situation in der DDR dazu geführt hat, daß anders als im Westen die Individualisierung religiöser Konzepte vor 1989 zwar vorhanden, aber lange nicht so sichtbar war. Der soziale Aspekt ihrer Religiosität ist für alle hier befragten jungen Erwachsenen aus der Situation vor 1989 heraus viel relevanter als dies im Westen der Fall war. Kirche stand in der DDR für eine vom Staat unabhängige Gemeinschaft, die auch in gewissen Grenzen Schutz gewähren konnte. Seit 1989 ist dies anders. Jetzt, da diese spezifische Funktion der Kirche weggefallen ist, lassen sich genau die gleichen individualisierten Entwicklungsansätze festhalten wie im Westen. Eine Ausnahme bildet hier zunächst Herr S/17, für den nach eigenen Angaben Religion ja in der Kindheit überhaupt keine Rolle gespielt hat. Dann allerdings erübrigt sich auch eine Individualisierung, die ja immer auch eine individuelle Aneignung von traditionellen Selbstverständlichkeiten zum Ziel hat. Sie greift allerdings da, wo Herr S/17 sehr genau überlegt, ob die ihm angebotenen Formen und Inhalte von Religiosität mit seinen eigenen Erfahrungen stimmig sind. Das ist sein Kriterium, anderes würde er nicht übernehmen. In den anderen Fällen zeigt sich zudem, daß Gott auch hier, wie in der Gruppe aus dem Westen, die schöpferische oder gute Macht ist, über die man allerdings wenig aussagen kann. Ebenso gilt Jesus Christus auch hier als das Vorbild für einen guten, menschlichen Umgang miteinander.

Keinesfalls ist dies eine Entwicklung, die sich erst aus dem massiven Einfluß westlich geprägter Lebensformen nach 1989 ergeben hätte. Vielmehr zeigt der Generationen-Vergleich, daß die Kinder-Generation die Vorstellungen von Eltern und teilweise schon von Großeltern hier fortführen. Die Entwicklung geht also auch hier weg von der selbstverständlichen Übernahme traditionaler Inhalte und hin zur eigenen Bestimmung des geglaubten Inhalts. Dies entspricht dann auch ihren Vorstellungen von der religiöser Erziehung der eigenen Kinder. Sie wollen die Kinder vertraut machen mit den Grundlagen des Christentums, aber damit verbindet sich keineswegs automatisch eine Bindung an die Kirche:

"Es wäre vielleicht so, daß ich ihnen den, den Glauben nicht, äh, dogmatisch oder streng an der Bibel orientiert darbringen würde, es, ich würde es mehr aus dem Bauch heraus machen" (1S/18, 1422;481)

"Ja, auf jeden Fall würde, äh, ich versuchen, äh, also, dieses Menschliche an der Religion, also was ja eigentlich jede Religion, jetzt nicht nur die christliche, sondern jede irgendwie beinhaltet, äh, zu übermitteln. Also, diese Achtung einfach, anderer Menschen, anderer Sitten, anderer Lebensweisen, einfach Mentalitäten, das zu achten und zu respektieren, das würde ich übermitteln. Das ist ja eigentlich Sinn jeder Religion." (1T/20, 1519;250)

Allerdings war dies bis 1989 weithin überlagert durch die sich aus der politischen Situation ergebende soziale Bindung an die Kirche. Da diese nun wegfällt, zeigt sich auch hier: Religiosität und Kirche können zusammengehen, dies ist dann jedoch ein immer wieder neu zu leistender Konsens.

SCHLUSS: KIRCHLICHKEIT UND RELIGIOSITÄT

Das Ziel dieser Untersuchung bestand darin, der sozialen Realität der neuzeitlichen Entwicklung von Religiosität im Ausgang von der Selbsttätigkeit des Subjekts auf die Spur zu kommen. Dies ist im Rahmen von Drei-Generationen-Analysen sowohl familienimmanent als auch auf der Ebene der Generationslagen beschrieben worden. Gemäß dem Ansatz der Qualitativen Sozialforschung stehen diese differenzierten Beschreibungen zunächst für sich und müssen nicht theoretisch überhöht werden. Im folgenden sollen vielmehr noch einmal einzelne Aspekte hervorgehoben werden, an denen die Einbettung der Religiosität in soziale Kontexte und intergenerative Prozesse sichtbar geworden ist.

Wir sind ausgegangen von der These des Traditionsbruchs bzw. Traditionsabbruchs, wie er in der Stellung Jugendlicher zur Kirche namhaft gemacht wurde.[1] Demgegenüber ist darauf zu insistieren, daß es sich keineswegs so verhält, als wäre die Distanz zur Kirche ein Problem der letzten 20 Jahre. Anhand mehrerer Familien mit unterschiedlichen sozialen Kontexten hat sich vielmehr gezeigt, daß die Distanz zur Kirche vielfach bereits seit Generationen eine *familieneigene Tradition* ist. Dies ist nun zunächst anhand der unterschiedlichen Soziallagen von bürgerlichen Familien, Arbeiterfamilien und Landfamilien noch einmal differenziert darzustellen[2].

In bürgerlichen Familien war die Distanz zur Institution Kirche vom Bewußtsein der eigenen Unabhängigkeit geprägt. Das eigene Denken wurde dabei gegen die Verpflichtung auf eine kirchliche Lehrtradition gestellt, was sich in der Regel manifestierte in diversen Konflikten mit Pfarrern. Von daher waren es hier eigentlich keine strukturellen Auseinandersetzungen, sondern solche zwischen Personen: die Position des eigenen Glaubens stand gegen den Glauben des Religionslehrers, des Pfarrers, des Konfirmators etc. Insofern wiederholt sich hier auf der Ebene des bürgerlichen Alltags das, was im Bereich der Theologie unter dem Stichwort "positionelle Theologie"[3] verhandelt wird. Die Inhalte des Glaubens werden dabei funktional im Hinblick auf die Einheit des sie konstruierenden Selbstbewußtseins gesetzt, so daß sich Positionen mit einem je spezifischen Thema entwickeln, die sich in gegenseitiger Abgrenzung voneinander zur Geltung bringen. Die Besonderheit der einen protestiert gegen die Besonderheit der anderen Positionen, ohne daß es zu einer umfassenden Theorie kommen kann. Sind also solche Strukturen innerhalb der

---

1 OTTO, GERT: Jugend und Kirche. Einige Aspekte eines aufschlußreichen Verhältnisses. In: HANUSCH, ROLF / GODWIN LÄMMERMANN (HRSG.): Jugend in der Kirche zur Sprache bringen. Anstöße zur Theorie und Praxis kirchlicher Jugendarbeit. München: 1987, S. 335-353. KUPHAL, ARMIN: Abschied von der Kirche. Traditionsabbruch in der Volkskirche. Gelnhausen, Berlin: 1979.

2 Auf die Enttraditionalisierung der kollektivtypischen Lebensmuster wurde oben mehrfach hingewiesen, vgl. MOOSER, JOSEF: Arbeiterleben in Deutschland 1900-1970. Frankfurt a.M.: 1984. BECK, ULRICH: Risikogesellschaft. Auf dem Weg in eine andere Moderne. Frankfurt a.M.: 1986. Es hat sich aber in den Analysen gezeigt, daß einzelne Elemente dieser Muster nach wie für die Entwicklung von Religiosität relevant sind.

3 RÖSSLER, DIETRICH: Positionelle und kritische Theologie. In: ZThK 67 (1970), S. 215-231.

Theologie schon lange bekannt, so zeigt sich zumindest innerhalb der bürgerlichen Lebenswelt, daß die Laien im Zuge der neuzeitlichen Entwicklung zu Laientheologen geworden sind, die selber positionell strukturierte Glaubenskonzepte entwickeln:

"Und da bin ich zu der Überzeugung gekommen, oder, daß man halt den Gott lobpreisen muß und so, da bin ich eigentlich zu der Überzeugung gekommen, daß es nicht darauf ankommt an, an etwas zu glauben und daß der liebe Gott einem nicht übel nehmen würde, oder auch nicht von einem erwartet, daß man ihn lobpreist oder so, sondern, daß es also darauf ankommt, sich doch richtig zu verhalten und nun bin ich als Mathematiker auch etwas skeptisch und daß also für mich etwas, was vor 2000 Jahren geschrieben ist, nun nicht von mir ohne weiteres als Wort Gottes akzeptiert wird, ja! (Pause)" (GVm/1, 3;82)

Als Laientheologinnen und -theologen partizipieren sie deswegen aber keineswegs bereits am wissenschaftlichen Diskurs, sondern haben ihr eigenes Wirkungsfeld im Bereich der lebensweltlichen Religiosität. Von daher haben sie auch ihre eigene Dignität, sodaß die Verknüpfung zwischen dem Diskurs der Laientheologien und den wissenschaftlichen Theologien zugleich einer zwischen unterschiedlichen und durchaus eigenständigen Systemen wäre. Anders verhält es sich mit der Beziehung Laien und Kirche. Hier ist der Diskurs conditio sine qua non einer am Subjekt orientierten Gemeindepraxis.[4] Insofern allerdings wissenschaftliche Theologie die "Bedingungen und Möglichkeiten"[5] einer solchen Gemeindepraxis reflektiert, gerät auch die Auseinandersetzung mit der Laientheologie in ihr Blickfeld. Hier steht dann die Aufnahme der Laientheologie für die Akzeptanz der Selbsttätigkeit des Subjekts auch im Bereich der Religion. Dabei besteht kein Anlaß, auf die Tradition der Dogmatik zugunsten der aktuell erstellten Positionen der Laien zu verzichten. Wesentlich ist aber, beides auf ihre neuzeitlichen Konstitutionsbedingungen zurückzuführen, da ja auch die Ausgestaltung der dogmatischen Tradition sich der Selbsttätigkeit von Subjekten verdankt. Auf dieser Basis kann dann der Diskurs zwischen Laientheologie und dogmatischer Tradition geführt werden als ein gemeinsamer Suchprozeß nach der Wahrheit.

In den untersuchten Arbeiterfamilien war die Distanz zur Kirche ebenso durch die Generationen sichtbar geworden. Hier ist es aber nicht die Entwicklung einer eigenständigen Position des Glaubens, die zur Distanz führte, sondern die Erfahrung, daß Verkehrs- und Organisationsformen der Kirchengemeinden fern von den eigenen lebensweltlichen Bezügen stehen. Daraus entstehen dann solche Differenzformulierungen wie "der Pfarrer war so von oben herab", "es ist ganz anders dort", oder "in der Kirche ist ja nur Modenschau". Ein Anlagern der eigenen Erfahrungen an mittelschichtsspezifisch orientierten Kirchengemeinden[6] ist auch den hier interviewten Arbeiterfamilien durch die Generationen nicht möglich gewesen. Bemerkenswert ist für diese Familien aber, daß sie betonen, für die Entwicklung eines eigenen Glaubens keiner Kirche zu bedürfen und trotzdem nicht aus der Kirche austreten. Sie haben eigenständige Formen von Religiosität entwickelt, die im *Schatten der Kirche* gelebt werden und ihren sozialen Ort in der Lebenswelt, hier nicht zuletzt im Bereich der Familie fanden. Diese Formen von

---

4 Dies wird z.B. ausgeführt von BÄUMLER, CHRISTOF: Kommunikative Gemeindepraxis. München: 1984.

5 So der Untertitel von Bäumlers Werk.

6 Dies ist untersucht worden von WEGNER, GERHARD: Alltägliche Distanz. Zum Verhältnis von Arbeitern und Kirche. Hannover: 1988.

Religiosität sind dann stark verknüpft mit Aspekten der eigenen Biographie, etwa wenn eine Frau ihren Lebenslauf etikettiert mit der Bemerkung "ich habe Glück gehabt im Leben" und deshalb an Gott glaubt, oder wenn der Glaube an Gott durch gegenteilige Erfahrungen, etwa dem Tod der Schwester, in Frage gestellt wird. Die Religiosität wird hier auf dem Umweg über die Biographie zum einheitsstiftenden Moment des Lebens.[7] Noch einmal sei an dieser Stelle auf die Aussage einer 82jährigen Arbeiterin verwiesen, die sich diese Einheitsstiftung als Zusammenfügung des Zerbrochenen am Ende des Lebens erhofft:

"ich sage immer, lieber Gott mach mich fromm, daß ich zu dir komm in Himmel, ja. Ich möchte lieber jetzt, als wie nachher noch, zu meiner Mutter. Ja und zu meinem Mann, zu meiner Schwester, mmh also. Ja wissen Sie, Herr Schwab, all das kann ich niemand so richtig schildern mehr, und wenn, da würde ich sagen, muß das sein? Weil das nichts Schönes ist, nicht, naja." (GMm/16, 1272;456)

Es liegt nahe, daß bei einer solchen biographisch verfaßten Religiosität die entscheidende Schnittstelle zur Kirche durch die Kasualien[8] geschaffen wird. Bedenken die Kasualien gerade die Übergänge des Lebens, so verhelfen sie auch dazu, die Fragmente des Lebens zueinander in Beziehung zu setzen. So sind es in diesen Familien gerade Kasualien wie Konfirmation, Hochzeit und Bestattungen, die als bedeutsam hervorgehoben werden.

"Zum Beispiel hier dieses erinnert mich an die Konfirmation. Konfirmiert sind wir doch alle." (GMv/15, 1198;22)

Faßt man nun all dies aus dem Bereich der religiösen Entwicklung in den Arbeiterfamilien zusammen, so erweist sich dies natürlich auch als eine Form der Laientheologie. Aber diese Laientheologie ist hier anders strukturiert, weil sie sich nicht so sehr um die Eigenständigkeit einer Glaubensposition bemüht, sondern vielmehr in den Alltag eingewoben ist. Von daher werden die Differenzen zur Kirche auch nicht anhand theoretischer Auseinandersetzungen artikuliert, sondern stets rückbezogen auf den anders strukturierten Alltag der eigenen Lebenswelt:

"Sie, ich komme abends von der Arbeit heim, und der Haushalt und alles Drum und Dran, also da bin ich ehrlich ausgelastet genug. Weil ich gehe um Viertel nach sechs aus dem Haus und komme, Viertel nach vier komme ich dann heim, also bis ich gewaschen und gebügelt und das ganze Zeug, was dazukommt, und ich sage, beten kann ich daheim auch, da muß ich nicht in die Kirche gehen." (M/6, 486;180)

Bei den Familien auf dem Land verhält es sich insofern noch einmal anders, als hier die Kirche zumindest in der Großeltern- und Elterngeneration, teilweise auch noch in der Kindergeneration, fester Bestandteil der dörflichen Lebenswelt ist. Religiosität entwickelt sich dann demzufolge in Anlehnung an den kirchlichen Rahmen und ist dabei auch stärker als in den bisherigen Beispielen bezogen auf die normative Strukturierung dieser Lebenswelt:

---

7 Diese Linie wird fortgeführt in SPARN, WALTER (HRSG.): Wer schreibt meine Lebensgeschichte? Biographie, Autobiographie, Hagiographie und ihre Entstehungszusammenhänge. Gütersloh: 1990.

8 MATTHES, JOACHIM: Volkskirchliche Amtshandlungen, Lebenszyklus und Lebensgeschichte. Überlegungen zur Struktur volkskirchlichen Teilnahmeverhaltens. In: ders. (Hrsg.), Erneuerung der Kirche. Stabilität als Chance. Gelnhausen, Berlin: 1975, S. 83-112. DREHSEN, VOLKER: Die Heiligung von Lebensgeschichten. In: PThI 2 (1981), S. 101-139. GRÄB, WILHELM: Rechtfertigung von Lebensgeschichten. Erwägungen zu einer theologischen Theorie der kirchlichen Amtshandlungen. In: PTh 76 (1987), S. 21-38.

"Hm, das was man halt so im Religions- und Konfirmandenunterricht, was man da für ein Bild vermittelt bekommt halt. Ein strenger und ein gnädiger Gott, ja, und man ist bestrebt gewesen, daß man nicht gegen die Gebote verstoßen hat, ja, und das ist ja schließlich Sinn vom Glauben, daß man sich, wenn es keinen Glauben gäbe, machte ja jeder, was er möchte." (GVm/8, 604;250)

Auch darin liegt natürlich ein einheitsstiftendes Moment, das hier aber noch jenseits der Selbsttätigkeit des Subjekts verortet wird. Es sind hier vielmehr die Sozialisationsinstanzen der Kirche, die einen solchen Glauben vermitteln, der dann dezidiert gegen die selbstgeleitete Lebensführung ins Feld geführt werden kann. Ist es hier in diesem Zitat aus der Großeltern-Generation noch weithin der überlieferte und nicht der selbstkonstruierte Glaube, so zeigt sich in den Land-Familien aber sehr deutlich, daß im Generationenlauf mit der zunehmenden Ausdifferenzierung der ländlichen Lebenswelten auch die Religiosität nicht mehr einfach übernommen, sondern unter der Ägide des selbsttätigen Subjekts entfaltet wird. Deutlich wird dies an der Auflockerung der konfessionellen Grenzziehungen. Während in den vorhergehenden beiden Generationen die konfessionsverbindende Ehe weithin verpönt bleibt, wird dies in der Kindergeneration zu einer Angelegenheit der Entscheidung des Subjekts:

"Naja, muß ich sagen, das ist ihre freie Entscheidung. Das muß jeder selbst wissen, wenn einem die Religion, einem besser gefällt und einen eher anspricht, einfach besser einleuchtet, wieso nicht?" (1S/7, 579;193)

Hier ist also noch am ehesten eine markante Veränderung im Generationenlauf festzustellen, der damit zusammenhängt, daß auf dem Land erst sehr viel später als in der Stadt die geschlossenen Sozialmilieus sich auflösten. Das aber bedeutet allemal, daß auch die Zugehörigkeit zur Kirche ihre traditionale Selbstverständlichkeit verliert. In den Stadtfamilien, die schon früher mit dieser Entwicklung konfrontiert wurden, zeigt sich dabei durch die Generationen hindurch, daß nicht so sehr die Stellung zur Kirche einer Veränderung unterzogen wird, als vielmehr die daraus folgende Konsequenz. Distanz zur Kirche ist - wie wir gesehen haben - nichts neues, neu ist aber, daß daraus in vielen Fällen die Konsequenz eines Kirchenaustritts gezogen wird. Denn die Mitgliedschaft in einer Kirche war ja auch in den vorhergehenden Generationen keineswegs gleichbedeutend mit einer inhaltlichen Übereinstimmung zwischen persönlichem Glauben und kirchlicher Tradition.[9] Kirchenmitgliedschaft hieß in Zeiten traditional geprägter sozialer Milieus vor allem Zugehörigkeit zu einer klar definierten gesellschaftlichen Gruppe, eben den konfessionellen Milieus. Insofern war die Selbstverständlichkeit des Nicht-Austretens Symptom einer geschlossenen Sozialstruktur. Daß eine solche Sozialstruktur aber auch sozialer Diskriminierung Vorschub leisten konnte, wurde in den Analysen gezeigt.

Erst mit der Auflösung dieser geprägten Sozialmilieus wurde die Selbstverständlichkeit der Kirchenzugehörigkeit bei gleichzeitiger inhaltlicher Differenz obsolet. Es wäre also unter gegenwärtigen Bedingungen sinnlos, ein solches Bewußtsein von Mitgliedschaft in der Kirche restituieren zu wollen, welches sich am Verhalten geschlossener Sozialmilieus

---

9 Dazu habe ich mich an anderer Stelle über den hier untersuchten Zeitraum hinaus genauer geäußert, vgl. SCHWAB, ULRICH: »Das junge Volk wächst ohne Gott heran« Oder: Von der Schwierigkeit, den Verlust eines Monopols gutheißen zu können. In: HARZ, FRIEDER / MARTIN SCHREINER (HRSG.): Glauben im Lebenszyklus. München: 1994, S. 67-79.

orientiert. Das entspräche auch nicht mehr der Struktur gegenwärtig sich artikulierender Religiosität.

Die Kirche wird damit keineswegs überflüssig. Gerade in einer hochinstitutionalisierten Gesellschaft wäre der Verzicht auf institutionelle Absicherung subjektiver Selbsttätigkeit fatal. Ernst Troeltsch hat in diesem Zusammenhang davon gesprochen, die Kirche müsse sich innerhalb der Bedingungen des neuzeitlichen Subjektivitätsprinzips zur Darstellung bringen und nicht gegen diese ankämpfen. Die Autonomie der Gemeinde wird dabei ebenso wichtig wie die Erkenntnis, "daß in der Religion keiner lediglich auf sich selber steht"[10]. Hinsichtlich der Laien ergibt sich daraus für ihn die Anfrage an den Klerus: "Bieten wir ihnen nur fertige Wahrheiten dar, so gefärbt oder so gefärbt? Wollen wir sie nur belehren und hineinziehen in normative Überzeugungen? Oder stehen wir ihnen gegenüber als gemeinsam mit ihnen Suchende da?"[11]

Wie entscheidend dabei gerade das Verhältnis zwischen Hauptberuflichen und Gemeindegliedern ist, ergibt sich auch aus einer ganzen Reihe von Hinweisen in den Interviews. Wesentlich für die Frage, wie Kirche unter den gegenwärtigen Bedingungen für den einzelnen eine Bedeutung gewinnen kann, sind nach vielen Aussagen *Personen*. Ist die Verankerung von Kirche in der Lebenswelt des einzelnen nicht mehr strukturell abgesichert, so verlagert sich die Frage nach der bleibenden Zugehörigkeit zur Kirche in den Bereich personaler Kontakte. Damit sind die Kontakte zu Ehrenamtlichen ebenso wie zu hauptberuflichen Mitarbeiterinnen und -arbeitern der Kirche gemeint. Jugendleiterinnen, Seminarleiter, Religionspädagoginnen, Sozialpädagogen, Diakoninnen, Pfarrer, Religionsphilologinnen - anhand der Erfahrungen mit ihnen definiert sich gegenwärtig das kirchliche Teilnahmeverhalten, selbst wenn sie, wie im Fall der Religionsphilologen und Religionsphiloloɡinnen nicht im unmittelbaren kirchlichen Dienst stehen.[12] Wenn hier belastende Erfahrungen gemacht werden, dann bedeutet dies zumeist auch den Rückzug zumindest aus der jeweiligen Ortsgemeinde. Eine junge Erwachsene nach vielen Schwierigkeiten mit ihrem ehemaligen Gemeindepfarrer:

"Vielleicht war das, war er eher unbewußt derjenige, der mich eigentlich im Endeffekt von der Kirche ein bißchen weg gebracht hat." (1T/14, 1173;712)

Umgekehrt fußt das gegenwärtige Teilnahmeverhalten bei den hier Befragten weithin auf *Sympathie* mit den Mitarbeiterinnen und Mitarbeitern. Ein 42jähriger Ingenieur, der in einer Großstadt in den neuen Bundesländern wohnt, zur Frage, was ihm zum Thema Kirchengemeinde (!) einfällt:

"Das ist also eine ganz starke Beziehung, vor allen Dingen hier zu dem Umfeld, zu dem inneren Umfeld von (Stadtteil), Pfarrer (Name) ist für mich eine ganz starke Persönlichkeit, was soll ich sagen, so eine Persönlichkeit habe ich eigentlich in meinem Leben selten kennengelernt." (V/20, 1491;259)

---

10 TROELTSCH, ERNST: Religiöser Individualismus und Kirche. (1911). In: Gesammelte Schriften, Bd. 2 [2. Neudruck der 2. Auflage Tübingen 1922], Aalen: 1981, S. 109-133, hier: S. 130.

11 A.a.O., S. 123.

12 Auf die hohe Bedeutung des Religionsunterrichts hat auch Andreas Feige hingewiesen, vgl. FEIGE, ANDREAS: Erfahrungen mit Kirche. Daten und Analysen einer empirischen Untersuchung über Beziehungen und Einstellungen Junger Erwachsener zur Kirche. Hannover: 1982.

Volkskirchlich geprägte Religiosität bestimmt hier ihr Verhältnis zur Kirche nicht etwa durch die Taufe oder die Konfirmation, sondern durch die Sympathie zu den Repräsentanten der Institution. Wenn sich dies insgesamt bestätigen läßt, und die Einstellung zu den Pfarrern gemäß den bisherigen EKD-Umfragen[13] weist darauf hin, dann müßte ein kritisch-konstruktiver Umgang[14] mit dieser Schlüsselrolle noch sehr viel stärker als bisher Gegenstand kirchlicher Aus- und Fortbildungspraxis werden. Denn in die Rolle eines professionellen Sympathieträgers zu schlüpfen, ist ebenso verführerisch wie verfänglich. Zum einen bedeutet dies ein großes Maß an Zuwendung, zum andern aber auch die Last der Verantwortung, weil viele Gemeindeglieder ihre Stellung zur Gemeinde an der Person der kirchlichen Repräsentanten festmachen.

Schließlich ist hier zu bedenken, daß das Teilnahmeverhalten in der Ortsgemeinde keineswegs kongruent ist mit dem Zugehörigkeitsgefühl zur Kirche:

"Ich hab schon Kontakt, ich kenn auch die Leute, aber ich, hm, es ist nicht so, daß ich nicht will, aber ich bin einfach so angespannt, mein Mann ist hier im [kommunalen] Gemeinderat, ist immer unterwegs, ich muß mich also sehr oft nach diesen zeitlichen Abläufen richten. ... und deshalb tue ich mir das nicht an, sonst würde ich gerne was machen, aber vielleicht kommt das später, wenn ich nicht mehr im Berufsleben stehe, ich weiß es nicht" (M/5, 395;471)

Das weist noch einmal darauf hin, daß die Bindung an die Kirche, welche Form sie dann auch immer annehmen mag, eingebettet wird in die Strukturen der Lebenswelt. Hier sind solche Kontakte aber dann nicht mehr selbstverständlich, sondern werden mit anderen Bedürfnissen abgewogen. Aus dem *selbstverständlichen* Verhalten wird so das *selbst entschiedene* Verhalten.

Gerade diese Entwicklung ist aber Bestandteil eines längeren Prozesses im Generationenlauf. Kennzeichnend hierfür ist etwa das Legitimationsbedürfnis der eigenen Selbständigkeit gegenüber kirchlichen Traditionen in der Großeltern-Generation, das sich allmählich bis zur Kindergeneration verwandelt in eine *Legitimierungsforderung an die Institution* hinsichtlich ihrer Relevanz für die individuelle Gestaltung des Glaubens. Der Legitimierungsdruck kehrt sich also im Zuge der eigenen Akzeptanz religiöser Selbständigkeit um.

Insofern läßt sich dann auch sagen, daß die religiöse Sozialisation in den Familien durchwegs funktioniert. Die Abkehr von der Selbstverständlichkeit einer kirchlichen Integration entspricht dabei den zu beobachtenden Entwicklungslinien. Religiöse Sozialisation funktioniert also gerade darin, daß sie die religiöse Selbsttätigkeit des Subjekts weiter vermittelt. Eine 34jährige Mutter zur Frage, was sie hinsichtlich der Religion an ihren Sohn weitergeben möchte:

"Ja, daß er den Unterschied äh zwischen Gott und Religion und der Institution Kirche also schon auch äh checkt. Daß er das jetzt nicht von vornherein rigoros ablehnt, weil er von mir aus die Kirche ablehnt, sondern daß er das strikte trennt." (T/13, 1044;396)

---

13 Vgl. etwa HANSELMANN, JOHANNES / HELMUT HILD / EDUARD LOHSE (HRSG): Was wird aus der Kirche? Ergebnisse der zweiten EKD-Umfrage über Kirchenmitgliedschaft. Gütersloh: 1984, S. 105 ff.

14 Im Hinblick auf Ehrenamtliche wurde dies bereits angemahnt von KLIEMANN, PETER: Ehrenamtliche Mitarbeiter. Zur Identität von Gruppenleitern in der kirchlichen Jugendarbeit. [aej-Studienband 6] Stuttgart: 1983.

Dieser Mutter ist die Weitergabe von Religiosität durchaus bedeutsam. Getreu ihrer eigenen religiösen Artikulation bedarf sie dabei nicht notwendigerweise der Institution. Genau dies möchte sie auch vermitteln. Die Familie hört demnach also auf, wie selbstverständlich ein kirchlicher Sozialisationsagent zu sein, gerade weil sie gegenwärtige Formen von Religiosität vermittelt. Indem sie dies tut, entspricht sie zugleich den Bedingungen der sie umgebenden individualisierten Sozialstruktur, die ebenfalls Abschied von traditional geprägten Kontexten genommen hat. Sie entspricht damit aber auch ihrer eigenen geschichtlichen Entwicklung[15], wie sich dies im Lauf der Generationen dargestellt hat.

Wir sind am Ende. Henning Luther hat programmatisch gefordert, daß die Praktische Theologie einen Perspektivenwechsel zu vollziehen hat: "Anstatt daß die einzelnen Subjekte aus der Perspektive des Ganzen (der Kirche) betrachtet werden, soll Praktische Theologie das Ganze (Religion, Kirche) aus der Perspektive der (betreffenden) Subjekte wahrnehmen."[16] Vorliegende Arbeit hat versucht, dies aufzunehmen. Dabei hat sich gezeigt, daß die Perspektive des Subjekts selber auch historisch und sozial vermittelt ist, insofern als die religiöse Artikulation des Subjekts sowohl in Abhängigkeit von sozialen Kontexten als auch von vorfindlichen Familientraditionen steht. Dies müßte m.E. stärker als bisher in die Bestimmung des Subjektbegriffs innerhalb der Praktischen Theologie aufgenommen werden. Das kann hier nicht mehr ausgeführt werden, sondern es kann nur noch ein Hinweis darauf erfolgen, wie die durch diese vorliegende Untersuchung ausgearbeiteten Linien weiter verfolgt werden könnten. Das Subjekt ist weder in sozialer noch in historischer Hinsicht eine abgeschlossene Einheit, sondern das Subjekt selbst ist ein *Prozeß*. Dies gilt zunächst für den eigenen Lebenslauf. Norbert Elias hat darauf hingewiesen, daß wir uns das "Subjekt" gerne als einen einzelnen Erwachsenen vorstellen.[17] Demgegenüber wird Praktische Theologie die Subjektperspektive für alle Lebensalter zur Sprache zu bringen haben. Desweiteren ist das Subjekt niemals vereinzelt zu denken, sondern stets in Beziehung zu anderen Subjekten. Vorliegende Untersuchung hat versucht, diesem wechselseitigen Geflecht im Rahmen der intergenerativen Prozesse innerhalb von Familien auf die Spur zu kommen. Andere Verflechtungen wären ebenso denkbar. Entscheidend ist, daß dabei der Prozeßcharakter sowohl des Subjekts als auch der Verflechtungen, in denen die Subjekte stehen, im Blick bleibt: "Aber das, was hier als »Verflechtung« bezeichnet wird, und damit das ganze Verhältnis von Individuum und Gesellschaft, kann niemals verständlich werden, solange man sich, wie es heute so oft der Fall ist, die »Gesellschaft« im wesentlichen als eine Gesellschaft von Erwachsenen vorstellt, von »fertigen« Individuen, die niemals Kinder waren und niemals sterben. Eine wirkliche Klarheit über das Verhältnis von Individuum und Gesellschaft vermag man erst dann zu gewinnen, wenn man das beständige Werden von Individuen inmitten einer Gesellschaft,

15 Kaufmann, Franz-Xaver: Familie und Modernität. In: Lüscher, Kurt u.a. (Hrsg.): Die postmoderne Familie. Konstanz: 1988, S. 391-415.

16 Luther, Henning: Religion, Subjekt, Erziehung. Grundbegriffe der Erwachsenenbildung am Beispiel der Praktischen Theologie Friedrich Niebergalls. München: 1984, S. 295.

17 Elias, Norbert: Die Gesellschaft der Individuen. Frankfurt a.M.: 1987, S. 39.

wenn man den Individualisierungsprozeß in die Theorie der Gesellschaft mit einbezieht. Die Geschichtlichkeit jeder Individualität, das Phänomen des Heranwachsens und Erwachsenwerdens, nimmt beim Aufschluß dessen, was »Gesellschaft« ist, eine Schlüsselstellung ein."[18] Dies gilt mutatis mutandis auch für das Verhältnis von Kirche und Subjekten in der neuzeitlich verfaßten Gesellschaft. Die Aufnahme dieses Verständnisses von "Subjekt" in der Praktischen Theologie könnte sich gerade für den von Henning Luther angemahnten Perspektivenwechsel als fruchtbar erweisen.

18 A.a.O., S. 46.

LITERATURVERZEICHNIS

ADAM, INGRID: Untersuchungen über die Beziehungen zwischen Gottesvorstellung und dem Erleben väterlicher Autorität in der Kindheit. In: Wege zum Menschen 28 (1976), S. 190-196.

ADORNO, THEODOR W.: Soziologie und empirische Forschung. In: Ders. u.s.: Der Positivismusstreit in der deutschen Soziologie. Darmstadt, Neuwied: [9]1979, S. 81-101.

ADORNO, THEODOR W.: Studien zum autoritären Charakter. Frankfurt a.M.: 1973.

AHLERS, B.: Die Unterscheidung von Theologie und Religion. Gütersloh: 1980.

ALBRECHT, CHRISTIAN: Schleiermachers Theorie der Frömmigkeit. Ihr wissenschaftlicher Ort und ihr systematischer Gehalt in den Reden, in der Glaubenslehre und in der Dialektik. Berlin, New York: 1994.

ARBEITSGRUPPE BIELEFELDER SOZIOLOGEN (HRSG.): Alltagswissen, Interaktion und gesellschaftliche Wirklichkeit, 2 Bde. Reinbek: 1973.

ARBEITSGRUPPE BIELEFELDER SOZIOLOGEN (HRSG.): Kommunikative Sozialforschung. München: 1976.

ARIES, PHILIPPE: Geschichte der Kindheit. Deutsche Ausgabe München: 1975.

ARNDT, G.: Ein Beitrag zur religiösen Gedankenwelt unseres liberalen Bürgertums. In: Monatsschrift für die kirchliche Praxis 1 (1901), S. 161-175.

AUFENANGER, STEFAN / MARGRIT LENSSEN (HRSG.): Handlung und Sinnstruktur. Bedeutung und Anwendung der objektiven Hermeneutik. München: 1986.

BAACKE, DIETER / THEODOR SCHULZE (HRSG.): Aus Geschichten lernen. Zur Einübung pädagogischen Verstehens. München: 1979

BAHRDT, HANS-PAUL: Die moderne Großstadt. Soziologische Überlegungen zum Städtebau. Reinbek: 1969.

BARTH, KARL: Die Theologie und die Kirche. [Gesammelte Vorträge II] München: 1928.

BARTH, KARL: Kirchliche Dogmatik, Bd. III,2. Zollikon-Zürich: 1959.

BÄUMLER, CHRISTOF: Der Mensch in der Gesellschaft. Zum Verhältnis der theologischen Anthropologie Karl Barths zur Soziologie. In: DANTINE, WILHELM / KURT LÜTHI (HRSG.): Theologie zwischen Gestern und Morgen. Interpretationen und Anfragen zum Werk Karl Barths. München: 1968, S. 192-215.

BÄUMLER, CHRISTOF: Praktische Theologie - ein notwendiges Element der wissenschaftlichen Theologie? In: ThPr 9 (1974), S. 72-84.

BÄUMLER, CHRISTOF / GERD BIRK / JÜRG KLEEMANN / GERHARD SCHMALTZ / DIETMAR STOLLER: Methoden der empirischen Sozialforschung in der Praktischen Theologie. München, Mainz: 1976.

BÄUMLER, CHRISTOF: Kommunikative Gemeindepraxis. München: 1984

BÄUMLER, CHRISTOF: Menschlich leben in der verstädterten Gesellschaft. Gütersloh: 1993.

BÄUMLER, CHRISTOF / BANGERT, MECHTHILD / SCHWAB, ULRICH: Kirche-Clique-Religion. Fallstudien zur Kirchlichen Jugendarbeit in der Großstadt. Weinheim: 1994.

BECK, HERRMANN: Das kirchliche Leben der evangelisch-lutherischen Kirche in Bayern. [Evangelische Kirchenkunde, hrsg. von Paul Drews, 4. Teil] Tübingen: 1909.

BECK, ULRICH: Risikogesellschaft. Auf dem Weg in eine andere Moderne. Frankfurt a.M.: 1986.

BECK-GERNSHEIM, ELISABETH: Vom 'Dasein für andere' zum Anspruch auf ein Stück 'eigenes Leben': Individualisierungsprozesse im weiblichen Lebenszusammenhang. In: Soziale Welt 34 (1983), S. 307-340.

BERGER, PETER L.: Der Zwang zur Häresie. Frankfurt a.M.: 1980.

BIRKNER, HANS-JOACHIM: Theologie und Philosophie. Einführung in Probleme der Schleiermacher-Interpretation. München: 1974.

BIRNBAUM, NORMAN (ED.): Sociology and Religion. A Book of Readings. New Jersey: 1961.

BLOSSFELD, HANS-PETER / REINHARD NUTHMANN: Strukturelle Veränderungen der Jugendphase zwischen 1925 und 1984 als Kohortenprozeß, in: ZfPäd 35 (1989), S. 845-867.

BÖCKER, WERNER / HANS-GÜNTER HEIMBROCK / ENGELBERT KERKHOFF (HRSG.): Handbuch Religiöser Erziehung, 2 Bde., Düsseldorf: 1987.

BOHNSACK, RALF: Generation, Milieu und Geschlecht. Ergebnisse aus Gruppendiskussionen Jugendlicher. [Biographie und Gesellschaft, Bd. 8] Opladen: 1989.

BOHNSACK, RALF: Rekonstruktive Sozialforschung. Opladen: 1991.

BOOS-NÜNNING, URSULA: Dimensionen der Religiosität. München, Mainz: 1972.

BORCHARDT, KNUT: Nach dem "Wunder". Über die wirtschaftliche Entwicklung der Bundesrepublik, in: Merkur 39 (1985), 35-45.

BROSE, HANNS-GEORG / BRUNO HILDENBRAND (HRSG.): Vom Ende des Individuums zur Individualität ohne Ende. Opladen: 1988.

BROSZAT, MARTIN: Der Staat Hitlers. Grundlegung und Entwicklung seiner inneren Verfassung. München: ^{5}1970.

BRÜCK, HORST: Die Angst des Lehrers vor seinem Schüler. Reinbek: 1978.

BUNDESMINISTERIUM FÜR JUGEND, FAMILIE, FRAUEN UND GESUNDHEIT: Bericht über Bestrebungen und Leistungen der Jugendhilfe - Achter Jugendbericht - Drucksache 177/90, Bonn: 1990.

CHOPRA, INGRID / GITTA SCHELLER: 'Die neue Unbeständigkeit'. Ehe und Familie in der spätmodernen Gesellschaft. In: Soziale Welt 43 (1992), S. 48-69.

CLAESSENS, DIETER: Familie und Wertsystem. Eine Studie zur "zweiten, sozio-kulturellen Geburt" des Menschen. [Soziologische Abhandlungen, Heft 4] Berlin: ^{2}1967.

CORNEHL, PETER: Die Funktion der Bibel für die Frömmigkeit als praktisch-theologisches Problem, in: ThP 7 (1972), S. 124-142.

DAIBER, KARL-FRITZ (HRSG.): Religion und Konfession. Studien zu politischen, ethischen und religiösen Einstellungen von Katholiken, Protestanten und Konfessionslosen in der Bundesrepublik Deutschland und in den Niederlanden. Hannover: 1989.

DAIBER, KARL-FRITZ / INGRID LUKATIS: Bibelfrömmigkeit als Gestalt gelebter Religion. [Texte und Arbeiten zur Bibel, Bd. 6] Bielefeld: 1991.

DEUTSCHES JUGENDINSTITUT (HRSG.): Wie geht's der Familie? Ein Handbuch zur Situation der Familien heute. München: 1988.

DÖBERT, RAINER / NUNNER-WINKLER, GERTRUD: Wertwandel und Moral. In: BERTRAM, HANS (HRSG.): Gesellschaftlicher Zwang und moralische Autonomie. Frankfurt a.M.: 1986, S. 289-321.

DREHSEN, VOLKER: Die Heiligung von Lebensgeschichten. In: PThI 2 (1981), S. 101-139.

DREHSEN, VOLKER: Protestantische Frömmigkeit im neuzeitlichen Strukturwandel der Öffentlichkeit. Einige soziologische Erwägungen zur Problemkonstitution wissenschaftlicher Frömmigkeitsforschung. In: FALATURI, ABDOLDJAWAD / KLÖCKER, MICHAEL / TWORUSCHKA, UDO: Religionsgeschichte in der Öffentlichkeit. Köln; Wien: 1983, S. 78-113.

DREHSEN, VOLKER: Neuzeitliche Konstitutionsbedingungen der Praktischen Theologie. Aspekte der theologischen Wende zur sozialkulturellen Lebenswelt christlicher Religion. Gütersloh: 1988.

DREHSEN, VOLKER: Art. "Säkularisierung, Säkularismus", in: Wörterbuch des Christentums. Gütersloh: 1988, S. 1108-1109.

DREWS, PAUL: Dogmatik oder religiöse Psychologie? In: ZThK 8 (1898), 134-151.

DREWS, PAUL: Ein Beitrag zur religiösen Psychologie und Volkskunde. In: Monatsschrift für die kirchliche Praxis 1 (1901), S. 303-313.

DREWS, PAUL: Zur Kirchlichkeit des mitteldeutschen Bauernstandes. In: Monatsschrift für die kirchliche Praxis 1 (1901), S. 133-140.

DREWS, PAUL: "Religiöse Volkskunde", eine Aufgabe für die praktische Theologie. In: Monatsschrift für die kirchliche Praxis 1 (1901), S. 1-8.

DREWS, PAUL: Das kirchliche Leben der Evangelisch-Lutherischen Landeskirche des Königreichs Sachsen. [Evangelische Kirchenkunde, 1. Teil] Tübingen und Leipzig: 1902.

DREWS, PAUL: Das Problem der Praktischen Theologie. Zugleich ein Beitrag zur Reform des theologischen Studiums. Tübingen: 1910.

DUBACH, ALFRED / ROLAND J. CAMPICHE (HRSG.): Jede(r) ein Sonderfall? Religion in der Schweiz. Zürich, Basel: 1993.

EID, VOLKER / LASZLO VASKOVICS (HRSG.): Wandel der Familie - Zukunft der Familie. Mainz: 1982.

ELIAS, NORBERT: Die Gesellschaft der Individuen. Frankfurt a.M.: 1987.

ELLERBROCK, JOCHEN: Lebensexperimente des Glaubens. Eine empirische Untersuchung zu Entwicklung und gegenwärtigen Erleben von Religiosität. [Erfahrung und Theologie, Bd. 16] Frankfurt a.M., Bern, New York, Paris: 1990.

ERICKSON, JOSEPH A.: Adolescent Religious Development and Commitment: A Structural Equation Model of Role of Family, Peer Group, and Educational Influences. In: Journal for the Scientific Study of Religion 31 (1992), p. 131-152.

ERIKSON, ERIK H.: Der vollständige Lebenszyklus. [The Life Cycle Completed, 1982] Frankfurt a.M.: 1988

FARMER, LORELIE J.: Religious Experience in Childhood: A Study of Adult Perspectives on Early Sprititual Awareness. In: Religious Education 87 (1992), p. 259-268.

FAULKNER, JOSEPH E. (ED.): Religion's Influence in Contemporary Society. Readings in the Sociology of Religion. Columbus/Ohio: 1972.

FEIGE, ANDREAS: Erfahrungen mit Kirche. Daten und Analysen einer empirischen Untersuchung über Beziehungen und Einstellungen Junger Erwachsener zur Kirche. Hannover: 1982.

FEIGE, ANDREAS: Kirchenmitgliedschaft in der Bundesrepublik Deutschland. Zentrale Perspektiven empirischer Forschungsarbeiten im problemgeschichtlichen Kontext der deutschen Religions- und Kirchensoziologie nach 1945. Gütersloh: 1990.

FEND, HELMUT: Sozialgeschichte des Aufwachsens. Bedingungen des Aufwachsens und Jugendgestalten im zwanzigsten Jahrhundert. Frankfurt a.M.: 1988.

FISCHER, WOLFRAM / KRENGEL, JOCHEN / WIETOG, JUTTA: Sozialgeschichtliches Arbeitsbuch, Bd. I, München: 1982.

FLICK, UWE / KARDORFF, ERNST V. / KEUPP, HEINER / ROSENSTIEL, LUTZ V. / WOLFF, STEPHAN (HRSG.): Handbuch Qualitative Sozialforschung. München: 1991.

FOERSTER, ERICH: Das Christentum der Zeitgenossen. In: ZThK 9 (1899), S. 1-96.

FOWLER, JAMES W.: Stufen des Glaubens. Die Psychologie der menschlichen Entwicklung und die Suche nach Sinn [Stages of Faith, N.Y.: 1981]. Gütersloh: 1991.

FRAAS, HANS-JÜRGEN: Die Religiosität des Menschen. Ein Grundriß der Religionspsychologie. Göttingen: 1990.

FRANCIS, LESLIE J. / BROWN, LAURENCE B.: The Influence of Home, Church and School on Prayer among Sixteen-Year-Old Adolescents in England. In: Review of Religious Research 33 (1991), p. 112-122.

FRIEDRICHS, JÜRGEN: Methoden empirischer Sozialforschung. Opladen: [13]1985.

FUCHS, WERNER: Biographische Forschung. Eine Einführung in Praxis und Methoden. Opladen: 1984

FUCHS-HEINRITZ, WERNER: Methoden und Ergebnisse der qualitativ orientierten Jugendforschung. In: KRÜGER, HEINZ-HERMANN (HRSG.): Handbuch der Jugendforschung. Opladen: [2]1993, S. 249-275.

FÜRSTENBERG, FRIEDRICH: Protestantische Volksfrömmigkeit im Strukturwandel Deutschlands. In: EBERTS, MICHAEL / FRANZ SCHULTHEIS (Hrsg.): Volksfrömmigkeit in Europa. München: 1986, S. 53-64.

GERRIS, JAN R. M. / ANTOINE J.L.L. DE BROCK: Ein system-ökologisches Prozeß-Modell als Rahmenkonzept der Familienforschung. In: Psychologie in Erziehung und Unterricht 38 (1991), S. 242-262.

GESTRICH, ANDREAS / PETER KNOCH / HELGA MERKEL (HRSG): Biographie - sozialgeschichtlich. Göttingen: 1988.

GESTRICH, CHRISTOF: Neuzeitliches Denken und die Spaltung der Dialektischen Theologie. Zur Frage der natürlichen Theologie. Tübingen: 1976.

GEULEN, DIETER: Das vergesellschaftete Subjekt. Zur Grundlegung der Sozialisationstheorie (1977). Frankfurt a.M.: 1989.

GEULEN, DIETER: Typische Sozialisationsverläufe in der DDR. Einige qualitative Befunde über vier Generationen. In: Aus Politik und Zeitgeschichte, B 26-27/93, S. 37-44.

GLOCK, CHARLES Y.: Über die Dimensionen der Religiosität. In: MATTHES, JOACHIM: Kirche und Gesellschaft. Reinbek: 1968, S. 150-168.

GOETHES Werke. Auswahl in fünfzehn Bänden, hrsg. von EDUARD VON DER HELLEN, 5. Band. Stuttgart u. Berlin o.J.

GÖHRE, PAUL: Drei Monate Fabrikarbeiter und Handwerksbursche. Sozialreportage eines Pfarrers um die Jahrhundertwende. Hrsg. von CHRISTIAN GREMMELS. Gütersloh: 1978.

GRÄB, WILHELM: Rechtfertigung von Lebensgeschichten. Erwägungen zu einer theologischen Theorie der kirchlichen Amtshandlungen. In: PTh 76 (1987), S. 21-38.

GRÄB, WILHELM: Karl Barths Ekklesiologie im Kontext der Problemgeschichte des neuzeitlichen Kirchenverständnisses. In: Zeitschrift für dialektische Theologie 7 (1991), S. 29-46.

GRÄB, WILHELM / DIETRICH KORSCH: Selbsttätiger Glaube. Die Einheit der Praktischen Theologie in der Rechtfertigungslehre. Neukirchen-Vluyn: 1985.

GRAF, FRIEDRICH WILHELM: Innerlichkeit und Institution. Ist eine empirische Ekklesiologie möglich? In: PTh 77 (1988), S. 382-394.

GRAF, FRIEDRICH-WILHELM / TRUTZ RENDTORFF (HRSG.): Ernst Troeltschs Soziallehren. Studien zu ihrer Interpretation [Troeltsch-Studien, Bd. 6] Gütersloh: 1993.

GREBING, HELGA: Der Nationalsozialismus. Ursprung und Wesen. München, Wien: 1959.

GRIMM, DIETER: Recht und Staat der bürgerlichen Gesellschaft. Frankfurt a.M.: 1987.

GRÖZINGER, ALBRECHT / HENNING LUTHER (HRSG.): Religion und Biographie. Perspektiven zur gelebten Religion. München: 1987.

GRÖZINGER, ALBRECHT: Seelsorge als Rekonstruktion von Lebensgeschichte. In: WzM 38 (1986), S. 178-188.

GUDJONS, HERBERT / MARIANNE PIEPER / BIRGIT WAGENER: Auf meinen Spuren. Das Entdecken der eigenen Lebensgeschichte. Hamburg: ²1992.

HABERMAS, JÜRGEN: Logik der Sozialwissenschaften. Tübingen: 1967;

HABERMAS, JÜRGEN: Strukturwandel der Öffentlichkeit. Darmstadt, Neuwied: 1962.

HANSELMANN, JOHANNES / HELMUT HILD / EDUARD LOHSE (HRSG): Was wird aus der Kirche? Ergebnisse der zweiten EKD-Umfrage über Kirchenmitgliedschaft. Gütersloh: 1984.

HANUSCH, ROLF / GODWIN LÄMMERMANN (HRSG.): Jugend in der Kirche zur Sprache bringen. Anstöße zur Theorie und Praxis kirchlicher Jugendarbeit. München: 1987.

HÄUßERMANN, HARTMUT / WALTER SIEBEL: Neue Urbanität. Frankfurt a.M.: 1987.

HEATON, TIM B. / JACOBSON, CARDELL K. / FU, XUAN NING: Religiosity of Married Couples and Childlessness. In: Review of Religious Research 33 (1992), p. 244-255.

HEIMBROCK, HANS-GÜNTHER: Frömmigkeit als Problem der Praktischen Theologie, in: Pastoraltheologie 71 (1982), S. 18-32.

HENNING, F.-W.: Die Industrialisierung in Deutschland 1800-1914. Paderborn, München, Wien, Zürich: ⁵1979.

HENNING, F.W.: Das industrialisierte Deutschland 1914-1972. Paderborn: ²1975.

HERLTH, ALOIS / KLAUS PETER STROHMEIER (HRSG.): Lebenslauf und Familienentwicklung. [Biographie und Gesellschaft, Bd. 7] Opladen: 1989.

HERLTH, ALOIS: Was macht Familien verletztlich? Bedingungen der Problemverarbeitung in familialen Systemen. In: LÜSCHER, KURT U.A. (HRSG.): Die postmoderne Familie. Konstanz: 1988, S. 312-326.

HOFMANN, MICHAEL / RINK, DIETER: Die Auflösung der ostdeutschen Arbeitermilieus. Bewältigungsmuster und Handlungsspielräume ostdeutscher Industriearbeiter im Transformationsprozeß. In: Aus Politik und Zeitgeschichte, B 26-27/93, S. 29-36.

HOHORST, GERD / KOCKA, JÜRGEN / RITTER, GERHARD A.: Sozialgeschichtliches Arbeitsbuch Bd. II, München: 1978.

HOPF, CHRISTEL / ELMAR WEINGARTEN (HRSG.): Qualitative Sozialforschung. Stuttgart: ²1984.

HOPF, CHRISTEL / WEINGARTEN, ELMAR (HRSG.): Qualitative Sozialforschung. Stuttgart: ²1984.

HOPF, CHRISTEL: Die Pseudo-Exploration - Überlegungen zur Technik qualitativer Interviews in der Sozialforschung. In: ZfS 7 (1978), S. 97-115.

INSTITUT FÜR SOZIALFORSCHUNG: Familie. In: Soziologische Exkurse. Frankfurt/Main: ²1972, S. 116-132.

JAHODA, MARIE / LAZARSFELD, PAUL F. / ZEISEL, HANS: Die Arbeitslosen von Marienthal. Ein soziographischer Versuch (1933). Frankfurt a.M.: 1975.

JUGENDWERK DER DEUTSCHEN SHELL (HRSG.): Jugend '92. Lebenslagen, Orientierungen und Entwicklungsperspektiven im vereinigten Deutschland. 4 Bände. Opladen: 1992.

JÜNGEL, EBERHARD: Barth-Studien. Gütersloh: 1982.

KASTEN, HARMUT: Die Geschwisterbeziehung. Bd. 1. Göttingen/Bern/Toronto/Seattle: 1993.

KAUFMANN, FRANZ-XAVER / WALTER KERBER / PAUL M. ZULEHNER: Ethos und Religion bei Führungskräften. München: 1986.

KAUFMANN, FRANZ-XAVER: Familie und Modernität. In: LÜSCHER, KURT U.A. (HRSG.): Die postmoderne Familie. Konstanz: 1988, S. 391-415.

KAUFMANN, FRANZ-XAVER: Religion und Modernität. Sozialwissenschaftliche Perspektiven. Tübingen: 1989.

KAUFMANN, HANS-BERNHARD: Religiöse Erziehung unter Ideologieverdacht. In: STACHEL, G. / ESSER, W.G. (HRSG.): Was ist Religionspädagogik. Zürich u.a.: 1971, S. 90-114.

KEIL, SIEGFRIED: Art. "Familie". In: TRE, Bd. 11, Berlin, New York: 1983, S. 1-23.

KEMPF, ROSA: Arbeits- und Lebensverhältnisse der Frauen in der Landwirtschaft Bayerns. [Schriften des ständigen Ausschusses zur Förderung der Arbeiterinnen- Interessen, Heft 9] Jena: 1918.

KEMPF, ROSA: Das Leben der jungen Fabrikmädchen in München. (Diss. München) Leipzig: 1911.

KENTLER, HELMUT: Jugend und Religion. In: deutsche jugend 11 (1963), S. 397-404.

KIETZIG, OTTFRIED: Religiös, kirchlich, gläubig. Göttingen: 1934.

KLAGHOFER, RICHARD / FRITZ OSER: Dimensionen und Erfassung des religiösen Familienklimas. In: Unterrichtswissenschaft 15 (1987), S. 190-206.

KLEES, KARIN: Partnerschaftliche Familien. Arbeitsteilung, Macht und Sexualität in Paarbeziehungen. Weinheim und München: 1992.

KLEINING, GERHARD: Umriss zu einr Methodologie Qualitativer Sozialforschung. In: KZSS 34 (1982), S. 224-253.

KLIEMANN, PETER: Ehrenamtliche Mitarbeiter. Zur Identität von Gruppenleitern in der kirchlichen Jugendarbeit. [aej-Studienband 6] Stuttgart: 1983.

KLINGLER, FRITZ: Die Religion im Leben unserer Großstadtkinder. In: Blätter für Innere Mission 29 (1914), S. 37-38.

KÖCHER, RENATE: Abwendung von der Kirche. Eine demoskopische Untersuchung über Jugend und Religion. In: Herder Korrespondenz 35 (1981), S. 443-446.

KOCKA, JÜRGEN: Lohnarbeit und Klassenbildung. Berlin, Bonn: 1973.

KOHLI, MARTIN / GÜNTHER ROBERT (HRSG.): Biographie und soziale Wirklichkeit. Stuttgart: 1984

KOHLI, MARTIN: Biographische Organisation als Handlungs- und Strukturproblem. Zu Fritz Schütze: "Prozeßstrukturen des Lebensablaufs". In: MATTHES, JOACHIM / A. PFEIFFENBERGER / M. STOSBERG (HRSG.): Biographie in handlungswissenschaftlicher Perspektive. Nürnberg: 1980, S. 157-168.

KOHLI, MARTIN: Normalbiographie und Individualität: Zur insitutionellen Dynamik des gegenwärtigen Lebenslaufregimes. In: Brose, Hanns-Georg / Bruno Hildenbrand (Hrsg.): Vom Ende des Individuums zur Individualität ohne Ende. Opladen: 1988, S. 33-53.

KÖNIG, RENE: Materialien zur Soziologie der Familie. Köln: ²1974.

KRAPP, ANDREAS / SIEGFRIED PRELL: Empirische Forschungsmethoden. Einführung [Studienhefte zur Erziehungswissenschaft, Heft 5] München: 1975.

KREPPNER, KURT / PAULSN, SIBYLLE / SCHÜTZE, YVONNE: Kindliche Entwicklung und Familienstruktur. Zur Erforschung der frühkindlichen Sozialisation in der Familie. In: ZfPäd 28 (1982), S. 221-244.

KRÜGER, HEINZ-HERMANN (HRSG.): Handbuch der Jugendforschung. Opladen: [2]1993

KÜHN, TRAUGOTT: Skizzen aus dem sittlichen und kirchlichen Leben einer Vorstadt. Göttingen: 1902.

KÜHN, TRAUGOTT: Skizzen aus dem sittlichen und kirchlichen Leben einer Vorstadt. Neue Folge. Göttingen: 1904.

KUPHAL, ARMIN: Abschied von der Kirche. Traditionsabbruch in der Volkskirche. Gelnhausen, Berlin: 1979

L'HOUET, A. [D.I. BORREE, WILHELM]: Zur Psychologie des Bauerntums. Tübingen: 1905, S. 169-197.

LENZ, KARL: Alltagswelten von Jugendlichen. Eine empirische Studie über jugendliche Handlungstypen. Frankfurt a.M., New York: 1986.

LINKE, KLAUS W.: Jugendarbeit in der Volkskirche, 2 Bde., [aej-Studienband 10] Stuttgart: 1985.

LUCKMANN, THOMAS: Die unsichtbare Religion. Mit einem Vorwort von Hubert Knoblauch. Frankfurt a.M.: 1991.

LUCKMANN, THOMAS: Persönliche Identität und Lebenslauf - gesellschaftliche Voraussetzungen. In: Brose, Hanns-Georg / Bruno Hildenbrand (Hrsg.): Vom Ende des Individuums zur Individualität ohne Ende. Opladen: 1988, S. 73-88.

LUCKMANN, THOMAS: Religion in der modernen Gesellschaft. In: WÖSSNER, JAKOBUS (HRSG.): Religion im Umbruch. Stuttgart: 1972, S. 3-15.

LÜSCHER, KURT (HRSG.): Die postmoderne Familie. Konstanz: 1988.

LUHMANN, NIKLAS: Funktion der Religion. (1977) Frankfurt a.M.: 1982.

LUTHER, HENNING: Religion, Sujekt, Erziehung. Grundbegriffe der Erwachsenenbildung am Beispiel der Praktischen Theologie Friedrich Niebergalls. München: 1984.

LUTHER, HENNING: Praktische Theologie als Kunst für alle. Individualität und Kirche in Schleiermachers Verständnis Praktischer Theologie. In: ZThK 84 (1987), S. 371-393.

LUTHER, HENNING: Subjektwerdung zwischen Schwere und Leichtigkeit - (auch) eine ästhetische Aufgabe? In: NZSyThR 33 (1991), S. 183-198.

LUTHER, HENNING: Religion und Alltag. Bausteine zu einer Praktischen Theologie des Subjekts. Stuttgart: 1992.

MANGOLD, WERNER: Gegenstand und Methode des Gruppendiskussionsverfahrens. Frankfurt: 1960

MANNHEIM, KARL: Das Problem der Generationen (1928/29), abgedruckt in: FRIEDEBURG, LUDWIG V. (HRSG.): Jugend in der modernen Gesellschaft. Köln, Berlin: 1965, S. 23-48.

MARHEINEKE, PHILIPP: Entwurf der practischen Theologie. Berlin: 1837.

MATTHES, JOACHIM: Bemerkungen zur Säkularisierungsthese in der neueren Religionssoziologie. In: GOLDSCHMIDT, DIETRICH / JOACHIM MATTHES (HRSG.): Probleme der Religionssoziologie [KZSS Sonderheft 6]. Köln: 1962, S. 65-77.

MATTHES, JOACHIM: Die Emigration der Kirche aus der Gesellschaft. Hamburg: 1964.

MATTHES, JOACHIM: Religion und Gesellschaft. Reinbek: 1967.

MATTHES, JOACHIM: Kirche und Gesellschaft: Reinbek: 1968.

MATTHES, JOACHIM (HRSG.): Erneuerung der Kirche. Stabilität als Chance? Gelnhausen, Berlin: 1975.

MATTHES, JOACHIM: Volkskirchliche Amtshandlungen, Lebenszyklus und Lebensgeschichte. In: ders. (Hrsg), Erneuerung der Kirche. Stabilität als Chance? Gelnhausen, Berlin: 1975, S. 83-112.

MATTHES, JOACHIM / A. PFEIFFENBERGER / M. STOSBERG (HRSG.): Biographie in handlungswissenschaftlicher Perspektive. Nürnberg: 1980.

MATTHES, JOACHIM: Karl Mannheims "Das Problem der Generationen", neu gelesen. In: ZfS 14 (1985), S. 363-372.

MATTHES, JOACHIM (HRSG.): Kirchenmitgliedschaft im Wandel. Untersuchungen zur Realität der Volkskirche; Beiträge zur 2.EKD-Umfrage "Was wird aus der Kirche?". Gütersloh: 1990.

MATTHES, JOACHIM: Wie erforscht man heute Religion? In: Glaube und Lernen 5 (1990), S. 125-135.

MAY, HANS / KARIN LORENZ: Moderne und Religion. Geistliche und strukturelle Folgen der Säkularisierung für die Kirche [Loccumer Protokolle 26/1986] Loccum: 1986.

MAYER, KARL ULRICH (HRSG.): Lebensverläufe und sozialer Wandel [Sonderheft 31 der KZSS]. Opladen: 1990.

MCCREADY, WILLIAM UND NANCY: Die Sozialisation und das Fortbestehen der Religion. In: Concilium 9 (1973), S. 28-34.

MEYER, S. / SCHULZE, E.: Von Liebe sprach damals keiner. Familienalltag in der Nachkriegszeit. München: 1985.

MITSCHERLICH, ALEXANDER UND MARGARETE: Die Unfähigkeit zu trauern. München, Zürich: 1967, [18]1986.

MITTERAUER, MICHAEL / SIEDER, REINHARD: Vom Patriarchat zur Partnerschaft. Zum Strukturwandel der Familie. (1977) München: [4]1991.

MITTERAUER, MICHAEL: Religion in lebensgeschichtlichen Aufzeichnungen. In: GESTRICH, ANDREAS / KNOCH, PETER / MERKEL, HELGA (HRSG.): Biographie - sozialgeschichtlich. Göttingen: 1988, S. 61-85.

MITTERAUER, MICHAEL: Historisch-anthropologische Familienforschung. Wien, Köln: 1990.

MOLLENHAUER, KLAUS / GERDA KASAKON / HEDWIG ORTMANN / ULRICH BATHKE: Evangelische Jugendarbeit in Deutschland. Materialien und Analysen. München: 1969.

MOOSER, JOSEF: Arbeiterleben in Deutschland 1900-1970. Frankfurt a.M.: 1984.

NAVE-HERZ, ROSEMARIE / MARKEFKA, MANFRED (HRSG.): Handbuch der Familien- und Jugendforschung. Band 1: Familienforschung. Neuwied u. Frankfurt a.M.: 1989.

NEMBACH, ULRICH: Alltag in Familien. Eine Untersuchung zur Sprache und Situation von Familien mit heranwachsenden Kindern [Forschungen zur Praktischen Theologie, Bd. 5] Frankfurt a.M./Bern/New York/Paris: 1988.

Neubert, Ehrhart: »Reproduktion von Religion in der DDR-Gesellschaft«. In: epd-Dokumentation, Nr. 35-36/86. Frankfurt a.M.: 1986.

NIEBERGALL, FRIEDRICH: Die Bedeutung der Religionspsychologie für die Praxis in Kirche und Schule. In: ZThK 19 (1909), S. 411-474

NIGGLI, ALOIS: Untersuchung über Zusammenhänge zwischen dem religiösen Erziehungsstil der Eltern und religiösen Entwicklungsstufen ihrer Kinder. In: Unterrichtswissenschaft 15 (1987), S. 177-189.

NIPKOW, KARL-ERNST: Neue Religiosität, gesellschaftlicher Wandel und die Situation der Jugendlichen. In: ZfPäd 27 (1981), S. 379-402.

NIPKOW, KARL-ERNST: Erwachsenwerden ohne Gott? München: 1987.

NITZSCH, CARL IMMANUEL: Praktische Theologie. Erster Band. Bonn: 1847.

NUNNER-WINKLER, GERTRUD: Veränderte Wertorientierungen, Neue Identitätskonzepte. In: Leiterkreis der Evangelischen Akademien in Deutschland (Hrsg.): Zukunftsforum Jugend 2000. Informationsdienst Nr. 3. Frankfurt a.M. 1990, S. 3-8.

NUNNER-WINKLER, GERTRUD: Ende des Individuums oder autonomes Subjekt? In: HELSPER, WERNER (HRSG.): Jugend zwischen Moderne und Postmoderne. Opladen: 1991, S. 113-129.

OELMÜLLER, WILLI (HRSG.): Wiederkehr von Religion? [Religion und Philosophie, Bd. 1] Paderborn, München, Wien, Zürich: 1984.

OERTER, ROLF: Zur Transformation des Religiösen in der modernen Gesellschaft. In: Archiv für Religionspsychologie, Bd. 14. Göttingen: 1980, S. 70-91.

OEVERMANN, ULRICH: Kontroversen über sinnverstehende Soziologie. Einige wiederkehrende Probleme und Mißverständnisse in der Rezeption der 'objektiven Hermeneutik'. In:

AUFENANGER, STEFAN / MARGRIT LENSSEN (HRSG.): Handlung und Sinnstruktur. Bedeutung und Anwendung der objektiven Hermeneutik. München: 1986, S. 19-83.

OEVERMANN, ULRICH: Eine exemplarische Fallrekonstruktion zum Typus versozialwissenschaftlicher Identitätsformen. In: Brose, Hans-Georg / Bruno Hildenbrand (Hrsg.): Vom Ende des Individuums zur Individualität ohne Ende. Opladen: 1988, S. 243-286.

OSER, FRITZ / PAUL GMÜNDER: Der Mensch - Stufen seiner religiösen Entwicklung. Gütersloh: [2]1988.

OTTO, GERT: Grundlegung der Praktischen Theologie. München: 1986.

OTTO, GERT: Handlungsfelder der Praktischen Theologie. München: 1988.

PALMER, CHRISTIAN: Zur praktischen Theologie. Andeutungen in Betreff ihres Verhältnisses zur gesammten theologischen Wissenschaft, namentlich zur Ethik, und in Betreff ihrer innern Gliederung. In: Jahrbücher für deutsche Theologie 1 (1856), S. 317-361.

PETILLON, HANNS: Der Schüler. Rekonstruktion der Schule aus der Perspektive von Kindern und Jugendlichen. Darmstadt: 1987.

PETZINA, DIETMAR / ABELSHAUSER, WERNER / FAUST, ANSELM: Sozialgeschichtliches Arbeitsbuch, Bd. III, München: 1978.

PETZOLD, MATTHIAS: Paare werden Eltern. Eine familienpsychologische Längsschnittstudie. München: 1991.

PEUKERT, HELMUT: Wissenschaftstheorie-Handlungstheorie- Fundamentale Theorie. Frankfurt a.M.: [2]1988.

PEUKERT, REINHARD: Gesprächshermeneutik. Gruppendiskussion als Methode zur Rekonstruktion der Lebenswelt von Lehrlingen. Band 1. Frankfurt a.M.: 1984.

PFEIL, ELISABETH: Die Familie im Gefüge der Großstadt. Zur Sozialtopographie der Stadt. Hamburg: 1965.

PLANK, ULRICH: Der Bäuerliche Familienbetrieb zwischen Patriarchat und Partnerschaft. Stuttgart: 1964.

POLLOCK, F.: Gruppenexperiment - ein Studienbericht. Frankfurt: 1955.

PREUL, REINER: Religion-Bildung-Sozialisation. Gütersloh: 1980.

PROJEKTGRUPPE ARBEITERKULTUR HAMBURG: Vorwärts- und nicht vergessen. Arbeiterkultur in Hamburg um 1930. Berlin: 1982.

PROSS, HELGE (HRSG.): Familie - wohin? Leistungen, Leistungsdefizite und Leistungswandlungen der Familien in der hochindustrialisierten Gesellschaft. Reinbek: 1979.

RADE, MARTIN: Die sittlich-religiöse Gedankenwelt unserer Industriearbeiter. In: Die Verhandlungen des Neunten Evangelisch-sozialen Kongresses. Göttingen: 1898, S. 66-136 und 136-159 (Diskussion).

REHBEIN, JOCHEN: Biographisches Erzählen. In: LÄMMERT, E. (HRSG.): Erzählforschung. Stuttgart: 1982, S. 51-73.

RENDTORFF, TRUTZ: Kirche und Theologie. Die systematische Funktion des Kirchenbegriffs in der neueren Theologie. Gütersloh: 1966.

RENDTORFF, TRUTZ: Christentum außerhalb der Kirche. Hamburg: 1969.

RENDTORFF, TRUTZ: Theorie des Christentums. Historisch-theologische Studien zu seiner neuzeitlichen Verfassung. Gütersloh: 1972.

RENDTORFF, TRUTZ: Religion - Umwelt der Gesellschaft. In: MATTHES, JOACHIM (HRSG.): Erneuerung der Kirche. Stabilität als Chance? Gelnhausen, Berlin: 1975, S. 57-81.

RENDTORFF, TRUTZ: Theologie in der Moderne. Über Religion im Prozeß der Aufklärung. [Troeltsch-Studien, Bd. 5] Gütersloh: 1991

RENZ, HORST / FRIEDRICH-WILHELM GRAF (HRSG.): Protestantismus und Neuzeit [Troeltsch-Studien, Bd. 3], Gütersloh: 1984.

REUBAND, K.H.: Von äußerer Verhaltenskonformität zu selbständigem Handeln: Über die Bedeutung kultureller und struktureller Einflüsse für den Wandel in den Erziehungszielen und Sozialisationsinhalten. In: LUTHE, H.O. / MEULEMANN, H. (HRSG.): Wertwandel - Faktum oder Fiktion. Bestandsaufnahme und Diagnosen aus kultursoziologischer Sicht. Frankfurt a.M. / New York: 1988, S. 73-97

RICHTER, DIETER: Das fremde Kind. Zur Entstehung der Kindheitsbilder des bürgerlichen Zeitalters. Frankfurt a.M.: 1987.

RIZZUTO, ANA MARIA: The Birth of the Living God. A Psychoanalytic Study. Chicago, München: 1979.

ROGERS, CARL R.: The Nondirective Method as a Technique for Social Research. In: The American Journal of Sociology 50 (1944/45), p. 279-283.

ROSENBAUM, HEIDI: Formen der Familie. Untersuchungen zum Zusammenhang von Familienverhältnissen, Sozialstruktur und sozialem Wandel in der deutschen Gesellschaft des 19. Jahrhunderts. Frankfurt a.M.: 1982.

ROSENOW, JOACHIM / BRANDT, GISELA / GROTE, CLAUDIA V.: Erziehung zur Selbständigkeit in Arbeiter- und Angestellten-Familien. Bedingungen und Probleme der Selbständigkeitsentwicklung des Kindes im Zusammenhang sozialgruppenspezifischer Deutungen der Gleichheitsnorm. In: ZfPäd 28 (1982), S. 245-259.

RÖSSLER, DIETRICH: Prolegomena zur Praktischen Theologie. Das Vermächtnis Christian Palmers. In: ZThK 64 (1967), S. 357-371.

RÖSSLER, DIETRICH: Positionelle und kritische Theologie. In: ZThK 67 (1970), S. 215-231.

RÖSSLER, DIETRICH: Die Vernunft der Religion. München: 1976.

RÖSSLER, DIETRICH: Grundriß der Praktischen Theologie. Berlin, New York: ^{2}1994.

RUHBACH, GERHARD: Frömmigkeit und Religiosität im ausgehenden 20. Jahrhundert. In: Verkündigung und Forschung 33 (1988), Heft 2, 43-71.

RYTLEWSKI, RALF / OPP DE HIPT, MANFRED: Die Deutsche Demokratische Republik in Zahlen 1945/49 - 1980. [Sozialgeschichtliches Arbeitsbuch, Bd. V] München: 1987.

SCHELLING, WALTER A.: Erinnern und Erzählen. Psychotherapeutische und autobiographische Deutungen der Lebensgeschichte. In: Wege zum Menschen 35 (1983), S. 416-422.

SCHELSKY, HELMUT: Wandlungen der deutschen Familie in der Gegenwart. Stuttgart: ^{2}1954.

SCHIBILSKY, MICHAEL: Religiöse Erfahrungen und Interaktion. Die Lebenswelt jugendlicher Randgruppen. Stuttgart, Berlin, Köln, Mainz: 1976.

SCHIEDER, WOLFGANG (HRSG.): Volksreligiosität in der modernen Sozialgeschichte. Göttingen: 1986

SCHLEIERMACHER, FRIEDRICH: Der christliche Glaube nach den Grundsätzen der evangelischen Kirche. (1821, ^{2}1830) Kritische Ausgabe unter Zugrundelegung des Textes der 2. Auflage, hrsg. von Martin Redeker, 2 Bde., Berlin: 1960.

SCHLEIERMACHER, FRIEDRICH: Dialektik, hrsg. von R. Odebrecht. Unveränderter Nachdruck der Ausgabe von 1942, Darmstadt: 1976.

SCHLEIERMACHER, FRIEDRICH: Ethik (1812/13) mit späteren Fassungen der Einleitung, Güterlehre und Pflichtenlehre. Auf der Grundlage der Ausgabe von Otto Braun hrsg. und eingeleitet von H.J. Birkner, (PhB 335) Hamburg: 1981.

SCHLEIERMACHER, FRIEDRICH: Kurze Darstellung des theologischen Studiums zum Behuf einleitender Vorlesungen (1811, ^{2}1830). Nachdruck der Kritischen Ausgabe, herausgegeben von Heinrich Scholz (1910). Darmstadt: 1977.

SCHLEIERMACHER, FRIEDRICH: Über die Religion. Reden an die Gebildeten unter ihren Verächtern. 1799. Neu herausgegeben von Rudolf Otto. Göttingen: ^{6}1967.

SCHLEIERMACHER: Die Praktische Theologie nach den Grundsätzen der evangelischen Kirche im Zusammenhange dargestellt, hrsg. v. Jacob Frerichs (SW I, 13), Berlin: 1850.

SCHMIDT, ALFRED: Die Kritische Theorie als Geschichtsphilosophie. München, Wien: 1976.

SCHMIDT, HEINZ: Leitfaden Religionspädagogik. Stuttgart, Berlin, Köln: 1991.

SCHNEEWIND, KLAUS A.: Familienpsychologie. Stuttgart, Berlin, Köln: 1991.

SCHÖLL, ALBRECHT: Zwischen religiöser Revolte und frommer Anpassung. Die Rolle der Religion in der Adoleszenzkrise. Gütersloh: 1992.

SCHÜTTE, HANS WALTER / WINTZER, FRIEDRICH: Theologie und Wirklichkeit [FS für Wolfgang Trillhaas] Göttingen: 1974.

SCHÜTZ, ALFRED: Collected papers I. The problem of social reality. The Hague: ^{3}1971.

SCHÜTZ, ALFRED / THOMAS LUCKMANN: Strukturen der Lebenswelt, Bd. 1. Frankfurt a.M.: [4]1991, S. 25.

SCHÜTZ, ALFRED / THOMAS LUCKMANN: Strukturen der Lebenswelt, Bd. 2, Frankfurt a.M.: [2]1990.

SCHÜTZE, FRITZ: Die Technik des narrativen Interviews in Interaktionsfeldstudien - dargestellt an einem Projekt zur Erforschung von kommunalen Machtstrukturen. [Arbeitsberichte und Forschungsmaterialien der Fakultät für Soziologie, Universität Bielefeld] Bielefeld: [2]1978.

SCHÜTZE, YVONNE: Von der Mutter-Kind-Dyade zum familialen System. Neue Beiträge aus Psychologie, Humanethologie und Psychoanalyse zur Erforschung der frühkindlichen Sozialisation. In: ZfPäd 28 (1982), S. 203-219.

SCHULZ, WOLFGANG: Von der Institution 'Familie' zu den Teilbeziehungen zwischen Mann, Frau und Kind. In: Soziale Welt 34 (1983), S. 401-419.

SCHWAB, ULRICH: Der dialektische Denkansatz in Schleiermachers Pädagogik. München: (Mag.schrift) 1982.

SCHWAB, ULRICH: Evangelische Jugendarbeit in Bayern 1800-1933. München: 1992.

SCHWAB, ULRICH: »Das junge Volk wächst ohne Gott heran« Oder: Von der Schwierigkeit, den Verlust eines Monopols gutheißen zu können. In: HARZ, FRIEDER / MARTIN SCHREINER (HRSG.): Glauben im Lebenszyklus. München: 1994, S. 67-79.

SCHWEITZER, FRIEDRICH: Lebensgeschichte und Religion. München: 1987.

SILBERMANN, ALPHONS: Systematische Inhaltsanalyse. In: KÖNIG, RENE (HRSG.): Handbuch der empirischen Sozialforschung. Bd. 4 [Taschenbuchausgabe] Stuttgart: [3]1974, S. 253-339.

SOEFFNER, HANS-GEORG: Luther - Der Weg von der Kollektivität des Glaubens zu einem lutherisch-protestantischen Individualitätstypus. In: BROSE, HANNS-GEORG / BRUNO HILDENBRAND (HRSG.): Vom Ende des Individuums zur Individualität ohne Ende. Opladen: 1988, S. 107-149.

SPARN, WALTER (HRSG.): Wer schreibt meine Lebensgeschichte? Biographie, Autobiographie, Hagiographie und ihre Entstehungszusammenhänge. Gütersloh: 1990.

SPINDLER, MAX (HRSG.): Handbuch der bayerischen Geschichte, 4. Band. Das neue Bayern 1800-1970. München: 1974/75.

STATISTISCHES BUNDESAMT (HRSG.): Datenreport 1992. Bonn: 1992.

STECK, KARL GERHARD / DIETER SCHELLONG: Karl Barth und die Neuzeit [TEH 173]. München: 1973.

STECK, WOLFGANG: Friedrich Schleiermacher am Reißbrett: "Die Praktische Theologie ist nicht die Praxis, sondern die Theorie". In: PthI 12 (1992), S. 223-250.

STÖRIG, HANS-JOACHIM: Kleine Weltgeschichte der Philosophie, Bd. 2. Frankfurt a.M.: 1976.

STUDIEN- UND PLANUNGSGRUPPE DER EKD: Fremde Heimat Kirche. Hannover: 1993.

SZCZEPANSKI, JAN: Die biographische Methode. In: KÖNIG, RENE (HRSG.): Handbuch der empirischen Sozialforschung. Bd. 4 [Taschenbuchausgabe] Stuttgart: [3]1974, S. 226-252.

TAMMINEN, KALEVI: Religiöse Entwicklung in Kindheit und Jugend. [Forschungen zur Praktischen Theologie, Bd. 13] Frankfurt a.M., Berlin, Bern, New York, Paris, Wien: 1993.

TEICHERT, VOLKER (HRSG.): Junge Familien in der Bundesrepublik. Opladen: 1991.

THOMAE, HANS: Das Individuum und seine Welt. Eine Persönlichkeitstheorie. Göttingen, Toronto, Zürich: [2]1988.

THOMAS, D.L. (ED.): The religious & family connection. Brigham: 1988.

TILLICH, PAUL: Der Protestantismus als Kritik und Gestaltung. [Gesammelte Werke, Bd. VII]. Stuttgart: 1962.

TILLICH, PAUL: Die religiöse Substanz der Kultur. Schriften zur Theologie der Kultur. [Gesammelte Werke, Bd. IX.] Stuttgart: 1967

TILLICH, PAUL: Systematische Theologie, Bd. III. Stuttgart: [2]1978.

TIMM, HERMANN: Zwischenfälle. Die religiöse Grundierung des All-Tags. Gütersloh: [3]1986.

TROELTSCH, ERNST: Die Soziallehren der christlichen Kirchen und Gruppen, (1912). Gesammelte Schriften Bd. 1 [3. Neudruck der Ausgabe Tübingen 1922] Aalen: 1977.

TROELTSCH, ERNST: Zur religiösen Lage, Religionsphilosophie und Ethik. Gesammelte Schriften, Bd. 2, [2. Neudruck der 2. Ausgabe Tübingen: 1922] Aalen: 1981.

TROELTSCH, ERNST: Aufsätze zur Geistesgeschichte und Religionssoziologie. Gesammelte Schriften, Bd. 4, [2. Neudruck der Ausgabe Tübingen: 1925] Aalen: 1981.

TYRELL, HARTMANN: Ehe und Familie - Institutionalisierung und Deinstitutionalisierung. In: LÜSCHER, KURT U.A. (HRSG.): Die postmoderne Familie. Konstanz: 1988, S. 145-156.

ULICH, MICHAELA / OBERHUEMER, PAMELA / SOLTENDIECK, MONIKA: Familienkonzepte von Kindern. In: Psychologie in Erziehung und Unterricht 39 (1992), S. 17-27.

UTSCH, MICHAEL: Zur psychologischen Beschreibung und Erfassung von Religiosität. In: WzM 43 (1991), S. 110-120.

VASKOVICS, LASZLO A.: Familie und religiöse Sozialisation Wien: 1970.

VASKOVICS, LASZLO: Religion und Familie - Soziologische Problemstellung und Hypothesen. In: WÖSSNER, JAKOBUS (HRSG.): Religion im Umbruch. Stuttgart: 1972, S. 328-352.

WAGNER, FALK: Politische Theorie des Nationalsozialismus als politische Theologie. In: BAUMOTTE, MANFRED / HANS WALTER SCHÜTTE / DERS. / HORST RENZ: Kritik der politischen Theologie. [Theologische Existenz heute 175] München: 1973, S. 26-51.

WAGNER, FALK: Schleiermachers Dialektik. Eine kritische Interpretation. Gütersloh: 1975.

WAGNER, FALK: Was ist Religion? Studien zu ihrem Begriff und Thema in Geschichte und Gegenwart. Gütersloh: 1986.

WAGNER, FALK: Was ist Theologie? Studien zu ihrem Begriff und Thema in der Neuzeit. Gütersloh: 1989.

WAHL, KLAUS / HONIG, MICHAEL-SEBASTIAN / GRAVENHORST, LERKE: Wissenschaftlichkeit und Interessen. Frankfurt a.M.: 1982.

WALLMANN, JOHANNES: Der Pietismus. [Die Kirche in ihrer Geschichte, Lfg. O1]. Göttingen: 1990.

WEBER, MARIANNE: Ehefrau und Mutter in der Rechtsentwicklung. Tübingen: 1907.

WEGNER, GERHARD: Alltägliche Distanz. Zum Verhältnis von Arbeitern und Kirche. Hannover: 1988.

WEHLER, HANS-ULRICH: Deutsche Gesellschaftsgeschichte. Erster Band: Vom Feudalismus des Alten Reiches bis zur Defensiven Modernisierung der Reformära 1700-1815. München: 1987.

WEHLER, HANS-ULRICH: Deutsche Gesellschaftsgeschichte. Zweiter Band. Von der Reformära bis zur industriellen und politischen »Deutschen Doppelrevolution« 1815-1845/49. München: ^{2}1989.

WEHLER, HANS-ULRICH: Aus der Geschichte lernen? München: 1988.

WEHRSPAUN, MICHAEL: Alternative Lebensformen und postmoderne Identitätskonstitution. In: LÜSCHER, KURT U.A. (HRSG.): Die postmoderne Familie. Konstanz: 1988, S. 157-168.

WENZ, GUNTHER: Subjekt und Sein. München: 1979.

WINTER, J. ALAN: Religious Belief and Managerial Ideology: An Exploratory Study of an Extrapolation from the Weber Thesis. In: Review of Religious Research 33 (1991), p. 169-175.

WITZEL, ANDREAS: Verfahren der qualitativen Sozialforschung. Frankfurt a.M., New York: 1982.

WURZBACHER, GERHARD (HRSG.): Die Familie als Sozialisationsfaktor. Stuttgart: 1977.

ZIMMERMANN, PETRA: Das Wunder jener Nacht. Religiöse Interpretation autobiographischer Weihnachtserzählungen. Stuttgart, Berlin, Köln: 1992.

Abbildungsnachweis

Deutsche Evangelische Arbeitsgemeinschaft für Erwachsenenbildung e.V., Karlsruhe (aus: DEAE-Bildkartei "Welt von morgen"): S. **54** - **59** alle Abb.en.

Johannes Horst, Lohfelden: S. **46** links 2. Abb. von oben; S. **71** Abb. rechts oben; S. **103** rechts 2. Abb. von oben; S. **139** Abb. rechts oben.

Ulrich Schwab, Rosenheim: S. **45** links; **72** links oben; **78** rechts oben; **84** rechts oben; **90**; **94** rechts unten; **109**; **116** oben; **132** rechts 2. Abb. von oben; **141** rechts unten; **146** links oben; **152** rechts unten.
Sämtliche **Grafiken** des Bandes: © Ulrich Schwab.

Inge Werth, Frankfurt/M. (aus: "Seht, welch ein Mensch", Bildsatz 1 und 2): S. **45** rechts; S. **46** alle Abb.en außer links 2. Abb. von oben, S. **47** - **51** alle Abb.en; S. **71** alle Abb.en außer Abb. rechts oben; S. **72** alle Abb. außer Abb. links oben; S. **73**, **76**, **77** alle Abb.en; S. **78** alle Abb.en außer Abb. rechts oben; S. **79** alle Abb.en; S. **84** alle Abb.en außer Abb. rechts oben; S. **85**, **89**, **93** alle Abb.en; S. **94** alle Abb.en außer Abb. rechts unten; S. **103** alle Abb.en außer rechts 2. Abb. von oben; S. **104**, **105**, **110**, **111** alle Abb.en; S. **116** Abb. rechts unten; S. **117** - **119**, **123**, **124**, **131** alle Abb.en; S. **132** alle Abb.en außer rechts 2. Abb. von oben; **133**, **138** alle Abb.en; **139** alle Abb.en außer Abb. rechts oben; **140** alle Abb.en; **141** alle Abb.en außer Abb. rechts unten; **142**, **146** - **148** alle Abb.en; **152** alle Abb.en außer Abb. rechts unten; S. **153**, **154** alle Abb.en.